In viaggio

In viaggio

MOVING TOWARD FLUENCY IN ITALIAN

• • •

Antonella D. Olson

University of Texas at Austin

Eric Edwards

University of Texas at Austin

Sharon W. Foerster

University of Texas at Austin, Emerita

Boston   Burr Ridge, IL   Dubuque, IA   Madison, WI   New York   San Francisco   St. Louis
Bangkok   Bogotá   Caracas   Kuala Lumpur   Lisbon   London   Madrid   Mexico City
Milan   Montreal   New Delhi   Santiago   Seoul   Singapore   Sydney   Taipei   Toronto

McGraw-Hill Higher Education

A Division of The **McGraw-Hill** Companies

This is an book

In viaggio

Published by McGraw-Hill Higher Education, an imprint of The McGraw-Hill Companies, Inc., 1221 Avenue of the Americas, New York, NY 10020. Copyright © 2003 by The McGraw-Hill Companies, Inc. All rights reserved. No part of this publication may be reproduced or distributed in any form or by any means, or stored in a database or retrieval system, without the prior written consent of The McGraw-Hill Companies, Inc., including, but not limited to, in any network or other electronic storage or transmission, or broadcast for distance learning.

This book is printed on acid-free paper

3 4 5 6 7 8 9 QPD/QPD 0 9 8 7 6 5 4

ISBN 0-07-240264-4

Editor-in-Chief: Thalia Dorwick
Publisher: William R. Glass
Development editor: Linday Eufusia
Marketing manager: Nick Agnew
Media producer: Dave Edwards
Project manager: Roger Geissler
Production supervisor: Carol Bielski
Designer: Michelle Whitaker
Cover designer: Michelle Whitaker
Illustrator: Rémy Simard
Map illustrator: Lori Heckelman
Art editor: Alexandra Ambrose
Photo researcher: Amy Bethea
Compositor: TechBooks
Typeface: 10/12 Palatino
Printer: Quebecor World/Dubuque

Cover art: *Passage*, Rome, Italy. Photo by Lisa Stacholy, AIA, Tucker Georgia

Library of Congress Cataloging-in-Publication Data

Olson, Antonella D.
    In viaggio: moving toward fluency in Italian / Antonella D. Olson, Eric Edwards, Sharon W. Foerster
        p. cm.
    Includes index.
    ISBN 0-07-240264-4
    1. Italian language—Textbooks for foreign speakers—English. 2. Italian language—Spoken Italian. I. Edwards, Eric (Eric N.) II. Foerster, Sharon. III. Title.
    PC 1129.E5 O53 2002
    458.2'421—dc21

2002075334
CIP

http://www.mhhe.com

Dedication
Questo libro è dedicato a mia madre, Pina Del Fattore.
This book is dedicated to Mom and Dad.

Contents

Capitolo

6 Il futuro:

Che cosa ci aspetta nel futuro?

Spiegazioni grammaticali

I punti chiave

Altri punti grammaticali

To the Instructor

Welcome to *In viaggio*, a unique and exciting intermediate-level Italian program! The second year of Italian study presents a particular challenge in that it is often the end point for those who are fulfilling a foreign language requirement and the beginning of the bridge between lower division and upper division coursework for those who want to major or minor in Italian. In general, we found our students frustrated with conventional intermediate textbooks, which either reviewed all of the grammar points covered in the introductory course or required students to complete communicative tasks at a proficiency level they had not yet reached. We know that students can progress relatively quickly from the novice level to the intermediate levels of proficiency, but it is rare for them to attain proficiency at the advanced level without a total-immersion type of experience or sustained contact with a native speaker. The first challenge, then, was to identify learning strategies that would motivate students and help them progress toward this next level of proficiency, characterized by an expanded vocabulary, increased grammatical accuracy, and paragraph-level discourse. Inspired by and based on the successful *Punto y aparte*, an intermediate-level Spanish textbook, the idea for *In viaggio* was born.

A New Concept of Language Learning

The philosophy behind this text is based on the concept of task repetition and its positive effects on language learning. *In viaggio* focuses on and recycles seven major communicative functions: describing, comparing, recommending and expressing opinions, recounting the past, expressing likes and dislikes, hypothesizing, and talking about the future. What is unique about this approach and the *In viaggio* materials is the idea of narrowing the focus of instruction to seven communicative functions, all of which appear in every chapter from the very first day of the course. The functions are moved to the forefront of the course so that students begin to look at grammar in a different way. *In viaggio* helps students focus primarily on communicative functions because these functions are continuously repeated throughout the text as the content and themes change with each new chapter.

To help facilitate awareness of the seven communicative functions, the text contains icons that serve to remind students with which function they are working. For example, when students see the "D" icon next to an activity, they know that they will be working with description tasks and that, in order to perform these tasks well, they must keep in mind the rules for noun / adjective agreement, as well as the appropriate uses of **stare, essere,** and **avere.**

The seven communicative functions and their accompanying icons are listed in the chart on page ix. Also identified are the grammatical structures (**i punti chiave**) that serve as the linguistic tools needed to accomplish each of the functions successfully.

Task repetition is also a central focus of the text's reading strategies. It is important to remember that even when reading in their first language, students may have problems comprehending a text. Consequently, although there are many reading strategies to aid students as they approach second-language texts, *In viaggio* concentrates on three: verification, visualization, and the use of vocabulary in context. We want students to monitor their comprehension as they read. Interjected throughout the reading texts in *In viaggio* is the verification section (**Verifichiamo**), with questions that encourage

VISUALIZZARE

VOCABOLARIO

students to monitor their comprehension up to that point of the reading. Visualization icons (**Visualizzare**) remind students to visualize images of the people, places, things, and situations described or narrated at that point in the reading. Vocabulary icons (**Vocabolario**) encourage students to practice making wise strategy decisions about vocabulary, such as relating a term to similar words they *do* know, determining the term's definition in context, looking it up in a dictionary, or ignoring it altogether. The goal is to have students gain an overall sense of what's happening in the reading.

Moving Toward Fluency

One of the main goals of *In viaggio* is to give students a tangible feeling of accomplishment by providing ample communicative activities so that they begin to acquire the ability to use what they

Icon	Communicative Function	Grammatical Structures
D descrivere	Descrivere	• agreement • **stare, essere,** and **avere** • participles as adjectives • articles
C confrontare	Confrontare	• comparisons of equality • comparisons of inequality • irregular comparitives • superlatives
R raccomandare	Raccomandare e esprimere opinioni	• tenses of the subjunctive • subjunctive in noun clauses • commands
P passato	Raccontare del passato	• **passato prossimo** and imperfect • pluperfect tenses • **passato remoto** • past participle agreement
G gusti	Parlare dei gusti	• direct and indirect object pronouns • double pronouns • **piacere** and similar verbs
I ipotesi	Fare ipotesi	• imperfect and pluperfect subjunctive • conditional • **periodo ipotetico**
F futuro	Parlare del futuro	• future tense • future of probability • verbs in adverbial clauses

have learned in a variety of contexts. By choosing seven communicative functions, we intend not to intimidate students, but rather to give them a feeling that they can successfully accomplish these goals. To ensure that students move forward in their understanding of the forms that make their messages more accurate, consciousness-raising activities serve as an indirect way of helping them see how all of these functions work together in the target language. These activities require students to identify statements that exemplify the seven communicative functions and explain their use or purpose. To this end, consciousness-raising activities are integrated through-out the text and the Workbook/ Laboratory Manual.

Increased fluency in a second language is also characterized by a more extensive vocabulary. Thus, *In viaggio* stresses vocabulary acquisition as one of its main goals. The vocabulary presented throughout *In viaggio* is arranged in semantically associated groups. Learning vocabulary in this way helps students remember words thematically, not as single isolated words. In this manner, the words will be more readily available to students when they need them in the future. Besides learning vocabulary in associated groups, students learn to prepare for oral and written work by creating their own index cards, or **schede** (see Chapter Organization: **Parlando del tema,** following this preface).

Although the vocabulary presentation lists in the **Vocabolario del tema** sections of each chapter may seem daunting at first glance, some of the vocabulary will be a review for many students who have studied it in their first-year courses, while the rest will be new. Many of the vocabulary items in *In viaggio* are also geared toward a more intermediate-level vocabulary system, rather than a strict review of first-year terms. In addition, the vocabulary is constantly recycled throughout the text, offering the chance for students to continually use the new vocabulary they have acquired in order to talk about different topics as they relate to each chapter's theme. Other vocabulary items, such as words and phrases found in **Per conversare meglio** and **Espressioni utili** boxes, are not considered active terms but are often repeated throughout the text. An expanded vocabulary is one of the first and most tangible indicators to students that they are moving forward in the language-acquisition process.

It is also very important that students understand from the outset how this course differs from previous courses they may have taken. As they move toward fluency, they should progress from being list makers to being paragraph makers, from memorizing isolated words to learning groups of thematically related words, from studying grammar structures in a vacuum to studying grammar as a support for expressing language functions. Finally, students should attain a deeper understanding and appreciation of Italian culture through the text's rich and diverse cultural features (see Chapter Organization: **Angolo culturale**) and through the lives of the six characters who appear throughout *In viaggio*, whose stories are told in the dialogues of the **Situazioni** section and the readings of the **Parla** boxes, which feature a different character in each chapter.

Above all, we hope that your students begin to see *themselves* moving toward fluency as they progress through the course.

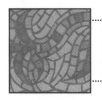

Organization

Each of the six main chapters in *In viaggio* focuses on a few of the regions of Italy and centers around a specific theme that is woven into the various components of the chapter. The chapters are connected by the adventures of the six main characters: friends that represent different regions of Italy. The Bar Little Texas, a fictional café set in Rome, serves as the backdrop for their interactions. The introductory chapter, **Per cominciare,** introduces students to these six friends and to the **punti chiave** concept. It also provides a preliminary review of the grammatical structures integrated throughout all of the chapters. Each of the six main chapters is divided into the following sections:

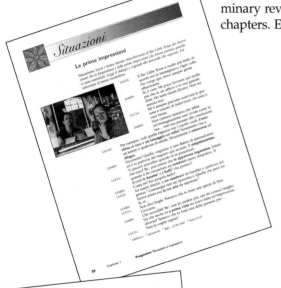

Situazioni

The chapter theme is presented through an introductory dialogue held among the friends. New thematic vocabulary, as well as several **punti chiave,** are introduced in the context of this dialogue. Comprehension questions, reactions, and student-generated dialogues follow.

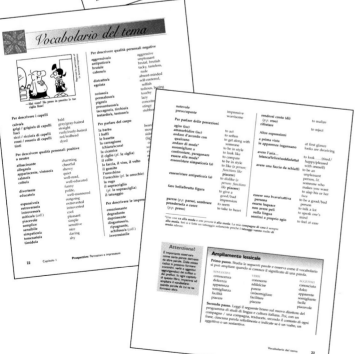

Vocabolario del tema

The vocabulary found in these sections is thematic and presented in semantic groups. Several words from the new vocabulary lists are then expanded in the **Ampliamento lessicale** section by showing how they are related to similar words with different parts of speech, such as **la somiglianza, assomigliare,** and **somigliante.** To allow students ample opportunity to work with and acquire the new vocabulary before moving on to the rest of the chapter, there are a variety of communicative activities that follow each vocabulary presentation.

Punti chiave

Although each chapter highlights one of the seven communicative functions in turn (except **Capitolo 1**, which highlights two functions), all seven are integrated into each chapter's oral and written work. The **punti chiave** are the grammar points needed to accurately realize these functions. Complete grammar explanations for the **punti chiave,** as well as for the other grammatical structures such as **ci** and **ne,** passive and impersonal forms, and causative construction, appear in the **Spiegazioni grammaticali** section, or "green pages," at the end of the text. In the **Punti chiave** section of every chapter, students are reminded to review the grammar explanations in the "green pages" and to complete the accompanying **Facciamo pratica!** exercises before continuing on.

In this section of the chapter, there is a short review of the featured **punto chiave** and a brief exercise section called **Come va con questo punto chiave?,** which students can use to check their command of the grammar point pertinent to the communicative function featured in that chapter. The remaining exercises in this section provide ample interactive opportunities to use the **punti chiave** and new vocabulary in conversation and in writing. **Espressioni utili,** necessary to enhance fluid speech and writing, are also presented according to the communicative function of the chapter.

Angolo culturale

This unique cultural section contains three parts. **In viaggio per l'Italia** presents points of interest in the chapter's regions of focus. Colorful visuals, a map, and interesting information are included in this section, as well as interactive activities that focus on the information presented. Another feature, **Un artista regionale,** profiles an Italian artist from one of the regions of focus. Finally, the **Italiani nel mondo** feature completes this cultural section by presenting students with a global view of Italy and Italians through accounts of Italians living and working abroad.

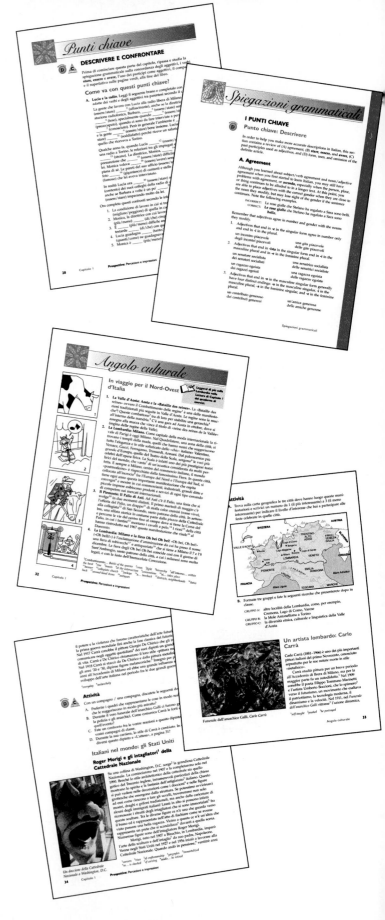

Lettura

Each chapter contains an authentic reading that relates to the chapter theme. The reading is introduced through a brief biography on the author, who hails from one of the regions presented in the chapter. Pre-reading activities and follow-up exercises emphasize reading strategies, comprehension, and expansion of ideas presented in the readings. All readings have post-reading exercises that provide the opportunity for sustained group and class discussion. The reading strategies icons and features (**Verifichiamo, Visualizzare,** and **Vocabolario**) are found in these **Lettura** sections.

Scriviamo!

This writing activity for each chapter consists of a brief composition, included as one step of a multi-layered activity and based on the chapter theme. The main composition in **Scriviamo!** is divided into three sections: a brainstorming activity, a peer-reviewed preliminary writing assignment, and a final composition based on the information gathered from the first writing assignment.

Parlando del tema

At the end of every chapter are additional speaking activities that encourage students to develop higher-level speaking skills to support an opinion, discuss advantages and disadvantages, hypothesize, and so on. Students are asked to prepare a vocabulary index card (**scheda**) that will aid them in this speaking activity. We suggest that students create **schede** with three nouns, three verbs, and three adjectives related to the topic at hand. This exercise builds on the strategy of learning vocabulary in associated groups and further enhances students' vocabulary acquisition.

The discussion themes presented in this section are related to the chapter theme and further expand upon cultural discussions from the chapter.

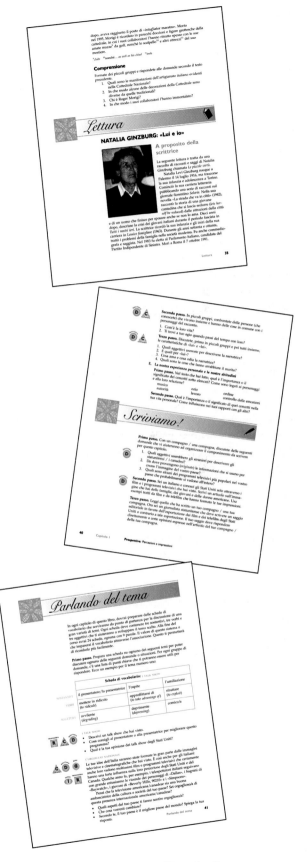

Supplements

As a full service publisher of quality educational products, McGraw-Hill does much more than just sell textbooks to your students. We create and publish an extensive array of print, video, and digital supplements to support instruction on your campus. Orders of new (versus used) textbooks help us to defray the cost of developing such supplements, which is substantial. Please consult your local McGraw-Hill representative to learn about the availability of the supplements that accompany *In viaggio*.

Workbook / Laboratory Manual

Recognizing that many students of Italian often complete only one semester of study at the intermediate level, this supplement is available in two parts: Part A includes the **Capitolo preliminare** through **Capitolo 3**, and Part B includes **Capitolo 4** through **Capitolo 6**.

Each chapter of the combined Workbook/ Laboratory Manual includes a **Pratica scritta** section and a **Pratica orale** section. The **Pratica scritta** section provides practice with the chapter's new vocabulary and the **punti chiave** through a variety of controlled and open-ended exercises. In every other chapter, beginning with the preliminary chapter, a diagnostic test, **Prova di verifica,** enables students to self-check their control of the grammar needed to accurately express the seven communicative functions. A section entitled **Riciclaggio del vocabolario e dei punti chiave,** which appears in every chapter beginning with **Capitolo 2,** also reviews vocabulary and grammar from previous chapters. The **Pratica orale** section contains pronunciation and listening comprehension exercises. The last of the listening activities in every chapter is an extended listening comprehension passage based on an element of the chapter theme, designed to help students further advance their listening comprehension and ability to think about cultural issues in Italian.

Audio Program

The Audio Program, available on audio CD, coordinates with the laboratory section of the Workbook/Laboratory Manual. It is provided free of charge to all adopting institutions and is also available for student purchase.

Audioscript

The Audioscript is available packaged with the Adopter's Audio Program, as well as available individually, and includes a complete transcript of the *In viaggio* Audio Program.

Instructor's Manual

The Instructor's Manual includes the following materials:

- sample syllabi and lesson plans
- suggestions for teaching each of the sections found in each chapter of the main text
- additional activities to expand upon the featured themes
- sample quizzes and tests
- suggestions for oral interviews and vocabulary acquisition
- answers to the **Facciamo practica!** sections of the text

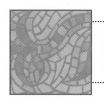

To the Student

Welcome to *In viaggio*, a unique and exciting intermediate Italian program! As second-year students of college Italian, you have already studied verb tenses, the subjunctive mood, pronouns, and a lot of basic vocabulary, common idioms, and so on. The goal of this course is to help you acquire the ability to use what you have learned by focusing on seven communicative functions in Italian: describing, comparing, recommending and expressing opinions, recounting the past, expressing likes and dislikes, hypothesizing, and talking about the future. All of your written and oral practice will be centered around topics that require you to demonstrate an ability to communicate these functions.

Another goal of this course is to increase your vocabulary by adding new words to your active vocabulary and by acquiring new strategies that will help you understand the meaning of unfamiliar terms. Also, you will notice that all of the vocabulary is presented in groups of words that are thematically related. We suggest that you study the vocabulary in these semantic groups rather than as single isolated words. You will find a consistent recycling of vocabulary throughout the text so that you will not forget the vocabulary you studied in **Capitolo 1** by the time you arrive at **Capitolo 5.**

What is unique about *In viaggio* and its approach is the idea of narrowing the focus of instruction to seven communicative functions, all of which appear in every chapter from the beginning of the text. This focus on the communicative functions is aided by the constant recycling of grammar, or **punti chiave,** needed to accurately and successfully perform these functions. In other words, the content and themes will change with each new chapter, but the seven functions will be repeated throughout the text. To help facilitate your growing abilities to communicate

effectively in Italian, icons are used throughout the text to remind you with which function you are working. For example, when you see the "D" icon next to an activity, you know that you are working with description tasks and that, in order to describe well, you must keep in mind the rules for noun/adjective agreement, as well as the appropriate uses of **stare, essere,** and **avere.** (A full display of the icons, the communicative functions, and the grammatical structures that accompany the functions will be presented in the **Capitolo preliminare.**)

In order to accomplish each of these communicative functions, certain grammar points must be mastered. Therefore, *In viaggio* offers a wide variety of interactive tasks so that you can practice the communicative functions repeatedly throughout the text. By practicing the same function from chapter to chapter, you will strengthen your ability to effectively express yourself in Italian.

Besides concentrating on seven communicative functions and increasing your vocabulary, you will learn strategies to help enjoy reading in Italian as well. In addition to presenting you with many reading strategies that can help guide you as you approach texts written in Italian, *In viaggio* concentrates on three particular strategies. We refer to these as the three "V's": Verification (**Verifichiamo**), Visualization (**Visualizzare**), and Vocabulary (**Vocabolario**). We want you to get into the habit of consciously monitoring your comprehension as you read. Within all of the readings texts in *In viaggio*, **Verifichiamo** sections offer questions that will help you monitor your comprehension up to that point in the reading. **Visualizzare** icons will remind you to visualize images of the people, places, things, and situations described or narrated at that point in the reading. **Vocabolario** icons will encourage you to practice making wise strategy decisions about vocabulary, such as relating unfamiliar words to other words you *do* know, using context to guess meaning, looking up unfamiliar words in a dictionary, or ignoring unfamiliar words altogether in order to get the overall gist of the passage.

It is also very important to understand from the outset how this course differs from previous courses you may have taken. As you move toward fluency in Italian, you should progress from making lists to making paragraphs, from memorizing isolated words to learning and using groups of thematically related words, and from studying grammar structures in a vacuum to studying grammar as a support for expressing the seven language functions that serve as the core of the *In viaggio* methodology. Finally, you should also attain a deeper understanding and appreciation of Italian culture through the text's rich and diverse **Angolo culturale** sections and through the lives of the six characters who appear throughout the *In viaggio* program.

Above all, we hope that you enjoy this course and that you find yourself moving toward fluency in Italian. *Buon viaggio!*

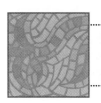

Acknowledgments

A very special thanks goes, first of all, to our wonderful "sei amici": Ezio Ambrosetti, Loryn Hatch, Shawna Lucey, Stefano Masini, Brett Morris, and Romina Olson.

We want to express our gratitude to our colleagues and friends in the Department of French and Italian at the University of Texas at Austin for their support, great suggestions, and invaluable assistance in editing the drafts of manuscript: Irene Einstein-Alvisi, Daniela Bini, Carlos Capra, Guy Raffa, Adria Frizzi, Lisa Bland, Sylvia Grove, Esmeralda Moscatelli, Gianvittorio Figari, Mark Garrison, Douglas Biow, and especially Dina Sherzer for her continuous and enthusiastic encouragment. Also, "un grazie di cuore" to all of our students, especially David Lummus and Heather Chiara Butler.

Many other people have assisted in the writing of this book at different stages. Among them, we would like to acknowledge the precious contributions of Umberto Guidoni, Laura Mazzi Bini, Joseph Carter, Robbie Holder Olson, Simona Borruso, Monica Russo, Mariella Di Curzio, Stefania and Paolo Cipriani, Vincenzo Stante, Franco Sementi, Concetta with her "Dolce Vita," Fabrizio Procope, and Sonia Laul.

We would also like to thank the following instructors who participated in reviews of early drafts of the manuscript. We hope that they are pleased with the final product, but the appearance of their names does not constitute an endorsement.

Pier R. Baldini
Arizona State University

Marzia Caporale
University of Nebraska, Lincoln

William Connell
Seton Hall University

Dennis Costa
Boston University

Adriana de Marchi Gherini
University of California, San Diego

Margriet Lacy
Butler University

Antonio Masullo
Virginia Commonwealth University

Mario Moroni
University of Memphis

Molly Morrison
Ohio University

Olimpia Pelosi
State University of New York, Albany

Camilla Presti Russell
University of Maryland

We also wish to recognize the entire team at McGraw-Hill who contributed greatly to this project and with whom it has been a great pleasure to work. In particular, we would like to thank Lindsay Eufusia, our development editor, for her unending support, outstanding work, kindness, and creativity. Special thanks go to Michelle Whitaker and Kaye Farmer for the beautiful interior and cover designs. Roger Geissler, the project manager, and Carol Bielski, the production supervisor, wonderfully coordinated the production processes. Alexandra Ambrose enthusiastically coordinated the art program and was paramount in the decision to try new art and artists, a decision that yielded beautiful results. A very special thanks goes to Rémy Simard, whose wonderful and unique caricatures of the characters and whose drawings for the **Angolo culturale** sections bring additional life and visual "spark" to the text. Thanks go to our marketing manager, Nick Agnew, and the McGraw-Hill sales staff for their continued and dependable support of the program. Special thanks are extended to Leslie Oberhuber, our sponsoring editor, for opening the doors to us and for her guidance and direction during the important initial stages. And, finally, thanks go also to Thalia Dorwick, editor-in-chief, and William Glass, publisher, for believing in our project and for giving their support from the very start.

Finally, Antonella wants to thank Robert Olson for his enthusiastic support, loving patience, and creative ideas; to Romina Olson, for making me always so proud of her; to Flavia Del Fattore, for all the beautiful suggestions and her friendship; and to Dacia Maraini, for the inspiration she constantly provides.

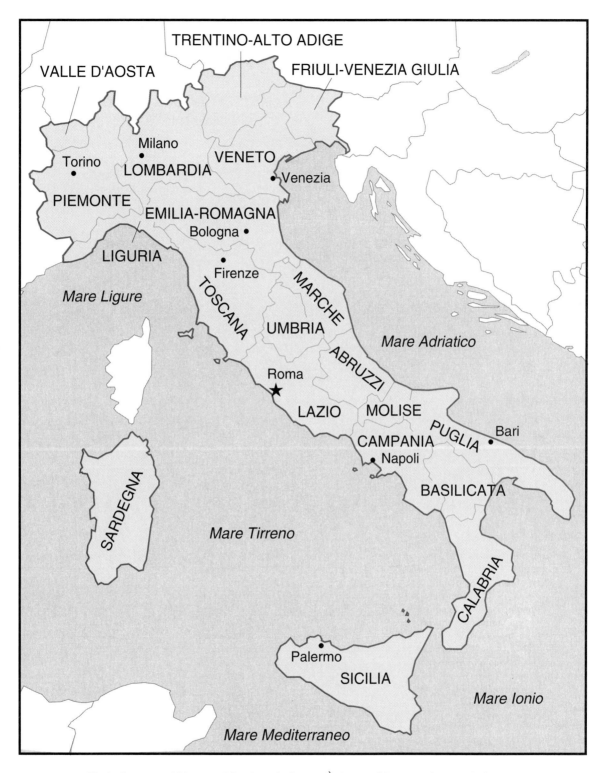

VALLE D'AOSTA

TRENTINO-ALTO ADIGE

FRIULI-VENEZIA GIULIA

Milano

Torino

VENETO

LOMBARDIA

Venezia

PIEMONTE

EMILIA-ROMAGNA

Bologna

LIGURIA

Firenze

Mare Ligure

TOSCANA

MARCHE

UMBRIA

Mare Adriatico

ABRUZZI

Roma

LAZIO

MOLISE

PUGLIA

Bari

CAMPANIA

Napoli

SARDEGNA

BASILICATA

Mare Tirreno

CALABRIA

Palermo

SICILIA

Mare Ionio

Mare Mediterraneo

L'Italia è una repubblica con 58 milioni di abitanti. È divisa in 20 regioni. La capitale è Roma. Altre città importanti sono Milano, Torino, Venezia, Bologna, Firenze, Napoli, Bari e Palermo. È una penisola con una superficie di 301.000 chilometri quadrati.

Per cominciare:
I sei amici

Vi presentiamo questi sei buoni amici e il loro ritrovo° preferito a Roma   °*hangout*

*B*envenuti a *In viaggio!* In questo testo lavoreremo con sette funzioni comunicative—che chiameremo **punti chiave**—sulla base delle quali si svolgono le diverse attività. I contenuti, o temi, dei dialoghi orali e scritti e delle attività sono invece basati sulla vita di sei amici che conosceremo un po' alla volta.

Punti chiave
- Introduzione ai punti chiave

Tema centrale
- I sei amici

In viaggio per l'Italia
- Il Bar Little Texas

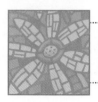

Faccia a faccia

Incontri con i sei amici

Leggi le piccole biografie dei nostri amici ed i loro profili personali.
Rispondi dopo alle domande che seguono.

Lucia Cima

Lucia è nata a Torino. I suoi genitori sono entrambi[1] torinesi. Frequenta l'Università Cattolica di Milano dove studia letteratura anglo-americana. Va spesso a Roma perché lì c'è il suo ragazzo, Massimo, che da due anni sta cercando di convincerla a trasferirsi a Roma. Ma Lucia è indipendente e non si lascia influenzare. È appassionata di letteratura e di politica e un giorno vorrebbe andare negli Stati Uniti per conseguire un Ph.D. e magari intraprendere[2] la carriera accademica o quella giornalistica. Lucia lavora anche in una radio privata molto impegnata politicamente e così è sempre aggiornatissima[3] su quello che succede nel mondo. È molto attiva e viaggia ogni volta che può da una città italiana all'altra. In viaggio porta sempre con sé lo zaino con dentro il suo quaderno d'appunti e tanti libri che legge in treno durante i suoi frequenti spostamenti.[4]

Parla Lucia

La caratteristica principale della mia personalità: la sincerità.
Il mio difetto principale: l'irruenza.[5]
La qualità che ricerco in un amico / un'amica: la pazienza.
I miei passatempi preferiti: leggere e scrivere.
Il mio sogno: trovare il tempo di fare tutto quello che m'interessa.
I miei musicisti preferiti: 99 Posse, Gianna Nannini.
I miei registi e attori preferiti: Roberto Benigni, Massimo Troisi, Pier Paolo Pasolini, Martin Scorsese, Jodie Foster.
Il cibo e la bevanda che amo di più: il risotto alla milanese, il tè.
Quello che non sopporto:[6] la disparità sociale.
I posti dove vorrei trascorrere[7] le mie vacanze: le più importanti città degli Stati Uniti.

Domande

1. Quale campo di studio interessa Lucia?
2. Perché Lucia vuole andare negli USA?
3. Secondo te, per Lucia leggere significa stare da sola chiusa a casa? Perché sì o perché no?

[1]*both* [2]*undertake* [3]*very well informed* [4]*travels* [5]*impetuosity* [6]*non… I can't stand*
[7]*to spend*

Veronica Fantini

Veronica è nata a Venezia. Suo padre è emiliano e sua madre è veneta. Ha cominciato a prendere lezioni di ballo quando era una bambina. Adesso lei vuole diventare una ballerina professionista e per questo è andata ad abitare a Roma, dove studia all'Accademia Romana di Arte e Danza. Divide un piccolo appartamento con Chiara, una ragazza che ha incontrato al Bar Little Texas. Hanno molti interessi in comune e spesso lavorano insieme a Cinecittà come comparse.[1] I genitori di Veronica, specialmente la madre, sono preoccupati per lei. È una bravissima ballerina di danza classica e moderna ma non è una buona donna d'affari. Pur essendo[2] coraggiosa e tenace,[3] è a volte un po' infantile e cerca protezione e sicurezza dagli amici. Qualsiasi tipo di rappresentazione artistica stimola il suo interesse. Non si perde mai[4] il famoso Carnevale della sua città d'origine né altre manifestazioni interessanti che Roma e tutta l'Italia le offrono.

Parla Veronica

La caratteristica principale della mia personalità: la sensibilità.
Il mio difetto principale: l'ingenuità.[5]
La qualità che ricerco in un amico / un'amica: il senso dell'umorismo.
Il mio passatempo preferito: andare ai musei.
Il mio sogno: aprire una scuola di danza e di teatro.
I miei musicisti e cantanti preferiti: Giuseppe Verdi, Maria Callas, Andrea Bocelli, Mina.
I miei registi e attori preferiti: Federico Fellini, Franco Zeffirelli, Giovanna Mezzogiorno.
Il cibo e la bevanda che amo di più: i tortellini, l'orzata.[6]
Quello che non sopporto: la violenza.
I posti dove vorrei trascorrere le mie vacanze: Barcellona, Parigi.

Domande

1. Perché Veronica è andata ad abitare a Roma?
2. Cosa le interessa di più?
3. Secondo te, i genitori di Veronica hanno buoni motivi per preoccuparsi di lei?

[1]*extras* [2]Pur... *Although she is* [3]*persevering* [4]Non... *She never misses* [5]*naïveté*
[6]*almond-milk*

Corrado Marino

Corrado è di Napoli, dove suo padre da parecchi anni è professore di lingue classiche. Sua madre fa il medico; ha uno studio di dermatologia. Corrado frequenta l'Università di Roma dove studia archeologia. Di solito trascorre l'estate in Italia, lavorando come guida agli scavi di Pompei. Passa lunghi periodi di tempo immerso nei suoi studi e nelle sue ricerche. Spesso gli amici, compreso[1] il suo compagno di casa, Vittorio, non lo vedono per mesi quando all'improvviso si fa vivo,[2] invitando tutti a cena a gustare[3] le sue creazioni culinarie. Dopo qualche settimana di vivace attività sociale, sparisce di nuovo fra gli scaffali delle biblioteche e gli scavi archeologici. Corrado è anche capace di fare dei lunghi viaggi se c'è un bravo musicista di jazz che suona in qualche città lontana. Ha così molte conoscenze[4] fra gli amanti del jazz di tutta l'Italia e anche della Francia e della Germania.

Parla Corrado

La caratteristica principale della mia personalità: la costanza.[5]

Il mio difetto principale: qualche volta perdo la pazienza, anche con gli amici.

La qualità che ricerco in un amico / un'amica: la cortesia.

I miei passatempi preferiti: suonare il sassofono, cucinare.

Il mio sogno: diventare il direttore di un grande museo.

I miei musicisti preferiti: Paolo Conte, Duke Ellington, Ella Fitzgerald, Ottorino Respighi.

I miei registi e attori preferiti: Woody Allen, Harrison Ford, Nanni Moretti, Totò.

Il cibo e la bevanda che amo di più: il fritto alla napoletana, le sfogliatelle,[6] il root beer americano.

Quello che non sopporto: le persone sgarbate.[7]

I posti dove vorrei trascorrere le mie vacanze: New Orleans, un'isola greca, il Perù.

Domande

1. Secondo te, quale dei genitori di Corrado avrà avuto più influenza sulla scelta della sua carriera?
2. Per quali aspetti, secondo te, Corrado è attirato da una vacanza a New Orleans?
3. Pensi che sarà facile o difficile conoscere bene Corrado? Perché?

[1]*including* [2]*si... he turns up* [3]*taste* [4]*acquaintances* [5]*perseverance* [6]*Neapolitan pastries* [7]*rude*

Chiara Marrocu

La famiglia di Chiara è di Cagliari, in Sardegna. Ora Chiara comincia ad apprezzare di più le tradizioni e la cultura di quest' isola, ma da adolescente sentiva sempre una grande voglia di lasciare la Sardegna per vivere e lavorare in una grande città. Suo padre fa il sarto[1] ed ha una piccola bottega[2] in centro dove anche il padre di lui praticava lo stesso mestiere. Sua madre dà lezioni private di violino. Questa famiglia, anche se di mezzi modesti, non si è mai negato[3] il piacere del teatro, e Chiara ha manifestato fin da piccola una vera passione per il dramma. I suoi genitori l'hanno aiutata e incoraggiata a seguire la strada del teatro e oggi fa l'attrice. Purtroppo nel mondo dello spettacolo non c'è sempre lavoro e quindi[4] Chiara fa un po' di tutto. Una sua zia ha un albergo sulla Costa Smeralda e lei spesso ci lavora durante la stagione turistica.

Parla Chiara

La caratteristica principale della mia personalità: il coraggio.
Il mio difetto principale: a volte sono incredibilmente credulona.[5]
La qualità che ricerco in un amico / un'amica: la sensibilità.
Il mio passatempo preferito: prendere il sole sulla spiaggia.
Il mio sogno: recitare un ruolo scritto apposta[6] per me da un grande commediografo.
I miei musicisti preferiti: Stephen Sondheim, Giacomo Puccini, Carmen Consoli.
I miei registi e attori preferiti: Bernardo Bertolucci, Anna Magnani, Giulietta Masina, i fratelli Taviani.
Il cibo e la bevanda che amo di più: il cioccolato, in qualsiasi forma.
Quello che non sopporto: l'egoismo.
I posti dove vorrei trascorrere le mie vacanze: New York, Nassau, Rio de Janeiro.

Domande

1. Cosa fa Chiara quando non lavora come attrice?
2. Qualche volta Chiara si fida troppo delle persone?
3. Qual è stato il ruolo dei suoi genitori nella scelta della sua professione?

[1]tailor [2]shop [3]non... has never denied itself [4]therefore [5]gullible [6]specially

James Holder

James è nato ad Austin, nel Texas. Suo padre è americano e sua madre è italiana. James ha vissuto e studiato in America ma ha sempre trascorso le vacanze estive in Italia. Pur amando[1] gli Stati Uniti, è sempre stato affascinato dall'Italia, dalla sua cultura e dalla sua gente. Ha impiegato[2] parecchi anni per completare i suoi studi perché spesso e volentieri[3] cambiava la sua specializzazione. Voleva imparare un po' di tutto. Alla fine è riuscito a conseguire tre major: «Italian», «Business» e «Studio Art», rendendo[4] felici rispettivamente sua madre, suo padre e se stesso. Dopo aver finito l'università in America ed aver lavorato come disc-jockey in alcuni locali italiani durante l'estate, si è trasferito a Roma e adesso gestisce[5] un caffè chiamato Bar Little Texas, frequentato da Lucia, Veronica, Chiara, Corrado e un altro loro amico, Vittorio. Qui cerca di unire i suoi ricordi texani e la realtà romana. Si trova molto a suo agio[6] in quest'ambiente. Si diverte con i suoi clienti, per lo più giovani, ed è diventato amico di alcuni di essi. È molto estroverso, generoso ed amante dell'avventura.

Parla James

La caratteristica principale della mia personalità: la curiosità.
Il mio difetto principale: sono invadente[7]!
La qualità che ricerco in un amico / un'amica: la franchezza.[8]
I miei passatempi preferiti: fare foto e ascoltare la musica.
Il mio sogno: avere un programma musicale alla radio o alla TV.
I miei musicisti preferiti: Fabrizio De Andrè, Bob Dylan, Lucinda
    Williams, Stevie Ray Vaughn.
I miei registi e attori preferiti: Gus Van Sant, Marlon Brando, Martin
    Sheen, Lina Wertmüller.
Il cibo e la bevanda che amo di più: la peperonata,[9] il Chianti.
Quello che non sopporto: l'ipocrisia.
I posti dove vorrei trascorrere le mie vacanze: la Costa Smeralda, la
    Calabria, le Bahamas, Bora Bora, le Hawaii e così via.

Domande

1. Secondo te, perché a James piace gestire il Bar Little Texas?
2. Quali sono i clienti che frequentano questo bar?
3. È un tipo casalingo (*home-loving*) James? Come lo sai?

[1]Pur… *Although he loves* [2]*took* [3]*spesso… quite often* [4]*making* [5]*he manages* [6]*Si… He feels very comfortable* [7]*intrusive* [8]*straightforwardness* [9]*red and yellow pepper stew*

Vittorio Cassini

Vittorio è di Camogli, una città della Liguria. Da piccolo era affascinato dalle molte case camogliane, pitturate[1] con finti[2] particolari architettonici, nello stile tipico di quella regione, e sognava di diventare un giorno pittore. Un suo cugino più grande, che faceva l'apprendista[3] presso[4] un gruppo di pittori, gli dava lezioni e lo portava spesso ad osservare i lavori di restauro che facevano. Purtroppo però Vittorio non ha dimostrato nessun talento artistico e ha provato una grande delusione.[5] Ma poco dopo il cugino di Vittorio e i suoi amici pittori hanno acquistato un computer per gestire i loro vari progetti. Vittorio, che non riusciva a dipingere, è stato l'unico capace di utilizzare il computer per gestire gli affari del gruppo. I risultati sono stati ottimi e, avendo scoperto di avere un vero talento, Vittorio ha cominciato a seguire dei corsi di informatica e ora ha un grande successo come consulente di varie ditte romane.

Parla Vittorio

La caratteristica principale della mia personalità: la flessibilità.

Il mio difetto principale: spesso mi perdo fra i particolari e non vedo le cose importanti.

La qualità che ricerco in un amico / un'amica: la fedeltà.

I miei passatempi preferiti: il calcio, la barca a vela.[6]

Il mio sogno: creare un «operating system» che superi, in tutti gli aspetti, quello che ora domina il mondo del computer.

I miei musicisti preferiti: Bach, Bach e Bach.

I miei registi e attori preferiti: Helen Hunt, Maurizio Nichetti, Valeria Golino, Monica Guerritore, Margherita Buy.

Il cibo e la bevanda che amo di più: le trenette[7] al pesto, la torta pasqualina.

Quello che non sopporto: le persone tirchie,[8] il pesce fritto.

I posti dove vorrei trascorrere le mie vacanze: la California, l'Australia.

Domande

1. Cosa ha fatto provare una grande delusione a Vittorio?
2. In che senso Vittorio è una persona fortunata?
3. Quale professione svolge ora Vittorio?

[1]*painted* [2]*false* [3]*apprentice* [4]*with* [5]*ha… he experienced a great disappointment*
[6]*barca… sailboat, sailing* [7]*a type of pasta* [8]*stingy*

Attività

(handwritten: WRITE OUT FOR MONDAY)

A. Le preferenze dei sei amici

Primo passo. Completa una scheda come quella che segue con le informazioni che hai avuto sui sei amici.

	Lucia	Veronica	Corrado	Chiara	James	Vittorio
Attività nel tempo libero						
Cibi e bevande preferiti						
Vacanze ideali						
Musicisti preferiti						

Secondo passo. Ed ora utilizza le informazioni del **Primo passo** per rispondere alle seguenti domande.

1. James vuole spiegare ai suoi amici americani la politica italiana. A chi chiede consiglio? *(handwritten: a Lucia)*
2. Veronica desidera mandare alcune sue foto a Roma alla madre. A chi si rivolge? *(handwritten: turn to ... James)*
3. Lucia sta cercando di pubblicare un articolo sull'interesse per l'arte tra i giovani italiani. Chi intervisterà? *(handwritten: Chiara e Veronica)*
4. Se Vittorio cercasse un CD da regalare a un amico che ama molto il jazz, a chi chiederebbe consiglio?
5. Chiara deve trovare delle informazioni in Internet su una compagnia teatrale in cui forse c'è un posto per lei. A chi chiederà aiuto per trovarle? *(handwritten: a Vittorio)*
6. Corrado ha sentito parlare di un certo piatto sardo che vorrebbe provare a preparare. Con chi dovrebbe parlare? *(handwritten: Chiara)*

(handwritten: WRITE OUT, INTERVIEW)

(handwritten: raslibs 72)

B. Profili dei vostri compagni.
Fai un'intervista a un compagno / una compagna di classe per creare un profilo personale come il seguente. Poi scegli i dati più interessanti e comunicali alla classe.

- La caratteristica principale della sua personalità
- Il suo difetto principale
- La qualità che ricerca in un amico / un'amica
- I suoi passatempi preferiti
- Il suo sogno
- I suoi musicisti preferiti
- I suoi registi e attori preferiti
- Il cibo e la bevanda che ama di più
- Quello che non sopporta
- Se potesse passare l'estate in qualsiasi posto, sarebbe…

C. I sei amici e i miei

Primo passo. Completa una scheda come la seguente con le informazioni richieste sui sei amici che hai appena conosciuto. Devi includere informazioni anche sui tuoi propri amici.

	I SEI AMICI	I MIEI MIGLIORI AMICI
Di dove sono?	Lucia: Veronica: Corrado: Chiara: James: Vittorio:	
Cosa fanno o che cosa studiano?	Lucia: Veronica: Corrado: Chiara: James: Vittorio:	
Quali sono alcune delle loro qualità personali?	Lucia: Veronica: Corrado: Chiara: James: Vittorio:	

Secondo passo. In gruppi di tre persone, commentate le somiglianze (*similarities*) e le differenze fra questi gruppi di amici.

Terzo passo. Ora scrivi un breve componimento in cui descrivi i tuoi amici. Come sono, cosa fanno? In che cosa si assomigliano (*are they alike*)? In che cosa sono diversi?

D. Domande personali.
Se tu potessi fare una domanda ad ognuno dei sei amici, quali domande faresti? Ecco una lista di parole interrogative che puoi usare.

PAROLE UTILI: chi? dove? come? quale/i? quando? quanto/a/e/i? di dove? perché? che cosa? chi?

1. A Lucia:
2. A Veronica:
3. A Corrado:
4. A Chiara:
5. A James:
6. A Vittorio:

Punti chiave

INTRODUZIONE

Leggi i brani che seguono sui diversi aspetti della vita dei sei amici. Ogni brano contiene vari esempi delle sette funzioni comunicative (**i punti chiave**) su cui si basa questo testo. Osserva il seguente schema e fai attenzione ai simboli che rappresentano ogni punto chiave.

I SETTE PUNTI CHIAVE DELLA COMUNICAZIONE

Descrivere

- l'accordo degli aggettivi
- i verbi **stare, essere e avere**
- il participio passato usato come aggettivo
- la forma e l'uso dell'articolo

Passato: raccontare del passato

- i tempi passati
- i tempi perfetti e l'imperfetto
- i tempi trapassati
- l'accordo del participio passato

Confrontare

- comparativi di uguaglianza
- comparativi di maggioranza e minoranza
- forme irregolari dei comparativi
- i superlativi

Gusti: parlare dei gusti

- i pronomi personali
- il verbo **piacere**

Raccomandare e esprimere opinioni

- i quattro tempi del congiuntivo
- l'uso del congiuntivo nelle proposizioni oggettive e soggettive
- l'imperativo formale e informale

Ipotesi: fare ipotesi

- l'imperfetto e il trapassato del congiuntivo
- il condizionale
- l'accordo dei tempi verbali nel periodo ipotetico

Futuro: parlare del futuro

- i tempi futuri
- il futuro di probabilità

Descrivere: Bar Little Texas

Primo passo. Leggi questa descrizione del Bar Little Texas.

Durante le sue vacanze **italiane,** James andava spesso al bar di cui suo zio, il fratello della madre, era proprietario. Con grande gioia ha poi accettato il posto di gestore[1] quando lo zio, ormai **vecchio,** glielo ha proposto. James ha cambiato il nome in «Bar Little Texas» e, come si può immaginare, questo posto **è pieno** di souvenir **texani.** Le pareti **sono coperte** di[2] manifesti di musicisti texani. Su una delle pareti alcuni suoi amici **americani** hanno dipinto affreschi[3] con tutti i colori **tipici** di Austin: il celeste del cielo, il verde dei parchi, il blu delle piscine, l'arancione dell'università… La sua clientela **è varia** ma **è composta** soprattutto di **giovani** artisti, studenti **universitari** ed amanti dell'arte statunitense. **C'è** sempre tanta gente qui. Alcuni **sono** solo di passaggio, ma per tanti altri il Bar Little Texas **è** un punto d'incontro **familiare** dove **stanno** ore ed ore a discutere, studiare e sognare.

James al lavoro

[1]*manager* [2]Le… *The walls are covered with* [3]*frescoes*

Secondo passo. Completa le seguenti frasi usando alcuni degli aggettivi presentati nella lista ed altri non presenti. Fai attenzione alla concordanza tra aggettivi e sostantivi.

PAROLE UTILI: bello, divertente, frequente, interessante, numeroso, nuovo, pieno, pulito, puntuale, ricco, rumoroso, vecchio, veloce

1. Il treno che Lucia preferisce prendere per i suoi spostamenti _____ è l'Eurostar. È un treno _____, _____ e quasi sempre _____.

2. Nel Bar Little Texas James ha una collezione molto _____ di _____ dischi di raccolte (*collections*) di country music e blues. Questa musica gli fa venire in mente i _____ momenti passati nella sua città quando era più giovane.

3. È _____ andare al bar di James la sera perché lui mette tante canzoni _____ per gli italiani e i clienti sono _____.

Terzo passo. Con un compagno / una compagna di classe descrivete il vostro posto preferito per passare il tempo con gli amici. Dov'è questo posto? Com'è? Che tipo di persone di solito si ritrovano lì? Perché vi piace tanto questo posto?

Confrontare: Due compagni di casa

confrontare

Attenzione!

Prima di cominciare questa sezione, ripassa sulle pagine verdi alla fine del libro le strutture grammaticali necessarie per fare confronti usando i comparativi e i superlativi.

Primo passo. Leggi il seguente confronto dei due compagni di casa, Corrado e Vittorio.

Corrado e Vittorio sono buoni amici e due ragazzi abbastanza differenti.

Anche se Corrado e Vittorio sono buoni amici, sono molto differenti, non solo nel loro carattere, ma anche nell'aspetto fisico. Per esempio, Corrado è **più scuro** e un po' **più basso** di Vittorio. Il nostro amico napoletano è un tipo **meno sportivo** del suo compagno, ma il suo metabolismo deve essere molto rapido, perché **è magro quanto** Vittorio. Entrambi sono perfezionisti, ma dei due Corrado è **il meno paziente** e qualche volta questo causa dei problemi: quando il computer, di cui Vittorio si vanta[1] così tanto, tarda alcuni secondi prima di rispondere, Corrado comincia a lamentarsi. Vittorio, da parte sua, non sopporta il disordine in cui Corrado lascia la cucina dopo una delle sue famose cene. Ma nonostante[2] tutto ciò, questa è **la più importante** delle loro amicizie.

[1]si… *brags* [2]*in spite of*

Secondo passo. Ora fai dei confronti fra i sei amici usando le espressioni che seguono. (Se occorre, fai un ripasso delle descrizioni dei sei amici che appaiono all'inizio di questo capitolo.)

1. Corrado / Vittorio: praticare lo sport
2. Chiara / Veronica: ballare
3. James / Lucia: parlare di politica
4. Veronica / Vittorio: formattare un dischetto

Terzo passo. Ora fai dei confronti fra te e il tuo migliore amico / la tua migliore amica.

raccomandare
R

Raccomandare e esprimere opinioni: Il grande talento di Veronica

Attenzione!

Prima di cominciare questa sezione, ripassa sulle pagine verdi alla fine del libro le strutture grammaticali necessarie per fare raccomandazioni e esprimere la propria opinione.

Primo passo. Leggi il seguente brano su Veronica e la sua famiglia.

Veronica è una ballerina. **È incredibile che riesca** a muoversi con tanta grazia ed agilità! Sa di aver talento e spera di potersi guadagnare da vivere ballando. Un giorno vorrebbe aprire una scuola di danza e teatro perché **pensa che sia** importante comunicare agli altri la propria passione. Purtroppo i genitori non sono d'accordo con lei. **Vorrebbero che** Veronica **cambiasse** idea e **fosse** più pratica. **Sono convinti che** la figlia **stia**

rischiando troppo ad investire tutta la sua energia in un campo così poco sicuro come quello artistico. La madre spesso **raccomanda** a Veronica **che torni** a casa e faccia una vita «normale». **Ha paura che** la figlia <u>sogni troppo ad occhi aperti</u>[1] e **non si renda conto** della[2] realtà della vita. Da parte sua Veronica continua <u>imperterrita</u>[3] a mandare ai genitori foto e video dei suoi spettacoli per convincerli che il suo talento e la sua costanza saranno <u>premiati</u>.[4]

Veronica, una ballerina con grazia e agilità

[1]**sogni...** *daydreams too much* [2]**si...** *realize the* [3]*undaunted* [4]*rewarded*

Secondo passo. Completa le seguenti frasi e usa il congiuntivo quando è necessario.

1. È bellissimo che Veronica…
2. I suoi genitori preferirebbero che lei…
3. Sono sicuri che fare la ballerina…
4. Raccomandano a Veronica che…

Terzo passo. I nostri genitori (amici, parenti, professori…) condividono alcune delle nostre opinioni ma non sempre sono d'accordo con tutte le nostre idee. Completa le seguenti frasi.

1. I miei genitori (amici, parenti, professori…) vogliono che io…
2. Al mio migliore amico / Alla mia migliore amica piace che io…
3. Mi dispiace che loro…
4. Spero che i miei amici…

Raccontare del passato: Chiara e un giorno indimenticabile

Attenzione!

Prima di cominciare questa sezione, ripassa sulle pagine verdi alla fine del libro le strutture grammaticali necessarie per parlare del passato.

Primo passo. Leggi il seguente brano che racconta un giorno che Chiara ricorderà sempre.

Quando Chiara **era** bambina, i suoi genitori la **portavano** a teatro con loro ogni volta che **c'era** un nuovo spettacolo. Naturalmente queste occasioni non **capitavano** molto frequentemente, quindi **erano** sempre qualcosa di speciale. Dopo aver visto una rappresentazione, Chiara **amava** raccontare la trama[1] della commedia ai suoi piccoli amici. Spesso **riusciva** a ricordare tante frasi dei dialoghi e i suoi parenti **volevano** che Chiara gliele recitasse. La bambina **passava** delle ore nella camera di sua madre, dove i vestiti materni **diventavano** un guardaroba teatrale. Una

[1]*plot*

Chiara ama il teatro fin da bambina.

sera Chiara e i suoi genitori **avevano assistito**[2] a una rappresentazione della commedia *Turandot* di Carlo Gozzi, in cui la protagonista è una bellissima principessa cinese. I suoi **erano** i costumi più belli ed esotici che Chiara **avesse mai visto** sul palcoscenico. Purtroppo nessuno degli abiti di sua madre **riusciva** a ricreare per Chiara la bellezza e l'eleganza di quelli visti a teatro. Pochi giorni dopo, suo padre **l'ha invitata** a passare un pomeriggio con lui alla sartoria.[3] Chiara non dimenticherà mai la sorpresa che il padre le **aveva preparato.** Entrando nella sartoria, Chiara **ha trovato** un costume da principessa cinese disegnato e confezionato proprio per lei dal padre. Lui **aveva cucito**[4] il costume solo con dei ritagli di stoffa,[5] ma alla bambina **sembrava** un vero tesoro d'oriente.

[2]avevano... *had attended* [3]*tailor's shop* [4]*sewn* [5]ritagli... *scraps of cloth*

Secondo passo. Rispondi alle seguenti domande a proposito dell'esperienza di Chiara.

1. Come esprimeva Chiara il suo amore per il teatro?
2. Quale aspetto dello spettacolo *Turandot* ha colpito (*struck*) tanto Chiara?
3. Che cosa è successo nella sartoria del padre di Chiara?

Terzo passo. Ora completa queste frasi per raccontare del tuo passato.

1. Quando ero piccolo/a, una volta io...
2. L'anno scorso il mio migliore amico / la mia migliore amica ed io...
3. Alla fine del semestre scorso, i miei professori...
4. Quando avevo sedici anni,... sempre...

Parlare dei gusti: Com'è estroverso James!

Attenzione!

Prima di cominciare questa sezione, ripassa sulle pagine verdi alla fine del libro le strutture grammaticali necessarie per parlare dei gusti.

A James interessa la gente e gli piace gestire il Bar Little Texas.

Primo passo. Leggi il seguente brano sugli interessi di James.

È vero che gli occhi di un individuo rispecchiano[1] il suo animo? Nel caso di James la risposta è senz'altro «sì»! Occhi grandi, sereni, curiosi, aperti sul mondo, sempre in movimento. Tutto **lo interessa,** tutto **lo incuriosisce.** Gli **piacerebbe** scattare[2] foto in continuazione, tra una bevanda e un panino che prepara per la sua clientela. E a volte lo fa nei momenti meno impegnati[3] della giornata. **Ai suoi clienti,** che spesso diventano i suoi amici, **non dispiace** essere immortalati in uno dei tanti album di fotografie di James. Questi album lui preferisce chiamarli «libri» perché, secondo lui, ogni foto racconta una

[1]*reflect* [2]*to take* [3]*busy*

storia. Fare domande, ascoltare e conoscere la gente che lo circonda non è il suo unico passatempo, infatti ama anche parlare di se stesso e delle sue avventure! Le estati trascorse a lavorare come disc-jockey nei locali di varie località italiane gli danno molto materiale da raccontare. E proprio queste estati gli hanno permesso di lavorare con una sua altra grande passione: la musica. Nonostante questa sua indomita[4] curiosità, durante la settimana **gli piace** concedersi qualche intervallo[5] e godersi un po' di solitudine. Sono quelli i momenti in cui si immerge nel suo ambiente preferito: il mare, la spiaggia, il sole dell'alba.[6] E poi la sera di nuovo musica, gente e tante belle chiacchierate.

[4]*unconquerable*   [5]*pause, break*   [6]*of the dawn*

Secondo passo. A coppie, trovate da ogni colonna le informazioni appropriate per formare sei frasi sui gusti e sulle preferenze dei sei amici.

ESEMPIO: A Lucia piacciono i libri.

Corrado	dispiacere	la disparità sociale	la tranquillità
Veronica	piacere	i libri	i viaggi in treno
James	incuriosire	perdere la pazienza	i computer
Chiara	affascinare	la gente	le isole
Lucia	interessare	gli spettacoli teatrali	l'Australia
Vittorio	infastidire	l'arte	la violenza

Terzo passo. Indica ora i gusti e le preferenze delle seguenti persone.

1. io
2. il mio migliore amico / la mia migliore amica
3. i miei professori
4. gli studenti di questa classe

Fare ipotesi: I sogni di Corrado

Attenzione!

Prima di cominciare questa sezione, ripassa sulle pagine verdi alla fine del libro le strutture grammaticali necessarie per fare ipotesi.

Primo passo. Leggi il seguente brano su Corrado e quello che gli piacerebbe fare.

Se potesse, Corrado farebbe un viaggio nel Perù.

Anche se in generale Corrado è contento della sua vita, a volte sogna ad occhi aperti le cose che **farebbe** un giorno **se potesse.** Per esempio, **gli piacerebbe** molto viaggiare nell'America Centrale e nel Perù. In questi luoghi **potrebbe** studiare e conoscere civiltà[1] antiche diverse. Essendo cresciuto in un ambiente circondato dai[2] segni dell'antichità romana, Corrado pensa che **sarebbe** molto bello **se riuscisse** a visitare un mondo completamente diverso, un tempo popolato da gruppi come gli Inca, i Maya e gli Aztechi.

[1]*civilizations*   [2]*circondato… surrounded by*

Inoltre **avrebbe** senz'altro tante occasioni di conoscere grandi studiosi nel campo archeologico. **Se Corrado avesse** successo nei suoi lavori archeologici, **potrebbe** anche comprarsi una casa in Messico vicino al mare. Quante ore liete[3] **passerebbe** sulla spiaggia, suonando il sassofono… ! E la sera **potrebbe** gustare quegli squisiti[4] piatti messicani che **imparerebbe** a preparare… Purtroppo i suoi amici e parenti in Italia **sarebbero** molto lontani. Ma **se avesse** così tanto successo, **avrebbe** anche i soldi per comprarsi ogni tanto un biglietto per l'Italia!

[3]*happy*   [4]*delicious*

Secondo passo. Completa il seguente testo in cui esprimi le tue fantasie se fossi una persona famosa: un attore / un'attrice, un uomo politico / una donna politica e così via. Dovrai aggiungere anche alcuni verbi.

Se io fossi _____[1] (*nome di una persona famosa*), avrei _____.[2] Per le vacanze, andrei a/in _____[3] con _____,[4] dove noi _____.[5] Se avessimo voglia di fare qualcosa di veramente particolare, _____.[6] Ma se fossimo stanchi, _____.[7] Senz'altro staremmo molto bene.

Terzo passo. Ora, pensando ai tuoi sogni, completa le seguenti frasi con la forma adatta dei verbi in modo da formare delle ipotesi. Poi comunica i tuoi sogni a un compagno / una compagna.

1. Se io potessi fare qualsiasi mestiere, _____ (scegliere) di essere _____.
2. Se volessi avere successo in questo campo, _____ (dovere) _____ perché _____.
3. Se guadagnassi molti soldi in questo mestiere, io_____ (viaggiare) e _____ (andare) in/a _____ dove _____.

futuro

F Parlare del futuro: Le avventure di Vittorio

Primo passo. Leggi il seguente racconto delle possibili avventure di Vittorio nel futuro.

Attenzione!

Prima di cominciare questa sezione, ripassa sulle pagine verdi alla fine del libro le strutture grammaticali necessarie per parlare del futuro.

Adesso Vittorio lavora per conto suo[1] come consulente indipendente presso vari negozi e società, ma fra circa due anni spera di riuscire a stabilire una vera e propria agenzia di consulenza sui sistemi informatici, e di avere altre persone che **lavoreranno** per lui. Allora **potrà** tornare a Camogli a passare un po' di tempo dai suoi. Gli **farà** tanto piacere rivedere suo cugino Mario, che anni fa è stato così gentile e che lo ha aiutato tanto. **Userà** la sua nuova macchina digitale per fotografare le case che Mario e i suoi colleghi avranno dipinto e restaurato, e dopo li **aiuterà** a creare un sito web con le foto, per

Un giorno Vittorio avrà la sua propria agenzia di consulenza.

[1]*per… on his own*

fare pubblicità alla loro impresa.[2] Mario ormai è sposato e ha un figlio. Vittorio si chiede come **sarà** sua moglie e se il figlio **avrà ereditato** il talento artistico del padre. Un pomeriggio **noleggeranno** una bella barca e, insieme ad alcuni altri amici, **faranno** una piacevole gita sul mare, dove **ammireranno** la pittoresca costiera ligure e **rievocheranno**[3] la loro giovinezza.[4]

[2]*firm*   [3]*they will recall*   [4]*youth*

Secondo passo. Completa le seguenti frasi, dicendo che cosa succederà secondo te nelle circostanze descritte.

1. Quando Mario saprà che Vittorio tornerà a Camogli…
2. Quando la moglie di Mario farà la conoscenza di Vittorio…
3. Appena Vittorio rivedrà le strade e le piazze di Camogli…
4. Quando Mario e Vittorio si incontreranno di nuovo dopo tanti anni…

Terzo passo. Ora completa queste frasi, dicendo quello che tu farai nelle seguenti situazioni.

1. Quando avrò finito i miei studi…
2. Quando compierò i quaranta (cinquanta, sessanta…) anni…
3. Quando parlerò meglio l'italiano…
4. Quando arriveranno le vacanze…
5. Appena potrò…

 Scriviamo!

Primo passo. Ora che hai tante informazioni biografiche sui sei amici, tocca a te (*it's your turn*) scrivere la biografia. Prima, con un tuo compagno / una tua compagna, commentate le seguenti cose e prendete appunti (*take notes*).

1. Quando un/a giornalista intervista qualcuno, quali dati personali chiede di solito?
2. Quali aspetti intimi della persona intervistata cerca di scoprire il/la giornalista?
3. Quali domande fa sui programmi per il futuro che si propone la persona intervistata?

Secondo passo. Scrivi tre brevi paragrafi sulla vita che immagini nel tuo futuro. Immagina che sia già l'anno 2015 e che tu sia una persona famosa. Chi sei? Cosa fai? Nel primo paragrafo, descrivi la tua vita nell'anno 2015, con i dati personali più importanti. Nel secondo paragrafo parla dei tuoi gusti e delle tue preferenze. Nel terzo paragrafo esponi (*state*) i programmi che hai per il futuro. Prima di andare avanti con il **Terzo passo,** fai un ripasso di tutti i verbi del tuo tema per assicurarti che siano tutti corretti. Controlla anche l'accordo degli aggettivi con i sostantivi che hai usato.

Terzo passo. Molti giornalisti che scrivono per le riviste di pettegolezzi (*gossip*) cambiano le informazioni ottenute in un'intervista, o le presentano in un modo particolare, per renderle più interessanti. Leggi questi «Curiosità e aneddoti», pubblicati in rete (*online*), su Luciano Pavarotti, il famoso tenore italiano.

Luciano Pavarotti

Dati anagrafici	**Il meglio**
Nato a Modena il 12.10.1935	Nemorino nell'*Elisir d'Amore*
Debutto	**Il peggio**
1961, Reggio Emilia in *Bohème* di G. Puccini	*Don Carlos* alla Scala con Muti, 1992

Curiosità e Aneddoti

• Ha una splendida voce di tenore lirico, dal timbro dolce ed una dizione chiarissima. La facilità con cui affronta la tessitura acuta della partitura[1] è sorprendente, anche se la brillantezza degli acuti[2] ha perso lo smalto[3] di diversi anni fa.

• E' in assoluto il tenore più conosciuto nel mondo: merito in parte della sua voce (che in alcuni ruoli non ha rivali), in parte del battage pubblicitario che è da sempre stato fatto intorno al suo nome. Buon conoscitore delle regole che muovono il mercato discografico, ha inciso[4] praticamente tutto l'incidibile (nei limiti della sua voce e purtroppo anche oltre[5]). E' la punta di diamante della scuderia Decca.[6]

• E' in carriera da ormai trentacinque anni: 13 in più del grande Caruso. Nel corso della sua carriera ha cantato più di trecento volte nel ruolo di Rodolfo nella *Bohème* di Puccini.

• Il suo peso[7] è paragonabile a quello di un cetaceo[8]: egli stesso[9] racconta che, avendo necessità di una lastra al torace,[10] si dovette recare[11] in una clinica veterinaria perché in ospedale i macchinari non erano sufficientemente grandi per contenerne tutto il torace.

• E', da buon modenese, amante della buona cucina e della buona tavola: il suo piatto preferito sembra siano le tagliatelle emiliane al ragù.

• Il suo legame con la moglie Adua è stato uno dei più duraturi[12] del mondo della lirica. Si è separato recentemente dopo trentacinque anni di matrimonio e sette di fidanzamento.[13] Il suo patrimonio,[14] stimato intorno ai 500 miliardi,[15] è stato diviso in parti uguali tra il tenore e la moglie.

• Ora si abbassa le parti, ma un tempo era considerato l'unico tenore al mondo, insieme con Gedda, in grado di eseguire[16] il Fa sovracuto[17] contenuto nella partitura dei Puritani di Bellini.

---

[1] *score* [2] *high notes* [3] *polish* [4] *recorded* [5] *beyond* [6] E'... *He is the main star of the Decca organization.* [7] *weight* [8] *whale* [9] egli... *he himself* [10] lastra... *X-ray of his chest* [11] si... *he had to go* [12] *enduring* [13] *engagement* [14] *fortune* [15] stimato...*estimated around 500 billion (lire)* [16] in... *capable of performing* [17] Fa... *high F-sharp*

Ora immagina di essere un/a giornalista che scrive per un sito web che pubblica informazioni—e pettegolezzi—sulle persone famose. Leggi il tema che un compagno / una compagna ha scritto nel **Secondo passo.** Scrivi poi un breve articolo esagerato e non del tutto vero sulla persona «famosa» descritta nel componimento del tuo compagno / della tua compagna. Puoi anche dare al tuo articolo un titolo scandalistico, come per esempio «Julia Roberts e Luciano Pavarotti insieme in una villa privata sulla riviera italiana».

Capitolo

1

Prospettive:
Percezioni e impressioni

Il Bar Little Texas rispecchia il carattere di James.

*I*n questo capitolo esploreremo il tema delle percezioni. Come siamo? Come percepiamo gli altri? Quali elementi influenzano la prima impressione che riceviamo dagli altri?

Punti chiave
- Descrivere
- Confrontare

Temi centrali
- Percezioni
- Stereotipi

In viaggio per il Nord-Ovest d'Italia
- la Valle d'Aosta
- la Lombardia
- il Piemonte

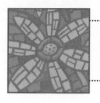

Situazioni

Le prime impressioni

Situazione: Lucia e James stanno chiacchierando al Bar Little Texas dei diversi clienti che lo frequentano e delle prime impressioni che hanno provato quando si sono conosciuti. Leggi il dialogo e rispondi alle domande che seguono. Fai attenzione al nuovo vocabolario.

LUCIA: Il Bar Little Texas è molto più bello di quanto me lo immaginavo. Ogni volta che vengo qui, trovo sempre gente affascinante.

JAMES: Sì, è vero. Mi piace lavorare qui molto più che in un ufficio o in una grande ditta. Ho tanti clienti diversi. Non mi annoio mai.

LUCIA: Mi è sempre piaciuto osservare le persone e cercare di indovinare chi sono e cosa fanno. *guess*

JAMES: Non conosco nessuno che abbia un'immaginazione così vivida come la tua… non oso pensare alle conclusioni.

LUCIA: Per esempio, vedi quella ragazza con i capelli verdi, **l'orecchino** al naso e **un tatuaggio** sul **collo?** Scommetto che è un'artista o qualcosa di simile. Sicuramente è **estroversa** ed **allegra.**

JAMES: Veramente? Quella «ragazza» è una donna di quarant'anni ed è la padrona del negozio qui accanto. È **simpaticissima.** Ti piacerà senz'altro quando te la presenterò.

LUCIA: Davvero? Be', può essere che **le apparenze ingannino.** Infatti quando ti ho conosciuto mi **sembravi** meno simpatico. Ti ricordi **le basette**[1] e **i baffi**[2] che portavi?

JAMES: Come no! Ero proprio bello!

LUCIA: Ad essere sinceri, a me **sembravi** un bandito o qualcosa del genere.[3] Comunque non mi spaventavi. Quello che però mi faceva paura era **la** tua **aria** da saputone.[4]

Le aria da…

JAMES: Sì, sì…

LUCIA: Non dico bugie. Pensavo che tu fossi una specie di Don Giovanni.

JAMES: Che assurdità! Be', non lo credere più, ora mi conosci meglio. Sai che anche tu **a prima vista** mi avevi fatto un'impressione diversa? Temevo che tu fossi una delle persone più…

LUCIA: Non lo voglio sapere!

[1] *sideburns* [2] *moustache* [3] *del… of the kind* [4] *know-it-all*

Presa di coscienza. Prima di cominciare le attività che seguono, rileggete in piccoli gruppi il dialogo e individuate i punti chiave usati, scrivendo la lettera che corrisponde a ognuno di essi.

confrontare descrivere futuro gusti ipotesi passato raccomandare

confrontare — comparison

ESEMPI:

- Il Bar Little Texas è molto più bello di quanto me lo immaginavo.

- Mi è sempre piaciuto osservare le persone...

Attività

A. Comprensione. Rispondi alle domande secondo il dialogo.

1. Come sono i clienti del Bar Little Texas?
2. Perché Lucia pensa che la cliente nel bar sia un'artista?
3. Le osservazioni di Lucia sono giustificate o sono uno stereotipo sciocco (*foolish*)?
4. Che impressione ha avuto Lucia di James quando si sono conosciuti?
5. Quale credi che sia stata la prima impressione che ha avuto James di Lucia?
6. Qual è di solito la prima impressione che tu fai alle persone quando ti conoscono? Perché?

mi mette soggezione — makes me feel uncomfortable

B. Raccomandazioni e opinioni personali. Completa le seguenti frasi secondo la conversazione fra Lucia e James. Usa un connettivo in ogni frase.

ESEMPIO: A James piace che i suoi clienti siano diversi dato che cerca sempre di fare nuove conoscenze.

1. A James piace avere una clientela diversa...
2. È sorprendente che la proprietaria di un negozio...
3. È ovvio che Lucia...
4. È interessante che Lucia e James...

C. Dialogo. A coppie, preparate uno dei seguenti dialoghi e presentatelo alla classe.

1. Ricreate il dialogo fra Lucia e James con parole vostre, basandovi su ciò che ricordate.
2. Continuate e finite il dialogo fra Lucia e James, in cui James esprimerà quello che ha pensato di Lucia quando si sono conosciuti.

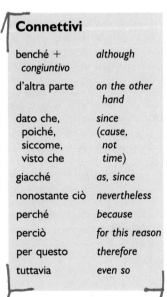

Connettivi

benché + congiuntivo	although
d'altra parte	on the other hand
dato che, poiché, siccome, visto che	since (cause, not time)
giacché	as, since
nonostante ciò	nevertheless
perché	because
perciò	for this reason
per questo	therefore
tuttavia	even so

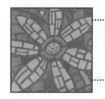

Vocabolario del tema

—Hai visto? Ho preso in prestito le tue ciglia finte!

Per descrivere i capelli

calvo/a	bald
grigi / grigio/a di capelli	gray/gray-haired
lisci	straight
ricci / riccio/a di capelli	curly/curly-haired
rossi / rosso/a di capelli	red/redhead
tinti	dyed

Per descrivere qualità personali positive o neutre

affascinante	charming
allegro/a	cheerful
appariscente, vistoso/a	showy
calmo/a	quiet
colto/a	well-read, well-educated
divertente	funny
educato/a	polite, well-mannered
espansivo/a	outgoing
estroverso/a	extroverted
introverso/a	introverted
mitico/a (*coll.*)	cool
piacevole	pleasant
semplice	simple
sensibile	sensitive
simpatico/a	nice
temerario/a	daring
timido/a	shy

Per descrivere qualità personali negative

aggressivo/a	aggressive
antipatico/a	unpleasant
brutale	brutal, brutish
cafone/a	tacky, tasteless, rude
distratto/a	absent-minded
egoista	self-centered, selfish
noioso/a	tedious, boring
permaloso/a	touchy
pigro/a	lazy
presuntuoso/a	conceited
taccagno/a, tirchio/a	stingy
testardo/a, testone/a	stubborn

Per parlare del corpo

la barba	beard
i baffi	moustache
le basette	sideburns
la carnagione (chiara/scura)	(light/dark) complexion
la cicatrice	scar
il ciglio (*pl.* **le ciglia**)	eyelash
il collo	neck
la faccia, il viso, il volto	face
il gomito	elbow
l'orecchino	earring
l'orecchio (*pl.* **le orecchie**)	ear
la ruga	wrinkle
il sopracciglio (*pl.* **le sopracciglia**)	eyebrow
il tatuaggio	tattoo

Per descrivere le impressioni

emozionante	exciting
degradante	degrading
deprimente	depressing
disgustoso/a, ripugnante, schifoso/a (*coll.*)	disgusting
inverosimile	incredible

notevole	impressive	**rendersi conto (di)**	to realize
preoccupante	worrisome	(*p.p.* **reso**)	
		rifiutare	to reject

Per parlare delle percezioni

agire (isc) *agisco, agisci, agisce...* to act

ammorbidire (isc) *ammorbidiscono* to soften

andare d'accordo con qualcuno	to get along with someone		
andare di moda*	to be in style		
assomigliare a	to look like		
confrontare, paragonare	to compare		
essere alla moda*	to be in style		
essere/stare simpatico/a (a)	to like (*a person; functions like* **piacere**)		
essere/stare antipatico/a (a)	to dislike (*a person; functions like* **piacere**)		
fare bella/brutta figura	to give a good/bad impression		
parere (*p.p.* **parso**), sembrare	to seem		
prendersela a cuore (*p.p.* **preso**)	to take to heart		

Altre espressioni

a prima vista	at first glance
le apparenze ingannano	looks are deceiving
avere l'aria... (stanca/felice/soddisfatta)	to look . . . (tired / happy/pleased with oneself)
avere una faccia da schiaffi	to be an unpleasant person, *lit.* someone who makes you want to slap his or her face
essere una brava/cattiva persona	to be a good/bad person
essere loquace	to talk a lot
non avere peli sulla lingua	to speak one's mind
sentirsi a proprio agio	to feel at ease

Una cosa **va di moda e una persona **è alla moda**: La mia **compagna di casa** è sempre **alla moda**. Ieri si è fatta un tatuaggio solamente perché **i tatuaggi vanno** molto **di moda** adesso.*

svelti · quick (veloce)

Clsabel

Ampliamento lessicale

Primo passo. Studia le seguenti parole e osserva come il vocabolario si può ampliare quando si conosce il significato di una parola.

SOSTANTIVI	VERBI	AGGETTIVI
conoscenza	conoscere	conosciuto
dolcezza	addolcire	dolce
apparenza	parere	apparente
somiglianza	(as)somigliare	somigliante
facilità	facilitare	facile
piacere	piacere	piacevole

Secondo passo. Leggi il seguente brano sul nuovo direttore del programma di studi di lingua e cultura italiana. Poi, con un compagno / una compagna, traducete, secondo il contesto di ogni frase, ciascuna parola sottolineata e indicate se è un verbo, un aggettivo o un sostantivo.

Simona è molto contenta perché il nuovo direttore del programma di studi della facoltà di Italiano è meraviglioso, anche se la prima impressione non è stata del tutto positiva. Infatti, quando lo <u>ha conosciuto</u>, lui sembrava molto introverso e poco paziente. Ma Simona sa che le <u>apparenze</u> ingannano e che una persona non si può giudicare in pochi minuti. Ha capito presto che il direttore è una brava persona e che all'inizio era solo preoccupato della sua nuova posizione. Ora che lui si sente a suo agio, tratta i suoi collaboratori con gentilezza, usando sempre un tono di voce <u>dolce</u>. È una persona sensibile e generosa e sarà un <u>piacere</u> collaborare con lui.

Terzo passo. Formate gruppi di tre. Una persona di ogni gruppo creerà frasi originali con tutti i sostantivi elencati nel **Primo passo,** un'altra persona scriverà delle frasi originali con tutti i verbi e la terza persona lo farà con tutti gli aggettivi. Poi ascolterete insieme tutte le vostre frasi.

Uso del vocabolario

A. **Vocabolario nel contesto.** A coppie, decidete se la frase è vera o falsa. Se è falsa, cambiate la frase in modo da renderla vera.

1. Una persona educata deve aver conseguito una laurea all'università.
2. Alle persone tirchie piace spendere molto per gli amici.
3. Una persona temeraria andrà volentieri sulla cima più alta delle Alpi.
4. Gli studenti ammirano i professori distratti perché ricordano tutto.
5. Le persone senza peli sulla lingua non fanno mai brutta figura.
6. Le persone anziane amano portare l'orecchino al naso.
7. Uno studente presuntuoso crede di essere il più stupido della classe.
8. Una persona permalosa non si offende mai per quello che dice la gente.
9. I film di Luchino Visconti sono divertenti.
10. Il mio compagno di camera è un testardo: fa sempre quello che gli dico io.

B. **Domande personali.** A coppie, rispondete alle domande usando il **Vocabolario del tema.** Il tuo compagno / La tua compagna dovrebbe intervenire con alcune delle espressioni tratte da **Per conversare meglio.** Riferite dopo alla classe un po' di quello che ognuno ha saputo del compagno / della compagna.

Per conversare meglio

Ma è pazzesco!	*It's crazy!*
Che orrore!	*How horrible!*
Che peccato!	*What a shame!*
Che vergogna!	*How shameful!*
Che disastro!	*What a mess!*
Che fregatura!	*What a bummer!*
Meno male!	*Thank goodness!*
Che bello!	*That's great!*
Grande! Magnifico!	*That's awesome!*
Che fortuna/sfortuna!	*What good/bad luck!*
Davvero?	*Really?*
Beato/a te!	*Lucky you!*

1. Come sei? Descrivi il tuo aspetto fisico e la tua personalità.
   A chi assomigli nella tua famiglia? In che modo?
   Fai un confronto tra te e i tuoi familiari. In che cosa siete simili? In che cosa siete diversi?

2. Descrivi qualcuno che conosci che indossa abbigliamento appari-scente (*revealing*).
   Cosa ti piace della moda di oggi? Cosa non ti piace?
   Che cosa raccomandi ad una persona che vuole sempre essere alla moda?

3. Descrivi una situazione in cui hai fatto una brutta figura.
   Se potessi tornare indietro e cambiare qualcosa che hai fatto, cosa cambieresti?
   Cosa raccomanderesti a qualcuno per fare bella figura in Italia?

C. **Cosa vuol dire... ?** A turno con un compagno / una compagna, spiegate cosa significano le seguenti parole. Leggete **Attenzione!,** in cima a (*at the top of*) questa pagina, prima di fare l'esercizio.

1. freckles 2. a ponytail 3. braces 4. a sunburn

> È una cosa che…
> È una parte del corpo che…
> È ciò che succede quando…
> È quello che…

D. **Le personalità.** Descrivi come sono le persone elencate.

ESEMPIO:

Una persona egoista: A una persona egoista non importa quello che gli altri sentono. Pensa solo a sé e crede che il mondo giri attorno a sé. Parla molto ed ascolta poco. Non prova neppure a capire quali siano i bisogni degli altri.

1. una persona tirchia 3. una persona noiosa
2. una persona colta 4. una persona egoista che tu conosci

E. La Galleria. La Galleria Vittorio Emanuele, costruita nel 1877 su disegno di Giuseppe Mengoni, è il centro della vita politica e sociale di Milano, la meta preferita per il passeggio e un punto di incontro importante per milanesi e turisti.

A coppie, fate un confronto fra l'ambiente della Galleria, l'ambiente del Bar Little Texas e l'ambiente del posto dove voi incontrate gli amici. Fate un confronto fra i luoghi, fra le persone che frequentano ogni posto e fra quello che si può fare in ogni posto.

La famosa Galleria di Milano

Nota culturale Come parlano gli italiani

Il modo di parlare di ogni individuo varia molto da cultura a cultura. Negli Stati Uniti di solito le persone sono piuttosto discrete quando si tratta di descrivere qualcuno o di parlare di argomenti delicati. Esiste, per esempio, negli Stati Uniti il rispetto per un modo d'esprimersi che sia «politically correct». In Italia questa espressione non è ancora in uso. Gli italiani, in generale, sono infatti meno diplomatici degli americani nell'uso quotidiano del linguaggio. Parlano cioè in modo più diretto, e, come si dice, non hanno peli sulla lingua. Per questo motivo può succedere che una persona statunitense pensi che una persona italiana faccia delle gaffe nell'esprimere giudizi. Allo stesso tempo un italiano potrebbe giudicare gli statunitensi un po' esagerati per l'attenzione posta nel modo di esprimersi.

• • • • • • • •

Conversazione a coppie.
Con un compagno / una compagna, leggete le seguenti frasi pronunciate da alcuni italiani e trovate un altro modo di dirle per addolcire i commenti.

1. Francesca, perché ti sei tagliata i capelli in questo modo orribile?!
2. Sono cinque anni che abiti a Firenze e ancora parli italiano con questo accento americano?
3. Il vestito è bello, ma questo colore ti sta malissimo!
4. Questo è il tuo ragazzo? Be', per come me l'avevi descritto, me lo immaginavo più bello…

Qui Lucia spiega quali sono alcuni stereotipi degli stranieri sugli italiani e continua elencandone altri che gli stessi italiani usano tra di loro. Poi parla del suo carattere e di quello dei suoi amici settentrionali.[1]

«Gli italiani sono molto aperti, estroversi, amano far festa, fanno sempre un pisolino pomeridiano,[2] parlano a voce alta, muovono le mani costantemente, lavorano poco e si godono la vita.» Questi sono alcuni dei commenti che spesso si sentono dire sugli italiani negli altri paesi, parecchi italiani però direbbero che queste impressioni sono false o almeno che variano da una regione all'altra. Tuttavia gli stessi italiani ricorrono a[3] stereotipi per definire gli abitanti di altre città e regioni italiane. Per esempio: si dice che i fiorentini (Firenze) sono snob; i napoletani (Napoli) sono festaioli;[4] i romani (Roma) sono pigri; i milanesi (Milano) sono freddi; i veneziani (Venezia) hanno la lingua lunga;[5] i bolognesi (Bologna) sono golosi;[6] i genovesi (Genova) sono tirchi; e così via.

Io sono nata a Torino ma abito a Milano da tre anni perché studio all'Università di Milano. È vero, il tempo nel nord d'Italia costringe[7] gli abitanti a stare più spesso a casa perché l'inverno è lungo e piovoso. Però non mi considero una persona fredda e distaccata[8] né i miei amici milanesi lo sono.[9] Leggiamo molto ed amiamo discutere insieme di ciò che impariamo. Forse siamo più introversi di altri giovani italiani ma non siamo asociali; preferiamo conoscere a fondo[10] una persona prima di stabilire un rapporto d'amicizia. A Milano molti, soprattutto studenti, hanno una forte coscienza politica e sono impegnati[11] nei partiti e nelle organizzazioni politiche.

• • • • • • • •

[1]*northern* [2]*pisolino… afternoon nap* [3]*ricorrono… resort to* [4]*partyers* [5]*hanno… have a sharp tongue* [6]*gluttonous* [7]*forces* [8]*detached, reserved* [9]*né… nor are my Milanese friends like that* [10]*a… deeply* [11]*involved*

A. Comprensione. Rispondi alle domande secondo il testo precedente.

1. Quali sono gli stereotipi più frequenti usati all'estero per descrivere gli italiani?
2. Quali sono gli stereotipi che esistono tra gli stessi italiani sugli abitanti di varie città ?
3. Come descrive Lucia gli abitanti di Torino e Milano?
4. Cosa fanno Lucia ed i suoi amici?
5. Cosa caratterizza gli studenti milanesi?

B. Parliamo noi. Con un compagno / una compagna, o in piccoli gruppi, fate l'esercizio seguente.

1. Descrivete lo statunitense / il canadese tipico secondo il vostro punto di vista particolare.
2. Descrivete lo stereotipo dell'americano / del canadese tipico del vostro stato o della vostra provincia.

Punti chiave

DESCRIVERE E CONFRONTARE

Prima di cominciare questa parte del capitolo, ripassa e studia la spiegazione grammaticale sulla concordanza degli aggettivi, i verbi **stare, essere** e **avere,** l'uso dei participi come aggettivi, il comparativo e il superlativo sulle pagine verdi, alla fine del libro.

Come va con questi punti chiave?

A. **Lucia e la radio.** Leggi il seguente brano e completalo con le forme adatte dei verbi e degli aggettivi tra parentesi secondo il contesto.

La gente che lavora con Lucia alla radio libera di Milano _è_ [1] (essere/stare) _____ [2] (affascinante), anche se la direttrice della stazione radiofonica, Barbara, _sta_ [3] (essere/stare) sempre un po' _tesa_ [4] (teso), specialmente quando _sta_ [5] (essere/stare) _____ [6] (preoccupato), quando ci sono da fare interviste a personaggi molto _____ [7] (conosciuto). Però in generale l'ambiente è _____ [8] (piacevole) e la gente _____ [9] (essere/stare) bene insieme. Lucia _è_ [10] (essere/ stare) _____ [11] (soddisfatto) perché riceve un salario buono come quello che riceveva a Torino.

Qualche anno fa, quando Lucia _____ [12] (essere/stare) lavorando in una radio a Torino, le relazioni tra gli impiegati erano piuttosto _strane_ [13] (strano). La direttrice, Monica, _____ [14] (essere/avere) tanta presunzione che _____ [15] (essere/stare) difficile andare d'accordo con lei. Monica voleva _avere_ [16] (essere/avere) sempre ragione ed era piena di sé. Le pareti del suo ufficio (essere/avere) _erano_ [17] coperte di _gigantesca_ foto _____ [18] (gigantesco) di cantanti e stelle del cinema _famose_ [19] (famoso) che lei aveva intervistato.

In realtà Lucia ora _è_ [20] (essere/stare) molto più _contenta_ [21] (contento) dei suoi colleghi della radio di quanto lo fosse prima. E anche se Barbara a volte è un po' _testarda_ [22] (testardo), Lucia _sta_ [23] (essere/stare) imparando molto da lei.

Ora completa questi confronti secondo le informazioni del testo precedente.

1. La condizione di lavoro in cui si trova Lucia ora a Milano è _____ (migliore/peggiore) di quella in cui si trovava a Torino.
2. Monica, la direttrice con cui lavorava Lucia prima, avrà _____ (più/meno) _____ (di/che) cinque foto sulle pareti.
3. È _____ (più/meno) difficile andare d'accordo con le persone testarde _____ (di/che) con quelle presuntuose.
4. Lucia guadagna _____ (tanto/tanti) soldi a Milano _____ (quanti/come) ne guadagnava a Torino.
5. Monica è _____ (più/meno) simpatica _____ (di/che) Barbara.

B. **Traduzioni.** Traduci le seguenti frasi in italiano.

1. All the students this semester learned more than last year's. (those of last year)
2. The lawyer was very happy because he earned more than € 3.000 in one week.
3. Ariel has as many tattoos as earrings on her body.

Espressioni utili

Sarà utile imparare le seguenti espressioni per descrivere le persone, le cose e le situazioni.

Prefissi all'aggettivo

arci-, super-, ultra- arciricco, superelegante, ultrasensibile	*extremely*
stra- stracotto, strapieno	*over*

Altri aggettivi o espressioni

…da morire bello da morire, freddo da morire	*incredibly . . .*
…fradicio	
bagnato fradicio	*soaking wet*
ubriaco fradicio	*smashed (inebriated)*
innamorato cotto	*head over heels in love*
nuovo di zecca	*brand-new*
pieno zeppo (di)	*filled to overflowing (with)*
stanco morto	*dead tired*

Espressioni usano forme del comparativo e del superlativo

fare del proprio meglio	*to do one's best*
il massimo/minimo, il più/meno	*the most (greatest)/least*
Questo corso richiede il massimo impegno degli studenti.	*This course demands the greatest commitment of the students.*
In questi giorni preferisco spostarmi il meno possibile.	*These days 1 prefer to move about as little as possible.*
parlare del più e del meno	*to talk about this and that, to make small talk*
più… di così si muore	*you can't get any more . . . than that*
Più pulito di così si muore.	*You can't get any cleaner than that.*
più che altro	*more than anything else, most of all*
più/meno…, meglio è	*the more/less (fewer) . . . , the better*
Meno dobbiamo pagare, meglio è.	*The less we have to pay, the better.*

Attività

A. Il «Combattimento delle regine» in Valle d'Aosta

Primo passo. Leggi la cartolina e sottolinea gli aggettivi. Poi, indica quali sono i sostantivi a cui questi aggettivi si riferiscono.

> *Cara Antonella,*
>
> *come stai? Sono tornata ad Aosta per vedere la Bataille de Reines, il Combattimento delle regine. Ne hai mai sentito parlare? È un combattimento tra mucche che ha luogo ogni ottobre ad Aosta. È molto divertente. Infatti mi ha ricordato un rodeo texano!*
>
> *Le mucche erano tutte nere o nere e bianche con grandi corna[1] ed erano incinte.[2] Sono ancora più feroci quando sono incinte, perciò combattono meglio. La Valle d'Aosta è una regione particolare e bellissima!*
>
> *Bacioni,*
> *Lisa*

Antonella Carapelli
5200 N. Lamar Blvd.
Apartment D304
Austin, TX 78751
USA

[1] *horns* [2] *pregnant*

Secondo passo. Con un compagno / una compagna, discutete le seguenti domande.

1. Lisa scrive che il Combattimento delle regine le ricorda un rodeo texano. In che modo sono simili? In che modo sono diversi? (Non solo negli eventi ma anche nell'ambiente e nel contesto sociale e culturale.)

2. Il Combattimento delle regine, i rodeo, i county fairs americani, sono tutte manifestazioni tipiche di vita rurale e rispecchiano una cultura agricola. Quali manifestazioni o eventi sociali dell'ambiente urbano conosci? In che modo sono simili al Combattimento delle regine, e in che modo si distinguono da esso?

Terzo passo. In gruppi di tre studenti, impersonate Lucia e due nordamericani. Lucia fa domande sulle seguenti feste popolari nordamericane, e i nordamericani le descrivono. Spiegano le tradizioni, lo scopo della festa e le esperienze personali che hanno avuto durante queste feste.

PAROLE UTILI: il costume, i fuochi d'artificio (*fireworks*), la maschera (*mask*), la sfilata (*parade*), il biglietto d'auguri; (*greeting card*), il quadrifoglio (*four-leaf clover*)

1. Mardi Gras a New Orleans
2. Halloween
3. il giorno di San Valentino
4. Thanksgiving
5. il quattro luglio
6. il giorno di San Patrizio

B. «L'attesa» di Carlo Carrà

Primo passo. Con un compagno / una compagna, descrivete il dipinto di Carlo Carrà. Fate una descrizione fisica della persona e dell'animale. Chi o che cosa aspettano? Immaginate come sarà la persona aspettata. Confrontate questa persona con quella che l'aspetta. Quali sono le vostre reazioni al quadro?

Secondo passo. Immagina l'eventuale incontro fra la persona attesa e la donna che l'aspetta. A coppie, preparate un dialogo in cui le

L'attesa, *Carlo Carrà*

due persone parlano della loro situazione. Potete anche sfruttare il vostro senso dell'umorismo…

C. Un personaggio affascinante

Primo passo. Fra tutti i libri che hai letto, e tutti i film che hai visto, c'è un personaggio che ricordi e che ti ha particolarmente colpito? Descrivilo in un paragrafo.

Secondo passo. Parla di questo stesso personaggio a un compagno / una compagna, senza usare il suo nome. Il tuo compagno / La tua compagna riesce ad indovinare chi è?

D. Percezioni e punti di vista.
Quali sono i fattori che determinano le diverse reazioni che la gente prova davanti alle stesse persone, situazioni o cose?

Natalia Ginzburg

scrittice

Primo passo. A coppie, osservate le foto delle seguenti persone. Quali sono le vostre prime reazioni? A seconda del loro aspetto fisico, che tipi saranno? Quali saranno i loro mestieri? Usate il **Vocabolario del tema**. Ricordate che le apparenze possono anche ingannarci.

Cesare Pavese

scrittore
1940s–50s

Secondo passo. In gruppi di quattro studenti, parlate delle vostre impressioni. Quali sono stati i criteri che vi hanno portato a queste conclusioni?

Terzo passo. L'insegnante vi dirà chi sono queste persone. La loro identità corrisponde all'idea che vi eravate fatti di loro? Che cosa hanno creato in voi quelle prime impressioni? Quali sono i fattori che influiscono sulle vostre impressioni iniziali di una persona?

Dario Fo
playwrite
Regista, actore
Hanno un Nobel

Alberto Tomba
campione di sport

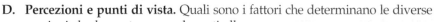

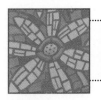

Angolo culturale

In viaggio per il Nord-Ovest d'Italia

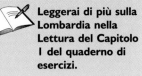

Leggerai di più sulla Lombardia nella Lettura del Capitolo I del quaderno di esercizi.

1. **La Valle d'Aosta: Aosta e la «Bataille des reines».** La «Bataille des reines» ovvero il Combattimento delle regine[1] è una delle manifestazioni tradizionali più seguite in Valle d'Aosta. Le regine sono le mucche[2]! Queste combattono[3] tra di loro per stabilire una gerarchia[4] all'interno della mandria.[5] C'è una gara ad Aosta in ottobre, dove si assegna alla mucca che vince il titolo di «reine des reines de la Vallée» (regina delle regine della Valle).

2. **La Lombardia: Milano.** Come capitale della moda internazionale la rivale di Parigi è oggi Milano. Nel Quadrilatero, una zona della città, si trovano i templi della moda, quelli che hanno nomi che suggeriscono tutta l'eleganza e lo stile sofisticato dello «chic» italiano: Valentino, Versace, Gucci, Ferragamo, Trussardi, Armani. Dal palcoscenico più grande d'Europa, quello del Teatro alla Scala, sorgono[6] le voci più celebri dell'opera lirica. La Scala è infatti uno dei più prestigiosi teatri lirici del mondo, che vanta[7] di un'acustica considerata da molti perfetta. E sempre a Milano, centro del commercio italiano, il mondo «postmoderno» è rispecchiato dalla famosissima Fiera. In questa città, collocata all'incrocio[8] fra l'Europa del Nord e l'Europa del Sud, si tiene ogni anno questa importante manifestazione che ospita convegni[9] e mostre in cui commercianti, industriali, grandi ditte e piccole imprese esibiscono prodotti e servizi di ogni tipo cercando di competere sui mercati internazionali.

3. **Il Piemonte: Il Palio di Asti.** Ad Asti c'è il Palio, una festa che si svolge[10] in due momenti distinti. Il primo martedì di maggio c'è l'offerta del Palio, un drappo[11] di stoffa color cremisi (rosso vivo), alla collegiata[12] di San Secondo, santo patrono della città. In settembre, una sfilata storica in costume parte dalla piazza della Cattedrale e percorre le vie del centro fino al campo dove si tiene la Corsa del Palio, in cui i fantini[13] montano i cavalli a pelo.[14] I rioni[15] della città hanno rintrodotto nel 1967 questa manifestazione che risale[16] al Duecento.

4. **La Lombardia: Milano e la fiera degli Oh bei Oh bei!** «Oh bei, Oh bei!» («Oh belli!») è l'esclamazione d'ammirazione da cui ha preso il nome una fiera di robivecchi[17] e antiquariato[18] che si tiene a Milano il 7 e l'8 dicembre. La fiera degli Oh bei Oh bei coincide così con il giorno di Sant'Ambrogio, santo patrono della città, a cui i milanesi sono molto legati, e con la festa dell'Immacolata Concezione.

[1]Combattimento... *Battle of the queens* [2]*cows* [3]*fight* [4]*hierarchy* [5]all'interno... *within the herd* [6]*rise* [7]*boasts* [8]*at the intersection* [9]*conventions* [10]si... *takes place* [11]*banner* [12]*collegiate church* [13]*jockeys* [14]a... *bareback* [15]*districts, neighborhoods* [16]*dates back* [17]*second-hand items* [18]*antiques*

Prospettive: Percezioni e impressioni

Attività

A. Trova sulla carta geografica le tre città dove hanno luogo queste manifestazioni e scrivici un numero da 1 (il più interessante) a 3 (il meno interessante) per indicare il livello d'interesse che hai a partecipare alle feste celebrate in quelle città.

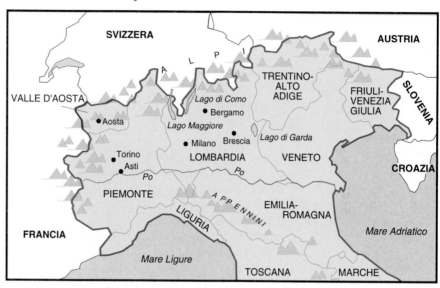

B. Formate tre gruppi e fate le seguenti ricerche che presenterete dopo in classe.

GRUPPO A: altre località della Lombardia, come, per esempio, Cremona, Lago di Como, Varese

GRUPPO B: la Mole Antonelliana a Torino

GRUPPO C: la diversità etnica, culturale e linguistica della Valle d'Aosta

Funerale dell'anarchico Galli, *Carlo Carrà*

Un artista lombardo: Carlo Carrà

Carlo Carrà (1881–1966) è uno dei più importanti pittori italiani del primo Novecento, conosciuto soprattutto per le sue nature morte in stile «metafisico».

Carrà studiò pittura per un breve periodo all'Accademia di Brera di Milano, ma per la maggior parte fu un autodidatta.[1] Nel 1909 conobbe il poeta Filippo Tommaso Marinetti e l'artista Umberto Boccioni, che lo spinsero[2] verso il futurismo, un movimento che esaltava il patriottismo, la tecnologia moderna, il dinamismo e la velocità. Nel 1911, nel *Funerale dell'anarchico Galli* ritrasse[3] l'azione dinamica,

[1]*self-taught* [2]*pushed* [3]*he portrayed*

il potere e la violenza che furono caratteristiche dell'arte futurista. Con la prima guerra mondiale finì anche la fase classica del futurismo. Nel 1917 Carrà conobbe il pittore Giorgio De Chirico che gli insegnò a comunicare negli oggetti quotidiani[4] dei suoi dipinti un grande senso di vita. Carrà e De Chirico chiamarono il loro stile «pittura metafisica». Nel 1918 Carrà si staccò da De Chirico e dalla pittura metafisica. Durante gli anni '20 e '30, dipinse figure melanconiche.[5] Insegnò per parecchi anni all'Accademia di Milano ed ebbe una grande influenza sullo sviluppo dell'arte italiana nel periodo fra le due grandi guerre.

[4]*everyday* [5]*melancholy*

Attività

Con un compagno / una compagna, discutete le seguenti domande.

A. Preferite i quadri che rappresentano le cose in modo realista o quelli che le suggeriscono in modo più astratto?
B. Durante il vero funerale dell'anarchico Galli ci furono gravi scontri tra la polizia e gli anarchici. Come comunica Carrà le forti emozioni di quell'evento?
C. Fate un confronto fra le vostre reazioni a questo dipinto e quelle dei vostri compagni di classe.
D. Durante la sua carriera, lo stile di Carrà è cambiato. In che modo sono diversi questo dipinto e «L'attesa», a pagina 31?

Italiani nel mondo: gli Stati Uniti

Roger Morigi e gli intagliatori[1] della Cattedrale Nazionale

Un doccione della Cattedrale Nazionale a Washington, D.C.

Su una collina di Washington, D.C. sorge[2] la grandiosa Cattedrale Nazionale. La cominciarono nel 1907 e la completarono solo nel 1990. Benché lo stile architettonico della cattedrale sia quello gotico del Trecento inglese, innumerevoli particolari della chiesa mostrano lo spirito e la fantasia dell'artigianato[3] italiano. Questo si può vedere nelle decorazioni come i doccioni[4] e nelle figure grottesche che emergono dalla struttura. Se potessimo avvicinarci ad essi come riescono a fare gli uccelli, troveremmo non solo mostri, draghi e grifoni tradizionali, ma anche delle caricature di alcuni degli immigrati italiani! Lassù in alto si possono infatti riconoscere i ritratti degli intagliatori che si sono immortalati[5] fra queste sculture. Tra le diverse figure ce n'è una che guarda verso il basso ed è rappresentata nell'atto di fischiare come se avesse visto passare una bella ragazza. Vicino a questa ce n'è un'altra che rappresenta un prete che si scandalizza[6] davanti a quella scena. Numerose figure sono dell'intagliatore Roger Morigi.

Morigi, nato nel 1907 a Bisuchio, in Lombardia, imparò l'arte della scultura e dell'intaglio[7] da suo padre, Napoleone. Venne negli Stati Uniti nel 1927 e nel 1956 iniziò a lavorare alla Cattedrale Nazionale. Quando andò in pensione,[8] ventitré anni

[1]*carvers* [2]*rises* [3]*of craftsmanship* [4]*gargoyles* [5]*immortalized*
[6]*si... is shocked* [7]*of carving* [8]*andò... he retired*

dopo, aveva raggiunto il posto di «intagliator maestro». Morto
nel 1995, Morigi è ricordato in parecchi doccioni e figure grottesche della
cattedrale, in cui i suoi collaboratori l'hanno ritratto spesso con le sue
amate mazze[9] da golf, nonché lo scalpello[10] e altri attrezzi[11] del suo
mestiere.

[9]*clubs*   [10]*nonché… as well as his chisel*   [11]*tools*

Comprensione

Formate dei piccoli gruppi e rispondete alle domande secondo il testo
precedente.

1. Quali sono le manifestazioni dell'artigianato italiano evidenti
   nella Cattedrale Nazionale?
2. In che modo alcune delle decorazioni della Cattedrale sono
   diverse da quelle tradizionali?
3. Chi è Roger Morigi?
4. In che modo i suoi collaboratori l'hanno immortalato?

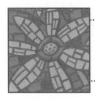

Lettura

NATALIA GINZBURG: «Lui e io»

A proposito della scrittrice

La seguente lettura è tratta da una
raccolta di racconti e saggi di Natalia
Ginzburg chiamata *Le piccole virtù*.

Natalia Levi Ginzburg nacque a
Palermo il 14 luglio 1916, ma trascorse
la sua infanzia e adolescenza a Torino.
Cominciò la sua carriera letteraria
pubblicando una serie di racconti sul
giornale fiorentino *Solaria*. Nella sua
novella «La strada che va in città» (1942),
raccontò la storia di una giovane
contadina che si lascia sedurre (*lets herself be seduced*) dalle attrazioni della città
e di un uomo che finisce per sposare anche se non lo ama. Dieci anni
dopo, descrisse la crisi dei giovani italiani durante il periodo fascista in
Tutti i nostri ieri. La scrittrice ricordò la sua infanzia e gli inizi della sua
carriera in *Lessico famigliare* (1963). Durante gli anni settanta e ottanta,
trattò i problemi della famiglia nella società moderna. Fu anche commediografa e saggista. Nel 1983 fu eletta al Parlamento italiano, candidata del
Partito Indipendente di Sinistra. Morì a Roma il 7 ottobre 1991.

Prima di leggere

A. Strategie per leggere. Le strategie che seguono ti aiuteranno a comprendere meglio quello che leggi.

Anticipare l'argomento e le idee principali. I racconti, le storie e le novelle sono un genere letterario molto appropriato per gli studenti a livello intermedio perché sono relativamente brevi. Allo stesso tempo però essi riescono a dare un'idea piuttosto buona e completa dello stile e delle opinioni dell'autore o autrice.

1. Leggi il titolo e, se è presente, il sottotitolo. Di cosa credi che tratti il racconto?
2. Leggete a coppie i primi paragrafi del racconto e descrivete il lessico usato dall'autrice. Com'è? Facile, difficile, familiare, particolare, specializzato?
3. Quanti personaggi principali ci sono?
4. Com'è il loro rapporto?

Vocabolario nel contesto. Qualsiasi brano in italiano, di una certa lunghezza, può sembrare a prima vista difficile da leggere. Ci sono diverse cose che possono facilitare la lettura. Una di queste è la somiglianza tra alcune delle parole italiane con quelle inglesi (*cognates*) come, per esempio, **teatro, musica, poesia.** Bisogna però fare attenzione alle false somiglianze, come **pittura** (*painting*, non *picture*). Per riconoscere le vere somiglianze da quelle false è importante leggere la parola nel contesto della frase e di tutto il brano. Se ci sono altre parole che non ti sono familiari, è fondamentale il buon uso del dizionario. Ma ricorda di non tradurre parola per parola. Una volta che hai capito il filo del discorso e ti sei aiutato/a con le espressioni già tradotte, dovrebbe essere semplice continuare la lettura.

B. Per conversare. Prima di leggere, rispondete con un compagno / una compagna o in piccoli gruppi alle seguenti domande. Discutetene dopo con il resto della classe.

1. Scegli una persona nella tua famiglia o uno/una dei tuoi migliori amici. Quali sono le maggiori differenze tra i vostri caratteri?
2. Quali sono le cose che tu riesci a fare benissimo e quali quelle che sa fare l'altra persona che hai scelto? Questo fatto crea tensione tra voi due?
3. Quali sono due attività opposte o diverse che vi piace fare?

Lui e io

da *Le piccole virtù* di Natalia Ginzburg

1

Lui ha sempre caldo; io sempre freddo. D'estate, quando è veramente caldo; non fa che lamentarsi del gran caldo che ha. Si sdegna[1] se vede che m'infilo,[2] la sera, un golf. *cardigan*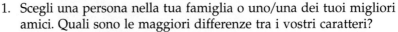

Lui sa parlare bene alcune lingue; io non ne parlo bene nessuna. Lui riesce a parlare, in qualche suo modo, anche le lingue che non sa.

...

[1]*Si... He gets angry* [2]*I put on*

una pittrice - artist/painter.

carabinieri - polizia militare

VOCABOLARIO

VISUALIZZARE

Lui ama il teatro, la pittura, e la musica: soprattutto la musica. Io non capisco niente di musica, m'importa molto poco della pittura, e m'annoio a teatro. Amo e capisco una cosa sola al mondo, ed è la poesia.

Lui ama i musei, e io ci vado con sforzo,[3] con uno spiacevole[4] senso di dovere e fatica. Lui ama le biblioteche, e io le odio.

Lui ama i viaggi, le città straniere e sconosciute, i ristoranti. Io resterei sempre a casa, non mi muoverei mai.

...

Non è timido; e io sono timida. Qualche volta, però, l'ho visto timido. Coi poliziotti,[5] quando s'avvicinano alla nostra macchina armati di taccuino e matita.[6v] Con quelli diventa timido, sentendosi in torto.[7]

...

Io, l'autorità costituita, la temo, e lui no. Lui ne ha rispetto. È diverso. Io, se vedo un poliziotto avvicinarsi per darci la multa, penso subito che vorrà portarmi in prigione. Lui, alla prigione, non pensa; ma diventa, per rispetto, timido e gentile.

...

Per me, ogni attività è sommamente difficile, faticosa, incerta. Sono molto pigra, e ho un'assoluta necessità di oziare,[8] se voglio concludere qualcosa, lunghe ore sdraiata sui divani. Lui non sta mai in ozio, fa sempre qualcosa; scrive a macchina velocissimo, con la radio accesa; quando va a riposare il pomeriggio, ha con sé delle bozze[9] da correggere o un libro pieno di note; vuole, nella stessa giornata, che andiamo al cinematografo, poi a un ricevimento,[10] poi a teatro.

[3]*effort* [4]*unpleasant* [5]*police officers* [6]taccuino... *pad and pencil* [7]sentendosi... *feeling guilty of wrongdoing* [8]*be idle* [9]*proofs* [10]*reception, party*

VERIFICHIAMO

1. Chi sono i personaggi che incontriamo in questa prima parte della lettura?
2. Ci sono somiglianze tra i personaggi o solo differenze? Quali sono le differenze tra lei e lui sui seguenti punti: tempo, arte, timidezza?
3. Che atteggiamento hanno verso l'autorità costituita?
4. Chi dei due è pigro? Perché? Cosa fa la persona attiva?

sweatshirt - felpa
wool - lana

2

Io non so ballare e lui sa.

Non so scrivere a macchina; e lui sa.

...

Non so guidare l'automobile. Se gli propongo[1] di prendere anch'io la patente, non vuole. Dice che tanto non ci riuscirei mai.[2] Credo che gli piaccia che io dipenda, per tanti aspetti, da lui.

Io non so cantare, e lui sa. È un baritono. Se avesse studiato il canto, sarebbe forse un cantante famoso.

Se avesse studiato musica, sarebbe forse diventato un direttore d'orchestra. Quando ascolta i dischi, dirige l'orchestra con una matita. Intanto scrive a macchina, e risponde al telefono. È un uomo che riesce a fare, nello stesso momento, molte cose.

Fa il professore e credo che lo faccia bene.

Avrebbe potuto fare molti mestieri. Ma non rimpiange[3] nessuno dei mestieri che non ha fatto. Io non avrei potuto fare che un mestiere, un mestiere solo: il mestiere che ho scelto, e che faccio, quasi dall'infanzia. Neanch'io non rimpiango nessuno dei mestieri che non ho fatto: ma io tanto, non avrei saputo farne nessuno.

Io scrivo dei racconti, e ho lavorato molti anni in una casa editrice.[4]

...

Ho coltivato a lungo in me l'idea di poter lavorare, un giorno, a sceneggiature[5] per il cinema. Tuttavia non ne ho mai avuta l'occasione, o non ho saputo cercarla. Ora ho perso la speranza di lavorare mai a sceneggiature. Lui ha lavorato a sceneggiature, un tempo, quand'era piú giovane. Ha lavorato lui pure[6] in una casa editrice. Ha scritto racconti. Ha fatto tutte le cose che ho fatto io, piú molte altre.

...

Tutto il giorno si sente musica, in casa nostra. Lui tiene tutto il giorno la radio accesa. O fa andare dei dischi. Io protesto, ogni tanto, chiedo un po' di silenzio per poter lavorare; ma lui dice che una musica tanto bella è certo salubre[7] per ogni lavoro.

...

Segue una descrizione di com'era il marito da piccolo: un modello di ordine e precisione, sempre pulito, dice sua madre. Ora invece è cambiato: è disordinato ed i suoi vestiti sono sempre pieni di macchie.

Io sono disordinatissima. Sono però diventata, invecchiando, nostalgica dell'ordine e riordino, a volte, con grande zelo gli armadi.... Il mio ordine, e il mio disordine, son pieni di rammarico,[8] di rimorsi, di sentimenti complessi. Lui, il suo disordine è trionfante. Ha deciso che per una persona come lui, che studia, avere il tavolo in disordine è legittimo e giusto.

...

[1]*I propose* [2]tanto... *anyway, I would never manage it* [3]non... *he doesn't regret*
[4]casa... *publishing house* [5]*screenplays* [6]lui... *even he* [7]*healthy* [8]*regret*

1. Chi dei due personaggi sa fare più cose? Chi dei due personaggi sembra più capace di fare varie cose, invece di un mestiere solo?
2. Secondo te, lui è più abile perché ha fatto più cose?

3. Perché lei non ha scritto per il cinema? Lui scrive ancora delle sceneggiature?
4. Anche se i personaggi sono entrambi disordinati, come si differenziano nel loro disordine?

Dopo aver letto

A. Comprensione. Sono vere o false le seguenti affermazioni?

1. Lui ha sempre paura della polizia.
2. Lei è pigra, lui non sta mai in ozio.
3. Lei ha la patente e guida spesso.
4. Lui è un famoso direttore d'orchestra che però sogna di scrivere sceneggiature.
5. Lei è sempre stata molto ordinata.

B. I personaggi

Primo passo. Con un compagno / una compagna, inserite nello schema che segue le qualità e i difetti dei personaggi indicati.

	QUALITÀ	DIFETTI
LEI		
LUI		
TU		

Secondo passo. Usando le parole del **Primo passo** e altre riprese dal **Vocabolario del tema,** fate tre confronti fra i due personaggi della lettura e voi stessi.

C. Citazioni. In gruppi di due o tre, spiegate con parole vostre il significato di queste citazioni tratte dalla lettura.

1. Neanch'io non rimpiango nessuno dei mestieri che non ho fatto: ma io tanto, non avrei saputo farne nessuno.
2. Lui, il suo disordine è trionfante. Ha deciso che per una persona come lui, che studia, avere il tavolo in disordine è legittimo e giusto.

D. Per commentare

raccomandare

Primo passo. Di solito quando due persone si sposano hanno in comune tanti elementi. In questo racconto, invece, i due coniugi (*spouses*) sono completamente diversi. Pensi che sia necessario o importante che due persone siano simili per poter vivere insieme?

Secondo passo. In piccoli gruppi, confrontate delle persone (che conoscete) che vivono insieme e hanno delle cose in comune con i personaggi del racconto.

1. Com'è la loro vita?
2. Ti trovi a tuo agio quando passi del tempo con loro?

Terzo passo. Discutete, prima in piccoli gruppi e poi tutti insieme, le caratteristiche di «lui» e «lei».

1. Quali aggettivi usereste per descrivere la narratrice?
2. E quali per «lui»?
3. Cosa ama e cosa odia la narratrice?
4. Quali sono le cose che fanno arrabbiare il marito?

E. **La nostra esperienza personale e le nostre abitudini**

Primo passo. Nel testo che hai letto, qual è l'importanza o il significato dei concetti sotto elencati? Come sono legati ai personaggi e alla loro relazione?

musica	ozio	ordine
autorità	lavoro	controllo delle emozioni

Secondo passo. Qual è l'importanza o il significato di quei concetti nella tua vita personale? Come influiscono nei tuoi rapporti con gli altri?

Scriviamo!

Primo passo. Con un compagno / una compagna, discutete delle seguenti domande che vi aiuteranno ad organizzare il componimento da scrivere per questo capitolo.

1. Quali aggettivi userebbero gli stranieri per descrivere gli statunitensi / i canadesi?
2. Da dove provengono (*originate*) le informazioni che si usano per creare l'immagine del vostro paese?
3. Quali sono alcuni dei programmi televisivi più popolari nel vostro paese che probabilmente si vedono all'estero?

Secondo passo. Sei un italiano e conosci gli Stati Uniti solo attraverso i film e i programmi televisivi che hai visto. Scrivi un articolo sull'immagine che hai delle famiglie, dei giovani e delle donne americane. Usa esempi tratti da film e da telefilm che hanno formato le tue impressioni.

Terzo passo. Leggi quello che ha scritto un tuo compagno / una tua compagna. Ora sei un giornalista statunitense che deve scrivere un saggio editoriale in favore dell'esportazione dei film e dei telefilm degli Stati Uniti o contrario a tale esportazione. Il tuo saggio deve rispondere direttamente a certe opinioni espresse nell'articolo del tuo compagno / della tua compagna.

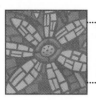

In ogni capitolo di questo libro, dovrai preparare delle schede di vocabolario che serviranno da punto di partenza per la discussione di una gran varietà di temi. Ogni scheda deve contenere tre sostantivi, tre verbi e tre aggettivi che ti aiuteranno a sviluppare il tema scelto. Alla fine del corso avrai 24 schede, ognuna con 9 parole. Il valore di questo sistema è che imparerai il vocabolario attraverso l'associazione. Questo ti permetterà di ricordarlo più facilmente.

Primo passo. Prepara una scheda su ognuno dei seguenti temi per poter discutere ognuna delle seguenti domande o situazioni. Per ogni gruppo di domande, c'è una lista di punti chiave che ti potranno essere utili per rispondere. Ecco un esempio per il tema numero uno:

Scheda di vocabolario: I TALK SHOW		
SOSTANTIVI: il presentatore/la presentatrice	l'ospite	l'umiliazione
VERBI: mettere in ridicolo (*to ridicule*)	approffittarsi di (*to take advantage of*)	sfruttare (*to exploit*)
AGGETTIVI: avvilente (*degrading*)	deprimente (*depressing*)	comico/a

I TALK SHOW

- Descrivi un talk show che hai visto.
- Cosa consigli al presentatore o alla presentatrice per migliorare questo programma?
- Qual è la tua opinione dei talk show degli Stati Uniti?

L'ORGOGLIO NAZIONALE

Le tue idee dell'Italia saranno state formate in gran parte dalle immagini televisive e cinematografiche che hai visto. È così anche per gli italiani: anche loro vedono moltissimi film e programmi televisivi che certamente hanno una forte influenza sulla loro percezione degli Stati Uniti e del Canada. Qualche anno fa, per esempio, i telespettatori italiani seguivano con grande entusiasmo le vicende dei personaggi di «Dallas», i bagnini di «Baywatch», i giovani di «Beverly Hills, 90210» e i «Simpsons».

Pensi che la televisione americana/canadese sia una buona ambasciatrice della cultura e società del tuo paese? Sei orgoglioso/a di questa presenza internazionale americana/canadese?

- Quali aspetti del tuo paese ti fanno sentire orgoglioso/a?
- Che cosa vorresti cambiare?
- Secondo te, il tuo paese è il migliore paese del mondo? Spiega la tua risposta.

L'ETÀ LEGALE PER IL CONSUMO DELL'ALCOL

Per molte persone la produzione e il consumo del vino sembrano una parte essenziale della cultura italiana.

Gli italiani, da parte loro, immaginano molto spesso l'americano tipico come una persona che ha sempre il bicchiere in mano; cioè, come qualcuno che sta sempre bevendo. E non è una questione semplicemente di alcol; pare che l'americano, più che dall'alcol, sia quasi ossessionato dall'atto del bere: o la Coca-Cola, o il tè ghiacciato, o la birra… Ci hai mai pensato? L'abuso degli alcolici è purtroppo un problema serio e le opinioni sono tante e diverse.

- Cosa succederebbe se diventasse legale il consumo degli alcolici per i minorenni (*minors*)?
- Secondo te, i genitori come dovrebbero gestire in famiglia la questione del consumo dell'alcol con i figli minori di ventun anni?

L'APPARENZA FISICA

- Quali aspetti dell'apparenza fisica noti quando conosci una persona?
- Hai mai conosciuto qualcuno che ti è sembrato in un certo modo all'inizio, ma che poi si è rivelato completamente diverso dalla tua prima impressione? Descrivi questa situazione.
- Che cosa pensi delle persone che si vestono sempre alla moda? E di quelle che non si vestono mai in modo appropriato all'occasione? E tu a quale gruppo appartieni?

Secondo passo. Prepara una domanda per ogni scheda usando i diversi punti chiave. Poi fai le domande a un compagno / una compagna di classe.

Capitolo

2

legare- to tie

I legami affettivi:
La famiglia, la città d'origine, gli amici

A Veronica manca la sua città natia, Venezia, ma vuole rincorrere i suoi sogni a Roma.

*I*n questo capitolo, esploreremo il tema dei legami che si hanno con la famiglia, la città d'origine e gli amici. Come ci confrontiamo ai nostri genitori? Come dovrebbero essere i rapporti tra i genitori e i loro figli adulti? Com'è possibile mantenere il legame con la famiglia e le origini nella società moderna? I ricordi influenzano la nostra vita attuale? Come?

Punto chiave

raccomandare

R

- Raccomandare e esprimere opinioni

Tema centrale

- Legami affettivi

In viaggio per il Nord-Est d'Italia

- il Trentino–Alto Adige
- il Veneto
- il Friuli–Venezia Giulia
- l'Emilia Romagna

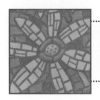

Situazioni

to visit.

Mia madre viene a trovarmi. Mamma mia!

Carissima Vera,

spero che questa immagine ti
ricordi le nostre belle gite a Murano.
Mi manchi tanto. Tieniti forte:
verrò a trovarti la settimana
prossima!

Un bacione,
Mamma

a Venezia

Veronica Fantini
Via Pietro Borsieri, 13
00131 Roma

—— La bella isola di Murano, Venezia ——

Situazione: *Veronica e Lucia sono al Bar Little Texas dove Veronica racconta che la madre le ha mandato una cartolina annunciandole la sua imminente visita. Leggi il dialogo e rispondi alle domande che seguono. Fai attenzione al nuovo vocabolario.*

VERONICA: Sono contenta di rivedere mia madre, ma ho paura che cerchi ancora di convincermi a ritornare a Venezia. Lei spera che io trovi un lavoro, ed anche un marito, dalle nostre parti.

LUCIA: Non ti preoccupare! È normale che i genitori vogliano avere vicino i propri figli. Qualche volta i miei sono **invadenti** *intrusive* come tua madre!

VERONICA: Sì, ma ora anche mio fratello Stefano non abita più con loro. Prima io **mi sono trasferita** a Roma, poi Stefano a Bologna. Ormai pensano che i loro figli li abbiano abbandonati.

LUCIA: Non sapevo che Stefano fosse andato via. Chi l'avrebbe detto! Sembrava il tipo che non avrebbe mai lasciato la città e l'ambiente in cui **è cresciuto.** *grew up* È così tranquillo e casalingo! *affectionate*

VERONICA: Ha sorpreso anche me. D'altra parte però ha sempre tanto ammirato il lavoro di <u>Umberto Eco.</u> Ora che ha avuto l'opportunità di andare a studiare nell'università dove insegna il suo idolo, non può lasciarsela scappare.[1]

LUCIA: Davvero? Magari capitasse anche a me un'occasione simile![2] Seguirà dei corsi con Eco?

VERONICA: Credo di sì. Comunque ora pensiamo a me! Ho bisogno del tuo aiuto e di quello dei nostri amici. <u>Dovete aiutarmi a distrarre mia madre</u> durante il suo soggiorno qui. Così non penserà solo a me e al mio futuro.

LUCIA: Calmati! Le prepareremo un programma coi fiocchi[3] e ti lascerà in pace.

professore di semiotica
Il nome della rosa

[1]lasciarsela… *let it slip away*   [2]Magari… *If only such an opportunity would arise for me too!*   [3]coi… *great, exceptional*

Presa di coscienza. Prima di cominciare le attività che seguono, rileggete in piccoli gruppi il dialogo e individuate i punti chiave usati, scrivendo la lettera che corrisponde a ognuno di essi.

Attività

A. Comprensione. Rispondi alle domande secondo il dialogo.

1. Perché Veronica ha paura della visita della madre?
2. Perché la situazione è peggiorata in casa Fantini?
3. Come mai Lucia si meraviglia che Stefano si sia trasferito a Bologna? *to be surprised*
4. Perché Stefano è andato a Bologna?
5. In che modo Veronica spera che Lucia ed i suoi amici l'aiutino?

B. Raccomandazioni e opinioni personali. Completa le seguenti frasi secondo la conversazione fra Veronica e Lucia. Usa un connettivo in ogni frase.

ESEMPIO: La Sig.ra Fantini non è contenta che Veronica sia andata a Roma dato che ora anche l'altro figlio si è trasferito in un'altra città.

1. Alla Sig.ra Fantini dispiace che Veronica…
2. Raccomanda a sua figlia di…
3. È un peccato che anche Stefano…
4. Veronica s'aspetta che Lucia…

C. Dialogo. A coppie, preparate uno dei seguenti dialoghi e presentatelo alla classe.

1. Ricreate il dialogo fra Veronica e Lucia con parole vostre, basandovi su ciò che ricordate.
2. Continuate e finite il dialogo fra Veronica e Lucia, in cui Lucia offre una soluzione al problema di Veronica con sua madre. Lucia offrirà suggerimenti sulle attività che Veronica e gli amici potrebbero proporre alla madre, sui modi di persuadere la madre che la scelta di Veronica è giusta, e così via.
3. Improvvisate una conversazione telefonica tra Veronica e suo fratello Stefano. Stefano cercherà di convincere la sorella a tornare a casa dei genitori.

Connettivi

benché (+ *congiuntivo*)

d'altra parte

dato che, poiché, siccome, visto che

giacché,

nonostante ciò

perché

perciò, per questo

tuttavia

Vocabolario del tema

Reprinted by permission of *La Settimana Enigmistica*

—Almeno, però, non si mangia più le unghie[a]!

[a]non… *he doesn't bite his nails anymore*

Per descrivere le persone

altruista	altruistic, unselfish
autoritario/a, caporione	bossy
carino/a	sweet, pretty
comprensivo/a	understanding
deluso/a	disappointed
di mentalità aperta/chiusa	open-/closed-minded
di sinistra / di destra	left-wing/right-wing
egoista	selfish
esigente	demanding
geloso/a	jealous
impegnato/a	involved, committed, busy *← politically*
ingenuo/a	naïve
invadente	intrusive, meddlesome
invidioso/a	envious
malizioso/a	mischievous
prepotente	arrogant, authoritarian

ribelle	rebellious	**il figlio unico / la figlia unica**	only child
rompiscatole (*coll.*)	annoying, pain in the neck	**il fratellastro**	stepbrother
severo/a	strict	**il/la gemello/a**	twin
sottomesso/a	submissive	**la matrigna**	stepmother
viziato/a	spoiled	**il patrigno**	stepfather
		il/la pupo/a (*coll., in southern and central Italy*)	baby of the family

Per parlare delle relazioni

addolcire (isc)	to sweeten, soften
ambientarsi	to adjust
arricchire (isc)	to enrich
crescere	to bring up, to grow up, to be raised
ereditare	to inherit
fare caso a	to pay attention to
litigare	to quarrel
lodare	to praise
mancare*	to miss (*someone, something*)
nascondere (*p.p.* **nascosto**)	to hide
punire (isc)	to punish
rammaricarsi, rimpiangere (*p.p.* **rimpianto**)	to regret
rimproverare	to scold
ringraziare	to thank
sostenere	to support
trasferirsi (isc)	to move (*from one city to another*)
ubbidire (isc), obbedire (isc)	to obey

Per descrivere i legami familiari

insopportabile	unbearable
ottimo/a	excellent
pessimo/a	awful, terrible
sano/a	healthy
stretto/a	close (*relationship*)
unito/a	close-knit

Ancora riguardo i legami familiari

gli antenati, gli avi	ancestors
il/la cognato/a	brother-/sister-in-law

la sorellastra	stepsister
il/la suocero/a	father-/mother-in-law

Per parlare della vita familiare

l'appoggio, il sostegno	support
la cattiveria	meanness, naughtiness
il comportamento	behavior
la comprensione	understanding
il conseguimento (di una meta)	accomplishment (of a goal)
il divario tra generazioni	generation gap
la radice	root
il soprannome	nickname

Altri sostantivi simili all'inglese: l'armonia, le differenze, la protezione, la stabilità, l'unità

Le epoche della vita

la nascita	birth
l'infanzia	childhood
la giovinezza	youth
l'adolescenza	adolescence
la maturità	maturity
la vecchiaia	old age
la morte	death

Per influire le persone

comandare	to order
consigliare	to advise
implorare	to implore
persuadere (*p.p.* **persuaso**)	to persuade
pregare	to beg
raccomandare	to recommend
suggerire (isc)	to suggest

***Mancare** segue la stessa costruzione di **piacere**. Altri verbi simili: **dispiacere** (*to be sorry, to mind*), **occorrere** (*to need*), **restare** (*to have . . . left*)

Ampliamento lessicale

Primo passo. Studia le seguenti parole e osserva come il vocabolario si può ampliare quando si conosce il significato di una parola. Scrivi il sostantivo e il verbo corrispondenti all'ultimo aggettivo della lista.

SOSTANTIVI	VERBI	AGGETTIVI
l'esigenza	esigere	esigente *strict*
la vecchiaia	invecchiare	vecchio/a
la ricchezza	arricchirsi *to get rich*	ricco/a
la punizione	punire	punito/a
l'appoggio	appoggiare	appoggiato/a
la raccomandazione	raccomandare	raccomandato/a
?	?	ubbidiente

ubbidire (obbedire)

Secondo passo. Leggi il seguente brano sui sogni di Veronica. Poi, con un compagno / una compagna, traducete, secondo il contesto di ogni frase, ciascuna parola sottolineata e indicate se è un verbo, un aggettivo o un sostantivo.

Quando <u>invecchierò</u>, spero di poter guardare indietro e sentirmi soddisfatta delle scelte che ho fatto. Non mi importa di non possedere <u>ricchezze</u> materiali, mi auguro però di avere tanti ricordi di momenti belli trascorsi con la mia famiglia ed i miei amici. È vero che loro <u>esigono</u> molto da me, ma, in compenso, io so di poter contare sul loro <u>appoggio</u> e sulla loro comprensione. La peggior <u>punizione</u> per me sarebbe perdere questi legami così fondamentali nella mia vita.

Terzo passo. Formate gruppi di tre. Una persona di ogni gruppo creerà frasi originali con tutti i sostantivi elencati nel **Primo passo,** un'altra persona scriverà delle frasi originali con tutti i verbi e la terza persona lo farà con tutti gli aggettivi. Poi ascolterete insieme tutte le vostre frasi.

Uso del vocabolario

A. **Vocabolario nel contesto.** Completa le seguenti frasi con l'espressione appropriata secondo il contesto. Fai i cambiamenti necessari.

1. È vero, secondo te, che i figli unici sono tutti _____ (viziato / invidioso)?
2. È normale che gli adolescenti siano _____ (severo / ribelle).
3. Non so dove portare i bambini, cosa mi _____ (consigliare / pregare)?
4. Ai bambini dispiace che i genitori li _____ (lodare / rimproverare) davanti ad altre persone.
5. Veronica da piccola ascoltava sempre i genitori e faceva quello che le dicevano: era molto _____ (ubbidiente / altruista).
6. La saggezza (*wisdom*) arriva spesso solo durante la _____ (giovinezza / vecchiaia).
7. La _____ (suocera / cognata) è la madre del marito.

B. Domande personali. A coppie, rispondete alle domande usando il **Vocabolario del tema.** Il tuo compagno / La tua compagna dovrebbe intervenire con alcune delle espressioni tratte da **Per conversare meglio.** Riferite dopo alla classe un po' di quello che ognuno ha saputo del compagno / della compagna.

Per conversare meglio

Davvero?	*Really?*
Che tristezza!	*How sad!*
Peccato!	*What a shame!*
Per carità!	*For goodness' sake!*
(Non) Sono d'accordo.	*I (dis)agree.*
Hai ragione (torto).	*You are right (wrong).*
Non riesco ad immaginarlo.	*I can't even imagine it.*
Stai scherzando?	*Are you joking?*

1. Quali sono le caratteristiche che hai ereditato da tua madre o da tuo padre? Com'eri da piccolo/a? E da adolescente? Sei molto cambiato/a ora? Che cosa lodavano di te i tuoi genitori? Di che cosa si lamentavano? Ti ricordi qualcosa di particolare che hai fatto quando eri adolescente?

2. La tua famiglia trattava in modo diverso le figlie dai figli? Cosa raccomanderesti ai genitori per trattare tutti i figli nello stesso modo?

3. Cosa raccomandi che facciano i genitori divorziati per migliorare la relazione con i propri figli? Quali sono i problemi principali tra fratellastri e sorellastre?

4. Tu e la tua famiglia vi siete trasferiti spesso quando eri più giovane? Ti piaceva spostarti o preferivi rimanere nello stesso posto? Secondo te, quali sono le principali differenze tra i figli di famiglie che si sono trasferite spesso e quelli di famiglie che hanno sempre abitato nello stesso posto?

C. Cosa vuol dire...? A turno con un compagno / una compagna, spiegate cosa significano le seguenti parole. Usa i pronomi relativi appropriati.

1. nephew   2. stepfather/stepmother   3. nickname   4. twin

Pronomi relativi

che	*that, which, who*
chi	*whoever*
colui/colei che	*the one who*
quello/a che	*the one who, the one that*

D. I nomi propri

Primo passo. Leggi queste raccomandazioni sulla scelta del nome da dare a una figlia o a un figlio e poi rispondi alle domande che seguono.

Come si chiameranno i vostri figli?

Tanti sono i criteri usati per la scelta del nome del nascituro:[1] la tradizione familiare, il gusto personale dei genitori, le ispirazioni che vengono dalla letteratura, dalla storia, dal cinema, dalla moda e così via. Il nome accompagnerà la persona a cui è stato assegnato (senza che sia stata interpellata[2]!) per il resto della sua vita, quindi non è una scelta facile. Ecco alcuni consigli.

Non fatevi influenzare troppo dalle pressioni familiari! Se uno dei vostri antenati era un grand'uomo, intelligente, carismatico e di gran successo e si chiamava Gervaso, non sentitevi obbligati a mettere questo nome a vostro figlio. Se seguite il vostro gusto personale, non siate egoisti! Probabilmente non dovreste chiamare vostra figlia Elmina solo perché Elmina è il nome di un personaggio che avete amato in un romanzo. State attenti anche con i nomi che vanno di moda. I figli nati nello stesso periodo potrebbero ritrovarsi in molti con lo stesso nome. Un'ultima cosa: se il vostro cognome è per esempio a) Portinari, b) Mazzini, c) Andreotti, d) Mangano sarà una buon'idea evitare nomi propri come a) Beatrice, b) Giuseppe, c) Giulio, d) Silvana…* Difendete infine, in ogni caso, l'originalità della vostra scelta ma fate attenzione a non essere troppo stravaganti!

[1] *child about to be born*
[2] *senza... without being asked*

* Beatrice Portinari: la donna che ispirò Dante; Giuseppe Mazzini: figura politica del Risorgimento (*Italian unification movement*); Giulio Andreotti: leader politico della Democrazia Cristiana fino agli anni '80; Silvana Mangano: famosa attrice italiana degli anni '50–'70.

1. Quali sono i criteri più comuni che si seguono per scegliere un nome?
2. Perché è meglio non farsi influenzare dalle pressioni familiari?
3. Cosa può succedere se si sceglie un nome che va di moda?
4. Siete d'accordo con la raccomandazione finale?

Secondo passo. Rispondi alle seguenti domande in base alla tua esperienza.

1. Sai perché i tuoi genitori hanno scelto il tuo nome? Sai cosa significa il tuo nome? Ti piace?
2. Ti piacerebbe avere un nome diverso? Quale?
3. Pensa al nome di qualche figlio/a di persone famose. Sono nomi originali o comuni?
4. Hai già pensato ai nomi che darai ai tuoi eventuali figli? Quali sono? Per quale motivo li sceglieresti? O, se hai già bambini, che nomi hai scelto e perché?
5. Di tutte le persone che conosci, qual è il nome che trovi più stravagante, più bello, più brutto?

Terzo passo. A coppie, osservate i nomi della seguente lista. Come immaginate le persone che portano questi nomi? Quali potrebbero essere alcune loro caratteristiche?

NOMI FEMMINILI	NOMI MASCHILI
Beatrice	Benito
Sofia	Cesare
Artemisia	Federico
Greta	Giuseppe
Isabella	Alessandro
Giulietta	Angelo

Nota culturale   I soprannomi

Come in molte altre parti del mondo, anche in Italia è piuttosto comune dare un soprannome alle persone. Spesso la scelta del soprannome si basa su una particolare caratteristica fisica o caratteriale dell'individuo, a volte invece nasce da una qualità opposta o si usa semplicemente un appellativo legato al diminutivo del nome proprio. Con i bambini in tenera[1] età che non sanno ancora parlare bene si cambiano frequentemente i nomi per renderli[2] più facili da pronunciare. Ecco alcuni esempi: Federica = Chicca, Emanuele = Lele, Tiziana = Titta, Giuliana = Tata, Daniela = Dadda, Francesco = Ciccio. Spesso questi diminutivi tendono ad essere usati anche in età più avanzata, ma solo tra familiari ed amici intimi.

Altri diminutivi invece si mantengono,[3] come per esempio: Domenico = Mimmo, Antonio = Tonino, Giuseppe = Peppe o Pepi o Beppino, Giovanni = Gianni; Giuseppina = Pina o Giusi, Maddalena = Lena, Rosalba = Alba. Ci sono poi i soprannomi veri e propri, quelli basati su particolari fisici. Tra i più tradizionali (e molto poco diplomatici e discreti): Ciccio, Baciccia, Cicciobomba[4] per le persone molto robuste, Quattrocchi per chi porta gli occhiali, Stecchino[5] per le persone molto magre, Tappetto[6] per ragazzini troppo piccoli per la loro età.

Altri soprannomi sono legati al gergo[7] di specifiche generazioni e, di conseguenza, cambiano col passare degli anni. A Lucia, per esempio, piacciono molto i dolci, soprattutto le paste che si trovano in abbondanza in tutte le pasticcerie italiane. Per questo viene soprannominata dagli amici «Pastarella». Ora che Veronica si è tagliata corti i suoi lunghi capelli biondi e lisci, usa tanto gel e quindi le hanno attribuito il soprannome di «Gommina».[8] Infine uno divertente anche se alquanto indiscreto: «Guerre ascellari[9]» (dal film *Guerre stellari* o *Star Wars*) per indicare una persona che suda[10] molto.

• • • • • • • •

[1]*early* [2]*make them* [3]*si... are kept* [4]*Ciccio... variations on the word* ciccia, *which children use to refer to* meat [5]*Toothpick* [6]*Little Stump* [7]*slang* [8]*from the word* gomma, *meaning* rubber *or* gum [9]*axillary, from/relating to the armpits* [10]*sweats*

Conversazione a coppie.

Con un compagno / una compagna, fatevi le seguenti domande e rispondete.

1. Hai un soprannome? Quale? Perché? I tuoi amici ti chiamano con un soprannome diverso da quello che usano i tuoi familiari?
2. Quali sono alcuni dei soprannomi più interessanti che hai sentito? Puoi spiegare in italiano il significato di questi soprannomi?

invece: instead, on the other hand.

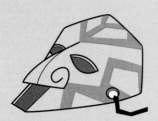

Veronica parla della sua famiglia e delle sue origini, poi descrive la bellezza unica di Venezia, una bellezza naturale, storica ed artistica.

È stato quasi un caso per me nascere a Venezia. Talvolta[1] ho pensato che mia madre l'avesse fatto apposta:[2] voleva tanto che fossi una vera veneziana! Lei è di un piccolo paese in provincia di Belluno, una bella cittadina ai piedi delle Alpi non lontano da Venezia. Mio padre invece è di Rimini, in Emilia-Romagna, e dice che questa città è famosa non solo per Federico Fellini, per le spiagge e le discoteche che milioni di turisti italiani ed europei invadono in estate, ma anche perché ci è nato lui… È un pazzerellone[3] mio padre, tutto il contrario di mia madre.

Ho amato ed amo Venezia con tutta me stessa. È una città magica. Prova di sera a camminare per le calli[4] di Venezia che ti portano nelle tante piazze e piazzette con le luci che illuminano la sua archittettura unica (Palladio ha fatto miracoli!). Capirai allora che il soprannome di «Regina dell'Adriatico» non ha origine solo dalla potenza economica, politica ed artistica che Venezia raggiunse nel XV secolo, ma anche dalla sua bellezza indescrivibile. Si respira l'essenza dell'arte nell'aria di Venezia: la commedia dell'arte che ispira le maschere leggendarie del Carnevale, lo spirito di Carlo Goldoni con il suo teatro settecentesco[5] ambientato nella città, i colori intensi e drammatici usati dai pittori veneti…

E proprio nell'ambiente veneziano e al teatro della Fenice è cominciata la mia passione per il palcoscenico: per il balletto prima e per la danza moderna dopo. Ma non è facile vivere a Venezia. Tanti veneziani, fin dagli anni '50, si sono trasferiti a Marghera e a Mestre perché il costo della vita[6] è meno alto che a Venezia e sono ormai pochi i veneziani a Venezia! Anche la mia famiglia si è trasferita a Mestre dopo che era nato mio fratello. Io ho deciso di continuare a rincorrere[7] i miei sogni ed ora abito a Roma. Venezia continua però a vivere dentro di me.

• • • • • • • • •

[1]*At times* [2]*on purpose* [3]*jokester* [4]*streets (Venetian dialect)* [5]*eighteenth-century*
[6]*costo… cost of living* [7]*pursue*

A. Comprensione. Rispondi alle domande secondo il testo precedente.

1. Di dove sono i genitori di Veronica? Chi dei due voleva che la figlia nascesse a Venezia?
2. Perché Veronica usa l'appellativo di «pazzerellone» per il padre?
3. Cosa ama di più Veronica della sua città?
4. Dove e perché si trasferiscono molti veneziani?
5. Quali pensi che siano i sogni di Veronica?

B. Parliamo noi. Con un compagno / una compagna, o in piccoli gruppi, fate l'esercizio seguente.

1. Secondo quello che sapete o che avete visto o che avete sentito, quali sono gli aspetti più caratteristici della famosa Venezia?
2. C'è, secondo voi, un luogo simile a Venezia nel vostro paese?

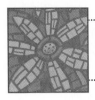

Punto chiave

RACCOMANDARE E ESPRIMERE OPINIONI

raccomandare
R

Prima di cominciare questa parte del capitolo, ripassa e studia la spiegazione grammaticale sull'uso e la costruzione del congiuntivo e dell'imperativo sulle pagine verdi, alla fine del libro.

Come va con questo punto chiave?

A. **Una donna all'antica** (*old-fashioned*). Leggi il seguente brano e completalo con le forme adatte (al congiuntivo o all'infinito) dei verbi tra parentesi secondo il contesto.

La madre di Veronica non è così autoritaria come può sembrare dalle descrizioni della figlia. È una donna all'antica che non si è ancora abituata all'idea che è normale che i giovani _vadano_[1] (andare) via di casa prima di sposarsi. Non capisce perché i suoi figli _desiderino_[2] (desiderare) vivere da soli in una città sconosciuta. Lei teme che loro _____[3] (dimenticarsi) delle proprie origini e _____[4] (cambiare) la loro mentalità. Non essendo più giovane, ha anche paura di _____[5] (rimanere) sola. Vorrebbe che almeno Veronica _ritornasse_[6] (ritornare) a casa e _decidesse_[7] (decidere) finalmente di mettere su famiglia. Sebbene Veronica non _sia partita / si sia trasferita_[8] (partire) dal Veneto per sfuggire alla famiglia e alle sue responsabilità, non è facile _____[9] (convincere) di questo i suoi genitori. Spera solo che un giorno loro lo _____[10] (capire).

B. **Traduzioni.** Traduci le seguenti frasi in italiano.

1. They implored us to go see their last exhibit.
2. I would like for you to spend more time with your uncle and aunt.
3. Nobody believed that he had gone back to Italy without saying a word.

Espressioni utili

Sarà utile imparare le seguenti espressioni per parlare delle relazioni familiari. Quali di queste espressioni richiedono l'uso del congiuntivo?

Per lodare

È magnifico che…	*It's wonderful that . . .*
Sono contento/a che…	*I am happy that . . .*
Sono orgoglioso/a che…	*I am proud that . . .*
Mi rallegro che…	*I am glad that . . .*
Mi fa piacere che…	*It's a pleasure for me that . . .*

Per lamentarsi *complai~*

Questo è il colmo!	*This is the last straw!*
Sono dispiaciuto/a che...	*I am sorry that . . .*
Sono stufo/a che...	*I am fed up that . . .*
Non sopporto che...	*I can't stand that . . .*
Non ne posso più di...	*I can't stand anymore to . . .*

Per chiedere scusa

Sono spiacente di...	*I am sorry I . . .*
Mi dispiace che...	*I am sorry that . . .*
Chiedo scusa per...	*I apologize for . . .*
Scusi/Scusa, ho sbagliato.	*Sorry (form./fam.), I made a mistake.*
Mi scusi. / Scusami.	*Excuse me (form./fam.).*

Per accentuare una risposta negativa

Non me ne importa niente.	*I couldn't care less. / I don't care one bit.*
Non se ne parla proprio!	*Let's not even talk about it!*
Non esiste! (coll.)	*No way!*
Neanche a pensarci!	*Don't even think about it!*
Neanche per sogno! / Te lo sogni!	*In your dreams!*

Attività

raccomandare
R

A. Alcune situazioni delicate. A coppie, leggete le situazioni che seguono e intervenite scusandovi o lamentandovi secondo il contesto. Usate le espressioni che avete appena imparato. Ogni risposta deve essere composta di tre parti.

a. lamentarsi/scusarsi   b. spiegare la situazione   c. proporre un rimedio

ESEMPIO: Hai dato dei soldi a tuo fratello per fare un viaggio in Africa e lui non ti ha neppure mandato una cartolina.

a. Mi dispiace che tu non mi abbia mai scritto. Sono stufo della tua ingratitudine.
b. Sai che non è stato facile per me trovare i soldi da darti. L'ho fatto per aiutarti perché eri in un momento di crisi.
c. Sono spiacente di dirti questo, ma voglio che tu mi ridia i soldi.

1. Ti sei completamente dimenticato del compleanno di tua madre.
2. Due tuoi amici non sono venuti alla tua festa.
3. A tuo padre non piace il tuo ragazzo / la tua ragazza perché dice che è un/una ribelle.
4. Tuo marito ha comprato una riproduzione di un quadro di De Chirico da appendere (*hang*) in salotto. Lui adora De Chirico ma tu non sopporti le opere di questo pittore.
5. Non ti sei svegliato/a in tempo e sei arrivato/a tardi alla lezione di un professore molto severo.

Attenzione!

Quando si reagisce, qualsiasi frase che esprima un'opinione soggettiva su un argomento richiede l'uso del congiuntivo. Sapete già che tutte le espressioni con **essere** (tranne **è vero che, è ovvio che**) come **è incredibile che, è meglio che, è un peccato che** e così via, richiedono il congiuntivo. Si deve usare il congiuntivo anche con espressioni come **che orrore che, che bello che, che sorprendente che** e così via.

B. 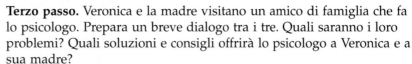 **La vita dei sei amici.** A coppie, esprimete il vostro pensiero sulle seguenti frasi relative ai sei amici. Poi fate delle raccomandazioni.

1. Un amico di James gli chiede perché non cambia il nome del Bar Little Texas in un nome italiano.
2. Secondo Massimo, Lucia ha torto a non venire ad abitare a Roma.
3. I genitori di Veronica hanno paura che la loro figlia abbia fatto male a seguire la carriera di ballerina.
4. Nessuno degli amici vede Corrado da qualche settimana e James pensa che forse Corrado sia veramente antisociale.
5. In un recente spettacolo, Chiara ha recitato un ruolo importante, ma in una recensione il suo nome non è stato menzionato e si sente un po' triste.
6. Gli amici temono che Vittorio stia passando troppo tempo a chattare su Internet con persone sconosciute.

C. **La madre ficcanaso** (*busybody*). La madre di Veronica ha comprato un piccolo appartamento a Mestre e le ha appena mandato le foto dicendole che ora può tornare, abitare in quest'appartamento senza pagare l'affitto e trovare un buon lavoro. Veronica è infuriata.

Primo passo. Veronica, essendo così arrabbiata, non pensa in modo sereno e vorrebbe rispondere alla madre con frasi poco gentili. Aiutala a rendere i suoi commenti più gentili usando alcune delle **Espressioni utili.**

1. Non mi punire per non voler vivere vicino a te!
2. Non decidere il mio futuro senza consultarmi!
3. Lasciami in pace e non mandarmi più foto!
4. Sostienimi nelle mie scelte!
5. Rispetta la mia indipendenza!

Secondo passo. Veronica parla a Lucia dell'appartamento comprato dalla madre. Prepara tre considerazioni e tre raccomandazioni di Lucia al riguardo.

Terzo passo. Veronica e la madre visitano un amico di famiglia che fa lo psicologo. Prepara un breve dialogo tra i tre. Quali saranno i loro problemi? Quali soluzioni e consigli offrirà lo psicologo a Veronica e a sua madre?

Quarto passo. Ed ora immagina di essere Veronica. Scrivi una lettera a tua madre lamentandoti del fatto che lei sia così invadente. Usa quando puoi le **Espressioni utili.**

D. **Passato, presente, futuro**

Primo passo. Che tipo sei in paragone ai tuoi genitori? Come erano loro quando tu eri più giovane? Osserva le seguenti caratteristiche personali e spiega come tu sei simile o diverso/a dai tuoi.

Più, meno o uguale?

1. ambizioso/a
2. sensibile
3. impegnato/a in politica
4. egoista
5. invidioso/a

6. ribelle
7. esigente
8. religioso/a
9. estroverso/a
10. chiuso/a

Secondo passo. In gruppi di quattro persone paragonate le vostre risposte e commentate i seguenti punti: siete molto simili o molto diversi dai vostri genitori? Credete che le differenze siano dovute alle personalità individuali, al sesso o al divario generazionale?

Terzo passo. Osservando la lista degli aggettivi del **Primo passo**, indica se vorresti che i tuoi eventuali figli avessero le stesse caratteristiche che hai tu. Cosa ti farebbe piacere che loro ereditassero da te? In che cosa speri che siano diversi? Perché? Esistono secondo te i genitori perfetti?

Quarto passo. Ancora una volta in gruppi di quattro persone: considerate la seguente affermazione e presentate le vostre idee al riguardo: «È praticamente impossibile definire l'attuale generazione di giovani perché essi non hanno né ideali, né sogni, né il senso del sociale.»

Angolo culturale

In viaggio per il Nord-Est d'Italia

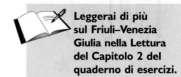

Leggerai di più sul Friuli–Venezia Giulia nella Lettura del Capitolo 2 del quaderno di esercizi.

1. **Il Trentino–Alto Adige: I castelli del Trentino.** Il Trentino è stato, nel corso dei secoli, una zona di confine i cui elementi caratteristici sono castelli e fortificazioni d'epoche diverse. Molti castelli sono dell'epoca medioevale. Alcuni, con il passare dei secoli, sono purtroppo andati in rovina,[1] ma i più importanti in termini storici ed artistici sono stati ristrutturati dalla Provincia Autonoma di Trento. Simbolo e testimonianza di questo vasto progetto di recupero[2] del Trentino è Castel Beseno. Questo castello è visibile a chi viaggia sull'autostrada del Brennero fra Rovereto e Trento: è una vera e propria cittadella[3] fortificata che sta a guardia della Valle dell'Adige. Altri castelli conosciuti per la loro secolare imponente[4] bellezza sono Castel Stenico, Castel Thun, il Castello d'Arco, Castel Toblino e Castel Nanno che fanno parte di quel centinaio[5] che oggi si possono visitare.

2. **Il Veneto: Verona.** A Verona si svolge la celebre tragedia di Shakespeare che mette in scena l'amore contrastato di due adolescenti appartenenti a famiglie rivali. La tomba di Giulietta si trova nel chiostro[6] della chiesa di San Francesco al Corso, dove avrebbe avuto luogo il matrimonio dei due giovani. A tempi ancora più antichi appartiene[7] la splendida Arena di Verona, uno dei più grandi

---

[1]in... to ruins [2]recovery [3]citadel, stronghold [4]secolare... centuries-old imposing [5]about a hundred [6]cloister [7]belongs

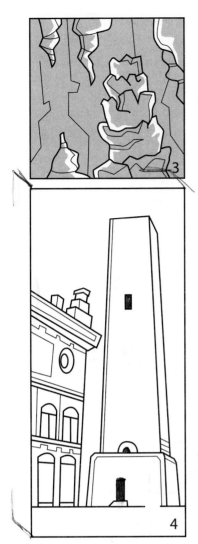

anfiteatri del mondo romano: può contenere circa 25.000 spettatori e ogni anno, in estate, ci si mettono in scena prestigiose rappresentazioni di opere liriche. Dalla sommità della gradinata,[8] c'è un bellissimo panorama della città. Nei giorni nitidi[9] è possibile vedere fino alle Alpi.

3. **Il Friuli–Venezia Giulia: Trieste.** Appartengono al Friuli solo le province di Udine e Pordenone. Le province di Gorizia e Trieste appartengono alla Venezia Giulia. Trieste è oggi un importante porto dell'Adriatico che rende facile il trasporto di prodotti austriaci, sloveni e, naturalmente, italiani. Ci sono anche grandi cantieri navali[10] dove si costruiscono navi di grosso tonnellaggio.[11] Trieste è stato anche, soprattutto nel primo Novecento, un centro di notevole attività culturale e letteraria. È la città del grande romanziere Italo Svevo (*Senilità*[12]; *La coscienza di Zeno*[13]). Durante l'inverno a Trieste arriva dal nord la bora, un vento freddo e fortissimo capace di ribaltare[14] perfino le automobili. Le persone che in questi momenti devono uscire di casa devono aggrapparsi[15] a corde speciali tirate lungo i percorsi più battuti. Non molto lontano dalla città, si trova la Grotta Gigante, dove i visitatori possono scendere un'impressionante scalinata[16] per entrare in una sala di gigantesche dimensioni e passeggiare fra magnifiche stalattiti e stalagmiti.

4. **L'Emilia Romagna: Ferrara, Rimini e Bologna.** La pianta urbana di Ferrara ha subito pochissimi cambiamenti dal Rinascimento, quando la Casa d'Este la governava. I suoi palazzi severi e le grandi piazze vuote[17] hanno ispirato la pittura di Giorgio De Chirico. A Rimini ci sono moderni alberghi che ospitano i tanti turisti che vengono a godere[18] un'immensa spiaggia di sabbia[19] finissima. La città è nota anche come patria di Federico Fellini, il più famoso regista cinematografico italiano. Diversi ricordi della giovinezza di Fellini a Rimini appaiono nel suo film *Amarcord*. A Bologna troviamo una delle università più antiche di Europa: per questo è soprannominata «la dotta».[20] La città è considerata il tempio della gastronomia italiana, e quindi un altro suo soprannome è «la grassa». Le numerose torri medievali e le lunghe vie con i portici sono altri famosi aspetti di Bologna, centro commerciale e industriale.

[8]*sommità... top of the stands* [9]*clear* [10]*cantieri... naval shipyards* [11]*tonnage* [12]*in English*, As a Man Grows Older [13]*in English*, Confessions of Zeno [14]*turn over* [15]*grab onto* [16]*flight of steps* [17]*empty* [18]*enjoy* [19]*sand* [20]*"the learned one"*

Attività

Castel Beseno - Verona - Trieste - Ferrara - Rimini - Bologna

A. Trova sulla carta geografica questi luoghi e scrivici un numero da 1 (il più interessante) a 6 (il meno interessante) per indicare il livello d'interesse che hai a visitare questi posti.

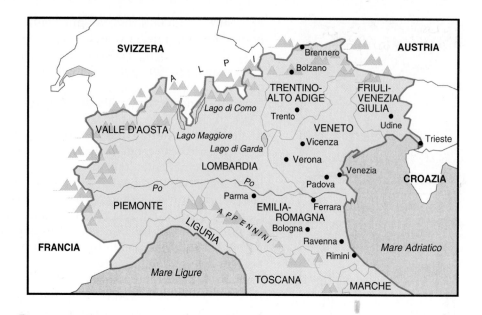

B. Formate quattro gruppi e fate le seguenti ricerche che presenterete dopo in classe.

GRUPPO A: le torri medievali e i portici di Bologna
GRUPPO B: le ville di Palladio nel Veneto
GRUPPO C: la diversità etnica, culturale e linguistica del Trentino–Alto Adige
GRUPPO D: la varietà di stili architettonici ad Udine (Friuli–Venezia Giulia)

Un artista veneto: Tiziano

Non si sa con esattezza in quale anno nacque Tiziano Vecellio, ma molti credono che quando morì, nel 1576, avesse più di novant'anni.

Nacque a Pieve di Cadore, una piccola città delle Dolomiti, vicino a Belluno. Cominciò i suoi lavori artistici sotto la direzione di un mosaicista. Dopo lavorò negli studi dei grandi Bellini e Giorgione. Quando Giorgione morì, nel 1510, Tiziano completò diverse delle sue opere, e dopo la morte di Bellini, nel 1516, diventò il pittore ufficiale della Repubblica di Venezia.

Tiziano fu per vari aspetti un rivoluzionario della pittura, sviluppando un metodo che organizza le sue opere attorno al colore, mentre i suoi contemporanei continuavano a seguire regole di composizione basate sul collocamento[1] simmetrico delle forme. Durante la sua lunga vita Tiziano raggiunse[2] una fama quasi uguale a quella di Michelangelo.

[1]*arrangement* [2]*reached*

Madonna in trono e santi con la famiglia Pesaro, *Tiziano*

Nel 1526, realizzò una pala d'altare[3] per la famiglia Pesaro, *Madonna in trono e santi con la famiglia Pesaro,* che è posta su un altare laterale nella Chiesa di Santa Maria dei Frari, a Venezia.

Il nobile veneziano Jacopo Pesaro fece dipingere questo quadro a Tiziano per commemorare una vittoria dei veneziani in una battaglia contro i turchi.[4] È proprio Pesaro che vediamo inginocchiato[5] davanti alla Vergine Maria. Maria rivolge l'attenzione[6] a Jacopo, ma il bambino Gesù è distratto da San Francesco, che gli indica la presenza di altri membri della famiglia Pesaro, radunati[7] nell'angolo destro del quadro. Molti dei dipinti di Tiziano a Venezia sono ormai perduti. Ci sono però ancora tanti suoi dipinti da vedere nelle chiese di Santa Maria della Salute, San Rocco, San Lio, nell'Accademia e nel Palazzo Ducale.

Carlo V si fece dipingere numerosi ritratti da Tiziano. Si racconta che un giorno, quando Tiziano lasciò cadere[8] per terra un pennello,[9] l'imperatore s'inchinò[10] a prenderlo e lo ridette al pittore. Forse oggi non troviamo particolarmente notevole tale gesto, ma per i contemporanei di Tiziano era veramente straordinario in quanto un imperatore, massimo potere terrestre,[11] si abbassava[12] davanti alla maestà del genio artistico.

[3]pala… *altarpiece* [4]*Turks* [5]*kneeling* [6]rivolge… *directs her attention* [7]*gathered* [8]lasciò… *dropped* [9]*paintbrush* [10]*bent down* [11]*earthly* [12]si… *lowered himself*

Attività

Con un compagno / una compagna, discutete le seguenti domande.

A. Cercate di trovare nel quadro le seguenti persone, e per ciascuna di esse, spiegate l'importanza del personaggio secondo la sua posizione o il suo atteggiamento (*attitude*) nel quadro. Oltre alla loro importanza gerarchica (*hierarchical*), che cosa ci comunica di loro il quadro? Quali sono le vostre impressioni di fronte ad ogni personaggio?

Jacopo Pesaro	San Francesco
un prigioniero turco	la Madonna
l'uomo che tiene la bandiera	il bambino Gesù
i putti (*cupids*)	i membri della famiglia Pesaro
San Pietro	altre persone?

B. Quale persona in questo quadro trovate più interessante? Perché?

C. Se un bravissimo pittore dipingesse un ritratto della tua famiglia per commemorare un evento importante, quale evento sarebbe? Chi ci sarebbe nel quadro? Come sarebbero organizzate le figure nel quadro per suggerire la loro importanza gerarchica? Oltre alle persone, ci sarebbero nel quadro certi oggetti simbolici o evocativi? Quali sarebbero? Per quali aspetti il quadro sarebbe differente da quello di Tiziano? E per quali aspetti sarebbe simile?

Italiani nel mondo: l'Argentina

Il seguente brano è tratto dal diario di Laura Mazzi, nata in Argentina e trasferitasi da bambina a Roma, dove vive attualmente.

Era il 1880: mio nonno, Attilio Mazzi, era un giovane violinista di Bologna. Aveva tanti sogni e lo spirito indomito d'avventura di un giovane di diciotto anni. All'orchestra in cui suonava il violino era stato offerto di trascorrere la stagione musicale invernale al Teatro Colón di Buenos Aires, Argentina. La stagione finì ed ebbe un gran successo ma Attilio non tornò in Italia con il resto dell'orchestra. Rimase in Argentina, conobbe altri italiani immigrati lì, pieni come lui di entusiasmo e di energia, e divenne socio[1] in un commercio di cavalli selvaggi.[2]

Quell'impresa[3] gli permise di accumulare un bel capitale e con esso si trasferì a Córdoba, nella sierra, alla ricerca di nuove avventure. Lui ed un suo amico italiano investirono il loro capitale nell'industria del legname[4] ed in pochi anni furono in grado di[5] metter su una grande fabbrica di mobili con cento operai. La maggior parte di questi lavoratori era italiana. Attilio ha sempre tenuto nel cuore la sua Bologna.

Quando la moglie rimase incinta[6] per la terza volta, fecero un viaggio in Italia e l'atteso maschio,[7] mio padre Ruggero, nacque a Bologna. I legami con l'Italia rimasero sempre stretti come testimonia la mia vita.

Il Teatro Colón a Buenos Aires, Argentina

[1]*associate* [2]*cavalli… wild horses* [3]*That enterprise* [4]*timber* [5]*in… able to*
[6]*rimase… became pregnant* [7]*baby boy*

Comprensione

Formate dei piccoli gruppi e rispondete alle domande secondo il testo precedente.

1. Cosa faceva Attilio a Bologna?
2. Perché, secondo te, rimase in Argentina?
3. Quali attività intraprese (*did he undertake*)?
4. Perché tornò per un breve periodo a Bologna?

I legami affettivi: La famiglia, la città d'origine, gli amici

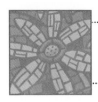

Lettura

STEFANO BENNI: «I quattro veli° di Kulala»

°veils

A proposito dello scrittore

Stefano Benni è nato a Bologna nel 1947. È autore di romanzi, racconti, poesie e testi umoristici, pieni di osservazioni satiriche e invenzioni fantastiche. Alcuni suoi titoli: *Terra!* (romanzo), *Prima o poi l'amore arriva* (poesie), *Il bar sotto il mare* (racconti).

Prima di leggere

A. Strategie per leggere

Ricorda le strategie presentate nel Capitolo 1. Possono esserti utili sia per questa lettura che per quelle dei capitoli seguenti.

Anticipare l'argomento dal titolo e dalla natura del testo. Che tipo di racconto è? Cosa ci aspettiamo da questo tipo di racconto? Cosa ci indica il titolo? «I quattro veli di Kulala» è una favola moderna che cerca di ricreare il tono e gli effetti di una fiaba tradizionale, folcloristica, di una cultura lontana dalla nostra nel tempo e nello spazio. Di solito è utile esaminare e capire una storia di questo genere rispondendo a queste domande.

- Chi sono i personaggi principali?
- Qual è il problema che devono risolvere?
- Cosa devono fare per raggiungere la soluzione desiderata?
- In quale modo riescono a risolvere il problema?
- Quali aspetti del carattere umano in generale e del carattere del protagonista in particolare si trovano nella storia?
- Qual è il ruolo nella storia di elementi soprannaturali o magici?

Pensando a racconti e leggende tradizionali che conosci, che cosa ti aspetti di trovare nella lettura? Rifletti su questi aspetti:

- l'ambiente in cui si svolge
- i personaggi: età, sesso, mestieri…
- i rapporti fra loro: l'eroe, i suoi amici, il suo nemico (*enemy*)…
- l'origine del problema che deve affrontare il/la protagonista
- l'importanza di trovare una soluzione al problema
- le cose difficili o pericolose che il/la protagonista deve affrontare
- gli ostacoli che il/la protagonista deve superare
- l'importanza nella storia del simbolo e della metafora
- l'importanza nella storia della magia

B. **Per conversare.** Prima di leggere, rispondete con un compagno / una compagna o in piccoli gruppi alle seguenti domande. Discutetene dopo con il resto della classe.

1. Quali sono i diversi problemi del mondo attuale che ci costringono a cercare aiuto o consiglio da persone particolari?
2. Spesso il cercare aiuto o consiglio da queste persone presenta altri problemi oltre a quello originale che dobbiamo gestire. Quali sono alcuni esempi?
3. Nel mondo attuale esistono molti modi diversi di comunicare con questi specialisti. Quali sono i mezzi che preferite e perché?
4. Come facciamo ad avere fiducia nelle persone o nelle istituzioni a cui chiediamo aiuto e consiglio?

I quattro veli di Kulala

dal *Bar sotto il mare* di Stefano Benni

1

In un villaggio sul fiume[1] Yuele viveva un uomo che si chiamava Doruma ed era molto fortunato. Aveva una bella moglie, due figli sani e un campo fertile. Era un buon cacciatore[2] e nel villaggio non aveva nemici.[3] Fu così che Shabunda, il diavolo del bosco,[4] vedendolo cantare e fumare davanti alla capanna[5] come il più felice degli uomini, ne ebbe invidia. E per dispetto[6] una notte entrò nella capanna, gli infilò[7] le unghie adunche[8] nei capelli e da lì gli sfilò via il sonno. Doruma si svegliò di colpo, destò[9] la moglie Oda e le disse che un'ombra maligna l'aveva sfiorato.[10] —È stato solo un brutto sogno — disse Oda — torna a dormire.

Ma Doruma non dormì né quella notte, né la notte dopo, né tutte le notti di quella luna. Anche se per tutto il tempo lavorava e cacciava, così da tornare a casa stanco da non reggersi in piedi,[11] il sonno non veniva. Provò a farsi accarezzare[12] con la coda di un ghiro[13] Chaqui, a bere l'erba Terené che fa inginocchiare[14] anche gli elefanti, cercò di dormire sulla terra e sugli alberi e sulle pietre del fiume, ma non ci fu nulla da fare.

Venne lo stregone[15] del villaggio e vide in che stato si trovava. Disse che il diavolo Shabunda gli aveva rubato il sonno, e non c'era magia che potesse ridarglielo; così sarebbe morto entro breve tempo. Poteva salvarlo solo Kulala, lo spirito del sonno, la cui dimora[16] era al di là delle montagne. Egli aveva sicuramente molti sonni, poiché era lui che li costruiva per Yumau, il creatore. Ma Doruma era troppo debole per fare il viaggio.

Allora Oda, la moglie, disse: andrò io da Kulala lo spirito del sonno. E poiché era una donna coraggiosa prese una zucca[17] d'acqua, un po' di cibo e un bastone,[18] e partì per le montagne. Camminò molti giorni, quasi senza riposare. Scalò le montagne blu di Alowa e arrivò nella valle del bosco sacro di Kulala.

[1]*river* [2]*hunter* [3]*enemies* [4]*woods* [5]*hut* [6]*spite* [7]*slipped* [8]unghie... *hooked fingernails* [9]*woke* [10]un'ombra... *an evil shadow had brushed against him* [11]non... *not be able to stand on his feet* [12]*caress* [13]coda... *tail of a dormouse* [14]*fall to one's knees* [15]*wizard* [16]*dwelling* [17]*gourd* [18]*walking stick*

VERIFICHIAMO

1. Chi sono i personaggi che incontriamo in questa prima parte della lettura?
2. In questa parte della lettura, si presenta un problema da risolvere? A quale personaggio? Qual è l'origine di questo problema? Quale può essere la soluzione?
3. Quali azioni hanno luogo in questa parte? Quali verbi usa l'autore per indicare queste azioni?
4. C'è molta azione in questa parte o la sua funzione principale è quella di fornire descrizioni e informazioni? Quali informazioni ci dà?
5. Quali emozioni si esprimono in questa parte?
6. Sai raccontare con parole tue quello che succede in questa parte?

VISUALIZZARE

VISUALIZZARE

2

Sul limitare del bosco gli uccelli cantavano, le scimmie[1] urlavano[2] e il vento scuoteva gli alberi.[v] Ma appena Oda si inoltrò[3] nell'ombra un grande silenzio la avvolse.[4] Nel bosco del sonno non una foglia[5] si muoveva, gli uccelli erano muti e si vedevano strisciare solo i serpenti silenziosi.[v] Oda camminò a lungo e le foglie non frusciavano[6] sotto i suoi passi. Il bosco era sempre più fitto e oscuro,[7] finché giunse[8] davanti a un grande albero cavo, la casa di Kulala. Oda entrò e vide lo spirito che dormiva su un'amaca.[9] Rimase in attesa che si svegliasse. Kulala dormì per un quarto di luna, e quando si destò vide la piccola donna nell'angolo della sua casa.

— Chi sei e perché sei venuta? — urlò adirato.[10]

— Kulala, spirito del buio che ristora, io ti prego. Un diavolo maligno ha rubato il sonno a mio marito ed egli morirà se non gli porto un sonno nuovo.

— E perché mai dovrei dartelo?

— Perché ho camminato per molto tempo, i miei piedi sono feriti[11] e sono stremata,[12] eppure quando ti ho visto dormire non ti ho svegliato, ma ho atteso con pazienza.

— E sia — disse Kulala — là su quel tavolo ci sono i pezzi del sonno di un uomo. Ogni sonno è fatto di quattro veli. Se tu saprai riconoscerli, potrai portarli a tuo marito ed egli riavrà il sonno perduto. Ma sta' attenta a scegliere i veli giusti, o la tua sorte[13] sarà tremenda.

— Non ho paura — disse Oda.

Allora Kulala la condusse davanti a una pietra dove erano stesi[14] i veli.

— Ecco due veli bianchi — disse. — Uno è quello del silenzio, l'altro è quello dei rumori della notte. Scegli.

Oda guardò i due veli e le sembrarono uguali. Ma una mosca[15] volò sopra di essi. Ronzò[16] sopra il primo, ma non fece alcun rumore quando volò sull'altro. Oda prese il secondo e se lo mise sul capo.[17]

— Hai indovinato — disse Kulala. — Ora guarda questi due veli colorati. Uno è quello dei sogni e l'altro quello dei fantasmi della

[1]*monkeys* [2]*were screaming* [3]si... *penetrated* [4]*enveloped* [5]*leaf* [6]*rustle* [7]*era... grew ever thicker and darker* [8]*she arrived* [9]*a hammock* [10]*angrily* [11]*wounded* [12]*exhausted* [13]*fate* [14]*laid out* [15]*fly* [16]*It buzzed* [17]*head*

notte. Se prendi quello sbagliato tutti i demoni e gli incubi[18] balzeranno[19] su di te e ti uccideranno.[20]

Oda li guardò e li trovò uguali. Allora prese un piccolo ragno[21] e lo mise tra i due veli. Da uno sbucò[22] un orribile ramarro[23] con tre teste che mangiò il ragno. Oda prese l'altro.

— Sei astuta, donna del fiume — disse Kulala — ora ecco due veli neri. Uno è quello del buio e l'altro è quello della luce di fuoco. Uno porta il sonno, l'altro acceca.[24]

Oda li guardò. Poi prese da una foglia due gocce[25] d'acqua e le lasciò cadere sui veli. Una di esse evaporò per il calore della luce. Oda prese l'altro velo.

— Brava, donna del fiume — disse Kulala — ma ora ti attende la prova più difficile. Ecco due veli rossi. Uno è quello del sonno, che insieme agli altri tre ridarà la pace alle notti di tuo marito e alle tue. L'altro è il velo del sonno eterno, la morte. Se lo toccherai, morirai.

Oda stavolta[26] non esitò e ne scelse subito uno. Era proprio quello del sonno. Lo mise sul capo e subito cadde addormentata. Quando si svegliò, Kulala la guardava sorridente e le porgeva[27] una tazza di hakarà caldo.

— Mi hai sorpreso, donna del fiume. Con quale magia hai riconosciuto il velo del sonno, il più misterioso di tutti?

— Nessuna magia — disse la donna — ho lavato per tanti anni i panni[28] nel fiume, e so riconoscerli. Il velo del sonno era più consumato perché viene usato per tante volte e tante notti. Il velo della morte era più nuovo, poiché si usa una volta sola.

Kulala rise e con un soffio[29] la fece volare fino alla soglia[30] della sua capanna. Oda mise i quattro veli sulla testa del marito e quello finalmente dormì, e fu salvo.

[18]nightmares   [19]will leap out   [20]ti… they will kill you   [21]spider   [22]emerged   [23]green lizard   [24]causes blindness   [25]drops   [26]this time   [27]he was offering   [28]clothes   [29]breath   [30]doorstep

VERIFICHIAMO

1. Chi partecipa all'azione di questa parte?
2. Quali sono i punti principali di questa parte?
3. Quali azioni hanno luogo in questa parte? Quali verbi usa l'autore per indicare queste azioni?
4. C'è molta azione in questa parte o la sua funzione principale è quella di fornire descrizioni e informazioni? Quali informazioni ci dà?
5. Quali emozioni si esprimono in questa parte?
6. Sai raccontare con parole tue quello che succede in questa parte?

Dopo aver letto

A. Comprensione. Rispondi a queste domande, secondo la lettura.

1. Che tipo è Doruma? Perché Shabunda gli vuole rubare il sonno?
2. Quali sono gli effetti su Doruma di ciò che ha fatto Shabunda?
3. Secondo lo stregone del villaggio, perché Kulala sarebbe l'unico capace di aiutare Doruma?

4. Che tipo è Oda? Come si prepara per il viaggio nel bosco sacro di Kulala?
5. Com'è questo bosco sacro? Com'è la casa di Kulala? Cosa sta facendo quando Oda lo trova?
6. Secondo Oda, perché Kulala la dovrebbe aiutare?
7. Che cosa deve fare Oda perché Kulala la aiuti? A che cosa deve Oda il suo successo?

B. I personaggi

Primo passo. Con un compagno / una compagna, inserite nello schema che segue le parole (sostantivi, aggettivi, verbi) da usare per descrivere i personaggi indicati.

DORUMA	ODA	KULALA

Secondo passo. Usando le parole del **Primo passo** e altre riprese dal **Vocabolario del tema,** fate tre confronti fra questi tre personaggi del racconto.

Terzo passo. Dai due consigli a Doruma a proposito del tempo che dovrà passare da solo mentre sua moglie viaggia nella valle dove abita Kulala, e altri due consigli ad Oda a proposito di questo viaggio.

C. Citazioni. In gruppi di due o tre, spiegate con parole vostre il significato di queste citazioni tratte dalla lettura.

1. Fu così che Shabunda, il diavolo del bosco, vedendolo cantare e fumare davanti alla capanna come il più felice degli uomini, ne ebbe invidia.
2. —Non ho paura.
3. —Nessuna magia. Ho lavato per tanti anni i panni nel fiume, e so riconoscerli.

D. Per commentare. In piccoli gruppi, trattate i seguenti argomenti.

1. Spesso abbiamo bisogno di cercare aiuto o consigli da vari professionisti o esperti: medici, farmacisti, psicologi, avvocati, commercialisti, architetti, agenti di viaggi, professori e così via. Di solito quando li incontriamo, siamo pieni di speranze e di paure allo stesso tempo. Quali sono le vostre reazioni emotive quando dovete consultare queste persone? Quali sono in queste situazioni le vostre paure? E le vostre speranze? Preferireste parlare solo con i vostri familiari?

2. Nella lettura, Doruma non riesce a dormire. Anche nel mondo attuale l'insonnia può essere un problema e la scienza continua a scoprire nuovi fatti riguardo al sonno. Quali sono gli aspetti della vita contemporanea che possono contribuire a creare problemi del

sonno? Come si differenzia il modo di affrontare questi problemi rispetto al passato? Quali sono altri problemi fisici e psicologici tipici dell'epoca attuale? Come cerchiamo di risolverli?

3. Per recuperare la salute del marito, Oda ascolta prima i consigli di uno stregone e poi va in cerca di un essere soprannaturale. Nella società moderna si continua a credere nell'influenza di certi poteri paranormali. Voi conoscete delle persone che leggono regolarmente l'oroscopo o che telefonano ai «psychic hot lines»? Cosa pensate di questi fenomeni? A che cosa attribuite la loro rilevante presenza nella nostra cultura?

4. Quale sarebbe la vostra reazione se ci fosse qualcuno vicino a voi con un problema simile a quello di Doruma? Cosa sareste disposti a fare per lui o per lei? Da un altro punto di vista, se aveste voi un problema così, ci sarebbe qualcuno vicino a voi disposto ad affrontare difficoltà e pericoli per aiutarvi? All'interno della vostra famiglia, c'è molta confidenza e apertura?

E. **La nostra esperienza personale e le nostre tradizioni culturali**

Primo passo. Qual è l'importanza o il significato dei concetti sotto elencati nella tua vita personale e nelle tue tradizioni culturali?

la felicità	la medicina
il successo	la magia
il sonno	la scienza
il viaggiare	il coraggio

Secondo passo. Questo racconto usa il simbolismo dei veli per rappresentare diversi aspetti del sonno e della notte. Questi aspetti sono cose astratte: il silenzio e i rumori della notte; i sogni e i fantasmi della notte (cioè gli incubi); il buio e la luce di fuoco; il sonno e la morte. Quali sono alcuni oggetti concreti della nostra vita quotidiana che potrebbero essere per noi simboli di aspetti più astratti e profondi della nostra esperienza?

Di che cosa potrebbero essere simbolo, ad esempio, questi oggetti concreti?

una scodella di minestra calda (*a bowl of hot soup*)?
una finestra illuminata (*lighted*)?
una pipa (*pipe*)?
un paio di pantofole sciupate (*worn slippers*)?

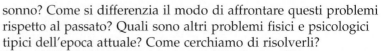

E quali oggetti concreti potrebbero simbolizzare queste astrazioni?

lo stress del mondo consumista/ipertecnologico?
la nostalgia della vita infantile?
la paura di essere soli?
la sicurezza di essere fra amici?
...altre cose?

Scriviamo!

Primo passo. Con un compagno / una compagna, fate una lista degli aggettivi che i vostri nonni userebbero per descrivere la generazione dei nipoti. Quali sono alcune delle attività di questa generazione che, secondo voi, danno fastidio ai più anziani? Fate un'altra lista.

Secondo passo. Scrivi una lettera ad un giornale come se tu fossi una nonna di 68 anni. Nella lettera la nonna deve o lodare o lamentarsi dell'attuale generazione di giovani. Usa le idee che hai elencato nel **Primo passo.**

Terzo passo. Leggi la lettera di un compagno / una compagna e scrivine un'altra in cui rispondi a quello che ha scritto la nonna.

Parlando del tema

Primo passo. Prepara una scheda su ognuno dei seguenti temi per poter discutere ognuna delle domande o situazioni. Per ogni gruppo di domande, c'è una lista di punti chiave che ti potranno essere utili per rispondere.

LE FAMIGLIE GRANDI

- Parla dei vantaggi e degli svantaggi di fare parte di una famiglia numerosa.
- Fai delle raccomandazioni perché le persone vadano d'accordo con i fratellastri / le sorellastre e i patrigni / le matrigne.

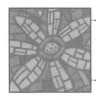

LA MEMORIA

- Quali ricordi del tuo passato sono ancora vivi in te? Descrivi come alcune esperienze passate influenzano ancora oggi la tua vita e personalità, e confrontale con quelle dei tuoi familiari e/o amici.
- Se potessi tornare indietro, quale esperienza cambieresti e perché?

L'AIUTO E I CONSIGLI

- Quando eri piccolo/a, era facile o difficile per te rivolgerti ad altre persone per chiedere aiuto e consiglio? E ora?
- A chi chiedi spesso aiuto o consiglio? Cosa faresti se non potessi più rivolgerti a questa persona?

- Credi che la famiglia sia più o meno importante ora di quanto lo era vent'anni fa?
- Come possiamo mantenere i legami con la famiglia e con le nostre radici nella società moderna?

Secondo passo. Prepara una domanda per ogni scheda usando i diversi punti chiave. Poi fai le domande a un compagno / una compagna di classe.

Le passioni:
Quali sono le nostre passioni?

Corrado è uno studente napoletano appassionato di archeologia e di jazz.

*I*n questo capitolo esploreremo il tema delle emozioni che la gente prova nei confronti degli altri e del proprio partner e di come si comporta di fronte alle proprie passioni. Quanto sono importanti nella nostra vita i legami sentimentali? Quanto spazio lasciamo ai nostri interessi più profondi?

Punto chiave

• Raccontare del passato

Temi centrali

• Le passioni
• I legami sentimentali

In viaggio per l'Italia Meridionale

• la Basilicata
• la Campania
• la Calabria
• la Puglia

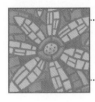

Situazioni

Un'esperienza indimenticabile

Situazione: Corrado e Lucia si incontrano al Bar Little Texas. Non si vedevano da circa tre mesi. È un bel pomeriggio di settembre, è appena piovuto e l'aria è fresca. La gente comincia a tornare dalle vacanze ma c'è ancora tranquillità per le strade ed il traffico è contenuto. James ha messo una musica dolce che fa da sottofondo ai ricordi estivi, pieni di nostalgia, di Corrado e Lucia. Lei ha nella memoria fiori profumati, mare limpido e azzurro ed il suo Massimo. Lui, la terra arida ma ricca di storia della Basilicata. Leggi il dialogo e rispondi alle domande che seguono. Fai attenzione al nuovo vocabolario.

LUCIA: Finalmente, Corrado! Dove ti eri cacciato[1]? Avevo paura che ti fosse capitato qualche guaio[2]!

CORRADO: Ma no, come vedi sono vivo e vegeto.[3] Sono appena tornato da Metaponto e ne **ho** già **nostalgia**[4]!

LUCIA: Neanche io riesco a togliermi dalla testa il ricordo della vacanza **straordinaria** che ho passato sulla Costiera Amalfitana.

CORRADO: **Adoro** quel posto. È da molto che non ci vado, ma da piccolo lo visitavo spesso: era una delle mete preferite della mia famiglia. Ci sei andata con Massimo?

LUCIA: Certo, e con chi se no? Positano, Seiano, Sorrento, Ravello, Amalfi: che luoghi incantevoli! L'acqua azzurra ed i fiori di mille colori. I limoni giganteschi e le montagne che fiancheggiano[5] la costa...

CORRADO: Allora suppongo che in questo paesaggio da favola la vostra passione amorosa **sia rifiorita.**[6] Oppure la passione la mettete ancora tutta nelle litigate?

LUCIA: Quelle non mancano mai. Lo sai, la nostra è una relazione **tormentata.** Massimo ed io dovremmo sempre essere in viaggio per essere felici. Appena ci fermiamo, lui continua ad insistere che io devo trasferirmi a Roma per continuare gli studi e, soprattutto, per **stargli vicino.**[7] Non capisce che io **la penso diversamente.** E così finiamo per **litigare.**

CORRADO: Segui il tuo **cuore** e non farti **influenzare**[8] da niente e nessuno!

---

[1]ti... *have you been hiding/keeping yourself* [2]ti... *you had gotten into trouble* [3]vivo... *alive and well* [4]ne... *I miss it already* [5]*line* [6]*bloomed again* [7]stargli... *be near him* [8]farti... *let yourself be influenced*

LUCIA: Sempre saggio il nostro Corrado. E il tuo **cuore**, dov'è?

CORRADO: Il mio l'ho lasciato nella terra bruciata dal sole[9] della Basilicata.

LUCIA: Davvero? Allora significa che sei riuscito a lavorare come interprete per gli archeologi americani. Complimenti! **Ci tenevi** tanto![10]

CORRADO: Ebbene sì! Il professor Joseph Carter mi ha assunto e gliene sono grato. Non puoi immaginare l'emozione che ho provato a toccare oggetti e resti di ceramiche di 2.000 anni fa! E la cosa ancora più **emozionante**[11] è che io ero presente mentre queste cose venivano tirate fuori dalla terra.

LUCIA: **Incredibile!**

CORRADO: Ma ora cambiamo discorso. Parlami dei violini che hai sentito suonare mentre **baciavi** Massimo, al tramonto, sulla terrazza panoramica di Ravello…

[9]bruciata… *burned by the sun*   [10]Ci… *You cared so much about it!*   [11]*moving*

Presa di coscienza. Prima di cominciare le attività che seguono, rileggete in piccoli gruppi il dialogo e individuate i punti chiave usati, scrivendo la lettera che corrisponde a ognuno di essi.

Attività

A. Comprensione. Rispondi alle domande secondo il dialogo.

1. Com'è la Costiera Amalfitana?
2. Perché Massimo e Lucia litigano?
3. A cosa teneva tanto Corrado? È riuscito ad ottenerla?
4. Perché l'esperienza di Corrado è stata tanto emozionante?
5. Dà importanza all'amore Corrado?

raccomandare

B. Raccomandazioni e opinioni personali. Completa le seguenti frasi a proposito della situazione fra Lucia e Massimo secondo la conversazione fra Lucia e Corrado. Usa un connettivo in ogni frase.

ESEMPIO: Corrado dubita che la relazione tra Lucia e Massimo possa funzionare perché litigano troppo anche se sa che si amano ormai da molti anni.

1. Corrado ha paura che…
2. Lucia preferisce…
3. A Lucia dà fastidio che Massimo…
4. Corrado raccomanda a Lucia di…

C. Dialogo. A coppie, preparate uno dei seguenti dialoghi e presentatelo alla classe.

1. Ricreate il dialogo fra Lucia e Corrado con parole vostre, basandovi su ciò che ricordate.
2. Continuate e finite il dialogo fra Lucia e Corrado, in cui Lucia racconta a Corrado la storia della sua relazione con Massimo, perché non vuole trasferirsi a Roma e quello che è stato detto l'ultima volta che hanno litigato.

Connettivi

affinché (+ *congiuntivo*)

d'altra parte

giacché

perché

perciò

tuttavia

Reprinted by permission of *La Settimana Enigmistica*

—Alberto, non potresti darle una mancia,[a] come tutti!

[a]*tip*

Per parlare delle passioni e relazioni sentimentali

abbracciare	to hug
adorare	to adore
amare	to love
avere nostalgia di	to miss (*someone, something*), to be homesick for (*something*)
avere una cotta per, essere cotto/a di (*coll.*)	to have a crush on (*someone*)
baciare	to kiss
confidarsi con	to confide in
dare buca a, fare il bidone a (*both regional*)	to stand (*someone*) up
divorziare da	to get a divorce from
fare la corte a	to court
ficcarsi nei guai (*coll.*), **mettersi nei pasticci**	to get into trouble

fidanzarsi	to get engaged to be married
fidarsi di	to trust (*someone*)
fiorire (isc)	to bloom
flirtare	to flirt
influenzare	to influence
innamorarsi di	to fall in love with
lasciarsi	to break up
mettere le corna a qualcuno (*coll.*)	to betray someone (*in love*)
odiare	to hate
pensarla diversamente	to have a different opinion about something
rimorchiare	to "pick up" someone
separarsi	to separate (*before getting a divorce*)
sognare	to dream
spaventarsi	to get scared
sposarsi	to get married
stare con qualcuno (*coll.*)	to see someone, to be going out with / dating someone
stare vicino a	to be close to someone
tenerci a	to care about (*someone, something*)
tradire (isc)	to betray

Per descrivere le passioni e le relazioni sentimentali

duraturo/a	lasting
indimenticabile	unforgettable
meraviglioso/a	wonderful
passeggero/a	fleeting
pericoloso/a	dangerous

riuscito/a	successful	soddisfatto/a	satisfied
straordinario/a	extraordinary	stufo/a (di)	fed up with, sick of
tormentato/a	tormented	timoroso/a	fearful

Per descrivere le emozioni

Ancora sulle passioni e relazioni sentimentali

arrabbiato/a	angry	l'amicizia	friendship
commosso/a	touched, moved	l'anima	soul
commovente	touching, moving	l'anima gemella	soulmate
confuso/a	confused	il contraccettivo	contraceptive
depresso/a	depressed	il cuore	heart
emozionante	exciting, moving	il fallimento	failure
emozionato/a	excited	il fidanzamento	engagement to be married
geloso/a	jealous		
imbarazzato/a	embarrassed	l'impegno	commitment
incredibile	amazing	il matrimonio	marriage
nostalgico/a	nostalgic, homesick	il preservativo	condom
penoso/a	painful	il rischio	risk
rabbioso/a	furious	il risentimento	resentment
romantico/a	romantic	la scoperta	discovery
sentimentale	sentimental	il sesso	sex

Ampliamento lessicale

Primo passo. Studia le seguenti parole e osserva come il vocabolario si può ampliare quando si conosce il significato di una parola. Scrivi il sostantivo e il verbo corrispondenti agli ultimi due aggettivi della lista.

SOSTANTIVI	VERBI	AGGETTIVI
il divorzio	divorziare	divorziato/a
l'impegno	impegnarsi	impegnato/a
il fallimento	fallire	fallito/a
l'odio	odiare	odioso/a
l'emozione	emozionarsi	emozionato/a
?	?	confuso/a
?	?	riuscito/a

Secondo passo. Leggi le seguenti affermazioni sui sei amici. Poi con un compagno / una compagna traducete, secondo il contesto di ogni frase, ciascuna parola sottolineata e indicate se è un verbo, un aggettivo o un sostantivo.

1. Corrado <u>si è emozionato</u> quando ha visto le antiche ceramiche greche.
2. Lucia è <u>impegnata</u> in politica e legge molto per tenersi informata.

3. Vittorio non si sente un <u>fallito</u> perché non è diventato un pittore, anzi è contento di non esserlo diventato perché ora sa che la sua vera passione è l'informatica.
4. Veronica e Chiara hanno avuto amiche i cui genitori <u>hanno divorziato</u> e hanno deciso che si sposeranno solo se saranno sicure d'aver trovato la persona giusta per loro.
5. Per James la vita senza musica sarebbe <u>odiosa</u>.

Terzo passo. Fòrmate gruppi di tre. Una persona di ogni gruppo creerà frasi originali con tutti i sostantivi elencati nel **Primo passo,** un'altra persona scriverà delle frasi originali con tutti i verbi e la terza persona lo farà con tutti gli aggettivi. Poi ascolterete insieme tutte le vostre frasi.

Uso del vocabolario

A. Siete d'accordo? A coppie, leggete le seguenti affermazioni e discutete perché siete d'accordo oppure non lo siete. Cerca di usare alcune delle espressioni tratte da **Per conversare meglio.**

Per conversare meglio

Dal mio punto di vista,...	*From my point of view, . . .*
Secondo me (+ *indicativo*)...	*In my opinion . . .*
Io ritengo che (+ *congiuntivo*)...	*I think that . . .*
Sono in pieno accordo con te.	*I am in complete agreement with you.*
Hai completamente ragione.	*You are completely right.*
Non sono assolutamente d'accordo.	*I disagree completely.*
Sbagli a pensare così.	*You are wrong to think so.*
Ma che vai dicendo?	*What are you saying?*
Mi meraviglio che tu possa crederlo!	*I'm amazed that you can think so!*

---

1. È un grande rischio innamorarsi quando si è troppo giovani.
2. È naturale arrabbiarsi se qualcuno ti ha dato buca.
3. Non è giusto per i figli che due persone divorzino anche se non vanno più d'accordo fra loro.
4. Una donna dovrebbe separarsi dal marito se lui preferisce passare la domenica con gli amici a vedere la partita di calcio invece di stare con lei.
5. È salutare (*healthy*) non coinvolgersi in una relazione sentimentale se si ama il lavoro più di ogni altra cosa.
6. È pericoloso passare più tempo davanti al computer che con gli amici.
7. A sedici anni è normale che i giovani non sappiano quali sono i loro veri interessi.
8. La gente che non ha nessuna passione per l'arte, la letteratura, la musica, l'archeologia, il cinema e così via, è deprimente.

Tifosi - soccer fans

B. Domande personali. A coppie, rispondete alle domande usando il **Vocabolario del tema**. Il tuo compagno / La tua compagna dovrebbe intervenire con alcune delle espressioni tratte da **Per conversare meglio**. Riferite dopo alla classe un po' di quello che ognuno ha saputo del compagno / della compagna.

Per conversare meglio

Sul serio?	*Seriously?*
Magnifico!	*Great!/Cool!*
Che macello! (*coll.*)	*What a mess!*
Non ci posso credere!	*I can't believe it!*
Che fortuna / sfortuna!	*What good luck / bad luck!*
Che guaio!	*What a mess! (a messy situation)*
Che vergogna!	*How shameful!*
Incredibile!	*Incredible!*

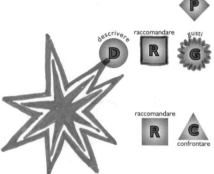

1. Che è successo l'ultima volta che ti sei spaventato/a? Ricordi una situazione di quando eri bambino/a in cui ti sei sentito/a molto imbarazzato/a? Di che cosa eri stufo/a quando eri un adolescente?
2. Come dovrebbe essere per te il partner ideale? Cosa raccomanderesti ad un amico / un'amica che si è appena fidanzato/a? Provi risentimento quando una storia d'amore finisce? Useresti gli annunci del giornale o Internet per conoscere qualcuno? Ti piacciono i romanzi d'amore? E i film sentimentali?
3. Che consiglio daresti ad una persona che è stata lasciata dal suo partner attraverso la posta elettronica? Fai un paragone tra il comportamento di una persona che passa tutto il suo tempo dietro alla sua passione artistica ed una che invece lo passa dietro all'amore. Cosa raccomanderesti a queste due persone?

Pronomi relativi

ciò/quello che	*that which*
del/della quale, dei/delle quali	*about which, of which*
di cui	*about which, of which*
il/la/i/le cui	*whose*
per cui	*for which, for whom*

C. Cosa vuol dire… ? A turno con un compagno / una compagna, spiegate cosa significano i seguenti concetti utilizzando i pronomi relativi appropriati.

1. a blind date   2. to dump someone   3. a computer dating service   4. a dangerous love affair

D. Frasi incomplete. Osserva la tabella degli aggettivi qui sotto e nota la differenza tra quelli formati dal participio passato (**-ato/a, -so/a**) e quelli formati dal participio presente (**-ante, -ente**). Completa le frasi che seguono con l'aggettivo appropriato ricordando che in alcuni casi ci può essere più di una risposta possibile.

depresso/a *depressed*	deprimente *depressing*
preoccupato/a *worried*	preoccupante *worrisome*
sorpreso/a *surprised*	sorprendente *surprising*
affascinato/a *fascinated*	affascinante *fascinating*
emozionato/a *excited*	emozionante *exciting*

1. Lucia era molto _____ perché sapeva che non avrebbe visto Massimo per tre settimane.
2. Le persone che ha conosciuto James sono _____ ed ora lui le vuole presentare ai suoi amici.
3. È _____ che loro abbiano divorziato dopo tanti anni di matrimonio.
4. Tutti sono rimasti _____ dal modo in cui Veronica ha ballato.
5. Per Chiara è stato _____ vedere l'opera Aida alle Terme di Caracalla a Roma.
6. Lucia era un po' _____ perché non aveva più visto Corrado.
7. È molto _____ l'aumento della violenza nelle scuole.

E. **Cosa faresti?** A turno con un compagno / una compagna, fatevi le seguenti domande usando espressioni che descrivono i vostri sentimenti. Rispondete usando un connettivo in ogni frase.

ESEMPIO: —Cosa faresti se vedessi il tuo partner baciare un'altra persona?
—Se vedessi il mio ragazzo / la mia ragazza baciare un'altra persona rimarrei molto deluso/a dato che non potrei più avere fiducia in lui/lei.

Come ti sentiresti e/o cosa faresti se... ?

1. vedessi il tuo partner fare il galletto / la civetta (*to flirt*) con un'altra persona?
2. camminassi per strada e qualcuno facesse commenti volgari sul tuo aspetto fisico?
3. mentri parli ad una festa con il tuo fidanzato / la tua fidanzata uno/a sconosciuto/a gli/le chiedesse di ballare?
4. la tua squadra di calcio perdesse per la terza volta il campionato?
5. il tuo migliore amico ti regalasse un biglietto per vedere *Madame Butterfly*, la tua opera preferita?
6. se i tuoi genitori ti regalassero 1.000 dollari da spendere come vuoi?

Connettivi

anche se	*even if, even though*
dato che	*since, as*
nel caso che (+ *congiuntivo*)	*in the event that*
per quanto (+ *congiuntivo*)	*even though, however much*
sebbene (+ *congiuntivo*)	*even though*
vale a dire	*that is*

Nota culturale Le passioni degli italiani

La parola «passione» in italiano viene usata frequentemente, senz'altro molto di più che nella lingua inglese, e in tanti campi diversi. «La mia passione è... » serve spesso ad indicare quello che in inglese verrebbe comunemente chiamato «an interest, a hobby», un interesse. Ancora più del concetto di passione in sé, quello che rende tanti italiani facilmente riconoscibili è il modo in cui esprimono i loro sentimenti: l'uso dei gesti, il linguaggio del corpo, le espressioni del viso, il tono della voce, la vicinanza fisica. Prova ad osservare un gruppo di italiani alla fermata dell'autobus che commentano un evento recente e vedrai gente che non si conosce coinvolta in accese[1] discussioni, a volte anche di natura politica.

[1] *lively*

Tante e diverse sono le passioni del popolo italiano. L'arte, la musica, la moda, la politica, lo sport sono elementi che uniscono, e dividono, gruppi di familiari e di amici dando identità ben precise ad essi. I tifosi[2] di calcio, ad esempio, si riconoscono non solo dalle bandiere che sventolano[3] urlando durante le partite ma anche dal loro modo di vestire e di parlare. In ogni città i tifosi hanno dei posti (bar, ristoranti, piazze e così via) in cui amano incontrarsi per discutere del «prima e dopo» di ogni partita con la stessa energia e vivacità dimostrata negli stadi. Lo stesso entusiasmo manifestato allo stadio, ai comizi elettorali,[4] ai concerti di musica dal vivo, si può anche riscontrare in ambienti più familiari, come, per esempio, una cucina quando un gruppo d'amici s'accinge a[5] preparare una cena o anche semplicemente un caffè. Eppure, nonostante questo fervore, il linguaggio degli italiani è misurato[6] nell'uso delle espressioni «ti voglio bene» e «ti amo», mentre tra gli statunitensi «I love you» è tanto comune.

• • • • • • • • •

[2]fans [3]they wave [4]comizi... campaign rallies [5]is about to [6]weighed, measured

Conversazione a coppie.

Con un compagno / una compagna, fatevi le seguenti domande e rispondete.

1. Qual è una tua passione? La condividi con molte persone? Dedichi molto del tuo tempo libero a questa passione? Pensi che avere una passione renda la vita più piacevole? Perché?
2. Conosci molti italiani che hanno caratteristiche simili a quelle descritte nella **Nota culturale?** Le trovi positive o negative?

Parla Corrado

Quest'estate Corrado è stato a Metaponto, in Basilicata, dove ha lavorato come interprete e traduttore con il professore americano Joseph Carter, che lì gestisce un grande progetto di studi archeologici. L'area di Metaponto, sul golfo di Taranto, è stata colonizzata dai greci nel settimo secolo a.C.[1]

Gli scavi archeologici a Metaponto sono davvero unici al mondo. Qui è infatti possibile studiare lo sviluppo[2] di un'antica società agraria, mentre quasi tutti gli altri siti sottoposti ad indagini[3] archeologiche sono centri urbani. Quello di Metaponto è stato studiato da archeologi per parecchi decenni,[4] ma solo nel 1959 fotografie aeree hanno rivelato una serie di antichissime linee di demarcazione nel terreno circostante[5] la città. È rarissimo trovare questi segni di divisioni territoriali del mondo antico.

I lavori del professor Carter a Metaponto sono cominciati nel 1974, e oggi il professore viene quasi ogni anno accompagnato non solo da colleghi ma anche da tanti studenti che trascorrono alcuni mesi insieme nell'area archeologica di Metaponto, lavorando lunghissime ore a scoprire, pulire, organizzare e catalogare gli innumerevoli oggetti ritrovati che contribuiscono a una comprensione più completa di una società da secoli scomparsa.[6]

[1]b.c. (avanti Cristo) [2]development [3]investigations [4]decades [5]surrounding [6]vanished

Questi mesi che ho passato a Metaponto mi hanno aperto gli occhi verso aspetti dell'archeologia e del mio paese che prima avevo solo immaginato. Ero abituato alla tranquillità ordinata e pulita dei grandi musei e a siti che conosco bene come Pompei. A Metaponto, invece, si vede chiaramente come il tempo consegna[7] la storia antica a generazioni moderne: sporca,[8] disordinata, frammentata, fragile e molto, molto restia[9] ad essere tirata fuori ed esaminata.

Non dimenticherò mai le giornate passate agli scavi. Parecchi lavoratori, abitanti dell'area, arrivavano presto ogni giorno per eseguire,[10] con pale e picconi,[11] i veri «scavi». Era un lavoro davvero faticoso, sotto un sole spietato,[12] in un'aria priva di brezze[13] rinfrescanti, in cui anzi, ogni folata[14] che interrompeva la quiete sembrava uscire da un forno. Ma non dimenticherò neanche l'emozione condivisa da tutti quando l'afa,[15] il silenzio e la routine quotidiana venivano interrotti dal ritrovamento di una traccia della civiltà antica che continuava ad esistere sotto i nostri piedi.

• • • • • • • •

[7]hands over [8]dirty [9]reluctant [10]perform [11]pale... shovels and picks [12]pitiless [13]breezes [14]gust [15]oppressive, suffocating heat

A. Comprensione. Rispondi alle domande secondo il testo precedente.

1. Per quali aspetti gli scavi di Metaponto sono unici?
2. Che cosa studiano gli studiosi e gli archeologi a Metaponto?
3. Corrado ha trovato gli scavi di Metaponto come se li era immaginati?
4. Che cosa ha imparato Corrado a Metaponto?

B. Parliamo noi. Con un compagno / una compagna, o in piccoli gruppi, fate l'esercizio seguente.

1. Come immaginate la vita delle persone che partecipano ai lavori degli scavi di Metaponto durante l'estate? Vi piacerebbe partecipare anche voi?
2. Ci sono importanti scavi archeologici negli Stati Uniti? Quali sono i ritrovamenti, i popoli e le culture che si studiano?

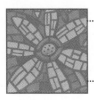

Punto chiave

RACCONTARE DEL PASSATO

Prima di cominciare questa parte del capitolo, ripassa e studia la spiegazione grammaticale sull'uso dei tempi passati sulle pagine verdi, alla fine del libro.

Come va con questi punti chiave?

A. Viaggiando da sola. Leggi il seguente brano e completalo con le forme adatte del tempo passato dei verbi tra parentesi secondo il contesto.

I tempi passati: imperfetto, passato prossimo, passato remoto, trapassato prossimo

Il padre _____[1] (promettere) a Lucia che l'avrebbe mandata in vacanza dai suoi giovani zii in Campania non appena si fosse diplomata al liceo. Così, quando Lucia _____[2] (avere) diciotto anni, è andata in vacanza per la prima volta da sola, o quasi. Dopo aver viaggiato insieme agli zii per qualche giorno, Lucia _____[3] (trascorrere) alcuni giorni per conto suo a Meta Sorrento, un'incantevole cittadina sulla Costiera Amalfitana. A due passi dall'albergo _____[4] (esserci) la spiaggia e niente avrebbe potuto avere per lei un effetto più rilassante che sdraiarsi al sole e nuotare in quel bel mare, soprattutto dopo che _____[5] (studiare) tanto per gli esami di maturità.

Nota come in questa seconda parte si usa il passato remoto invece del passato prossimo per raccontare l'avventura di Lucia.

Un giorno, mentre Lucia _____[6] (cercare) conchiglie e sassi colorati sulla riva, un ragazzo molto attraente le rivolse la parola; Lucia _____[7] (rimanere) colpita dalla sua gentilezza. Loro _____[8] (cominciare) a parlare di un po' di tutto e _____[9] (scoprire) che _____[10] (avere) molti interessi in comune, perciò _____[11] (decidere) di rivedersi quella sera stessa. Lo _____[12] (fare); prima _____[13] (ascoltare) il coro di un gruppo di bambini che _____[14] (cantare) nella piazza del paese, poi _____[15] (rimanere) da soli per alcune ore a chiacchierare per conoscersi meglio. Quello fu l'inizio di un'intensa ed appassionata storia d'amore.

B. Traduzioni. Traduci le seguenti frasi in italiano.

1. When we were young, we would visit a new city every summer.
2. The Neapolitan Eduardo Scarpetta retired to his villa after he had achieved a great success as a comedian and playwright. He put a sign on the gate: "Here, I laugh."
3. Last month, he met a woman who changed his life; in fact, he fell madly in love with her and left with her.

Espressioni utili

Le seguenti espressioni possono aiutare a narrare nel passato.

Per raccontare una storia

allo stesso tempo, contemporaneamente	mentre, durante
di quando in quando	prima… poi
dopo, in seguito	quindi, perciò
infine, alla fine	tuttavia, in ogni modo

Per coinvolgere emotivamente chi ascolta il racconto

Voglio raccontare un evento incredibile (magnifico, ridicolo) che è successo a…	*I am going to tell something incredible (wonderful, ridiculous) that happened to . . .*
Senti quello che è successo…	*Listen to what happened . . .*
e non è finita	*and that's not all*
ma quello fu niente	*but that was nothing*
adesso arriva il bello / il meglio / il peggio	*Now comes the good/best/worst part*
all'improvviso, improvvisamente	*suddenly*
Patapum!	*Crash!*
Bum!	*Bang!*

Per commentare il racconto

Ma che dici!?	*What are you saying!?*
Ma è possibile?	*Really?*
Poverino/a!	*Poor thing!*
Beato/a lui/lei!	*Lucky him/her!*
Che tristezza!	*How sad!*
Che meraviglia!	*Awesome!*
Che disastro!	*What a mess!*
Che storia incredibile!	*Quite a story! / What an incredible story!*

Attività

A. Una serata indimenticabile

Primo passo. Con un compagno / una compagna, osservate le vignette e commentate quello che è successo a Francesco e Cristina la settimana scorsa.

Secondo passo. Cosa ha detto Cristina a Francesco il giorno seguente a quando si sarebbero dovuti incontrare? Con un compagno / una compagna, preparate un dialogo fra i due.

B. Come ti sei sentito/a... ? Domanda a un compagno / una compagna come ha reagito nelle seguenti situazioni e perché.

ESEMPIO: —Come ti sei sentito/a quando hai finito la scuola superiore?
—Mi sono sentito/a depresso/a perché temevo di non vedere mai più i miei compagni.

Come ti sei sentito/a...

1. quando hai finito la scuola superiore?
2. quando hai conosciuto il tuo primo amore?
3. quando hai saputo che l'università ti aveva accettato?
4. quando hai preso la patente?
5. la prima volta che qualcuno ti ha dato buca?

C. Parlando della mia vita

Primo passo. Scegli uno dei seguenti temi e, in un breve testo, descrivi la situazione e racconta quello che è successo.

- Il momento più imbarazzante della mia vita.
- Il giorno più difficile che io abbia mai vissuto.
- Una cosa che ho fatto e che non voglio che i miei genitori sappiano mai.
- La decisione più importante che io abbia mai preso.

Secondo passo. Ora, in gruppi di tre o quattro persone, ripetete ciò che avete scritto senza leggere i vostri testi. Il gruppo deciderà qual è la storia migliore e la leggerà al resto della classe.

D. Il rimorso. Di quali aspetti del tuo passato ti penti (*do you regret*)? Che cosa si può imparare dal passato?

Primo passo. Tutti sono caduti qualche volta nella tentazione di agire in modo sbagliato. Leggi le domande che seguono e indica se hai mai fatto queste cose.

Qualche volta…

1. hai bevuto troppo alcool?
2. hai dato una festa in casa dei tuoi genitori in loro assenza?
3. hai flirtato con un compagno / una compagna di lavoro?
4. hai insultato un amico / un'amica?
5. hai litigato con un fratello, una sorella o un altro parente?
6. hai presentato un documento di identità falso?
7. sei uscito/a con il ragazzo / la ragazza del tuo migliore amico / della tua migliore amica?

Secondo passo. Fate un sondaggio (*survey*) fra tutti gli studenti della classe. Quante persone hanno risposto di «sì» ad ogni domanda? Scrivete i risultati alla lavagna.

Terzo passo. A coppie o in piccoli gruppi, parlate di una delle situazioni del **Primo passo.** Dovrete spiegare le ragioni per cui avete agito in quel modo, quali sono state le conseguenze delle vostre azioni e come vi sentite adesso riguardo ad (*regarding*) esse.

E. **Che cosa ci attrae?** Pensando al tuo gruppo di amici intimi, ti pare che siano generalmente tutti uguali?

Primo passo. Indica quali dei seguenti aggettivi descrivono te stesso/a e il tuo migliore amico / la tua migliore amica.

ESEMPIO: chiacchierone/a   a. Mi descrive.
                                  b. Non descrive il mio migliore amico.

ambizioso/a	serio/a
audace	energico/a
chiacchierone/a	indipendente
pratico/a	sognatore/sognatrice
religioso/a	testardo/a

Secondo passo. Ora analizza le tue risposte nel seguente modo: segna un punto per ogni aggettivo che descrive te e il tuo amico / la tua amica.

I risultati:

— Se hai fra 0 e 3 punti, cerchi persone molto diverse da te stesso/a.
— Se hai fra 4 e 6 punti, vai d'accordo con una persona con alcune caratteristiche diverse e con altre simili alle tue.
— Se hai fra 7 e 10 punti, significa che vuoi avere amici che sono quasi identici a te.

Terzo passo. In piccoli gruppi, fate un sondaggio in classe. Quanti preferiscono persone identiche a se stessi? Quanti molto diverse? Quanti che abbiano alcune caratteristiche in comune e altre no?

Quarto passo. In base alle vostre risposte e alle informazioni che avete appena raccolto, rispondete alle seguenti domande.

1. Credete all'idea che i poli opposti si attraggono (*opposites attract*)?
2. I rapporti fra persone molto diverse possono avere successo?
3. Quante persone credono di poter mantenere relazioni amorose con persone di un'altra cultura?

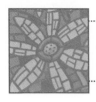

Angolo culturale

In viaggio per l'Italia Meridionale

Leggerai di più sulla Campania nella Lettura del Capitolo 3 del quaderno di esercizi.

1. **La Basilicata (anche chiamata Lucania): Matera.** L'attuale centro di Matera si sviluppa su un antico insediamento[1] indigeno organizzato in nuclei di capanne e gruppi di sepolture.[2] Matera ebbe un grande sviluppo in epoca bizantina (XI secolo). Da piazza del Duomo è possibile ammirare il suggestivo panorama dei Sassi, il nucleo più antico del centro storico, caratterizzati da particolari abitazioni, chiese, scalinate e piazzette, tutte scavate[3] nella roccia. Di Matera ricordiamo la «Fondazione Carlo Levi», con numerose tele[4] dello scrittore e pittore torinese e il grande pannello intitolato *Lucania '61* realizzato da Carlo Levi nel 1961. Di lui ricordiamo anche il bellissimo romanzo *Cristo si è fermato ad Eboli*. Per gli appassionati di archeologia sono da segnalare i villaggi neolitici trincerati[5] di Serra d'Alto, Timmari, Murgia Timone e la Grotta dei Pipistrelli. Per gli amanti degli animali è certamente importante il lago Giuliano, un'oasi di protezione faunistica con la presenza di numerose specie di animali.

2. **La Basilicata: Metaponto.** Fondata a metà del VII secolo a.C. da greci provenienti[6] dall'Acaia, divenne una delle più importanti colonie della Magna Grecia. La sua ricchezza era principalmente costituita dal territorio fertile, famoso per la produzione di cereali. I periodi di grande splendore furono la seconda metà del VI e la prima metà del IV sec. a.C. In età romana la città attraversò invece una fase di decadenza.[7] Nel Parco Archeologico, rimangono i resti del santuario urbano dedicato ad Apollo Licio e dell'adiacente agorà.[8] L'area sacra racchiude[9] quattro templi che vanno dal VI sec. a.C. al 570 a.C. Nell'attuale cittadina di Metaponto è stato di recente inaugurato il Museo Archeologico, destinato ad accogliere[10] i materiali archeologici della colonia greca e del suo entroterra.[11]

3. **La Campania: Napoli.** Napoli è una città senza inizio[12] e senza fine, una città «nobile e folle[13]» come la definì il grande poeta ligure Eugenio Montale. Il Vesuvio guarda da un lato alla città vibrante di Napoli e dall'altro ai resti immobili nel tempo e nella storia di Pompei ed Ercolano. I napoletani possono ammirare dal promontorio[14] di Posillipo il famoso panorama marittimo e le splendide isole di Capri ed Ischia. Nel rione[15] Sanità si trovano due importanti musei: il Museo della Reggia di Capodimonte ed il Museo Archeologico

---

[1]*settlement* [2]*tombs* [3]*excavated* [4]*paintings* [5]*entrenched* [6]*originating* [7]*decline*
[8]*piazza* [9]*contains* [10]*receive* [11]*inland areas* [12]*beginning* [13]*insane* [14]*headland*
[15]*neighborhood*

Nazionale. Nel primo si possono ammirare dipinti italiani ed europei che vanno dal XIV al XVIII secolo. Nel secondo museo si possono vedere i materiali provenienti dagli scavi di Pompei e di Ercolano, distrutte dall'eruzione del Vesuvio nel 79 d.C.[16] Una scultura cara ai napoletani è quella del Cristo Velato nella Cappella Sansevero scolpita nel 1753 dal napoletano Giuseppe Sammartino.

4. **La Campania: Costiera Amalfitana.** Uno dei tratti[17] più spettacolari e caratteristici della costa italiana è senz'altro la Costiera Amalfitana. Per ammirare questo incredibile paesaggio, si deve percorrere in macchina o in pullman una strada che si snoda[18] in curve pericolose, ognuna delle quali mostra panorami sempre più belli. Partendo da Sorrento nella direzione di Amalfi, sulla destra ci sono dirupi[19] coperti di verde e di ulivi,[20] che precipitano nell'intenso blu del mar Tirreno e sulla sinistra ci sono colline[21] coperte da folta vegetazione in cui spiccano[22] le buganvillee di tanti colori diversi. Oltre alla rinomata[23] Amalfi, la pittoresca Positano è un'altra perla della Costiera. Il bianco delle sue case e ville crea un'armonia cromatica perfetta con il blu dell'acqua ed il giallo delle piante di limoni, cariche dei[24] grossi frutti da cui si ricava[25] il limoncello, un famoso liquore digestivo che si beve ghiacciato.

5. **La Calabria: da Catanzaro a Riace, una regione piena di diversità.** La Calabria, che occupa la punta dello stivale dell'Italia, è una regione in cui il tempo ha un'altra dimensione: bisogna visitarla senza fretta per scoprire le sue ricchezze di storia, di natura stupenda e di artigianato.[26] L'isolamento in cui ha sempre vissuto la Calabria ha portato conseguenze sia negative che positive. Una conseguenza negativa è la mancanza[27] di lavoro che causa l'emigrazione dei giovani. Il 90% di loro lascia infatti i propri paesi per cercare lavoro al Nord d'Italia o all'estero.[28] Conseguenze positive sono invece la diversità di lingue e dialetti e la ricchezza di tradizioni. Sono nate anche scuole e centri, come quelli di Catanzaro e Squillace, per cercare di conservare lo stile dei costumi tipici del posto. Lungo le coste calabresi, a Riace, nel mare Ionio, sono stati ritrovati nel 1972 due grandi statue di bronzo. I due magnifici guerrieri[29] si possono ora ammirare al Museo Nazionale di Reggio Calabria.

6. **La Puglia: Brindisi, Taranto e Alberobello.** Tutta l'Italia meridionale fu colonizzata dai Greci e si chiamò Megale Ellas (Magna Grecia). Questo spiega la presenza della cultura greca in questa parte dell'Italia. La Puglia, con la città di Brindisi, è un punto di partenza per chi vuole andare in Grecia e un punto di arrivo per tanti profughi provenienti dall'Albania e dal Kosovo. È una regione poco industrializzata e l'agricoltura ha ancora un peso notevole nell'economia. Famose in tutto il mondo sono le ceramiche di Grottaglie, in provincia di Taranto, che sono esposte nella mostra annuale della ceramica. Uno dei più singolari[30] centri abitati in Italia, e forse nel mondo, è la cittadina di Alberobello. La singolarità di Alberobello e della zona circostante consiste nella presenza dei pittoreschi «trulli» che sono delle abitazioni circolari bianche con tetti[31] di pietra[32] grigia a forma di cono.[33] Se ne contano circa 1.000 sull'alta collina, alcuni dei quali sono antichissimi.

---

[16]*A.D.* (dopo Cristo) [17]*areas* [18]*si… winds* [19]*cliffs* [20]*olive trees* [21]*hills*
[22]*stand out* [23]*well-known* [24]*cariche… laden with* [25]*si… is made* [26]*handicrafts*
[27]*lack* [28]*abroad* [29]*warriors* [30]*particular* [31]*roofs* [32]*stone* [33]*forma… cone-shaped*

Attività

A. Trova sulla carta geografica i nomi di quattro località che si trovano sulla o vicino alla Costiera Amalfitana e scrivici un numero da 1 (il più interessante) a 4 (il meno interessante) per indicare il livello d'interesse che hai a passare una vacanza in questi posti.

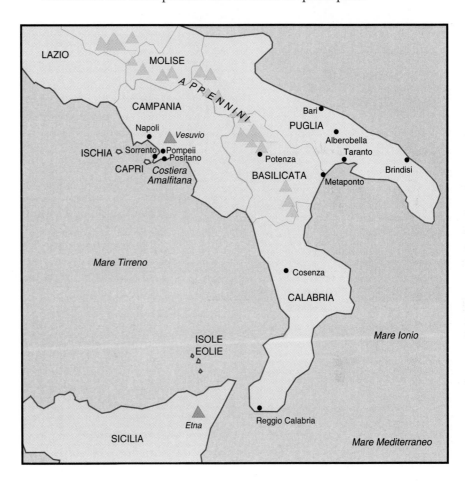

B. Formate tre gruppi e fate le seguenti ricerche che presenterete dopo in classe.

GRUPPO A: personaggi famosi provenienti dalla Campania
GRUPPO B: l'origine della famosa danza chiamata «tarantella»
GRUPPO C: il brigantaggio in Calabria

Un artista napoletano: Enrico Caruso

Durante la sua vita meritò il soprannome di «Re dei Tenori», ed è oggi considerato uno dei più grandi cantanti lirici dell'epoca moderna. Nacque a Napoli nel 1873 e morì nella sua città natia[1] nel 1921. La sua voce fu senza dubbio la prima a raggiungere[2] una fama veramente mondiale.[3] Con la tecnologia moderna, la fama internazionale di un nuovo artista è un fenomeno normale a cui siamo abituati: in soli tre minuti alla televisione un cantante può essere visto e sentito da milioni di persone. Ma ai tempi di Caruso l'industria dei dischi radiofonici era nuova e deve in gran parte il suo successo internazionale all'arte e al talento del tenore.

Caruso cominciò uno studio serio del canto solo all'età di 18 anni. Nel 1897, quando aveva solo 23 anni, conobbe il compositore Giacomo Puccini. Il tenore, che si proponeva per interpretare il ruolo di Rodolfo in *La bohème*, cantò per Puccini. Quando ebbe finito di cantare Puccini gli domandò: «Chi ti ha mandato da me? Dio?»

La vita del cantante fu piena di emozioni, belle avventure e momenti drammatici. Il tenore fu uno dei primi artisti la cui vita pubblica e privata fu documentata con spietata insistenza dai giornalisti che lo seguirono per tutto il mondo. Nell'aprile del 1906 Caruso e la compagnia del Metropolitan Opera di New York arrivarono a San Francisco per completare una tournée negli Stati Uniti. Il tenore si sentiva depresso a causa delle recenti eruzioni del Vesuvio che avevano ucciso tanti suoi compaesani.[4] La sera del 17 Caruso conquistò il pubblico di San Francisco nel ruolo di Don José nella *Carmen,* ma la mattina seguente la città fu devastata da un terribile terremoto. L'incubo durò più di ventiquattro ore. Quando il tenore e la compagnia tornarono finalmente a New York, Caruso disse a un giornalista: «Preferisco il Vesuvio».

Una versione hollywoodiana della sua vita è stata raccontata nel film *The Great Caruso* (1951), in cui il ruolo del «re dei tenori» è stato interpretato dal grande cantante italo-americano Mario Lanza.

Enrico Caruso, un napoletano famoso per la sua bellissima voce

[1]*native* [2]*reach* [3]*worldwide* [4]*persons coming from the same town/area as Caruso*

Attività

Con un compagno / una compagna, discutete le seguenti domande.

A. Essendo entrambi tenori, Enrico Caruso e Luciano Pavarotti hanno interpretato spesso gli stessi ruoli. Scegliete un'aria italiana che tutti e due hanno registrato e ascoltate in classe le due versioni. Leggete anche le parole. Fate un confronto fra i due cantanti (qualità della voce, interpretazione e così via) tenendo conto delle differenze nella qualità delle incisioni. Quale preferite? Perché?

B. Nella vostra classe, chi sono le persone che amano l'opera lirica? E quelli che non la sopportano? Come spiegate i vostri sentimenti nei confronti dell'opera? Se voi doveste cercare di cambiare l'atteggiamento di una persona riguardo alla musica, quale musica e quale artista proporreste?

C. È molto probabile che il terremoto di San Francisco sia stato per Caruso il momento più spaventoso della sua vita. Raccontate un momento disastroso o pericoloso in cui avete provato una gran paura, sia per la vostra vita che per quella di altri. Come avete reagito?

D. Per molti cantanti, Enrico Caruso è un modello e rappresenta uno standard di riferimento per il giudizio della critica. Nei vostri campi di studio, o per voi personalmente, quali personaggi sono a quest'altezza? Considerate questi personaggi dei modelli solo a livello professionale o artistico, o anche a livello personale, umano?

E. Secondo voi, chi, fra cent'anni, sarà l'artista di questi anni più ricordato per i suoi contributi originali? In quale modo la tecnologia avrà contribuito a ciò?

Italiani nel mondo: la Svizzera

L'artista italo-svizzero Alberto Giacometti, nel suo studio

Molti sanno che in Italia esistono comunità etniche con tradizioni linguistiche diverse dall'italiano: quella francese nella Valle d'Aosta, per esempio, e quella tedesca in Trentino–Alto Adige. Non tutti sanno, però, che l'italiano è anche una delle lingue ufficiali della Confederazione Svizzera, una nazione famosa per la sua cultura multilingue. Le regioni amministrative della Svizzera si chiamano cantoni, e il cantone italiano della Svizzera è il Ticino, il cui capoluogo è Bellinzona. Altre città importanti sono Locarno e Lugano.

La lingua italiana è parlata dall'11% della popolazione svizzera. Il Ticino, il cantone più meridionale[1] della Svizzera, confina con[2] la Lombardia (e c'è anche una piccolissima parte del territorio italiano circondata[3] completamente da territorio svizzero, Campione d'Italia). Molti viaggiatori che conoscono bene la Svizzera considerano il Ticino la loro meta preferita. È un posto unico in Europa per l'unione del paesaggio alpino che tutti associano con la Svizzera, e alcuni aspetti tipicamente italiani.

Molti svizzeri del cantone italiano hanno dato grandi contributi al patrimonio[4] artistico del paese, soprattutto nel campo dell'architettura. In questo campo ricordiamo Domenico Fontana e il suo studente Carlo Maderno, Mario Botta, Rino Tami, Aldo Rossi, Luigi Snozzi e Aurelio Galfetti. Nel campo artistico un grande pittore e scultore di questo secolo è stato Alberto Giacometti.

[1]più… *southernmost* [2]confina… *borders on* [3]*surrounded* [4]*heritage*

In questo paese che comprende tante differenze religiose, etniche, linguistiche e culturali, sono inevitabili certe situazioni piene d'ironia. Lo scrittore ticinese Francesco Chiesa ne ha descritta una: «I pastori che passano l'estate sulle Alpi discendono di tanto in tanto nel villaggio a rinnovar le provviste,[5] e le provviste sono: pane, vino, sale e giornali. E in alcuna di quelle alte capanne, simili a tante [costruzioni] trogloditiche,[6] in quell'odore acre di latte cagliato,[7] di fumo, di sterco,[8] più di una volta mi è accaduto[9] di trovar[e] chi sapeva fin'ultime minuzie[10] della politica cantonale e mondiale, chi, a me che parlavo dialetto, si studiava di[11] rispondere in lingua letteraria.»

[5]*provisions* [6][costruzioni]… *ancient cave dwellings* [7]*curdled* [8]*manure* [9]*è… it has happened* [10]fin'ultime… *down to the smallest detail* [11]si… *made a great point of*

per venerdì

Comprensione

Formate dei piccoli gruppi e rispondete alle domande secondo il testo precedente.

1. Oltre all'italiano e ai dialetti, quali sono le lingue parlate in Italia?
2. Quale divisione geopolitica svizzera corrisponde alla regione italiana?
3. Quanto è diffusa (*widespread*) in Svizzera la lingua italiana? Sapete quali sono le altre lingue ufficiali della Svizzera?
4. Qual è l'ironia nella situazione descritta da Francesco Chiesa?

EXAM MATERIAL END

Lettura

DOMENICO REA: «L'americana»

A proposito dello scrittore

«L'americana (anni settanta)» è una delle diciannove favole, novelle e cronache pubblicate nel 1976 in un volume intitolato *Tentazione*. L'autore, il napoletano Domenico Rea (1921–1994), aveva fatto molti mestieri diversi prima di raggiungere il successo come scrittore. Fece l'impiegato, l'operaio, il rappresentante (in Brasile) e anche l'amministratore di un museo a Napoli.

Studiosi e altri scrittori hanno descritto Domenico Rea come un uomo inquieto (*restless*), ambizioso, silenzioso e solitario che rideva poco. Tanti personaggi dei suoi racconti e romanzi sono proprio così. Prestò la sua voce di scrittore al popolo di Napoli, offrendo dei ritratti realistici di personaggi che spesso erano apparsi nella letteratura sotto forma di stereotipi romanticizzati. Rea ricevette parecchi premi letterari quali il Premio Viareggio nel 1951 e il Premio Napoli nel 1959. Nel 1996 il suo romanzo *Ninfa plebea* è stato tradotto in un film da Lina Wertmüller.

Prima di leggere

Ricorda le strategie presentate nei capitoli precedenti. Possono esserti utili sia per questa lettura che per quelle dei capitoli seguenti.

A. **Strategie per leggere**

Usare quello che sai dalle esperienze personali per capire in anticipo le possibilità di un argomento. Un incontro fra due sconosciuti: quali sono le possibilità in questa situazione? Quali esperienze personali possono dare un'idea di quello che potrebbe succedere nella lettura?

Spesso quando incontri per la prima volta una persona che ha per te una certa attrazione, sei cosciente solo del dialogo esterno che si svolge tra te e quella persona? Oppure ti rendi conto (*do you notice*) anche di un dialogo interno che svolgi con te stesso/a? Questo dialogo interno domina spesso la situazione?

Quali sono alcune delle domande che ti fai a proposito dell'altra persona? E a proposito di te stesso/a?

Ci sono domande o osservazioni che dovresti fare ad alta voce ma che non esprimi apertamente? Perché non lo fai? Quali sono?

È molto probabile che anche l'altra persona sia coinvolta nel proprio dialogo interno. Oltre che con le parole, come comunicate fra di voi in questa situazione?

Hai letto altri racconti o romanzi, o hai visto dei film, in cui due persone che si sono appena conosciute sentono un'attrazione reciproca ma hanno dei dubbi? In questo caso la situazione si rivelava seria? Comica? Ironica?

B. **Per conversare.** Prima di leggere, rispondete con un compagno / una compagna o in piccoli gruppi alle seguenti domande. Discutetene dopo con il resto della classe.

1. Per alcuni aspetti, la situazione in questo racconto è simile a quella di un appuntamento alla cieca (*blind date*). Quali sono alcune delle aspettative e paure che si provano in questa situazione?
2. Questo racconto si svolge a Napoli e sulla Costiera Amalfitana, luoghi che sono tradizionalmente considerati molto romantici. Secondo voi, che cosa rende un ambiente «romantico»?
3. Immaginate una situazione simile che si svolga non in Italia, ma nel vostro paese. Qual è una città americana/canadese considerata piuttosto romantica? Quali sono alcuni posti di questa città o delle sue vicinanze (*vicinity*) che potrebbero servire da scenario per l'incontro dei due personaggi?

4. Naturalmente non conoscete ancora tutti i particolari della situazione che sarà descritta nel racconto. Partendo però da quello che sapete, cioè che ci sono un italiano e un'americana che si incontrano per la prima volta a Napoli e che sentono un'attrazione reciproca, quali potrebbero essere alcune probabili conclusioni di questo racconto? Considerate diversi punti di vista: quello ottimista, quello realista, quello pessimista e così via. In ogni caso, in che modo potrebbe influire la differenza culturale fra i personaggi?

L'americana (*anni settanta*)

da *Tentazione* di Domenico Rea

1

VISUALIZZARE

Ero solo in casa e, per alleviare la pena dello scirocco,[1] mi ero seduto in terrazzo. Accanto alla sdraio[2] avevo deposto una bottiglia di vino bianco secco e freddo e di tanto in tanto la portavo alle labbra. Avevo bisogno di far salire la pressione.

L'esperimento stava dando un certo risultato… Non avevo desiderio di nulla e mi esercitavo a tenere sgombra[3] la mente. Avevo sì, spalancato sulle ginocchia,[4] un libro a grossi caratteri (la storia avventurosa di uno dei primi viaggiatori, sulla scia[5] delle esplorazioni colombiane) ma solo di tanto in tanto vi buttavo un'occhiata[6] per leggervi un gruppo di frasi, un poco come facevo con la bottiglia di vino, portandola alla bocca.

… Abbandonato al piacere della pigrizia,[7] lo squillare della soneria del telefono fu per me come una lacerazione fisica.[v] Era un pomeriggio e non riuscivo a spiegarmi chi potesse, chi osasse[8] telefonare. … Scalzo,[9] attraversai la fresca quiete del salone e andai a rispondere.

— Chi è? — dissi con tono infastidito.[10] Rispose una voce semincomprensibile. — Chi è? — gridai. All'altro capo del filo,[11] la voce fu come sopraffatta[12] dalla mia alterazione.[13] Solo quando mi espressi urbanamente[14] riuscii a capire che la persona che mi cercava era una straniera di passaggio per Napoli. — Ah — dissi — e che cosa vuole? — Dal suo rovinoso italiano compresi che la donna stava traducendo un mio saggio scientifico sul comportamento dei coleotteri[15] e le sarebbe piaciuto sottopormi alcuni quesiti.[16]

— Quando parte? — le chiesi, per prender tempo.

— Domattina.

— E come si fa[17] — dissi. Non avevo alcun desiderio di vestirmi e uscire a quell'ora, né intendevo incontrare un'americana. Fosse stata una persona giovane l'incontro avrebbe potuto rivestire[18] un qualche interesse…; ma dal tono gutturale e lento della voce io me l'ero raffigurata[19] anziana e con le dure fattezze[20] e la pignoleria[21] di un'altra americana, conosciuta anni prima; e causa di una grossa delusione

[1]*hot, humid southeast wind* [2]*deck chair* [3]*clear* [4]*spalancato… open on my knees* [5]*trail* [6]*vi… I threw it a glance* [7]*laziness* [8]*would dare* [9]*Barefoot* [10]*annoyed* [11]*capo… end of the line* [12]*overwhelmed* [13]*tone* [14]*civilly* [15]*Coleoptera (order of insects)* [16]*sottopormi… to ask me some questions* [17]*E… What's to be done, then* [18]*avrebbe… could have held* [19]*me… I pictured her to be* [20]*features* [21]*fussiness*

giovanile… Parlava sempre di se stessa e dell'America, del pessimo stato delle scienze in Italia e il lavoro perseguito con costanza e pignoleria doveva essere l'unico scopo della sua vita.

L'eredità di quel ricordo fu così forte che, per un istante, all'altro capo del filo, temetti ci fosse la medesima[22] vecchia, dimentica di avermi già conosciuto. Mi sbagliavo. Si trattava di una nuova. Non sapevo intanto come fare ad appurare[23] se fosse giovane o vecchia, alta o bassa, bella o brutta, e cominciai a far domande del genere di: «Perché si trova a Napoli? e quand'è arrivata e con chi? … ». Mi sembrò di capire com'ella avesse usufruito[24] di un occasionale passaggio in auto, spinta dalla curiosità di visitare la città di cui aveva sentito tanto parlare e in Italia e in USA. Ora si vedeva avvilita a girar sola[25] e, ricordatasi della mia presenza in luogo, mi aveva telefonato, certo, anche per i quesiti sui coleotteri. Se intanto volevo farle un poco da guida ella avrebbe nutrito nei miei riguardi viva riconoscenza.[26]

Il particolare del passaggio in auto, per un attimo, mi fece pensare trattarsi di una giovane donna, ma ricordai subito che la «prima» americana, sebbene vecchia, aveva agilità e vitalità da vendere.[27] Più interessante giudicai l'altro particolare: il desiderio di vedere la mia città e l'esservi giunta occasionalmente, in autostop.[28] Ciò era molto americano, molto affidato all'estro[29] e all'istinto di cambiar stato e luogo, manifestazioni tipiche della psicologia di quel popolo un tempo nomade. Ma oltre a queste impressioni vi fu qualcosa di oscuro e di piacevole che mi spinse, controvoglia,[30] a dire:

— Bene, mi dia una mezz'ora di tempo e la raggiungo —. Lei dovette sorridere e illuminarsi perché il suo: «Sì, grazie» m'investì come una luce.

— Dove si trova, ora? … E come ci è arrivata? … — chiesi ancora.

— Tenti di[31] portarsi sull'entrata principale di Palazzo Reale, luogo riconoscibilissimo e a tutti noto io la raggiungerò prima che posso —. In questa intesa appoggiai il microfono e ritornai lentamente al terrazzo.[v]

VISUALIZZARE

---

[22]*same* [23]*ascertain* [24]*com'ella… how she would benefit* [25]*avvilita… depressed to be going about alone* [26]*avrebbe… would be very grateful to me* [27]*da… to spare* [28]*l'esservi… having reached the city fortuitously, by hitchhiking* [29]*affidato… trusting of whim* [30]*unwillingly* [31]*Tenti… Try to*

VERIFICHIAMO

1. Chi sono i personaggi che incontriamo in questa prima parte della lettura? In che modo li incontriamo?

2. In questa parte della lettura, si presenta un problema da risolvere? A quale personaggio?

3. Quali azioni hanno luogo in questa parte? Quali verbi usa l'autore per indicare queste azioni?

4. C'è molta azione in questa parte o la sua funzione principale è quella di fornire descrizioni e informazioni? Quali informazioni ci dà?

5. Quali emozioni si esprimono in questa parte?

6. Sai raccontare con parole tue quello che succede in questa parte?

2

... Bevvi un altro sorso[1] di vino, presi il secchio[2] ed entrai in casa, immediatamente preso dal dubbio del come avrei dovuto vestirmi: se di lino o di lana, se di bianco o di scuro, da persona rispettabile e studiosa o blasé. Mi andavo intanto ricordando che la sera avevo già preso un mezzo appuntamento con un amico medico, desideroso di presentarmi a una sua bellissima cugina e questo particolare e questo possibile angolo di salvezza[3] mi spinsero a una decisione positiva. Avrei parlato prima con l'americana e senza <u>rincasare</u> sarei andato dall'amico. Mi conveniva vestirmi di scuro. Sul punto d'uscire telefonai all'amico per dirgli che senz'altro avrei trascorso la serata con lui e sua cugina, e anzi avevo speranza di raggiungerlo con anticipo.[4]

VOCABOLARIO

Allo specchio trovai che l'abito di lanetta *bleu* mi stava a pennello;[5] mi rendeva più magro e giovanile di quanto in realtà fossi e la gradevole considerazione che ebbi di me stesso mi diede un émpito,[6] un piacere di muovermi, di dire, di fare, di voler bene alle cose e a qualcuno e quando fui sulla scaletta d'uscita e mi vidi di fronte il Vesuvio, i mosaici sparsi degli abitati costieri della Penisola Sorrentina mi trovai a camminare col passo di un fauno danzante. Inoltre, dalle Bocche di Capri apparve la sagoma[7] bianca di un transatlantico: simbolo di buone notizie, di particolare disposizione della sorte. Tutti questi segni esteriori e interiori mi disposero a sentirmi brillante, a supervalutare i dati anche meschini[8] della realtà e, correndo in auto per Napoli come per le vie di una città equatoriale, sempre con nell'occhio la visione dell'avanzante piroscafo,[9] raggiunsi l'entrata di Palazzo Reale; per intanto, vuota.

Non ebbi il tempo d'incassare del tutto il moto di stizza incipiente[10] perché il portinaio in livrea[11] ebbe subito cura di dirmi:

— Professore, in questo momento è venuta una signorina a cercarvi. Si è infilata nel palazzo... È andata da quella parte.

VISUALIZZARE

VISUALIZZARE

VOCABOLARIO

— Com'è? — chiesi. E lui, furbo,[12] avvitò[13] l'indice della mano sinistra sulla guancia.[14] Con *sprint* lanciai l'auto nel primo cortile.[v] Non c'era. Raggiunsi il secondo e niente: «Che pazzi questi yankees» pensai, ma, sboccando nel terzo, i miei occhi si riempirono di una figura meravigliosa.[v] La donna mi dava le spalle[15] e guardava in alto le finestre <u>settecentesche</u> e il giardino pensile.[16] Pian piano mi avvicinai con la macchina, fermai, discesi e le andai incontro, dicendo:

— Scusi, è lei la signora Natalie Norwar?

— Yes.

— Io sono il signore a cui ha telefonato.

— Lei proprio? — chiese sorpresa.

— Sì, io.

Scoppiò a ridere[17] all'americana, dicendo:

— Così giovàne, così giovàne. Io credevo lei fosse un vecchio signore.

---

[1]*sip* [2]*bucket (of ice)* [3]angolo... *way out* [4]con... *early* [5]mi... *suited me perfectly* [6]*impetus* [7]*profile* [8]*shabby* [9]*steamer ship* [10]d'incassare... *to yield completely to my stirring anger* [11]in... *uniformed* [12]*sly* [13]*twisted* [14]*cheek* [15]mi... *had her back to me* [16]giardino... *roof garden* [17]Scoppiò... *She burst out laughing*

E ridemmo insieme. Lei riprese a guardare il giardino e io domandai:

— Le piace questo palazzo?

— È come quello delle fate.[18]

— I re del buon tempo antico non erano sciocchi.[19] Al popolo i vicoli[20] e a loro <u>scalee</u>, saloni, giardini.

E ridemmo di nuovo.

— È in giro da molte ore? … È stanca. Salga, proseguiremo in macchina.

— Molto bella sua automobile — disse. — Sono contenta di trovarmi qui.

— Nella macchina? — chiesi.

— Tutto — disse.

Partimmo e uscimmo dal portale, lieto di ricevere l'inchino[21] del portiere nobile e alto, una volta primo staffiere[22] del Principe Ereditario.

VOCABOLARIO

[18]*fairies* [19]*stupid* [20]*alleys* [21]*bow* [22]*footman*

VERIFICHIAMO

1. Chi partecipa all'azione di questa parte?
2. Quali sono i punti principali di questa parte?
3. Quali azioni hanno luogo in questa parte? Quali verbi usa l'autore per indicare queste azioni?
4. C'è molta azione in questa parte o la sua funzione principale è quella di fornire descrizioni e informazioni? Quali informazioni ci dà?
5. Quali emozioni si esprimono in questa parte? Quali sono i momenti in cui le emozioni dei personaggi cambiano? Perché cambiano?
6. Sai raccontare con parole tue quello che succede in questa parte?

3

— Sa chi mi ha parlato di lei?

— Chi? — chiesi, veramente sorpreso e insospettito.[1]

Disse un nome, un nome terribile; il nome della donna più pettegola[2] di Roma; un tempo mia amica. Si riteneva depositaria dei più <u>vistosi</u> difetti del mio carattere meridionale.

VOCABOLARIO

— Non mi aveva detto però fosse così giovàne. Questo non detto. Detto che lei molto allegro, molto… — e qui rise di nuovo all'americana, nascondendo gli occhi nelle pieghe[3] del volto e delle palpebre.[4] — … molto gallista[5]! — dissi, completando la sua frase.

La vivacità, seguita all'apparizione della stupenda creatura che il caso[6] mi aveva buttato davanti, si trasformò in sospetto. La ragazza doveva appartenere a quella categoria di americani vaganti[7] per le capitali d'Europa e bene affermati in quei circoli di persone che vivono di pettegolezzi. Il nome della nostra comune amica avrebbe posto qualsiasi uomo in allarme e, avviandomi[8] a mostrarle sbrigativamente[9] qualche zona popolare di Napoli, le chiesi:

[1]*suspicious* [2]*gossipy* [3]*wrinkles* [4]*eyelids* [5]*male chauvinist* [6]*chance* [7]*wandering* [8]*setting out* [9]*hurriedly*

VOCABOLARIO

— Allora quali quesiti vuole che le <u>chiarisca</u>?

Mi spostai[10] molto a sinistra verso lo sportello[11] e tra me e lei si mostrò evidente un vuoto che non poteva dar luogo a equivoci.[12] …

Per tutta risposta[13] mi chiese:

— Lei ha moglie?

— Sì.

— Peccato.

— E perché? — chiesi.

— Sempre peccato avere moglie o marito.

— E lei, non ha marito?

— Yes. Divorziata.

— Perché?

— Impossibile spiegare.

— E ora è libera?

— Yes. Uomo italiano innamorato di me, io poco di lui.

— Ah bene! — dissi e avrei voluto dire: «E che me ne importa?[14]».

Il timore[15] di non combinare[16] nulla di positivo quella sera con lei, mi fece desiderare più che mai la compagnia dell'amico medico e di sua cugina e per questo motivo, fermata la macchina a una piazzetta, dissi:

VOCABOLARIO

— Ecco, quest'è una piazzetta tipica di Napoli. Qui c'è tutto un campionario[17] di cose orride o belle: vicoli, bassi,[18] ragazzini come <u>pollame</u>, i balconcini <u>infiorati</u>, i terrazzi. Visto questo, non c'è altro — e avrei voluto aggiungere e in un certo senso c'era nel tono di quanto avevo detto: «Ora possiamo tornare indietro e salutarci». Era però discesa e mi aveva invitato a fare altrettanto.[19] Mi pregò di accompagnarla a fare quattro passi[20] per un vicolo, che si mostrò alla vista[21] poco più largo di un paio di metri.

VOCABOLARIO

Il vespro[22] aveva reso di un intenso color <u>rossastro</u> i vetri dei <u>palazzetti</u>, i volti dei bambini; e forse perché si vedeva lontano un miglio esser lei un'americana, una quindicina di ragazzi, d'ogni forma e dimensione, grassezza e magrezza, sottigliezza[23] e rotondità, cicalanti[24] e urlanti, con voci di uccelli e di buffi animali parlanti, le si fecero intorno[25] e nell'accerchiamento cascai anch'io.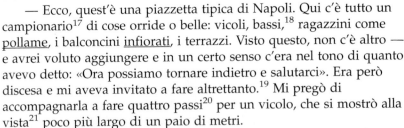 Natalie era raggiante,[26] sorrideva. Aprì la borsa per offrire qualche moneta. L'assalto dei bambini si fece furioso, insistente, petulante, costellato[27] da «a me, a me» seguiti e preceduti dai minuscoli corpi umani. Ella, sorpresa, stupefatta e un poco atterrita,[28] toccata, urtata, spinta, si rifugiò[29] «come presso di me» infilando saldamente un suo braccio nel mio. Ne ricevetti un'impressione unica e qualcosa avvenne[30] quando ci scontrammo[31] con gli occhi: qualcosa di là da[32] noi, senza nome o significato, ma perfettamente registrato.

Ora sapevo cosa dovevo fare. Mi rivolsi ai bambini e dissi loro in dialetto che non avevamo più soldi. A prova di ciò capovolsi la borsa

VISUALIZZARE

VISUALIZZARE

VISUALIZZARE

---

[10]Mi… *I moved* [11]*car window* [12]*misunderstandings* [13]Per… *By way of an answer*
[14]E… *And what do I care?* [15]*fear* [16]*come up with, have happen* [17]*sampling* [18]*slums*
[19]*the same* [20]fare… *take a stroll* [21]si… *seemed from the looks of it* [22]*evening* [23]*thinness*
[24]*chattering* [25]le… *they gathered around her* [26]*radiant* [27]*studded* [28]*frightened*
[29]si… *she sought refuge* [30]*happened* [31]ci… *we collided* [32]di… *beyond*

VISUALIZZARE

VISUALIZZARE

di Natalie. Mostrai le mie tasche vuote e dopo alcuni istanti fummo lasciati in pace. La sera andava calando. Al fondo dei vicoli era già buio. In cima ai tetti[33] palpitava il crepuscolo;[34] e lei, sempre legata al mio braccio — il che non evitava che le nostre cosce[35] strisciassero l'una contro l'altra[v] — diceva parole, ora in buono italiano, ora in cattivo: tentava di spiegarmi che Napoli aveva il mistero di certe sue vie nuovaiorchesi,[36] mentre Roma era tutta là, esposta come una piaga.[37] Qui tra il buio dei fondo-vicoli e la leggera luce del cielo sembrava di volare in un pallone.

Ora la donna mi piaceva terribilmente. Avrei potuto abbracciarla e baciarle le labbra tumide come al colmo[38] di una passione; ma il dubbio … mi rese ancora una volta timido.[v] Girammo a lungo per le strade, rotte da improvvise rampe di gradoni.[39]…

[33]In… *On the rooftops* [34]*twilight* [35]*thighs* [36]*of New York* [37]*open wound*
[38]*height* [39]*flights of steps*

VERIFICHIAMO

1. Chi partecipa all'azione di questa parte?
2. Quali sono i punti principali di questa parte?
3. Quali azioni hanno luogo in questa parte? Quali verbi usa l'autore per indicare queste azioni?
4. C'è molta azione in questa parte o la sua funzione principale è quella di fornire descrizioni e informazioni? Quali informazioni ci dà?
5. Quali emozioni si esprimono in questa parte? Quali sono i momenti in cui le emozioni dei personaggi cambiano? Perché cambiano?
6. Sai raccontare con parole tue quello che succede in questa parte?

Dopo aver letto

A. Comprensione. Rispondi alle seguenti domande, secondo la lettura.

1. Che tipo è il narratore? Perché all'inizio non vuole incontrare l'americana? Perché cambia idea?
2. Che tipo è l'americana? Perché vuole incontrare il narratore?
3. Che cosa fa il narratore per avere un «angolo di salvezza» se l'incontro con l'americana va male?
4. Che cosa fa il narratore per prepararsi all'incontro con l'americana?
5. Quali sono alcuni esempi di cose che il narratore considera tipicamente americane?
6. Per Natalie, com'è diverso il narratore rispetto a quello che lei si aspettava?
7. Quando Natalie racconta al narratore chi le aveva parlato di lui, il narratore è preso dal sospetto. Perché?
8. Alla fine, però, come si sente il narratore verso l'americana?

B. I personaggi

Primo passo. Con un compagno / una compagna, inserite nello schema che segue le parole (sostantivi, aggettivi, verbi) da usare per descrivere i personaggi indicati.

IL NARRATORE	NATALIE	IL PORTINAIO DEL PALAZZO REALE	I RAGAZZINI DEL VICOLO

Secondo passo. Usando le parole del **Primo passo** e altre riprese dal **Vocabolario del tema,** fate tre paragoni fra Natalie e il narratore.

Terzo passo

1. Immagina di essere un amico del narratore che è con lui quando riceve la telefonata di Natalie. Dagli due consigli a proposito del suo incontro con lei.
2. Immagina di essere un'amica di Natalie. Dalle due consigli a proposito del suo appuntamento con il narratore.

C. L'ambiente

Primo passo. Quali sono gli effetti dell'ambiente (della città di Napoli) sui personaggi e sullo sviluppo del racconto? Come sarebbe differente il racconto ambientato in un altro posto, per esempio, Milano, New York, Toronto o la tua città?

Secondo passo. Lo scrittore ha dato al racconto il sottotitolo «anni settanta». Cosa sai di questo periodo? Pensa alla musica, alla politica, ai cambiamenti sociali. Per quali aspetti il racconto rispecchia questo periodo?

D. Citazioni.
In gruppi di due o tre, spiegate con parole vostre il significato di queste citazioni tratte dalla lettura.

1. Più interessante giudicai l'altro particolare: il desiderio di vedere la mia città e l'esservi giunta occasionalmente, in autostop. Ciò era molto americano, molto affidato all'estro e all'istinto di cambiar stato e luogo, manifestazioni tipiche della psicologia di quel popolo un tempo nomade.
2. Allo specchio trovai che l'abito di lanetta *bleu* mi stava a pennello; mi rendeva più magro e giovanile di quanto in realtà fossi e la gradevole considerazione che ebbi di me stesso mi diede un émpito, un piacere di muovermi, di dire, di fare, di voler bene alle cose e a qualcuno…
3. — Com'è— chiesi. E lui, furbo, avvitò l'indice della mano sinistra sulla guancia.

E. Per commentare. In piccoli gruppi, trattate i seguenti argomenti.

1. Quali sono le passioni dei personaggi di questo racconto? I personaggi sanno gestire le loro passioni per vivere una vita equilibrata o sembrano vittime delle loro passioni? Pensate che siano persone simpatiche? Sono ritratti nel racconto in modo credibile, realista?

2. «L'americana» è parte di una raccolta di racconti intitolata *Tentazione*. Per quali aspetti questo racconto appartiene logicamente a una raccolta con questo titolo?

F. La nostra esperienza personale e le passioni

Primo passo. Qual è l'importanza o il significato dei concetti sotto elencati nel racconto «L'americana»? Come sono legati alle passioni dei personaggi?

l'amore	il sesso
la natura	la fiducia in sé
il romanticismo	la spiritualità
la paura di fallire	la sfida (*challenge*)
il mangiare / il bere	l'arte
la concorrenza (*competition*)	la fama
la ricchezza	la patria

Secondo passo. Qual è l'importanza o il significato di questi concetti nella tua vita personale? Come sono legati alle tue passioni?

Scriviamo!

Primo passo. Con un compagno / una compagna, discutete delle seguenti domande.

1. Quali sono alcune delle espressioni che si usano per esprimere un'opinione? Fate una lista.

2. Quali sono le espressioni che possiamo usare per rispondere con un'opinione contraria? Fate una lista.

3. Nella seconda lista di espressioni, quali sono quelle più forti e quali sono quelle più cortesi?

Secondo passo. Ora immagina di essere un sociologo esperto nel campo delle relazioni umane. Scrivi un breve saggio in cui esprimi la tua opinione su una di queste dichiarazioni. Difendi la tua opinione con esempi e argomenti efficaci (*effective*).

1. _____ è la città più romantica del mondo (dell'America, del Canada, dell'Europa…)

2. I rapporti amorosi fra persone appartenenti a (*belonging to*) culture diverse sono destinati a fallire.

3. Fra gli americani / i canadesi di oggi le passioni autentiche non esistono.

4. Fra cinquant'anni il matrimonio sarà in disuso.

Terzo passo. Leggi il saggio di un compagno / una compagna. Qual è la sua idea principale? Quali sono i punti che sostengono questa opinione? Nel ruolo di un/a giornalista che non è d'accordo con le idee del sociologo, scrivi un articolo in cui contesti in modo molto deciso le idee del tuo compagno / della tua compagna. Comincia il tuo articolo con una frase che attiri l'attenzione dei lettori. Poi, scrivi una replica ad ognuno dei punti proposti dal sociologo, usando i connettivi necessari. Dai al tuo articolo una conclusione convincente.

Parlando del tema

Primo passo. Prepara una scheda su ognuno dei seguenti temi per poter discutere ognuna delle domande o situazioni. Per ogni gruppo di domande, c'è una lista di punti chiave che ti potranno essere utili per rispondere.

I RAPPORTI INTERCULTURALI

- Descrivi i problemi che possono esistere nei rapporti interculturali.
- Quali sono i vantaggi e gli svantaggi di avere una relazione, o di sposarsi, con una persona di un'altra cultura?

L'INTERCULTURALISMO, IL «MULTICULTURALISMO» E LE PASSIONI

«L'interculturalismo» e il «multiculturalismo» sono diventati argomenti molto discussi, e frequentemente controversi, argomenti cioè a cui la gente reagisce in modo molto appassionato.

- Tu come definisci questi concetti?
- Che cosa rappresenta il multiculturalismo nella tua università?
- Quali sono i vari aspetti positivi e negativi che ha generato la discussione di questo argomento?

«PASSIONE», UNA PAROLA CARICA DI...

La parola «passione» ha molti significati e implicazioni che dipendono dal contesto in cui si usa.

- Pensa alla religione, alla legge, all'amore, allo sport e così via. In quale contesto ha più significato per te personalmente?
- Come si fa a distinguere fra la passione e l'ossessione, oppure un forte desiderio?
- Qual è (o quale dovrebbe essere) il ruolo delle passioni nelle nostre scelte di vita?

LE ESPRESSIONI DEI SENTIMENTI ROMANTICI

- Qual è stato l'effetto del telefono sulle comunicazioni sentimentali?
- Quali saranno gli effetti della posta elettronica sull'arte di scrivere lettere d'amore?
- Quale sarebbe la tua reazione se per il giorno di San Valentino ricevessi dei fiori virtuali o un biglietto via Internet invece di un biglietto e dei fiori veri?

Secondo passo. Prepara una domanda per ogni scheda usando i diversi punti chiave. Poi fa le domande a un compagno / una compagna di classe.

Il lavoro e l'ozio:
Come ci rilassiamo?

Io non ho paura (film)

sequestrare- to kidnap
trama - plot
che significa il film-
    psychoanalytical in trasfondo
                        ↓
                    background

conflitto tra padre e figlio.

il padre quasi lo uccide.
            → michele

oedipus = Edipo
    → ha ucciso il suo padre e
        si è sposato sua madre

Regista : Salvatores (anche di
        Mediterraneo)

chi ha paura è aggressivo.
    - Felice

Filippo è l'alterego di Michele
    «siamo eguale!»

Sergio - atore è famoso.

mietitura - harvest of wheat (grano)

Per Chiara il teatro è un luogo di lavoro… e di rilassamento.

In questo capitolo esploreremo il tema del lavoro e dell'ozio. Quali sono i nostri atteggiamenti? Diamo più importanza al lavoro o al dolce far niente? Cosa facciamo per diminuire lo stress? Quali attività ci aiutano a rilassarci? Qual è l'importanza delle feste nella nostra vita?

Punto chiave
- Parlare dei gusti

Temi centrali
- Il lavoro
- L'ozio

In viaggio per le isole d'Italia
- la Sardegna
- la Sicilia

Situazioni

Bisogna festeggiare!

Situazione: Chiara, James e Corrado stanno parlando al Bar Little Texas in un piovoso e tranquillo pomeriggio autunnale. Chiara ha intenzione di organizzare uno spettacolo da portare in giro nelle piccole e grandi isole italiane a cominciare dalla Sardegna. Veronica ha già acconsentito ad essere la sua assistente e a partecipare allo spettacolo. Ora Chiara spera in James…

CHIARA: Allora, James, quando ci riuniremo per brindare[1] al mio futuro successo teatrale?

JAMES: **Sei riuscita ad** ottenere una parte degna[2] di te?

CHIARA: Ma come, Veronica non ti ha detto niente?

JAMES: Mi ha accennato qualcosa, ma credevo che si trattasse di un altro dei vostri sogni ad occhi aperti…

CHIARA: Questo sogno sarà una realtà, ci puoi contare! Metteremo in scena[3] uno spettacolo l'estate prossima e lo presenteremo in Sardegna, in Sicilia e poi a Capri, a Pantelleria… Sarà un collage di manifestazioni artistiche di vario genere, per tutti i gusti. Infatti, mi sa proprio[4] che *Per tutti i gusti* sarà il titolo.

JAMES: Cioè, che farete?

CHIARA: Io reciterò, Veronica ballerà e tu penserai alla musica che accompagnerà ogni pezzo e sarai il nostro fotografo. Musica e fotografia non sono forse le tue grandi passioni?

JAMES: Certo che lo sono, ma chi resterà qui al bar? Io non mi posso permettere il lusso[5] di chiudere ed andarmene! Credimi, lo farei molto volentieri se potessi. Mi piace molto questo tuo progetto. T'immagini:[6] sole, isole, musica e foto e due belle ragazze vicino. Sarebbe il mio paradiso! Ma, purtroppo, non potrò.

CHIARA: Pensi solo a lavorare! Dovresti ricominciare a fare i turni[7] con i tuoi cugini come facevi una volta. Con noi **lavoreresti duro** ma potresti anche **goderti** qualche momento di salutare ozio e rilassarti. **Ti divertiresti,** te lo garantisco!

JAMES: Non posso prometterti niente ora. Più ne parli più mi fai venir voglia, ma non sono un incosciente.[8]

[1]*toast* [2]*worthy* [3]*Metteremo… We'll stage* [4]*mi… I really think* [5]*luxury* [6]*Can you imagine* [7]*fare… rotate shifts* [8]*irresponsible person*

CHIARA: Per favore, non fare il guastafeste[9]! Veronica ed io siamo entusiaste di questo progetto e non vogliamo rinunciarci[10] per nessun motivo. Guarda, ecco Corrado!

CORRADO: Salve, ragazzi. Cercavo proprio voi e tutti gli altri. Volevo invitarvi ad una cena a base di pesce a casa mia, la settimana prossima. Che ne dite?

CHIARA: Benissimo, arrivi a proposito[11]! Stavamo parlando proprio di festeggiamenti.

JAMES: A cucinare ti aiuto io, Corrado. E vi terrò[12] anche allegri: ho una riserva di barzellette e pettegolezzi favolosi.

CHIARA: Sì, però **ne approfitteremo** anche per discutere del mio progetto, d'accordo?

CORRADO: Come no! Non vedo l'ora di[13] sapere tutti i dettagli. Tu una ne fai e cento ne pensi[14]…

[9]*spoil-sport*   [10]*to give up (our plans)*   [11]*a… just in the nick of time*   [12]*vi… I will keep you*
[13]*Non… I can't wait to*   [14]*Tu… You always have something up your sleeve*

Presa di coscienza. Prima di cominciare le attività che seguono, rileggete in piccoli gruppi il dialogo e individuate i punti chiave usati, scrivendo la lettera che corrisponde a ognuno di essi.

Attività

A. **Comprensione.** Rispondi alle domande secondo il dialogo.

1. Ti piace il progetto di Chiara? Andresti con lei? Perché?
2. Per che cosa a Chiara occorre l'aiuto di James?
3. Piacerebbe a James partecipare a questo progetto?
4. Qual è l'ostacolo principale per James?
5. È un guastafeste James? Perché?

raccomandare

B. **Raccomandazioni e opinioni personali.** Completa le seguenti frasi secondo la conversazione fra Chiara, James e Corrado. Usa un connettivo in ogni frase.

ESEMPIO: A Chiara farebbe piacere che James partecipasse al suo progetto non solo perché ha bisogno di lui, ma anche perché vorrebbe che James si rilassasse.

1. È ovvio che a Chiara…
2. A James piacerebbe…
3. Chiara raccomanda a James…
4. Corrado preferisce…

C. **Dialogo.** A coppie, preparate uno dei seguenti dialoghi e presentatelo alla classe.

1. Ricreate il dialogo fra Chiara e James con parole vostre.
2. Continuate e finite il dialogo tra Corrado e James, in cui discutono dei preparativi per la cena e della festa a casa di Corrado.
3. Improvvisate una conversazione fra Chiara, James, Corrado e Veronica, che arriva al bar e dà una mano a Chiara per convincere James a prendere parte al loro progetto. Veronica vuole includere anche Corrado.

Connettivi

affinché + congiuntivo	so that, in order that
anche se	even if
inoltre	besides, moreover
invece	instead
non solo… ma anche	not only … but also
per quanto + congiuntivo	however, however much, whatever
per questo, pertanto, quindi	therefore
siccome	since

Vocabolario del tema

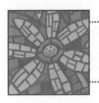

—Lei non si rilassa abbastanza...

Per parlare di lavoro

approfittare (di)	to take advantage (of)
alzarsi all'alba	to get up early
aumentare	to increase
diminuire	to decrease
essere raccomandato	to be recommended (by someone as his or her protégé)
evitare (di)	to avoid
fare nottata	to stay up all night, to pull an all-nighter
lavorare duro	to work hard
mettersi in pari	to catch up
migliorare	to improve
passare la notte in bianco	to spend a sleepless night, to not sleep a wink
portare a termine	to accomplish, to complete
posporre (*irreg.*), **rimandare**	to postpone
realizzare	to achieve, to bring about

riuscire a	to succeed in
sostenere (*irreg.*)	to sustain
sperimentare	to experiment

Per descrivere l'ambiente di lavoro

il bilancio	budget
la carriera	career
il/la capoufficio	boss (*office*)
la disoccupazione	unemployment
la meta, lo scopo	goal
lo stato d'animo	state of mind, spirits, mood
lo stipendio	salary
capace/incapace (di)	capable/incapable
deluso/a	disappointed
disposto/a (a)	willing (to)
duro/a	hard
esausto/a	exhausted
molestato/a	harassed
sommerso/a dal lavoro	overwhelmed by work

Per parlare dell'ozio

alleviare	to relieve
chiacchierare / fare quattro chiacchiere	to chat
divertirsi	to have fun, to have a good time
essere di buon/cattivo umore	to be in a good/bad mood
godere, godersi	to enjoy
intrattenere (*irreg.*)	to entertain
ricaricarsi	to recharge oneself
ridere da morire / morire dalle risate	to split one's sides laughing, to die from laughing

Ampliamento lessicale

Primo passo. Studia le seguenti parole e osserva come il vocabolario si può ampliare quando si conosce il significato di una parola. Scrivi il sostantivo, il verbo e gli aggettivi che mancano nella lista.

SOSTANTIVI	VERBI	AGGETTIVI
l'animo	animare	animato
il divertimento	divertirsi	?
la festa	festeggiare	festivo/a
il miglioramento	?	migliore
?	sorridere	sorridente
la fatica	faticare	?

Secondo passo. Leggi il seguente brano sull'umorismo di Corrado. Poi, con un compagno / una compagna, traducete, secondo il contesto di ogni frase, ciascuna parola sottolineata e indicate se è un verbo, un aggettivo o un sostantivo.

Corrado non trascorre molto tempo con i suoi amici, ma quando li rivede è sempre di buon umore e fa del suo meglio per tirarli su di morale. L'altra sera ha incontrato Lucia al Bar Little Texas. Lei aveva l'aria triste perché dopo tanta <u>fatica</u> non aveva preso il voto che sperava in un esame importante. Allora Corrado ha pensato di <u>animare</u> l'atmosfera imitando dei vecchi cantanti italiani. Ha chiesto in prestito a James la chitarra ed ha cominciato a cantare. Era molto <u>divertente</u>! Pian piano Lucia ha cambiato umore ed <u>ha</u> finalmente <u>sorriso</u>.

Terzo passo. Formate gruppi di tre. Una persona di ogni gruppo creerà frasi originali con tutti i sostantivi elencati nel **Primo passo,** un'altra persona scriverà delle frasi originali con tutti i verbi e la terza persona lo farà con tutti gli aggettivi. Poi ascolterete insieme tutte le vostre frasi.

Uso del vocabolario

A. **Vocabolario nel contesto.** A coppie, leggete le seguenti affermazioni e discutete perché siete d'accordo oppure non lo siete.

1. Per riuscire in qualsiasi lavoro è necessario lavorare più di quaranta ore a settimana.
2. Due settimane di vacanza all'anno dovrebbero essere sufficienti per ricaricarsi.
3. Coloro che (*Those who*) sanno approfittare del tempo libero sono lavoratori migliori di quelli che non sanno goderselo.
4. La maggior parte delle persone che consultano gli psicologi o gli psichiatri non sanno rilassarsi.
5. La vita che conduce una persona pigra è più salutare di quella di una persona attiva.

B. **Domande personali.** A coppie, rispondete alle domande usando il **Vocabolario del tema.** Il tuo compagno / La tua compagna dovrebbe intervenire con alcune delle espressioni tratte da **Per conversare meglio.** Riferite dopo un po' di quello che ognuno ha saputo del compagno / della compagna.

Per conversare meglio	
Che spiritoso/a!	*How funny!*
Che fico! (*coll.*) / Che forte! (*coll.*)	*How cool!*
Che casino! (*coll.*)	*What a mess!*
Che fortuna!	*What luck! / How lucky!*
Davvero?	*Really?*
Dici sul serio!?	*Are you serious!?*
Anch'io! / Anche a me!	*Me too!*
Neanch'io! / Neanche a me!	*Me neither!*
Ma va!	*Come on!*
Figurati! Figuriamoci!	*What do you think? / Not at all!*

1. Cosa facevi di solito il fine settimana quando eri al liceo? Paragona la tua vita sociale di ora a quella che secondo te è la vita sociale ideale.
2. Cosa ti piace offrire ai tuoi ospiti quando dai una festa? Cosa hai fatto l'ultima volta che hai dato una festa? La prossima volta che darai una festa cosa farai di diverso? Come si comporta il/la tipico/a guastafeste?
3. Che cosa farai durante le prossime vacanze per rilassarti? Quando non puoi permetterti il lusso di prenderti una vacanza, che cosa ti aiuta ad alleviare lo stress? Se tu fossi il preside di facoltà della tua università, quali servizi metteresti a disposizione degli studenti per aiutarli a diminuire lo stress?
4. Ti piace leggere le riviste che scrivono pettegolezzi su personaggi famosi? Perché sì o perché no? Chi sono i musicisti più seguiti dalla tua generazione? Perché sono tanto popolari? Se tu potessi conoscere qualche cantante o musicista, chi sceglieresti? Perché?

C. **Cosa vuol dire... ?** A turno con un compagno / una compagna, spiegate cosa significano le seguenti cose.

1. to mingle at a party   2. to be stressed out / to be under a lot of stress   3. to work overtime   4. to channel surf

D. **Descrizioni.** Utilizza le parole ed espressioni del **Vocabolario del tema** per descrivere le seguenti persone o cose.

1. un uomo d'affari di successo
2. una professionista con figli
3. un capoufficio insopportabile
4. la vita notturna della tua città
5. le matricole (gli studenti universitari del primo anno [*freshmen*])

SOCIETÀ

Non ci resta che oziare[1]

di Margherita Marvasi

STILI DI VITA / FUGA DALLO STRESS

Lavorare meno. Dedicarsi di più a se stessi. Imparare a sfruttare[2] il tempo libero. E a divertirsi. È quello che faremo nei prossimi anni. Lo anticipa il sociologo De Masi in un saggio.[3] Ma c'è chi ci sta già provando. Anche tra i vip. Ecco come...

Estate, tempo di ozio. Ma solo in pochi ce la faranno:[4] perdere tempo è un'arte raffinata. Nella stagione della new economy è più facile lavorare 10 ore al giorno che concedersi pause rilassanti e pensare al proprio benessere. Non che manchi l'occasione,[5] ma l'ansia da prestazione[6] non molla.[7] Eppure,[8] a pensarci bene, non dovrebbe essere così in questa fase storica. Lo sostiene il sociologo Domenico De Masi nel suo ultimo libro dal titolo eloquente: *L'ozio creativo* (Rizzoli, pagg. 299). «Nella società post industriale, in cui la tecnologia già svolge[9] per noi gran parte delle attività più faticose e ripetitive, si spalanca sempre più la possibilità di dedicare la maggior parte del nostro tempo non al dovere[10] e alla fatica del lavoro, ma al piacere delle attività creative», spiega De Masi. «L'ozio non è lo spreco[11] del tempo, ma la condizione necessaria per dare significato alla propria esistenza, non più scissa[12] tra il lavoro e la vita». è arrivato il momento di rivedere le nostre vecchie abitudini legate al posto fisso[13] e agli obsoleti straordinari.[14]

Lo sa bene Anna Kanakis, che nei weekend scappa dalla città per rifugiarsi[15] in un antico albergo a Orvieto. «È il regno[16] del silenzio, dove anche i cellulari non prendono. Trascorro due o tre giorni in solitudine, passeggio per le stradine antiche, la campagna, sorseggio[17] buon vino e perdo il senso del tempo. Solo così riesco a concentrarmi su me stessa». Tutt'altra[18] filosofia per Roberto Mancini, ex giocatore della Lazio, che quest'estate, invece di godersi lo scudetto[19] appena vinto, è impegnato in un corso per diventare allenatore.[20] «In vacanza mi diverto, ma non riesco mai a staccare[21] completamente. Tra allenamenti soft e le pagine sportive dei quotidiani, la mia testa è sempre concentrata sul calcio. La cosa non mi disturba perché il calcio è la mia vita».

Piccole cose, grandi piaceri

Per vincere lo stress c'è una sola soluzione, pare: recuperare i piccoli piaceri e la lentezza. In due parole, perdere tempo, per riassaporare[22] la vita. Lo ha raccontato bene Philippe Delerm in *Il primo sorso di birra*, da un paio d'anni nella classifica dei best seller. Un elogio dei piaceri minuscoli della vita: come sgranare i piselli,[23] la mattina in cucina o la seduta dal barbiere.[24]

[1] Non... *There's nothing left to do but idle away (This title echoes that of a famous movie by and with Roberto Benigni and Massimo Troisi,* Non ci resta che piangere.) [2] *exploit* [3] *essay* [4] *solo... few will manage it* [5] Non... *Not that there is no opportunity* [6] *ansia... performance anxiety* [7] *let up* [8] *Yet* [9] *plays* [10] *duty* [11] *waste* [12] *split* [13] *posto... steady job* [14] *overtime hours* [15] *take refuge* [16] *kingdom* [17] *I sip* [18] *An altogether different* [19] *championship* [20] *trainer* [21] *get away* [22] *re-savor* [23] *sgranare... shelling peas* [24] *barber*

Conversazione a coppie.

Con un compagno / una compagna, fatevi le seguenti domande e rispondete.

1. Il sociologo De Masi afferma: «L'ozio non è lo spreco del tempo, ma la condizione necessaria per dare significato alla propria esistenza». Sei d'accordo? Come usi l'ozio per dare significato alla tua esistenza?

2. Conosci in italiano (o in altre lingue) proverbi o modi di dire che definiscono l'ozio in modo positivo o negativo? Secondo te, quali sono quelli più utili?

viaggiando
con passo di volpe

viaggiando con passo di volpe
come sono amare[1] quelle arie
di un mattino di partenza
come sono insensati[2] quei passi
fra una stazione e l'altra
fra un sorso e l'altro
mentre andiamo
io vagabonda
e tu sedentario quietista
in un viaggio d'aereo
che sa di banane e nuvole[3] nere
ci chiamiamo di lontano
come stai? e tu?
ho paura del futuro
perciò me lo mangio
mentre con passi pudichi[4]
mi faccio il giro del mondo
vorrei portarti con me
ma tu non ci sei
tu che stai sempre a casa
tu che conosci l'assenza
io faccio le valigie
io parto
tu rimani
e domattina addio
ma dove vado
che non ci sono più aerei
non ci sono più treni
non ci sono più stazioni
non c'è più neanche il viaggio
tu stai bene? e tu?
io domattina vado
con o senza valigia
perché mi aspetta laggiù[5]
la nostalgia del ritorno

[1] bitter
[2] foolish
[3] clouds
[4] bashful
[5] down there

Chiara ha due grandi passioni: recitare e viaggiare. Queste passioni l'hanno fatta approdare[1] a Roma. Ora che ne è lontana, apprezza Cagliari, la sua città, e la Sardegna, l'isola in cui da piccola si sentiva prigioniera.

La natura in Sardegna è di una ricchezza inimmaginabile: acqua e roccia,[2] dune e mare, ginepri e cormorani,[3] nuraghi[4] e grotte. Quand'ero piccola mio padre mi raccontava che elfi e gnomi[5] si davano convegno[6] nelle notti di luna piena[7] per vedere le volpi[8] ballare con le lepri[9] e le pernici.[10] I cavallini della Giara le raggiungevano seguendo il canto delle allodole.[11] Ancora oggi penso che succeda davvero, tanto è ricca e magica la fauna della Sardegna.

Cagliari è chiamata la «Roma della Sardegna» e ha tanti colli[12] e tanti anni quanti ne ha Roma, anzi ancora più di Roma. Cagliari però, a differenza di Roma, non può dare ad un'aspirante attrice come me grandi opportunità e perciò non mi pento d'essermi trasferita a Roma, in continente. Sono fortunata, però, che mia zia abbia un piccolo albergo sulla Costa Smeralda perché ho potuto lavorare lì d'estate e godermi la spiaggia stupenda tra un intervallo[13] e l'altro.

Durante questi soggiorni da mia zia leggevo tanto. Una mia amica romana mi aveva regalato delle raccolte di poesie della sua scrittrice preferita, Dacia Maraini. Leggendo l'introduzione di Maraini alla raccolta di poesie *Viaggiando con passo*[14] *di volpe*, sono rimasta colpita[15] dal modo in cui lei parlava del significato del viaggio e soprattutto dalla sua spiegazione del «passo di volpe» del titolo.

Per «passo di volpe» intendeva l'aggirarsi[16] notturno di quest'animale nei chiarori[17] della luna fra boschi sconosciuti alla ricerca di uve selvatiche[18] e acqua. E poiché Dacia Maraini aveva imparato da piccola che nelle favole giapponesi la volpe era una donna vittima di un incantesimo,[19] una donna innamorata del mistero, era convinta che nessuno avrebbe fatto del male[20] alla volpe.

Mi sono identificata in quella volpe. Le poesie di Dacia Maraini mi hanno spinto[21] ad andare avanti e a trovare il coraggio di partire per Roma. Quando finalmente realizzerò il mio sogno di mettere in scena un tributo a Dacia Maraini, vorrei che questa poesia ne fosse il prologo.

• • • • • • • •

[1]l'hanno… *led her* [2]*rock* [3]ginepri… *junipers and cormorants* [4]*antica costruzione in pietra* [5]*goblins* [6]si… *met* [7]luna… *full moon* [8]*foxes* [9]*hares* [10]*partridges* [11]*larks* [12]*hills* [13]*break* [14]*step* [15]sono… *I was struck* [16]*wandering around* [17]*patches of light* [18]uve… *wild grapes* [19]*spell* [20]avrebbe… *would have done harm* [21]mi… *drove me*

A. Comprensione. Rispondi alle domande secondo il testo precedente.

1. Di quali animali è composta la fauna sarda?
2. Perché Cagliari è chiamata la «Roma della Sardegna»?
3. Come mai Chiara si è trasferita a Roma?
4. Cosa significa la volpe nelle favole giapponesi?
5. Secondo te, perché Chiara s'identifica con la volpe di cui parla Dacia Maraini?

B. Parliamo noi. Con un compagno / una compagna, o in piccoli gruppi, fate l'esercizio seguente.

1. Qual è l'aspetto che vi attira maggiormente della Sardegna? Come pensate che sia l'entroterra di quest'isola?
2. A coppie, leggete la poesia di Dacia Maraini e commentatela. Maraini riesce a comunicare il suo concetto di «passo di volpe»?

Punto chiave

PARLARE DEI GUSTI

Prima di cominciare questa parte del capitolo, ripassa e studia la spiegazione grammaticale sui verbi usati per parlare dei gusti e i pronomi diretti, indiretti e combinati sulle pagine verdi alla fine del libro. Saper usare bene i pronomi è indispensabile per usare bene il verbo **piacere** e gli altri verbi che si costruiscono in modo simile.

Come va con questo punto chiave?

A. I gusti musicali. Leggi il seguente brano sui gusti musicali di alcuni dei sei amici e completalo con le forme corrette dei verbi tra parentesi e, quando è necessario, con il pronome di complemento diretto o indiretto giusto secondo il contesto.

Le persone a cui _____[1] (piacere) la musica dovrebbero frequentare il Bar Little Texas: lì potrebbero ascoltare nel giro di[a] poche ore almeno cinque tipi di generi musicali. A James non _____[2] (dare) fastidio cambiare continuamente il tipo di canzoni, per lui _____[3] (essere) lo stesso, anzi _____[4] (fare) piacere accontentare i suoi amici. Questi hanno infatti gusti molto diversi fra di loro. S'aspettano che James esaudisca[b] tutti i loro desideri in fatto di musica dato che lui si vanta di essere un grande esperto in materia. In effetti[c] finora James non _____[5] (deludere) mai! Se a Veronica non _____[6] (importare) ascoltare Verdi o Puccini perché _____[7] (emozionare) tutti e due questi compositori, Vittorio è inflessibile: deve ascoltare Bach almeno una volta al giorno. Desmond, Ellington e Fitzgerald sono i musicisti che _____[8] (affascinare) Corrado e questo James lo sa bene e le loro canzoni non _____[9] (mancare) mai nel reportorio musicale del Bar Little Texas. Io ed i miei amici ci siamo andati ieri sera e _____[10] (piacere) moltissimo la varietà della musica che James ha proposto ai suoi clienti.

[a]nel... *within* [b]S'aspettano... *They expect James to fulfill* [c]In... *Actually*

B. Traduci le seguenti frasi in italiano.

1. Have you ever read a novel by Dacia Maraini? Did you like it?
2. Students who arrive late to class annoy the professor and the other students.
3. It was a good idea for James to buy the new stereo for the bar since all his customers like the music he plays.

Espressioni utili

Per parlare di quello che ci piace

* come **piacere**

importare a	to be important, to care
*essere simpatico/a a	to like somebody
*convenire a	to be a good idea, to be worthwhile

* altre

avere voglia di	to feel like
*interessarsi di	to be interested in
affascinare	to fascinate
emozionare	to move, to thrill

Per parlare di quello che non ci piace

* come **piacere**

*essere antipatico/a a	to dislike

* altre

dare fastidio a	to annoy, to be annoying
deludere	to disappoint
annoiare	to bore
disgustare, fare schifo a (*coll.*)	to disgust
ripugnare	to repulse

Per esprimere indifferenza

* come **piacere**

*non importare a	to be unimportant, to not care
non interessare a	not to be interested (*in*)

* altre

*essere lo stesso (*impersonale*)	to be all the same

---

*Words indicated with an asterisk (*) are conjugated with **essere**.

Attività

A. Caro diario. Leggi questo testo su un film italiano degli anni '90 e poi rispondi alle domande che seguono.

In un suo film autobiografico intitolato *Caro diario*, l'attore e regista Nanni Moretti va in giro per Roma in Vespa, osservando e commentando vari aspetti della vita di questa città e riflettendo anche su parecchi suoi atteggiamenti e nevrosi[a] personali. Accompagnato da una musica vivace e allegra, si dondola[b] ritmicamente sulla sua Vespa e comunica il suo gran desiderio di saper ballare. Guardare le persone che ballano può anche essere bello, ma essere in grado di ballare bene è tutta un'altra cosa!

Quando raggiunge un gruppo di giovani coppie che ballano alla musica di un complesso[c] di bravi musicisti latinoamericani, Nanni si immagina sul palcoscenico mentre canta e balla con loro, ma è solo una fantasia. Cerca poi di comunicare ai giovani il suo entusiasmo per il ballo e per l'attrice americana Jennifer Beals che ha visto nel film *Flashdance*. La Beals è diventata per lui il simbolo della libertà e del piacere che offre il saper ballare.

[a]*neuroses*   [b]*si... he rocks*   [c]*group*

1. Sai ballare? O sei anche tu una persona che vorrebbe saper ballare? Invidi quelle persone che ballano senza inibizioni? Ti piacerebbe imparare diversi tipi di ballo?
2. Secondo te, perché ad alcune persone meno giovani dà fastidio la musica che piace ai giovani?
3. Quale sarebbe la tua reazione se il tuo ragazzo / la tua ragazza non sapesse ballare mentre a te piace molto ballare?
4. Ci sono certe canzoni che trovi particolarmente commoventi perché ti ricordano momenti sentimentali o emozionanti del tuo passato? Quali sono? Ci sono altre canzoni che non ti piace ascoltare perché rievocano momenti troppo tristi? Come sono quelle canzoni?

B. Le vostre opinioni. A coppie, indicate per ognuna delle seguenti situazioni una cosa che vi piace (emoziona, interessa e così via) e una cosa che non vi piace (vi dà fastidio, vi disturba e così via). Spiegate perché.

ESEMPIO: Quando esco per la prima volta con qualcuno, trovo molto carino che mi porti dei fiori, perché questo per me è romantico, ma mi dà fastidio che mi apra la porta, visto che è un gesto all'antica.

1. Quando esci per la prima volta con qualcuno.
2. Quando dai una festa.
3. Quando hai una vacanza di tre giorni.
4. Quando i genitori (i figli, i nonni o altri parenti) vengono a trovarti.
5. Quando vai a un concerto in un grande stadio.
6. Quando vedi con gli amici un film molto interessante.

C. Il tempo libero

Primo passo. Per ognuna delle seguenti categorie, scegli l'attività che ti piace di più. Indica le tue preferenze, da 1 (maggiore importanza) a 6 (minore importanza).

CATEGORIA 1

scrivere lettere
tenere un diario
leggere il giornale
leggere romanzi o racconti
leggere riviste di pettegolezzi
mandare messaggi elettronici

CATEGORIA 2

ballare
andare alle feste
andare al cinema
fare spese
giocare a carte
giocare con i videogiochi

CATEGORIA 3

chiacchierare con amici
fare un pisolino
ascoltare la musica
navigare in Internet
meditare
guardare la televisione

CATEGORIA 4

correre
scalare le montagne
fare il campeggio
fare esercizi aerobici
giocare a pallacanestro
sollevare pesi

Secondo passo. Spiega le tue scelte a un compagno / una compagna. Cerca di usare le **Espressioni utili** a pagina 108.

Terzo passo. Descrivi alla classe un tuo caro amico / una tua cara amica secondo le sue preferenze per il tempo libero. È superattivo/a? tranquillo/a? estroverso/a? solitario/a?

D. **La vita culturale**

Primo passo. Partecipi spesso a eventi culturali? Partecipi una volta alla settimana, parecchie volte al mese o una volta all'anno? Confronta le tue risposte con quelle di un compagno / una compagna.

il balletto
il cinema (film stranieri)
i concerti di musica leggera

l'opera
le mostre ai musei
le conferenze (*lectures*)

la sinfonia
gli spettacoli di danza moderna
il teatro

Secondo passo. Ora rispondi a queste domande.

1. Con quale frequenza assisti ad eventi culturali? Con quale frequenza vedi programmi culturali alla televisione? Quali ti piacciono di più?
2. Ti piacerebbe avere più tempo libero per assistere a più eventi culturali? Quali frequenteresti se avessi il tempo o i soldi?
3. Quali artisti, attori o ballerini ti affascinano? Quali non ti piacciono affatto?
4. Sono costosi gli eventi culturali nella città in cui abiti? Ci sono degli sconti per chi ha la tessera da studente (*student ID card*)?

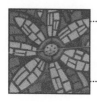

Angolo culturale

In viaggio per le isole d'Italia

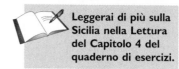

Leggerai di più sulla Sicilia nella Lettura del Capitolo 4 del quaderno di esercizi.

1. **La Sardegna: il suo dialetto unico.** Fra i dialetti italiani, il sardo costituisce un caso particolare. Il latino parlato in Sardegna subì[1] infatti minori influenze nella sua evoluzione rispetto alle regioni continentali. Quindi il sardo conserva moltissimi elementi di diretta derivazione latina. Tra le quattro varietà del dialetto sardo—gallurese, sassarese, campidanese, logudorese—il logudorese è quello più vicino al latino. A quest'ultimo appartiene anche il nuorese di cui la scrittrice sarda Grazia Deledda usa a volte espressioni nelle sue opere. Nell'ottobre 1997 il Consiglio Regionale[2] sardo (la Sardegna è una regione autonoma a statuto speciale) ha approvato una legge riguardo alla lingua sarda. Grazie a questa legge, alla lingua sarda è ora riconosciuta la stessa dignità della lingua italiana. Spetta ai[3] linguisti ora aiutare le autorità a creare una mappa chiara e distinta di tutte le varie *lingue* sarde.

2. **La Sardegna: Oristano.** Situata quasi a metà strada tra le due città principali della Sardegna, Cagliari e Sassari, la città di Oristano è famosa per la sua Sartiglia, una delle manifestazioni più celebri del ricco folclore sardo. Non è un rito religioso, ma una festa pagana che risale al secolo XVI. Si svolge in febbraio, al culmine del Carnevale. Il momento principale di questo spettacolo è la cavalcata[4] di un giovane che deve infilare di stocco[5] la magica stella[6] della fortuna che pende dal[7] Duomo della città. Dall'abilità del cavaliere,[8] chiamato Su[9] Campidori, dipende il destino della nuova annata.[10] Se la sua prova riesce, la folla esulta[11] felice ed altri cavalieri dai costumi sgargianti[12] galoppano insieme a lui per le strade di Oristano.

3. **La Sardegna: Ales.** Vicino ad Oristano si trova una cittadina di nome Ales che ha dato i natali a uno dei più grandi intellettuali italiani: Antonio Gramsci (1891–1937). Nel 1921, insieme a Palmiro Togliatti, Gramsci aveva fondato il Partito Comunista Italiano; cinque anni dopo, per le sue idee politiche, fu arrestato e chiuso in carcere[13] dal regime fascista. In prigione scrisse molte lettere, pubblicate nel 1947 con il titolo *Lettere dal carcere*. Si tratta di un'opera importantissima a cui si sono ispirati molti intellettuali italiani. Gramsci ha infatti influenzato non solo il pensiero politico della sinistra ma anche la critica letteraria e artistica.

[1]*underwent* [2]Consiglio… *Regional Board* [3]Spetta… *It's up to the* [4]*horse ride* [5]*infilare…
run through with a rapier* [6]*star* [7]pende… *hangs from the* [8]*knight* [9]*Il* [10]*year*
[11]la… *the crowd rejoices* [12]*gaudy* [13]*prison*

4

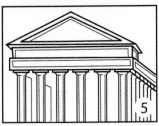

5

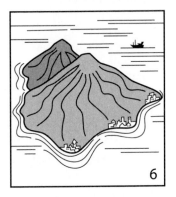

6

7

4. **La Sardegna: Sassari.** A Sassari sono nati due presidenti della Repubblica Italiana, Antonio Segni e Francesco Cossiga, e una personalità politica di grande rilievo, Enrico Berlinguer, leader del Partito Comunista. Una tappa obbligatoria[14] per conoscere il passato ed il presente di Sassari (e della Sardegna) è il Museo Nazionale G. A. Sanna. Il museo è diviso in due sezioni: una archeologica e una folcloristica. Nella prima si trovano cimeli[15] della cultura nuragica e di quella paleo-cristiana mentre nella seconda ci sono tappeti,[16] timbri[17] di legno per decorare il pane e costumi. In primavera-estate a Sassari si celebrano due grandi feste: l'ultima domenica di maggio la Cavalcata Sarda e il 14 agosto la Festa dei Candelieri.[18]

5. **La Sicilia: Agrigento e la Valle dei Templi.** Secondo Pindaro, il grande poeta lirico greco del quinto secolo a.C., la città di Akragas (oggi Agrigento) era «la più bella delle città mortali». Oggi la città siciliana è divisa in due parti: sul fianco di una collina, di fronte al mare, c'è l'antica cittadella medievale circondata dai quartieri moderni. Non molto lontano, ma separata da essi, c'è la celebre Valle dei Templi. Fra la fine del sesto e la fine del quinto secolo a.C. ci furono eretti ben dieci templi. Purtroppo il tempo, i terremoti[19] e l'ira[20] dei primi cristiani contro gli edifici pagani hanno contribuito al crollo[21] di queste meravigliose costruzioni. Oggi solo il Tempio della Concordia appare intatto (nel 579 fu trasformato in chiesa) e sono ancora parzialmente visibili altri otto templi.

6. **La Sicilia: le isole Eolie.** Gli antichi le chiamarono così perché credevano che ci abitasse Eolo, il dio dei venti. I crateri vulcanici e le superfici rocciose[22] delle isole, l'azzurro profondo[23] del mare trasparente e caldo e la presenza di una straordinaria fauna marittima aggiungono un elemento di mistero preistorico alla bellezza unica di questo arcipelago. Nanni Moretti dedica un «capitolo» del suo film *Caro diario* a queste isole. Le raggiunge accompagnato da un suo amico filosofo. Entrambi sono in cerca dell'isolamento e della tranquillità essenziali per il loro lavoro. Il film offre delle splendide panoramiche delle isole, e anche una serie di osservazioni ironiche e divertenti sul contrasto fra la vita moderna e la natura primordiale.[24]

7. **La Sicilia: Taormina e l'Etna.** Taormina occupa una delle posizioni più spettacolari del mondo ed offre splendide vedute sia del mare che dell'Etna, il vulcano più famoso d'Europa, ancora in attività. L'enorme cono nero della montagna è visibile in un raggio[25] di 250 km. Anche se le eruzioni dell'Etna sono un pericolo reale, alcuni viaggiatori coraggiosi partecipano ad escursioni notturne sulla cima di questo vulcano per poter godere dello spettacolo dantesco della lava che rosseggia[26] in fondo al cratere, e dell'alba sul mare, con veduta sulle isole Eolie. Taormina è rinomata[27] anche per la bellezza dei suoi giardini profumati di agrumi[28] e dei suoi monumenti. C'è un teatro greco del terzo secolo a.C., un castello medievale e un duomo in stile gotico.

[14]Una... *A recommended stop* [15]*relics* [16]*rugs* [17]*stamps* [18]*Candlesticks* [19]*earthquakes* [20]*the wrath* [21]*collapse* [22]*rocky* [23]*deep* [24]*primitive* [25]*radius* [26]*glows red* [27]*renowned* [28]*citrus fruits*

Attività

A. Trova sulla carta geografica Oristano e Sassari in Sardegna e Agrigento, le isole Eolie, Taormina e l'Etna in Sicilia e scrivici un numero da 1 (il più interessante) a 6 (il meno interessante) per indicare il livello d'interesse che hai a visitare questi luoghi.

B. Formate cinque gruppi e fate le seguenti ricerche che presenterete dopo in classe.

GRUPPO A: Quali sono alcune persone che hanno tenacemente (*tenaciously*) combattuto la mafia? Quando e come l'hanno fatto?

GRUPPO B: *Bagheria* e *La lunga vita di Marianna Ucrìa* (in English, the Silent Duchess) sono due romanzi di Dacia Maraini ambientati in Sicilia. Fate una ricerca biografica e trovate quali sono i legami tra questa scrittrice e la Sicilia.

GRUPPO C: Immaginate che la vostra classe voglia fare un viaggio in Sardegna e in Sicilia. Trovate dei siti in rete (*online*) dove è possibile programmare delle vacanze. Qual è il modo più comodo per raggiungere queste isole? Preparate un bilancio preventivo (*estimated budget*) per un viaggio in comitiva (*group*) e presentate alla classe le informazioni che trovate.

GRUPPO D: I fratelli Taviani hanno girato due film molto importanti su queste due isole: in Sicilia, *Kàos*, tratto dalle novelle di Luigi Pirandello; in Sardegna, *Padre padrone*, tratto dal romanzo omonimo (*of the same name*) di Gavino Ledda. Scegliete uno di questi due film da vedere e, attraverso le scene da voi selezionate, parlatene in classe.

GRUPPO E: Trovate delle registrazioni (*recordings*) di canzoni tradizionali, in dialetto sardo o siciliano, e fatele ascoltare in classe, fornendo se possibile il testo scritto.

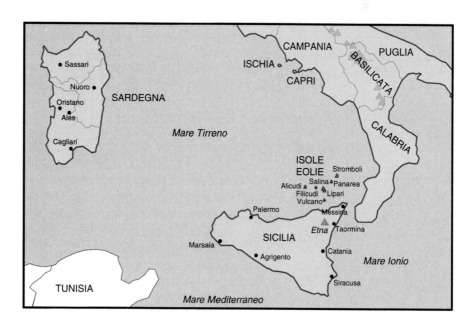

Un artista siciliano: Giuseppe Tornatore

Un siciliano molto legato al suo paese, il regista Giuseppe Tornatore

Un famoso regista cinematografico torna al suo paese in Sicilia dopo un'assenza di quasi trent'anni per assistere ai funerali di un suo vecchio amico d'infanzia. Questo amico è Alfredo, il proiezionista,[1] che tanti anni prima gli ha dato il suo primo lavoro e che ha stimolato in lui l'amore per il cinema. Ricordando quei giorni lontani, il regista rivaluta[2] tante sue esperienze giovanili, la natura dell'amicizia e dell'amore, gli effetti della nostalgia e le decisioni che ha preso nella sua vita. Questo è l'argomento di *Nuovo Cinema Paradiso* (1989), il film che ha reso Giuseppe Tornatore il regista italiano contemporaneo più conosciuto in America.

Tornatore è nato a Bagheria, vicino a Palermo, nel 1956. Fin da piccolo si dedica alla fotografia, e alcune sue foto sono state pubblicate da giornali e riviste importanti. Durante gli anni '70 e '80, realizza documentari per la RAI (Radio e Televisione Italiana), parecchi dei quali trattano[3] vari aspetti della vita e della storia siciliana. Il suo primo film è stato *Il camorrista*,[4] nel 1986.

Facendo ricerche in archivi cinematografici di tutto il mondo, Tornatore ha visto più di mille film sulla Sicilia, ha tratto[5] da essi spezzoni[6] e li ha messi insieme nel 1995 per creare un documentario, *Lo schermo a tre punte.*[7] Questo documentario commenta in modo ironico, e talvolta sarcastico, le virtù e le contraddizioni della «sicilianità» e rivela anche tanti anni di stereotipi cinematografici sulla Sicilia.

Nel 1998, Tornatore ha girato *La leggenda del pianista sull'oceano*, un bellissimo film basato sul monologo teatrale *Novecento* di Alessandro Baricco e accompagnato dalla stupenda colonna sonora[8] di Ennio Morricone. Alcuni critici hanno notato in questo film uno spostamento[9] verso le passioni hollywoodiane e una rinuncia[10] alle emozioni dirette e autentiche dei primi film di Tornatore. Il regista, durante un'intervista, ha così risposto: «Ho incontrato molti registi nella mia vita che mi hanno detto di fare sempre un film, lo stesso ogni volta. Sulle prime[11] non ci credevo. Oggi, invece, riguardando quello che ho fatto in questi anni, mi accorgo[12] che avevano ragione… Le emozioni dei miei film sono raccontate allo stesso modo… Io non sono cambiato, sono sempre il solito spudorato.[13]»

[1]*projectionist* [2]*re-assesses* [3]*deal with* [4]*member of the Camorra, a criminal organization based in Campania* [5]*ha… he drew* [6]*excerpts* [7]*Lo… The Three-Cornered Screen (Sicily was known to the Greeks as Trinacria due to its triangular shape.)* [8]*colonna… soundtrack* [9]*move* [10]*renunciation* [11]*Sulle… At first* [12]*mi… I realize* [13]*sono… I am as brazen as ever*

Attività

Con un compagno / una compagna, discutete delle seguenti domande.

A. Nella lettura non sono stati nominati tutti i film di Giuseppe Tornatore. Sai i titoli degli altri suoi film? Sono disponibili nella tua città? Hanno avuto tutti successo? Hai visto il suo film più recente, *Malèna*? Hai letto delle recensioni su questo film?

B. C'è un regista americano/canadese che abbia fatto per la sua città o il suo stato ciò che ha fatto Tornatore per la Sicilia? Come sono i suoi film? Ti piace l'immagine che i suoi film danno di quel luogo?

C. Chi di voi ha visto uno dei film menzionati in questa lettura? Comunicate alla classe le vostre impressioni sui film. In che modo definireste lo stile di Giuseppe Tornatore? Chi di voi ha visto altri film, non solo italiani, ambientati in Sicilia? Da questi film, quali impressioni avete tratto della Sicilia e dei siciliani? Vi sembra che questi film rafforzino (*reinforce*) gli stereotipi sulla Sicilia?

D. Nel capitolo precedente, avete parlato delle vostre passioni. Nel film *Nuovo Cinema Paradiso*, il protagonista si innamora del cinema grazie al suo amico Alfredo. Nella tua vita, chi ha influenzato, la tua passione per un determinato genere artistico?

E. Quali sono, secondo te, le «passioni hollywoodiane»? Ti piacciono i film che non seguono i modelli hollywoodiani?

Italiani nel mondo: il Brasile

L'esperienza degli immigrati diventa un dramma a puntate[1]

Anche la musica della colonna sonora di questa telenovela ha avuto un grande successo.

Nel 1897, a Genova, una ragazza di nome Giuliana prende con i suoi genitori una nave che parte per il Brasile. Loro e tanti altri passeggeri sperano di trovare nel nuovo mondo una vita nuova. Ma lo stesso viaggio rappresenta la prima delle tante tribolazioni che dovranno subire[2] in questa avventura. Sulla nave scoppia[3] un'epidemia di peste[4] che causa la morte dei genitori di Giuliana. Al dolore s'alterna tuttavia la passione: Giuliana conosce Matteo e se ne innamora.

Nella confusione dell'arrivo a Santos, città che serve da porto alla metropoli brasiliana di São Paulo, i due giovani si trovano separati e ognuno deve seguire la propria strada. Giuliana va a lavorare nella casa di Francesco, un italiano che ha fatto fortuna a São Paulo, e Matteo va in provincia dove lavorerà in una piantagione[5] di caffè.

Così inizia uno dei programmi televisivi brasiliani di maggior successo: «Terra nostra». Si tratta di una telenovela[6] che racconta le esperienze di alcuni italiani immigrati in Brasile. E non solo in Brasile ha avuto successo, ma in ben sedici paesi, inclusi gli Stati Uniti, dove l'ha trasmessa in spagnolo il canale Telemundo.

Per prepararsi a questo progetto, il regista, un discendente di immigrati italiani, ha fatto molte ricerche tra vecchi documenti e vecchi album di famiglia, oltre a numerose visite a musei e archivi.

E cosa succede a Giuliana e a Matteo? Giuliana scopre che Marco Antonio, il figlio viziato del suo nuovo padrone, è cotto di lei e scopre anche di aspettare un figlio da Matteo. Matteo, invece, scopre in

---

[1]*episodes* [2]*undergo* [3]*breaks out* [4]*plague* [5]*plantation* [6]*soap opera*

campagna che i padroni delle piantagioni considerano i nuovi lavoratori italiani veri schiavi[7] e si impegna a difendere i loro diritti.[8] Giuliana sposerà Marco Antonio? Marco Antonio adotterà il figlio di Matteo? Matteo riuscirà nella sua lotta per migliorare la vita degli immigrati? I due giovani si ritroveranno mai? Per sapere questo devi aspettare la prossima puntata.

[7]*slaves* [8]*rights*

Comprensione

Formate dei piccoli gruppi e rispondete alle domande secondo il testo precedente.

1. Che cos'è una telenovela?
2. Perché la regia di «Terra nostra» avrà avuto un significato particolare per il regista?
3. Spiegate con parole vostre quello che succede all'inizio della storia ai due protagonisti.

Lettura

GRAZIA DELEDDA: *Canne al vento*°

°*Canne…* Reeds in the Wind

A proposito della scrittrice

Grazia Deledda nacque a Nuoro nel 1871; a soli sedici anni cominciò a scrivere racconti. Si sposò nel 1900 e si trasferì prima a Cagliari e poi a Roma dove morì nel 1936. Nel 1926 vinse il Premio Nobel per la letteratura. Grazia Deledda fu una scrittrice molto prolifica. Fra i suoi romanzi ricordiamo: *Elias Portolu* (1903), *Colombi e sparvieri* (Doves and Sparrowhawks, 1912), *Canne al vento* (1913), *Marianna Sirca* (1915) e *Cosima* (1937, postumo). Uno dei suoi più bei racconti è «Festa del Cristo» (dalla raccolta *Chiaroscuro*, 1912). Oltre ai romanzi, scrisse anche una raccolta di poesie e due spettacoli teatrali. Nel 1895 si occupò di etnologia collaborando alla *Rivista di Tradizioni Popolari Italiane* in cui pubblicò «Tradizioni popolari di Nuoro in Sardegna».

Dalla sua opera *Cenere* (Ashes) è stato tratto un film interpretato da Eleonora Duse, una famosa attrice italiana dell'epoca del muto (*silent film*).

Canne al vento contiene molti degli elementi caratteristici delle opere di Deledda: la Sardegna, l'amore, l'odio, la vendetta (*revenge*), la ricerca della dignità morale e della pace interiore, la fede cristiana, la superstizione pagana.

A proposito della lettura

Donna (*Lady*) Cristina e don Zame Pintor avevano quattro figlie: Ruth, Ester, Noemi e Lia. Dopo la morte prematura di donna Cristina, don Zame tirò su (*brought up*) le figlie in modo severo ed autoritario. Una delle figlie, Lia, scappò (*ran away*) di casa e se ne andò nel continente, vicino a Roma. Lì si sposò con un uomo di mezzi modesti da cui ebbe un figlio, Giacinto. Subito dopo la fuga (*flight*) della figlia, don Zame morì misteriosamente. Le sorelle furono disonorate dalla fuga di Lia e ne soffrirono molto per tutta la loro vita.

Quando entrambi i genitori morirono, Giacinto decise di trasferirsi al paese della madre per cercare fortuna e scrisse delle lettere alle zie. La zia Ruth era scettica (*skeptical*), Noemi decisamente contraria. L'unica che favoriva i progetti del nipote era la zia Ester. L'arrivo di Giacinto cambiò la vita di queste donne.

A proposito del brano che segue

Sono i primi di maggio. È in corso la festa di Nostra Signora del Rimedio. Donna Ester e donna Ruth vanno alla festa. Donna Noemi resta a custodire la casa e, con sua grande sorpresa, riceve la visita di Giacinto, appena arrivato dal continente. Noemi chiama Efix perché accompagni il nipote alla festa. Efix è il servo contadino delle dame Pintor. Efix porta Giacinto alla festa. Qui, oltre a donna Ester e donna Ruth, troviamo l'usuraia (*usurer*), Kallina (zia Pottoi), la sua giovane e bella nipote Grixenda, Natòlia, la serva del prete, ed infine Zuannantò, un ragazzo che abita accanto alla casa delle dame Pintor.

Prima di leggere

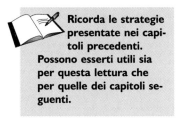

Ricorda le strategie presentate nei capitoli precedenti. Possono esserti utili sia per questa lettura che per quelle dei capitoli seguenti.

A. **Strategie per leggere**

Indovinare o predire il significato di una parola dal contesto. Ci sono dei metodi che si può usare per indovinare il significato delle parole che non conosci. È utile capire la funzione grammaticale di una parola sconosciuta per determinare il suo significato. Dal contesto della frase o del paragrafo puoi determinare se una parola è un verbo, un sostantivo o un aggettivo. Puoi così limitare i possibili significati. Non capirai tutte le parole di una lettura, ma non è necessario capirle tutte per comprendere le idee principali che comunica. E, avendo formato un'idea chiara dell'argomento principale prima di iniziare la lettura, potrai comprendere il significato di tante parole che non conosci.

• **La monotonia quotidiana viene interrotta dall'arrivo inaspettato di un forestiero.** In un ambiente rurale dei primi del Novecento, durante una festa religiosa, un gruppo di donne di diversa estrazione sociale reagisce alla venuta di un giovane che rappresenta un modello di vita assai diverso dal loro.

1. In base alla tua esperienza, chi vive in campagna come accoglie (*receive*) nel suo ambiente le persone provenienti dalla città? Quali eventuali pregiudizi possono influenzare questi incontri?
2. Sei mai stato ad una festa con amici o con familiari in cui è arrivata una persona sconosciuta? In che modo il suo arrivo ha cambiato l'atmosfera?
3. Quali criteri usi per decidere chi invitare alle tue feste? Scegli in base a caratteristiche particolari che gli invitati dovrebbero avere?

B. Per conversare. Prima di leggere, rispondete con un compagno / una compagna o in piccoli gruppi alle seguenti domande. Discutetene dopo con il resto della classe.

1. Nel testo che state per leggere, la cui storia si svolge ai primi del Novecento, un gruppo di donne ad una festa di paese è d'accordo nell'affermare che senza gli uomini le donne non si divertono. Pensando al contesto storico, cioè mettendovi nei panni di donne di un piccolo paese di cent'anni fa, qual è la vostra reazione a questo commento? Ed ora, pensando al contesto sociale odierno (*of today*), qual è la vostra reazione?
2. Nell'ambiente sociale descritto in questa lettura, l'onore è un concetto fondamentale nella vita familiare. Le azioni di una persona possono danneggiare lo status sociale di un'intera famiglia, e per questo l'individuo è responsabile non solo delle proprie azioni ma anche dell'onore della famiglia. L'onore ha ancora un significato ai giorni nostri o è stato sostituito da altri concetti?

Canne al vento

di Grazia Deledda

1

Accanto a[1] loro, seduta per terra con le spalle al muro e le braccia intorno alle ginocchia, Grixenda rideva guardando il ragazzo che suonava la fisarmonica. Nella capanna attigua[2] le parenti con cui ella era venuta alla festa cenavano sedute per terra attorno ad[3] una *bertula*[4] stesa come tovaglia,[5] e mentre una di esse cullava un bambino che s'addormentava agitando le manine molli, l'altra chiamava la fanciulla.[6]

«Grixenda, fiore, vieni, prendi almeno un pezzo di focaccia[7]! Cosa dirà tua nonna? Che t'abbiamo lasciato morir di fame?».

«Grixenda, non senti che ti chiamano? Obbedisci», disse donna Ester.

«Ah, donna Ester mia! Non ho fame… che di ballare![8]».

«Zuannantò! Vieni a mangiare! Non vedi che il tuo suono è come il vento? Fa scappar la gente».

---

[1]Accanto… *Next to* [2]*adjacent* [3]attorno… *around* [4]*saddlebag* [5]*tablecloth*
[6]*young girl* [7]*a kind of white pizza* [8]Non… *I'm not hungry . . . except for dancing!*

VOCABOLARIO

«Aspetta che le otri[9] siano piene e vedrai!», disse l'usuraia, uscendo sulla <u>porticina</u> a destra delle dame[10] Pintor e pulendosi i denti con l'unghia.

Anche lei aveva finito di cenare e per non perder tempo si mise a filare[11] al chiarore del fuoco.

Allora fra lei, le dame, la ragazza e le donne dentro cominciò la solita conversazione: come al paese durante tutto l'anno parlavano della festa, ora alla festa parlavano del paese.

«Io non so come avete fatto a lasciar la casa sola, comare[12] Kallì; come?», disse una ragazza alta che portava sotto il grembiale[13] un vaso di latte cagliato,[14] dono del prete alle dame Pintor.

«Natòlia, cuoricino mio! Io non ho lasciato in casa i tesori che ha lasciato in casa il tuo padrone il Rettore!».

«*Corfu 'e mazza a conca!*[15] E allora datemi la chiave. Vado e frugo,[16] in casa vostra, eppoi scappo nelle grandi città!».

«Tu credi che nelle grandi città si stia bene?», domandò donna Ruth con voce grave, e donna Ester che aveva vuotato il vaso del latte e lo restituiva a Natòlia con dentro mezza *pezza*[17] di mancia, si fece il segno della croce:[18]

«*Liberanos Domine*».[19]

Entrambe pensavano alla stessa cosa, alla fuga di Lia, all'arrivo di Giacinto, e con sorpresa sentirono Grixenda mormorare:

«Ma se quelli che stanno nelle grandi città vogliono venir qui!».

La gente cominciava ad uscir nel cortile; sulle porticine apparivano le donne che si pulivano la bocca col grembiale e poi rincorrevano i bambini per prenderli e metterli a dormire.

Una delle parenti di Grixenda andò dal suonatore di fisarmonica e gli porse[20] una focaccia piegata[21] in quattro.

«E mangia, gioiello[22]! Cosa dirà tua nonna? Che non ti do da mangiare?».

Il ragazzo sporse[23] il viso, strappò[24] un boccone[25] dalla focaccia e continuò a suonare.

Ma nessuno si decideva a cominciare il ballo tanto che Grixenda e Natòlia, irritate per l'indifferenza delle donne, dissero qualche insolenza.[26]

VOCABOLARIO

«Si sa! Se non ci sono <u>maschi</u> non vi divertite!».

«Ci fosse almeno Efix il servo di donna Ruth. Anche quello vi basterebbe!».

«È vecchio come le pietre! Che me ne faccio di Efix? Meglio ballo con un ramo di lentischio[27]!».

---

[9]*big bottles* [10]*noblewomen, ladies* [11]*si... she began to spin (weave)* [12]*godmother* [13]*apron*
[14]*latte... curds* [15]*Corfu... Colpo di mazza alla testa! (dialect)* [16]*search* [17]*mezza... denominazione generica di diverse monete antiche* [18]*si... she crossed herself* [19]*«Liberanos... «Ci liberi il signore» (Latin)* [20]*handed* [21]*folded* [22]*jewel* [23]*stuck out* [24]*tore* [25]*mouthful*
[26]*rude remark* [27]*ramo... branch of a mastic tree*

1. Chi sono i personaggi che incontriamo in questa prima parte della lettura?
2. In questa parte della lettura, com'è l'atmosfera che l'autrice crea?
3. Che tipo di rapporto unisce i personaggi?
4. C'è molta azione in questa parte o la sua funzione principale è di fornire descrizioni e informazioni? Quali informazioni ci dà?
5. Quali emozioni si esprimono in questa parte?
6. Sai raccontare con parole tue quello che succede in questa parte?

2

VOCABOLARIO

VISUALIZZARE

VISUALIZZARE

VOCABOLARIO

Ma d'un tratto il cane del prete, dopo aver abbaiato[1] sul belvedere, corse giù urlando fuori del cortile e le donne smisero d'insolentirsi per andare a vedere. Due uomini salivano dallo <u>stradone</u>, e mentre uno stava seduto su un piccolo cammello, l'altro si piegava su una grande cavalletta[2] le cui ali[3] parevano mandassero giù e su i lunghi piedi del cavaliere. Il chiarore del fuoco, a misura che[4] i due salivano, illuminava però le loro figure misteriose; e la prima era quella di Efix su un cavallo gobbo[5] di bisacce e di guanciali,[6] e l'altra quella di uno straniero la cui bicicletta scintillò rossa attraversando di volo il cortile.[v]

Grixenda balzò[7] in piedi appoggiandosi al muro tanto era turbata; anche la fisarmonica cessò di suonare.[v]

«Donna Ester mia! Suo nipote».

Le dame s'alzarono tremando e donna Ester parlò con una <u>vocina</u> che pareva il belato d'un capretto.[8]

«Giacintino!… Giacintino!… Nipote mio… Ma non è una visione? Sei tu?… ».

Egli era smontato[9] davanti a loro e si guardava attorno confuso: sentì le sue mani prese dalle mani secche della zia, e sullo sfondo nero del muro vide il viso pallido e gli occhi di perla di Grixenda.

Poi tutte le donne gli furono attorno, guardandolo, toccandolo, interrogandolo: il calore dei loro corpi parve eccitarlo; sorrise, gli sembrò d'esser giunto[10] in mezzo ad una numerosa famiglia, e cominciò ad abbracciare tutti.

Qualche donna balzò indietro, qualche altra si mise a ridere sollevando il viso a guardarlo.

«È costume del tuo paese? Donna Ester, donna Ruth, ci ha scambiato con loro! Ci crede tutte sue zie!».

Efix intanto, tirati giù i guanciali, li portò dentro la capanna vuota passando di traverso[11] per la stretta porticina. Grixenda lo aiutò a stenderli sul sedile in muratura,[12] lungo la parete, e fu lei a spazzar la

---

[1]*barked* [2]*grasshopper (The images of the camel and the grasshopper are part of a fanciful, metaphorical description of the arrival of the two men on a hump-backed horse and a bicycle.)* [3]*wings* [4]*a… while* [5]*bent* [6]*bisacce… saddlebags and pillows* [7]*jumped* [8]*belato… bleat of a little goat* [9]*dismounted* [10]*arrived* [11]*di… sideways* [12]*sedile… stone bench*

celletta[13] e a preparare il <u>lettuccio</u>, mentre nell'altra capanna si udiva Giacintino rispondere rispettoso e quasi timido alle domande delle zie.

«Sissignora, da Terranova in bicicletta: cos'è poi? Un volo! Con una strada così piana e solitaria si può girare il mondo in un giorno. Sì, la zia Noemi è rimasta [sorpresa], vedendomi: non mi aspettava certo, e forse credeva che avessi sbagliato porta!».

Ogni sua parola e il suo accento straniero colpivano Grixenda al cuore. Ella non aveva ben distinto il viso del giovine arrivato da terre lontane, ma aveva notato la sua alta statura e i capelli folti[14] dorati[15] come il fuoco. E provava già un senso di gelosia perché Natòlia, la serva del prete, s'era cacciata[16] dentro la capanna delle dame e parlava con lui.

Com'era sfacciata,[17] Natòlia! Per piacere allo straniero si beffava[18] persino delle capanne, che dopo tutto erano sacre perché abitate dai fedeli[19] e appartenenti alla chiesa.

«Neanche a Roma ci son palazzi come questi! Guardi che cortine[20]! Le han messe i ragni,[21] gratis,[22] per amor di Dio».

«E i topi[23] non li conta? Se si sente grattare[24] i piedi, stanotte, non creda che sia io, don Giacì!».

Grixenda si morse[25] le labbra e picchiò[26] sulla parete per far tacere[27] Natòlia.

«Ci sono anche gli spiriti. Li sente?».

«Oh, è una donna che picchia!», disse semplicemente donna Ruth.

«Spiriti, topi e donne per me son la stessa cosa», rispose calmo Giacinto.

E Grixenda, di là, appoggiata alla parete di mezzo, si mise a ridere forte. Ascoltava la voce del giovane come aveva poco prima ascoltato il suono della fisarmonica e rideva per il piacere, eppure in fondo[28] sentiva voglia di piangere.

Del resto[29] tutti erano felici, ma d'una felicità grave, nella povera capanna delle dame.

...

«Adattarsi bisogna», disse Efix versandogli da bere. «Guarda tu l'acqua: perché dicono che è saggia[30]? Perché prende la forma del vaso ove la si versa[31]».

«Anche il vino, mi pare!».

«Anche il vino, sì! Solo che il vino qualche volta spumeggia[32] e scappa; l'acqua no».

«Anche l'acqua, se è messa sul fuoco a bollire», disse Natòlia.

Allora Grixenda corse là dentro, prese per il braccio la serva e la trascinò[33] via con sé.[v]

«Lasciami! Che hai?».

«Perché manchi di rispetto allo straniero!».

«Grixè! Ti ha morsicato[34] la tarantola ché diventi matta[35]?».

«Sì, e perciò voglio ballare».

[13]spazzar... *sweep the cell (small room)* [14]*thick* [15]*golden* [16]s'era... *had thrust herself* [17]*shameless* [18]si... *she made fun of* [19]*believers* [20]*curtains* [21]*spiders* [22]*free of charge* [23]*mice* [24]*scratch* [25]si... *bit* [26]*knocked* [27]far... *silence* [28]in... *deep inside* [29]Del... *After all* [30]*wise* [31]ove... *where one pours it* [32]*foams* [33]*dragged* [34]ha... *bit* [35]*crazy*

VERIFICHIAMO

1. Che immagine usa l'autrice per descrivere l'entrata in scena di Giacinto ed Efix? Qual è lo scopo dell'autrice nell'usare quest'immagine?

2. Chi partecipa all'azione di questa parte? Cambiano i rapporti tra i personaggi?

3. Quali azioni hanno luogo in questa parte? Quali verbi usa l'autrice per indicare queste azioni?

4. C'è molta azione in questa parte o la sua funzione principale è quella di fornire descrizioni e informazioni? Quali informazioni ci dà?

5. Quali emozioni si esprimono in questa parte? Quali sono i momenti in cui le emozioni dei personaggi cambiano? Perché cambiano? Come influenza gli altri la presenza di Giacinto?

6. Sai raccontare con parole tue quello che succede in questa parte?

3

VOCABOLARIO

VISUALIZZARE

VISUALIZZARE

Già alcune donne s'eran decise a riunirsi attorno al suonatore, porgendosi la mano per cominciare il ballo. I bottoni dei loro corsetti scintillavano al fuoco, le loro ombre s'incrociavano sul terreno grigiastro.[v] Lentamente si disposero in fila,[1] con le mani intrecciate,[2] e sollevarono i piedi accennando i primi passi della danza; ma erano rigide e incerte e pareva si sostenessero a vicenda.[3v]

«Si vede che manca il puntello[4]! Manca l'uomo. Chiamate almeno Efix!», gridò Natòlia, e siccome Grixenda la pizzicava[5] al braccio aggiunse: «Ah, ti punga la vespa[6]! Anche a lui vuoi che si usi rispetto?».

Ma al grido Efix era apparso e si avanzava battendo i piedi in cadenza e agitando le braccia come un vero ballerino. Cantava accompagnandosi:

A sa festa... a sa festa so andatu...[7]

Arrivato accanto a Grixenda le prese il braccio, si unì alla fila delle danzatrici e parve davvero animare con la sua presenza il ballo: i piedi delle donne si mossero più agili, riunendosi, strisciando,[8] sollevandosi, i corpi si fecero più molli,[9] i visi brillarono di gioia.

«Ecco il puntello. Forza, coraggio!».

«E su! E su!».

Un filo[10] magico parve allacciare le donne dando loro un'eccitazione composta e ardente. La fila si cominciò a piegare, formando lentamente un circolo: di tanto in tanto una donna s'avanzava, staccava due mani unite, le intrecciava alle sue, accresceva la ghirlanda[11] nera e rossa dietro cui si muoveva la frangia[12] delle ombre. E i piedi si sollevavano sempre più svelti,[13] battendo gli uni sugli altri, percuotendo[14] la terra come per svegliarla dalla sua immobilità.

[1]si... *they lined up in a row* [2]*clasped* [3]si... *they supported each other* [4]*support* [5]*was pinching* [6]ti... *may a wasp sting you!* [7]*A... Alla festa, alla festa sono andato... (dialect)* [8]*shuffling* [9]*flexible* [10]*thread* [11]*circle* [12]*edge* [13]*quickly* [14]*hitting*

«E su! E su!».

Anche la fisarmonica suonava più lieta ed agile. Grida di gioia echeggiarono,[15] quasi selvaggie,[16] come per domandare al motivo del ballo una intonazione più animata e più voluttuosa.[17]

«Uhì! Uhiahi!».

Tutti eran corsi a vedere, e là in fondo[18] nell'angolo del cortile Grixenda distinse[19] i capelli dorati di Giacinto fra i due fazzoletti[20] bianchi delle zie.

«Compare Efix, fate ballare il vostro figlioccio[21]!», disse Natòlia.

«Quello è un puntello, sì!».

«Mettilo accanto alla chiesa e ti sembrerà il campanile».

«E sta' zitta, Natòlia, lingua di fuoco».

«Parlano più i tuoi occhi che la mia lingua, Grixè».

«Il fuoco ti mangi le palpebre!».

«E state zitte, donne, e ballate».

A sa festa… a sa festa so andatu…

«Uhì! Uhiahi!… ».

VOCABOLARIO

Il grido tremolava come un nitrito,[22] e le gambe delle donne, disegnate dalle gonne scure, e i piedi corti emergenti dall'ondulare[23] dell'orlo[24] rosso si muovevano sempre più agili scaldati dal piacere del ballo.

«Don Giacinto! Venga!».

«E su! E su!».

«E venga! E venga!».

Tutte le donne guardavano laggiù sorridendo. I denti brillavano agli angoli delle loro bocche.

VOCABOLARIO VISUALIZZARE

Egli balzò, quasi sfuggendo alla prigionia delle due vecchie dame; arrivato però in mezzo al cortile si fermò incerto: allora il circolo delle donne si riaprì, si allungò[25] di nuovo in fila, andò incontro allo straniero come nei giochi infantili, lo accerchiò,[26] lo prese, si richiuse.[v]

Messo in mezzo fra Grixenda e Natòlia, alto, diverso da tutti, egli parve la perla nell'anello[27] della danza; e sentiva la piccola mano di Grixenda abbandonarsi tremando un poco entro[28] la sua, mentre le dita dure e calde di Natòlia s'intrecciavano forte alle sue come fossero amanti.[29]

...

[15]*echoed* [16]*wild* [17]*voluptuous* [18]*in… at the far end* [19]*distinguished* [20]*head-scarves*
[21]*godson* [22]*whinny (of a horse)* [23]*from the waving* [24]*of the hem* [25]*si… extended*
[26]*encircled* [27]*in the ring* [28]*in* [29]*lovers*

1. Chi partecipa all'azione di questa parte? Perché ora l'atmosfera cambia?

2. Come usa i colori l'autrice?

3. Quali azioni hanno luogo in questa parte? Quali verbi usa l'autrice per indicare queste azioni? Come mai alcuni personaggi dicono che c'è bisogno di un «puntello»?

4. C'è molta azione in questa parte o la sua funzione principale è quella di fornire descrizioni e informazioni? Quali informazioni ci dà?

5. Quali emozioni si esprimono in questa parte? Quali sono i momenti in cui le emozioni dei personaggi cambiano? Perché cambiano? Perché c'è tensione fra Grixenda e Natòlia?

6. Sai raccontare con parole tue quello che succede in questa parte?

Dopo aver letto

A. Comprensione. Rispondi a queste domande secondo la lettura.

1. Che parte ha nella narrazione la natura?
2. Perché donna Ester all'inizio non si sente a suo agio?
3. Di che cosa ha voglia Grixenda?
4. Qual è il soggetto della conversazione delle donne?
5. «Fiore», «cuoricino mio», «gioiello»: come descrivono questi appellativi il rapporto fra queste donne?
6. Che impressione fa Giacinto al suo arrivo?
7. In che modo è accolto Giacinto?
8. Quali sentimenti suscita in Grixenda Giacinto?
9. Cosa fa Natòlia per attirare l'attenzione del giovane?
10. Come descrive l'autrice le emozioni del ballo?

B. I personaggi

Primo passo. Con un compagno / una compagna, inserite nello schema che segue le parole (sostantivi, aggettivi, verbi) da usare per descrivere i personaggi indicati.

GRIXENDA	NATÒLIA	DONNA RUTH E DONNA ESTER	GIACINTO	EFIX

confrontare   gusti

Secondo passo. Usando le parole del **Primo passo** e altre riprese dal **Vocabolario del tema,** fate tre paragoni tra Grixenda e Natòlia e poi spiega ciò che piace e non piace loro.

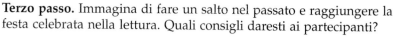

Terzo passo. Immagina di fare un salto nel passato e raggiungere la festa celebrata nella lettura. Quali consigli daresti ai partecipanti?

C. L'ambiente

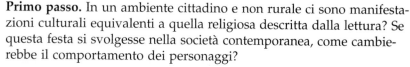

Primo passo. In un ambiente cittadino e non rurale ci sono manifestazioni culturali equivalenti a quella religiosa descritta dalla lettura? Se questa festa si svolgesse nella società contemporanea, come cambierebbe il comportamento dei personaggi?

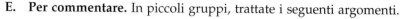

Secondo passo. Ti piace il modo in cui la scrittrice descrive il ballo? Ti affascinano le emozioni che derivano da questo rito collettivo?

Terzo passo. Ti sei mai trovato/a in un ambiente estraneo? Che sensazioni hai provato? Cosa hai fatto per ambientarti? Sei riuscito/a a farlo in breve tempo?

D. Citazioni. In gruppi di due o tre, spiegate con parole vostre il significato di queste citazioni tratte dalla lettura.

1. «Spiriti, topi e donne per me sono la stessa cosa».
2. «Adattarsi bisogna», disse Efix versandogli da bere. «Guarda tu l'acqua: perché dicono che è saggia? Perché prende la forma del vaso ove la si versa».
3. «Parlano più i tuoi occhi che la mia lingua, Grixè».

E. Per commentare. In piccoli gruppi, trattate i seguenti argomenti.

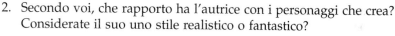

1. Pensate che ai giorni nostri i sentimenti, l'etica e la morale descritti dall'autrice abbiano ancora un valore? Qual è stata la vostra prima reazione leggendo affermazioni come: «Si sa! Se non ci sono maschi non vi divertite!» «Si vede che manca il puntello! Manca l'uomo… »?
2. Secondo voi, che rapporto ha l'autrice con i personaggi che crea? Considerate il suo uno stile realistico o fantastico?

F. La nostra esperienza personale ed i nostri gusti

Primo passo. Qual è l'importanza o il significato dei concetti sotto elencati nella lettura?

la paganità	la religiosità
la sfacciataggine (*impudence*)	il decoro (*propriety*)
la semplicità	l'invidia
la collettività	l'isolamento
la familiarità	il distacco (*aloofness*)
la natura	la gelosia

Secondo passo. Nella tua vita personale, come sono legati al tuo modo di essere i concetti sopra citati? Secondo te, quali di questi dovrebbero esistere in una società ideale? Quali primeggiano (*are preeminent*) nella realtà attuale?

Scriviamo!

Primo passo. Con un compagno / una compagna, fate una lista delle attività che secondo voi farebbero parte di una giornata perfetta. Poi fate una lista di attività che potrebbero causarvi stress.

Secondo passo. Tu senti molto gli effetti nocivi dello stress e un famoso psicologo italiano, il dottor Vivimpace Melodica, ti ha offerto il suo aiuto. Prima di iniziare la terapia, il dottor Melodica ti chiede di scrivere un saggio in cui devi descrivere le cose della tua vita che ti piacciono e quelle cose che ti danno fastidio. Cerca di usare tanti verbi diversi per esprimere le cose che ti piacciono e quelle che non ti piacciono.

Terzo passo. Adesso il dottor Melodica sei tu. Stai facendo esperimenti con la nuova Terapia della Musica. Sei convinto che la musica possa alleviare qualsiasi tipo di stress. Leggi il saggio scritto da un tuo compagno / una tua compagna di classe. Rispondi al suo saggio dando dei consigli a questo/a «paziente». Prescrivi una terapia medica in cui raccomandi certe attività musicali che aiuteranno il tuo / la tua «paziente» a combattere lo stress. Spiega in che modo gli/le farà bene ogni attività. Segue una lista di attività musicali che potrai raccomandare.

> Attività musicali
>
> ballare il/la _____ (tipo di ballo)
>
> ascoltare musica registrata / dal vivo da solo / con amici
>
> andare a comprare _____ (tipo di musica)
>
> meditare (con musica rilassante)
>
> suonare il/la _____ (strumento musicale)
>
> vedere il film _____ (che ha qualcosa a che vedere con la musica)
>
> altre… ?

Parlando del tema

Primo passo. Prepara una scheda su ognuno dei seguenti temi per poter discutere ognuna delle seguenti domande o situazioni. Per ogni gruppo di domande, c'è una lista di punti chiave che ti potranno essere utili per rispondere.

L'OZIO

- Paragona quello che fai ora, da studente/studentessa, nel tuo tempo libero e quello che pensi di fare quando avrai completato i tuoi studi universitari e avrai un lavoro fisso (*steady*).
- Cosa faresti nel tuo tempo libero se fossi ricco/a e non dovessi lavorare?
- Che cosa ti piace dei tuoi momenti di ozio? Che cosa invece ti preoccupa?

LO STRESS

- Dai dei consigli a un amico / un'amica che soffre molto a causa dello stress.
- Commenta gli effetti positivi che derivano dallo scrivere poesie o tenere un diario.
- Se tu avessi un lavoro piuttosto stressante, cosa faresti per alleviare lo stress?

IL LAVORO

- Parla delle cose che ti piacevano e quelle che ti davano fastidio nel primo lavoro che hai avuto.
- Parla del lavoro che pensi di fare fra dieci anni.
- Che cosa ricerchi in un posto di lavoro quando devi trovarne uno nuovo? Che cosa richiedi come condizione indispensabile? Quali cose ti danno fastidio? Quali cose ti sono indifferenti?
- Se tu fossi il direttore / la direttrice di un'azienda o il padrone / la padrona di un negozio, quali sarebbero le qualità che cercheresti in un impiegato / un'impiegata?

LA MUSICA

- Cosa pensi della seguente affermazione: «La musica moderna ha una cattiva influenza sui giovani»?
- Credi che la musica e il ballo possano alleviare lo stress?
- Paragona la musica che ascoltavano da giovani i tuoi genitori con la musica che ascolti tu adesso.
- Scegli una canzone italiana, ascoltala e parlane in classe con i tuoi compagni.

Il mondo attuale:
Che influenza hanno su di noi i problemi del mondo?

James, un americano che abita in Italia, pensa molto agli affari globali.

*I*n questo capitolo esploreremo il tema del mondo attuale. Quali sono i problemi sociali più importanti di oggi? In che modo possiamo contribuire al miglioramento della nostra società? Riceverete informazioni sul sistema politico e sociale italiano. Parlerete dell'attivismo politico e del volontariato.

Punto chiave
- Fare ipotesi

Tema centrale
- Il mondo attuale e i suoi problemi

In viaggio per il Centro d'Italia
- l'Umbria
- l'Abruzzo
- il Lazio
- il Molise

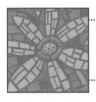

Situazioni

Parliamo di politica!

Situazione: *Tutti gli amici si ritrovano al bar Little Texas. La conversazione tra di loro è molto animata. Solo James, al contrario del solito, ascolta silenzioso la musica e interagisce poco con gli altri.*

LUCIA: Qual è il tema musicale di questa serata, James? I **movimenti** giovanili degli anni '60?

JAMES: Perché? Non ti piace questa musica?

LUCIA: No, al contrario, a me piace molto. Ma agli altri?

VERONICA: È bella ma mi intristisce[1] un po'.

CHIARA: Io non la conosco bene.

VITTORIO: Be', certo non è Bach…

CORRADO: Credo che James soffra di nostalgia e che questa musica lo riporti in America, non è vero?

JAMES: Come tutti, dopo il Natale, l'inizio di un nuovo anno, la famiglia lontana… Anche se i festeggiamenti sono divertenti e piacevoli, c'è sempre un pizzico[2] di malinconia.[3]

LUCIA: E la ragazza di quella vecchia foto dietro a te, è tua madre?

JAMES: Esatto, è proprio lei. Una tipica sessantottina[4] di Roma. Appassionata e accanita[5]! Ancora oggi quando parla di quel periodo della sua vita le brillano[6] gli occhi! A volte la invidio un po' dato che io non ho mai provato quel sentimento di solidarietà collettiva. Lei la considera la caratteristica più suggestiva del movimento studentesco.

VERONICA: E come considera tua madre la violenza di quel periodo?

LUCIA: Perché ora, secondo te, non c'è violenza?

VERONICA: Purtroppo sì, ma almeno uno può camminare per strada senza paura di **scontri** tra **polizia** e studenti e operai o di minacce di **bombe** ad ogni angolo!

[1]*mi… it saddens me* [2]*pinch* [3]*melancholy* [4]*sessantottino/a: a participant in the political movement—Movimento Studentesco—that started in May 1968 in Paris and quickly spread to Milan and other major Italian cities. A large number of Italian university and high-school students took part. Seeking greater freedom and expanded democracy, they sought changes in many areas: education, family, society, personal relationships. They gathered in meetings in and outside school, occupied schools, organized demonstrations in the streets, and often participated in strikes with blue-collar workers.* [5]*relentless* [6]*sparkle*

LUCIA:	Se non ci fossero stati quei momenti drammatici forse oggi mancherebbe la libertà di fare tante cose che noi diamo per scontate.[7] Una maggiore parità tra uomini e donne, le leggi sul divorzio e sull'aborto, una scuola aperta a tutti, tanto per citare qualche esempio.
JAMES:	Per favore, non scaldatevi[8] troppo. So come vanno a finire le discussioni di politica. Quando mia madre comincia, non la smette più! Critica il sistema americano perché ha solo due **partiti** ma non è soddisfatta neppure di quello italiano perché ne ha troppi. Da quando si è trasferita negli Stati Uniti è comunque meno coinvolta in politica e trova piuttosto confusa la nuova realtà politica italiana. Non sempre riesce a seguirla.
VITTORIO:	Non è la sola!
CORRADO:	Ma perché? È cambiato qualcosa in Italia? Io non vedo grandi differenze!
CHIARA:	Dovrà cambiare però, se non altro per il flusso continuo di tanti immigrati negli anni '80.
LUCIA:	Dall'inizio degli anni '90 mi sembra che di cambiamenti ce ne siano stati eccome[9]! Intanto la Democrazia Cristiana, il **partito** che ha dominato in Italia dal 1948, non esiste più e non esiste più neppure il vecchio **partito** socialista. Il **Partito** Comunista Italiano, ora DS,[10] ha cambiato oltre al nome anche la sua filosofia.
VITTORIO:	In compenso per un **partito** che è sparito[11] altri sono nati, vedi Forza Italia di Silvio Berlusconi e una miriade di piccoli **partiti,** come il CCD,[12] il CDU[13] e il PPI.[14] Per non parlare poi della nascita e del **rafforzamento** della Lega[15] di Umberto Bossi.
JAMES:	Ma ora con l'Ulivo e il Polo delle libertà non si può parlare di una diminuzione dei **partiti** politici italiani?
LUCIA:	Non proprio. L'Ulivo e la Casa delle libertà sono due coalizioni di **partiti** diversi. La prima è di centro-**sinistra** e ha vinto le elezioni politiche del 1996, la seconda è di centro-**destra** e ha vinto le elezioni del 2001. All'interno di esse però ogni **partito** fa sentire la sua voce e questo può generare dissensi e problemi di governabilità.
JAMES:	C'è da dire che in Italia le idee sono più importanti dei politici.[16] E siccome le idee sono tante, esistono tanti **partiti.** Credo poi che per molti italiani sia difficile dimenticare il ventennio fascista in cui si doveva professare una sola idea politica. Chi può **biasimarli**[17]!

[7]diamo... *take for granted*   [8]non... *don't get too excited/heated*   [9]*indeed*   [10]Democratici di Sinistra   [11]è... *disappeared*   [12]Centro Cristiano Democratico (*from the former* Democrazia Cristiana)   [13]Cristiani Democratici Uniti   [14]Partito Popolare Italiano   [15]la Lega Nord (*A local political party that believes the North to be the true economic center of Italy, and wishes to gain more independence from Rome and the South.*)   [16]*politicians*   [17]*blame them*

Presa di coscienza. Prima di cominciare le attività che seguono, rileggete in piccoli gruppi il dialogo e individuate i punti chiave usati, scrivendo la lettera che corrisponde a ognuno di essi.

Attività

A. **Comprensione.** Rispondi alle domande secondo il dialogo.

1. Perché James non è di buon umore?
2. Che cosa invidia del passato della madre James?
3. Secondo Veronica, qual è un aspetto negativo del movimento del '68? È d'accordo con lei Lucia?
4. Chi dei sei amici ha un atteggiamento scettico?
5. Chi è la persona più informata fra di loro? Che cosa dice?

raccomandare

B. **Raccomandazioni e opinioni personali.** Completa le seguenti frasi secondo la conversazione fra i sei amici. Usa un connettivo in ogni frase.

ESEMPIO: È strano che James non capisca meglio la politica italiana dato che ha vissuto tanti anni in Italia.

1. Lucia si augura che…
2. A Chiara piacerebbe…
3. Lucia raccomanda a Veronica…
4. Credo che a Corrado…

Connettivi

d'altra parte

dato che

inoltre

invece

per quanto + *congiuntivo*

perciò, pertanto

C. **Dialogo.** A coppie, preparate uno dei seguenti dialoghi e presentatelo alla classe.

1. Ricreate il dialogo tra i sei amici con parole vostre, basandovi su ciò che ricordate.
2. Continuate e finite il dialogo tra Lucia e James in cui Lucia fa domande sulla politica americana e James risponde. Insieme cercano di individuare le differenze principali tra il sistema politico americano e quello italiano.
3. Improvvisate una conversazione tra Chiara, Veronica, Corrado e Vittorio in cui i quattro amici discutono dei problemi più importanti che il mondo di oggi deve affrontare.

Nota: Per discutere meglio della politica italiana, vi consigliamo di esplorare questi siti in Internet:

• Presidenza della Repubblica
  http://www.quirinale.it/

• Governo italiano
  http://www.palazzochigi.it/

• Parlamento italiano
  http://www.parlamento.it/

• Sito web dedicato alla Corte Costituzionale
  http://www.giurcost.org/

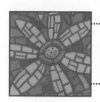

Vocabolario del tema

—Non ci resta che una speranza: che non ci sia mai una guerra!

Per parlare di attualità

l'arma	weapon
l'attentato	criminal assault
la bomba, l'ordigno	bomb
il colpo di stato	coup d'état
il/la criminale	criminal
il crimine, il delitto	crime, offense
la delinquenza	delinquency
il contrabbando	smuggling
il/la contrabbandiere/a	smuggler
la deflagrazione	explosion
il/la giornalista	reporter
l'incendio	fire
i mezzi di comunicazione	communications media
il notiziario, il telegiornale	newscast
la polizia	police
il/la poliziotto/a	policeman/-woman
lo sciopero	strike
lo scippatore / la scippatrice	bag snatcher
il sequestro	kidnapping
lo scontro	clash
la stampa	press
la strage	slaughter

Per parlare di politica

la borghesia (alta, media, piccola borghesia)	bourgeoisie (the upper-, middle-, lower-middle class)
la campagna elettorale	electoral campaign
la classe operaia (il proletariato)	working class
il/la cittadino/a	citizen
il/la deputato/a	member of Parliament, representative
la destra	right wing
i diritti umani	human rights
la dittatura	dictatorship
il discorso	speech
il governo	government, administration
il/la leader	leader
la legge	law
la manifestazione	demonstration, rally
il ministro	minister
il movimento	movement
il partito	political party
il presidente / la presidentessa	president
il reddito	income
la sinistra	left wing
il sottoproletariato	subproletariat, underclass
la tassa, l'imposta	tax

Per parlare dei problemi attuali

biasimare	to blame
commettere (conjugated like mettere)	to commit (a crime)
discriminare	to discriminate
emarginare	to alienate
mentire	to lie
opporsi a (irreg.)	to oppose
sfruttare	to exploit

l'AIDS	*AIDS*	
l'analfabetismo	*illiteracy*	
la discriminazione	*discrimination*	
la fame	*hunger*	
la guerra	*war*	
l'immigrazione (*f.*)	*immigration*	
l'inquinamento	*pollution*	
la malnutrizione	*malnutrition*	
la polemica	*controversy*	
la povertà	*poverty*	
il pregiudizio	*prejudice*	
il razzismo	*racism*	
lo stupro / la violenza carnale	*rape*	
il terrorismo	*terrorism*	

Per parlare di soluzioni

affrontare	*to face*
combattere	*to fight*
collaborare con	*to work with*
fare del volontariato	*to volunteer*
informarsi di	*to become informed about*
intervenire (*conjugated like* **venire**)	*to intervene*

proporre (*irreg.*)	*to propose*
rafforzare	*to reinforce, strengthen*
reagire (isc) (a)	*to react (to)*
risparmiare	*to save (money, resources)*
salvare	*to save (from harm)*
sconfiggere (*irreg.*)	*to defeat*
sostenere (*irreg.*)	*to support*
sviluppare	*to develop*
valere (*irreg.*) **la pena**	*to be worth it*

Per parlare dei problemi del mondo

allarmante	*alarming*
affamato/a	*starving*
apatico/a	*apathetic*
colpevole	*guilty*
deluso/a	*disappointed*
emarginato/a	*excluded*
indeciso/a	*undecided*
polemico/a	*controversial*
scarso/a	*scant*

Ampliamento lessicale

Primo passo. Studia le seguenti parole e osserva come il vocabolario si può ampliare quando si conosce il significato di una parola. Scrivi i sostantivi, i verbi e gli aggettivi che mancano nella lista.

SOSTANTIVI	VERBI	AGGETTIVI
emarginazione	emarginare	?
allarme	?	allarmante
sconfitta	sconfiggere	?
?	sviluppare	sviluppato/a
sfruttamento	?	sfruttato/a
rafforzamento	rafforzare	?

Secondo passo. Leggi il seguente testo su una notizia che ha allarmato gli italiani rovinando l'atmosfera natalizia (*Christmas*) del dicembre 2000. Poi, con un compagno / una compagna, traducete, secondo il contesto di ogni frase, ciascuna parola sottolineata e indicate se è un verbo, un aggettivo, un sostantivo o un avverbio.

La paura del terrorismo non ha mai abbandonato l'Italia dagli anni '70. Si ricordano ancora i crimini delle Brigate Rosse (gruppo rivoluzionario marxista) rivolti contro personalità politiche di rilievo. Così come si ricordano gli attentati organizzati in luoghi pubblici dal terrorismo nero (composto da gruppi di neofascisti) responsabile di un gran numero di morti e feriti. Questa paura si è intensificata dopo la scoperta di una bomba nel Duomo di Milano. È scattato[1] l'<u>allarme</u> e tutti i visitatori sono stati fatti sgombrare;[2] l'ordigno è stato disinnescato.[3]

Anche se alcuni gruppi rivoluzionari sostengono che devono fare ricorso alla violenza per combattere lo <u>sfruttamento</u> dei paesi meno <u>sviluppati</u> e dei gruppi <u>emarginati</u> da parte dei paesi industriali e delle società capitaliste, mai niente giustificherà le stragi e le distruzioni del terrorismo.

[1]È... *Went off* [2]*evacuated* [3]*defused*

Terzo passo. Formate gruppi di tre. Una persona di ogni gruppo creerà frasi originali con tutti i sostantivi elencati nel **Primo passo,** un'altra persona scriverà delle frasi originali con tutti i verbi e la terza persona lo farà con tutti gli aggettivi. Poi ascolterete insieme tutte le vostre frasi.

Uso del vocabolario

A. **Vocabolario nel contesto.** A coppie, commentate le affermazioni che seguono.

1. Quando un governo entra in crisi è giusto rifare le elezioni politiche.
2. Non vale la pena intervenire nelle guerre di paesi stranieri.
3. Le manifestazioni e gli scioperi sono cose buone perché in questo modo la gente può esprimere il proprio disagio e il proprio dissenso (*dissent*).
4. L'analfabetismo e la discriminazione razziale e sessuale sono i peggiori nemici del progresso.
5. Il Presidente di un paese è sempre da biasimare se l'economia di quel paese non è forte.
6. Fare del volontariato è il modo migliore per sconfiggere il problema della fame nel mondo.

B. **Domande personali.** A coppie, rispondete alle domande usando il **Vocabolario del tema.** Dovresti spiegare le tue risposte al compagno / alla compagna usando le espressioni tratte da **Per conversare meglio** e il tuo compagno / la tua compagna dovrebbe intervenire con alcune delle altre espressioni tratte da **Per conversare meglio.** Riferite dopo alla classe un po' di quello che ognuno ha saputo del compagno / della compagna.

Per conversare meglio

alla peggio (*coll.*)	*if worse comes to worst*
arrivare al dunque	*to get to the point*
d'ora in poi	*from now on*
E con ciò?	*What of it? So what?*
in ogni caso	*in any case*
insomma	*in short*
nella peggiore delle ipotesi	*in the worst-case scenario*
per riepilogare	*to summarize*
pertanto	*therefore*
sarebbe a dire	*that is to say*
Sarebbe a dire?	*What do you (does that) mean?*
Vieni al sodo!	*Get to the point!*

1. Se tu fossi eletto/a deputato/a di un partito, quale sarebbe la prima legge che proporresti?
2. Quale ritieni che sia il problema più serio del tuo paese?
3. Quali classi sociali esistono nel tuo paese? Vorresti appartenere ad una classe sociale diversa da quella di cui fai parte ora?
4. Come si può intervenire per limitare la delinquenza giovanile?
5. Quali sono le persone più emarginate nell'ambiente intorno a te? Perché lo sono? Sei sensibile ai loro problemi o sei indifferente?

C. **Cosa vuol dire… ?** A turno con un compagno / una compagna, spiegate ad un italiano gli scopi delle seguenti organizzazioni.

1. The Peace Corps 2. World Vision 3. Greenpeace
4. Habitat for Humanity

raccomandare ipotesi

D. **Le notizie.** In gruppi di tre leggete i seguenti titoli. La prima persona del gruppo esprime una sua opinione e la seconda fa una raccomandazione. La terza dice quello che farebbe (o avrebbe fatto) nella stessa circostanza.

1. Il leader del Partito dei Verdi ha comunicato alla stampa che proporrà dei cambiamenti alla legge sulla caccia (*hunting*).
   a. opinione b. raccomandazione c. Se io…

2. In Inghilterra è stata approvata la legge che rende legale la clonazione (*cloning*).
   a. opinione b. raccomandazione c. Se io…

3. L'authority TV (il garante [*watchdog*] per le telecomunicazioni) chiede: «Dateci più potere per difendere meglio i bambini dai pericoli delle trasmissioni "cattive"».
   a. opinione b. raccomandazione c. Se io…

4. Roma: Nel 2000 la Chiesa ha insistito perché il sindaco di Roma, Francesco Rutelli, proibisse la manifestazione degli omosessuali (la «Gay Parade») nell'anno del Giubileo.
   a. opinione b. raccomandazione c. Se io…

Dopo la seconda guerra mondiale gli italiani attraverso un referendum scelsero di abolire la Monarchia e di fondare la Repubblica Italiana. La Costituzione della nuova Repubblica entrò in vigore[1] il 1 gennaio 1948.

Secondo la Costituzione Italiana, il capo dello Stato è il Presidente della Repubblica. È eletto dal Parlamento e rimane in carica[2] per sette anni. Rappresenta ufficialmente il paese, ma non ha poteri[3] particolari.

La Costituzione Italiana riconosce tre poteri principali:

Il potere esecutivo. Il capo del governo è il Presidente del Consiglio (Primo Ministro). Il Presidente della Repubblica nomina come Primo Ministro il leader del Partito che ha vinto nelle elezioni parlamentari. Il Primo Ministro nomina i Ministri che poi vengono approvati dal Presidente della Repubblica. Nota bene: quando gli italiani parlano del **governo** intendono di solito quello che gli americani chiamerebbero *administration*: in Italia il Consiglio dei Ministri, negli USA il Presidente e il suo *Cabinet*. Quello che gli americani chiamano *government* è per gli italiani **lo Stato.**

Il potere legislativo. Il Parlamento Italiano è composto dal Senato della Repubblica (315 seggi[4]) e dalla Camera dei Deputati (630 seggi). Non tutti i membri del Parlamento vengono eletti nello stesso modo. Gli ex Presidenti della Repubblica sono senatori a vita; il Presidente della Repubblica, nei sette anni del suo mandato,[5] può nominare cinque senatori a vita.

Il potere giudiziario. La Corte Costituzionale è la più importante delle corti italiane. È composta di quindici giudici: cinque sono eletti dal Presidente della Repubblica, cinque dal Parlamento e cinque da giudici di Corti ordinarie e amministrative che si occupano di casi criminali e civili. La Corte Costituzionale verifica la legittimità delle leggi dello Stato e delle Regioni e giudica i casi relativi all'attribuzione tra i poteri dello Stato, i poteri tra lo Stato e le Regioni e tra le Regioni. Questa Corte può anche dichiarare illegali gli atti del Parlamento e giudicare atti di accusa contro il presidente della Repubblica.

L'Italia non ha sviluppato il «two-party system» che si dà per scontato[6] negli Stati Uniti. I partiti italiani sono tanti, quindi la formazione di un governo dipende dalla creazione di coalizioni politiche che non sono sempre stabili.

Diamo nella prossima pagina alcuni articoli della Costituzione Italiana. Nota quali cose sono identificate come diritti[7] dei cittadini e quali come doveri.[8]

• • • • • • • •

[1]entrò... *came into force*   [2]*office*   [3]*powers*   [4]*seats*   [5]*term*   [6]si... *is taken for granted*   [7]*rights*   [8]*duties*

Conversazione a coppie.

Con un compagno / una compagna, leggete gli articoli della Costituzione Italiana nella pagina seguente, poi fatevi queste domande e rispondete.

1. Quali sono alcuni dei diritti dei cittadini italiani espressi nella Costituzione Italiana che la costituzione del vostro paese non garantisce ai cittadini?
2. Quali sono alcuni dei doveri dei cittadini italiani secondo la Costituzione? Gli statunitensi/canadesi hanno gli stessi doveri secondo la loro Costituzione?
3. Ci sono cambiamenti nella costituzione del vostro paese che vorreste vedere realizzati? Quali potrebbero essere ispirati dalla Costituzione Italiana?

Art. 1. L'Italia è una Repubblica democratica fondata sul lavoro. La sovranità[1] appartiene al popolo, che la esercita nelle forme e nei limiti della Costituzione.

dall'Art. 3. ...È compito della Repubblica rimuovere gli ostacoli di ordine economico e sociale, che, limitando di fatto la libertà e l'eguaglianza dei cittadini, impediscono[2] il pieno sviluppo della persona umana e l'effettiva partecipazione di tutti i lavoratori all'organizzazione politica, economica e sociale del Paese.

Art. 4. La Repubblica riconosce a tutti i cittadini il diritto al lavoro e promuove[3] le condizioni che rendano effettivo questo diritto. Ogni cittadino ha il dovere di svolgere,[4] secondo le proprie possibilità e la propria scelta, una attività o una funzione che concorra[5] al progresso materiale o spirituale della società.

Art. 7. Lo Stato e la Chiesa cattolica sono, ciascuno nel proprio ordine, indipendenti e sovrani. I loro rapporti sono regolati dai Patti Lateranensi.[6] Le modificazioni dei Patti, accettate dalle due parti, non richiedono procedimento[7] di revisione costituzionale.

dall'Art. 8. Tutte le confessioni religiose sono egualmente libere davanti alla legge. [...]

dall'Art. 11. L'Italia ripudia[8] la guerra come strumento di offesa alla libertà degli altri popoli e come mezzo di risoluzione delle controversie internazionali...

Art. 27. La responsabilità penale è personale. L'imputato[9] non è considerato colpevole[10] sino alla condanna definitiva.[11] Le pene[12] non possono consistere in trattamenti[13] contrari al senso di umanità e devono tendere alla[14] rieducazione del condannato. Non è ammessa la pena di morte,[15] se non nei casi previsti dalle leggi militari di guerra.

Art. 30. È dovere e diritto dei genitori mantenere, istruire ed educare i figli, anche se nati fuori del matrimonio. [...] La legge assicura ai figli nati fuori del matrimonio ogni tutela[16] giuridica e sociale, compatibile con i diritti dei membri della famiglia legittima...

Art. 34. La scuola è aperta a tutti. L'istruzione inferiore,[17] impartita[18] per almeno otto anni, è obbligatoria e gratuita.[19] I capaci e meritevoli,[20] anche se privi di mezzi,[21] hanno diritto di raggiungere i gradi più alti degli studi. La Repubblica rende effettivo questo diritto con borse di studio,[22] assegni[23] alle famiglie ed altre provvidenze,[24] che devono essere attribuite per concorso.[25]

Art. 36. Il lavoratore ha diritto ad una retribuzione[26] proporzionata alla quantità e qualità del suo lavoro e in ogni caso sufficiente ad assicurare a sé e alla famiglia un'esistenza libera e dignitosa.[27] La durata[28] massima della giornata lavorativa è stabilita dalla legge. Il lavoratore ha diritto al riposo settimanale e a ferie annuali retribuite, e non può rinunziarvi.[29]

dall'Art. 38. Ogni cittadino inabile al lavoro e sprovvisto dei[30] mezzi necessari per vivere ha diritto al mantenimento e all'assistenza sociale. I lavoratori hanno diritto che siano previsti ed assicurati mezzi adeguati alle loro esigenze[31] di vita in caso di infortunio,[32] malattia, invalidità[33] e vecchiaia, disoccupazione involontaria.

Il testo completo della Costituzione Italiana si trova a **http://www.quirinale.it/costituzione/costituzione.htm.**

---

[1] *sovereignty* [2] *impede* [3] *promotes* [4] *carry out* [5] *contributes* [6] Patti... *Lateran Pacts* [7] *process* [8] *rejects*
[9] *The accused* [10] *guilty* [11] sino... *until the final guilty verdict* [12] *punishments* [13] *treatments*
[14] tendere... *aim for the* [15] pena... *death penalty* [16] *protection* [17] L'istruzione... *Primary schooling*
[18] *granted* [19] *free* [20] *deserving* [21] privi... *lacking in means* [22] borse... *scholarships* [23] *grants* [24] *assistance*
[25] per... *by competition* [26] *compensation* [27] *dignified* [28] *duration* [29] *refuse them* [30] sprovvisto... *without the*
[31] *needs* [32] *accident* [33] *disability*

James parla del suo amore per Roma, una città a cui si sente legato fin da piccolo.

Quante delle mie passioni soddisfa Roma? Tutte! L'estate a Roma è sempre la mia stagione preferita, ma purtroppo siamo in tanti a pensarlo.[1] Anche se non ci sono nato, Roma ormai la sento mia e sono un po' geloso di tutte le migliaia[2] di occhi curiosi che consumano i musei, le chiese, le fontane ed i monumenti della città eterna. Comunque, come dicevo, adoro l'Estate Romana, scritto maiuscolo[3] perché questo è il nome della rassegna[4] di film, spettacoli, concerti di musica classica, jazz, rap, rock e musica latina che Roma offre durante l'estate. I film al Colosseo e al Fontanone del Gianicolo, la musica classica nelle chiese, il jazz nelle ville[5] (Celimontana, Borghese…), il rap e il rock nei centri sociali,[6] la musica latina al Foro Italico[7] e alle Capannelle.[8] E Cinecittà,[9] l'Hollywood italiana, da qualche anno, in estate, apre le sue porte al pubblico.

Dopo i miei studi di storia dell'arte trovo Roma un posto perfetto per ammirare l'arte, soprattutto le opere di Bernini,[10] l'artista più importante del barocco italiano. Basta[11] camminare per Roma per ammirare le sue fontane e le sue statue in tante piazze. Per vedere quello che io considero il suo capolavoro, bisogna però entrare nella chiesa di Santa Maria della Vittoria, dove si trova *l'Estasi di Santa Teresa* nella Cappella Cornaro. Con quest'opera Bernini riesce ad unire in modo meraviglioso tre arti: scultura, architettura e, grazie ai giochi di luce, pittura.

Di notte Roma è bellissima! Ed è popolata fino all'alba. Tra i caffè all'aperto e i locali notturni[12] e i tantissimi ristoranti c'è sempre gente in giro.[13] Certo questo porta anche grandi problemi di traffico, di parcheggio[14] e di rumore. Ci ho messo parecchio ad[15] adattarmi al modo in cui i romani guidano. Ho imparato tanto della società e della cultura romana anche parlando con gli abitanti e leggendo grandi scrittori i cui romanzi sono ambientati a Roma. Ma, vivendo qui, ho imparato soprattutto che per conoscere Roma non basta una vita.

• • • • • • • •

[1]*siamo… there are a lot of us who think so* [2]*thousands* [3]*in capital letters* [4]*series* [5]*public gardens* [6]*centri… old buildings or warehouses used by politically active young people who organize concerts, public meetings, art exhibits, and so on* [7]*Foro… public sports complex, initiated by Benito Mussolini, built entirely of white marble* [8]*an old race track near Cinecittà* [9]*"City of Cinema" whose studios were and are used by many famous TV and movie directors* [10]*Gianlorenzo Bernini (1598–1680)* [11]*It's enough* [12]*locali… nightclubs* [13]*in… around* [14]*parking* [15]*Ci… It took me a while to*

A. Comprensione. Rispondi alle domande secondo il testo precedente.

1. Piace a molti l'estate a Roma?
2. In che consiste l'Estate Romana?
3. Qual è l'artista che James ama di più? E qual è il nome di una sua opera?
4. Com'è Roma di notte? Ci sono molte persone in giro? Dove vanno?
5. Quali sono le cose che James non ama molto di Roma?

B. Parliamo noi. Con un compagno / una compagna, o in piccoli gruppi, rispondete alle seguenti domande.

1. Conosci Roma? Cosa sai di questa città? Quale aspetto di Roma ti piacerebbe conoscere meglio? Avevi mai sentito l'espressione «Roma: non basta una vita»?
2. Quali sono altre città nel mondo paragonabili a Roma?

Punto chiave

FARE IPOTESI

Prima di cominciare questa parte del capitolo, ripassa e studia la spiegazione grammaticale sui modi in cui si esprimono le situazioni ipotetiche in italiano sulle pagine verdi, alla fine del libro.

Come va con questo punto chiave?

A. Andare o no? Leggi il seguente dialogo e completalo con le forme adatte dei verbi tra parentesi secondo il contesto.

— Se accetterò il posto di lavoro a Washington, non _____ (potere) completare la tesi prima di dicembre.

— Capisco, ma se tu ci _____ (restare) durante l'estate, avresti l'occasione ideale per fare dei colloqui di lavoro e fare ricerche in archivi che non _____ (potere) consultare se tu rimanessi sempre qui a Roma.

— Hai proprio ragione. Non ci avrei pensato se tu non me lo _____ (suggerire).

— Certo, e se tu viaggiassi di più, _____ (potere) anche fare delle belle foto da inserire nella tua tesi.

— Caro mio, cosa _____ (fare) io senza di te?

B. **Traduzioni.** Traduci le seguenti frasi in italiano.

1. If I had seen that accident, it would have given me goosebumps.
2. Who would be the king of Italy today if there were still a monarchy?
3. If we visit Umbria, we will be able to see the waterfall (**la cascata**) at Terni.

Espressioni utili

Per parlare del mondo attuale

a proposito	*by the way*
attualmente	*currently* (not *actually*)
infatti	*in fact*
il fatto che…	*the fact that . . .*
francamente	*frankly*
oggigiorno	*nowadays*
a dire la verità	*the truth be told, to tell the truth*
Credo/Penso che + *congiuntivo*	*I believe that . . . / I think that . . .*

Per esprimere le proprie sensazioni riguardo alle notizie

Mi ha fatto venire la pelle d'oca.	*It gave me goosebumps.*
Sono sconvolto/a!	*I am shocked!*
Che sollievo!	*What a relief!*
Che vergogna!	*What a disgrace!*
Che disgrazia!	*What a misfortune!*
Che orrore!	*How horrible!*
Che Dio ci aiuti!	*God help us!*

Attività

A. **Cosa faresti e che cosa diresti se… ?**

Primo passo. Con un compagno / una compagna, descrivete che cosa fareste e che cosa direste in ognuna delle situazioni descritte. Quando possibile, usate le **Espressioni utili.**

1. Se vedeste uno scippatore in azione…
2. Se foste testimoni di un delitto commesso dalla mafia…
3. Se guidando investiste un'altra macchina parcheggiata e nessuno vi vedesse…
4. Se vedeste un incidente automobilistico con feriti (*wounded*)…
5. Se foste sospettati di un crimine che non avevate commesso…

Secondo passo. Ora cambiate le frasi del **Primo passo** per usare il trapassato del congiuntivo.

ESEMPIO: Se io avessi visto uno scippatore in azione…

B. I problemi attuali. In gruppi di quattro, descrivete ciò che fareste per migliorare le seguenti situazioni se foste deputati parlamentari. Preparate tre o quattro idee per ogni situazione e presentatele alla classe.

1. la disoccupazione
2. la violenza domestica
3. la povertà urbana
4. l'AIDS
5. la violazione dei diritti umani nel vostro paese e all'estero

C. Il mondo attuale del vostro paese

Primo passo. Una studentessa italiana in visita alla vostra università vuole conoscere la politica del vostro paese. In gruppi di tre o quattro, spiegatele perché le situazioni che seguono creano tanta polemica e continuate dando la vostra opinione personale. Usate le **Espressioni utili** quando possibile.

1. l'«affirmative action»
2. l'assistenza sanitaria (*health care*)
3. le scuole che richiedono che gli allievi (*pupils*) portino la divisa (*uniform*)
4. il sistema politico della «lobby»
5. i diritti degli omosessuali
6. i diritti degli handicappati

Secondo passo. Ora descrivete quello che succederebbe se questi programmi, queste leggi o queste idee non esistessero.

Angolo culturale

In viaggio per il Centro d'Italia

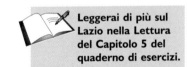

Leggerai di più sul Lazio nella Lettura del Capitolo 5 del quaderno di esercizi.

1. **L'Umbria: Terni e la Cascata[1] delle Marmore.[2]** La Cascata delle Marmore, generata dal fiume Velino che si getta[3] nel fiume Nera, con i suoi tre salti per complessivi[4] 165 metri, offre dal 271 a.C. un suggestivo spettacolo della natura. Ha ispirato numerosi poeti italiani e stranieri tra cui Plinio, Cicerone, Virgilio,[5] Byron e Belli. È stata da sempre rappresentata da vari artisti, raffigurata in medaglie[6] e, per giungere ai giorni nostri, anche su schede telefoniche e su un francobollo delle Poste Italiane. La Cascata delle Marmore e il sistema Nera-Velino

[1]*Waterfall* [2]*Marble, the* rupe di Marmore *is the cliff over which the waters of the Velino were diverted* [3]si... *casts itself* [4](*a*) *total* (*of*) [5]Plinio... *Pliny, Cicero, Virgil* [6]*medals*

hanno permesso al territorio intorno a Terni di usufruire di[7] una grandissima quantità di energia. È questa la ragione del buon livello di sviluppo industriale della zona.

2. **L'Abruzzo, Il Lazio, Il Molise: il Parco Nazionale d'Abruzzo.** Il Parco Nazionale d'Abruzzo, con i suoi 44.000 ettari[8] (oltre a 60.000 ettari di Zona di protezione esterna), è situato nel cuore dell'Appennino centrale, a cavallo tra[9] Abruzzo, Lazio e Molise e a uguale distanza sia dal mare Adriatico che dal Tirreno. Una visita al Parco Nazionale d'Abruzzo, con i suoi paesaggi e ambienti che variano con il trascorrere[10] delle stagioni, è sempre un'occasione che offre grandi emozioni. Il Parco dà la possibilità di vivere appieno[11] un rapporto genuino e sincero con la natura, la cultura, le tradizioni e i diversi ambienti che lo caratterizzano. Si può anche vedere dei tanti animali tutelati[12] nel parco, come il lupo[13] appenninico. Alcune delle principali attività a cui si può partecipare sono: visite a musei, giardini botanici, aree faunistiche, laboratori ecologici; escursioni a piedi, passeggiate a cavallo o a dorso di mulo;[14] gite in bicicletta, escursioni con gli sci da fondo,[15] giri panoramici in pullman[16] o in auto; e programmi speciali di volontariato.

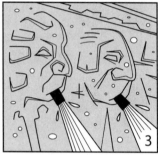

3. **L'Abruzzo: L'Aquila e la fontana delle 99 cannelle.[17]** Questa particolarissima fontana è un monumento talmente originale che può essere considerato uno dei più preziosi beni architettonici[18] di tutto l'Abruzzo. È stata realizzata nel 1272 dal maestro Tancredi da Pentina. I muri sono composti di blocchi di pietra squadrata[19] bianchi e rosa e ad essi si addossano[20] due file di vasche.[21] Sopra le vasche ci sono apposti 99 mascheroni[22] umani ed animali dai quali esce copiosa[23] l'acqua. Il numero 99 si lega in senso simbolico e rappresentativo alla storia della città dell'Aquila dove sono rappresentati con una chiesa, una piazza e una fontana proprio tutti quei borghi[24] e paesi che contribuirono alla sua costituzione (che, secondo la leggenda, furono appunto 99). Secondo la leggenda, sotto una lastra[25] di pietra più grande delle altre, al centro del cortile, furono sepolte le spoglie[26] dell'architetto Tancredi, giustiziato[27] perché rifiutò di rivelare l'origine dell'acqua che alimenta le cannelle, origine che è a tutt'oggi ancora sconosciuta.

4. **Il Lazio: Roma e i pompieri[28] nella Roma Antica.** A Roma l'incendio[29] ed i crolli[30] erano una vera e propria consuetudine.[31] Nel 1865, gli scavi hanno portato alla luce i resti di un distaccamento[32] di pompieri della Roma del II secolo d.C. Nonostante il grosso interesse suscitato[33] dal monumento, all'inizio l'area venne poi abbandonata a se stessa e ai vandali per diverso tempo. Solo nel 1966, il monumento è stato adeguatamente protetto. Nel 1986 è stato compiuto un restauro delle strutture architettoniche e delle pitture. Attualmente è possibile visitare solo una parte del monumento. Attraverso una scala moderna si entra in una grande sala dove l'attenzione è subito catturata da una fontana esagonale[34] a lati concavi.[35] Il pavimento era costituito da un grande

[7]usufruire… *take advantage of*   [8]*hectares (1 hectare = 2.471 acres)*   [9]a… *straddling the borders of*   [10]*passing*   [11]*fully*   [12]*protected*   [13]*wolf*   [14]a… *on mule-back*   [15]sci… *cross-country skiing*   [16]*tour bus*   [17]*spouts*   [18]beni… *architectural gifts*   [19]*cubed*   [20]si… *set against*   [21]*basins*   [22]*masks*   [23]*abundant*   [24]*villages*   [25]*slab*   [26]*remains*   [27]*executed*   [28]*firefighters*   [29]*fire*   [30]*(building) collapses*   [31]*common occurrence*   [32]*detachment*   [33]*generated*   [34]*hexagonal*   [35]lati… *concave sides*

mosaico ormai scomparso che raffigurava due tritoni. Uno teneva nella destra un grande tridente e nella sinistra una torcia spenta,[36] simboleggiante il fuoco domato.[37] L'altro tritone teneva una torcia accesa ed indicava il mare, cioè l'acqua che serve a spegnere[38] gli incendi.

[36]torcia... *extinguished torch* [37]*tamed, suppressed* [38]*extinguish*

Attività

A. Trova sulla carta geografica Terni, il Parco Nazionale d'Abruzzo, L'Aquila e Roma e scrivici un numero da 1 (il più interessante) a 4 (il meno interessante) per indicare il livello d'interesse che hai a visitare questi luoghi.

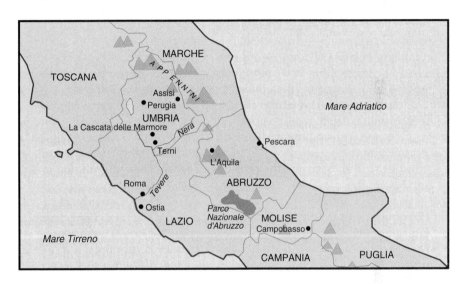

B. Formate quattro gruppi e fate le seguenti ricerche che presenterete dopo in classe.

GRUPPO A: Quali sono alcuni degli animali che vivono nel Parco Nazionale d'Abruzzo? Ci sono fra questi degli animali in pericolo d'estinzione (*endangered species*)? Come sono protetti?

GRUPPO B: Trovate informazioni sulle cascate delle Marmore, Niagara, Iguazù e Victoria. Presentate alla classe una relazione (*report*) facendo paragoni fra queste cascate. Scambiatevi informazioni turistiche sull'organizzazione dei viaggi e delle visite alle cascate.

GRUPPO C: Esistono nella vostra città o nel vostro stato fontane monumentali? Quali eventi o personaggi commemorano? Ci sono leggende particolari associate ad esse?

GRUPPO D: Per ognuno dei periodi sotto indicati, individuate un monumento o un'opera d'arte della città di Roma che illustri quel momento storico, artistico o socio-culturale.

PERIODI: Roma antica, medievale, rinascimentale, barocca, risorgimentale, fascista, moderna

Due artisti umbri: S. Francesco e S. Chiara d'Assisi

San Francesco d'Assisi

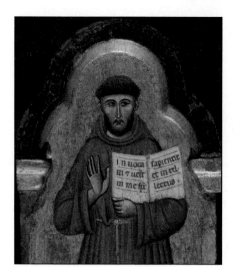

San Francesco, un umbro conosciuto per la sua semplicità

Figlio di un ricco mercante, Francesco da giovane passava il suo tempo in allegra compagnia dei suoi amici, spensierati[1] e ricchi come lui. Dovette però combattere nella guerra tra Assisi e Perugia nel 1204. Fu fatto prigioniero[2] e si ammalò. Dopo questa esperienza, Francesco cominciò ad avere delle apparizioni celesti che gli cambiarono la vita. Si dice che un giorno, mentre pregava nella chiesetta di S. Damiano presso Assisi, il crocifisso[3] gli parlò: «Va', ripara la mia casa che cade in rovina[4]».

Francesco rinunciò a tutti i beni paterni[5] ed iniziò una lunga serie di spostamenti per diffondere la parola di Dio. Si unirono a lui tanti altri e nel 1210 il papa Innocenzo III approvò la prima Regola[6] dell'Ordine[7] dei Francescani o Frati Minori. Essi si dedicavano alla povertà assoluta, rinunciando ad ogni bene materiale.

Francesco si distingueva anche per la sua semplicità e sensibilità: parlava agli uccelli e alle piante, rendeva buoni i lupi.[8] Celebrò la natura e la bellezza dell'universo creato dal Signore in testi scritti nel linguaggio volgare umbro.[9] Diventò quindi uno dei primi poeti della nascente[10] lingua italiana. Il *Cantico delle creature* è la sua poesia più bella e famosa.

[1]*carefree* [2]Fu… *He was captured* [3]*crucifix* [4]cade… *is falling to ruin* [5]beni… *paternal property and wealth* [6]*Rule* [7]*of the Order* [8]*wolves* [9]linguaggio… *vernacular or common language spoken by the people of Umbria* [10]*emerging*

Cantico delle creature

(dialect)

Altissimu, onnipotente, bon Signore
tue so le laude la gloria e l'honore
et onne benedictione.
Ad te solo, Altissimo, se confano
et nullu homo ene dignu te mentovare.

Laudato sie, mi Signore, cun tutte le tue creature
spetialmente messor lo frate sole
lo qual jorna et allumini noi per loi.
Et ellu è bellu e radiante cun grande splendore
de te, altissimo, porta significatione.

Laudato si', mi Signore, per sora luna e le stelle,
in celu l'ai formate clarite et pretiose et belle.

Laudato si', mi Signore, per frate vento
et per acre et nubilo et sereno et onne tempo,
per lo quale a le tue creature dai sustentamento.

Laudato si', mi Signore, per sor'aqua
la quale è multo utile et humile et pretiosa et casta.

(Italian)

Altissimo, onnipotente, buon Signore
tue sono le lodi[a] la gloria e l'onore
e ogni benedizione.[b]
A te solo, Altissimo, si confanno[c]
e nessun uomo è degno[d] di menzionarti.

Lodato tu sia, mio Signore, con tutte le tue creature
specialmente signor fratello sole
il quale fa il giorno e tu ci illumini con lui.
E lui è bello e radiante con grande splendore
e da te porta significato grandissimo.

Sii lodato, mio Signore, per sorella luna e le stelle,
in cielo[e] le hai formate chiare, preziose e belle.

Sii lodato, mio Signore, per fratello vento
e per l'aria e le nuvole, il sereno[f] e ogni tempo,
attraverso cui dai nutrimento alle tue creature.

Sii lodato, mio Signore, per sorella acqua
la quale è molto utile, umile,[g] preziosa e casta.[h]

[a]*praises* [b]*blessing* [c]si… *they suit, agree with*
[d]*worthy* [e]*sky, heavens* [f]*clear, calm weather*
[g]*humble* [h]*pure*

Le lettere di Santa Chiara ci permettono di sentire ancora la sua voce.

Santa Chiara d'Assisi

Nel 1212 Chiara era una bella ragazza che i genitori avevano deciso di unire in matrimonio con un ricco giovane. Lei però non volle sposarsi e si rifugiò[11] da Francesco. Il padre tentò inutilmente di persuaderla a far ritorno a casa. Chiara, su consiglio di Francesco, si rifugiò nella Chiesetta di San Damiano. Qui vivrà per quarantadue anni, quasi sempre malata. Nel 1215 Francesco la nominò badessa.[12]

I suoi testi ebbero una grande influenza, soprattutto le sue lettere ad Agnese di Praga, figlia del re di Boemia.[13]

Agnese, rifiutando proposte di matrimonio regali[14] e attratta dalla fama di Chiara, aveva fondato un monastero di cui divenne badessa. Sia Chiara che Agnese dovettero lottare[15] e resistere alle pressioni esterne della Sede Apostolica,[16] per mantenere in vita il principio della povertà. Le due donne corrispondevano, ma purtroppo non abbiamo le lettere di Agnese. Le lettere di Chiara, che trattano di argomenti istituzionali di vita monacale e che potrebbero sembrare sorvegliati[17] esercizi di retorica, si mostrano[18] invece appassionate e vibranti di vita.

[11]si… *sought refuge* [12]la… *named her abbess* [13]*Bohemia* [14]*royal* [15]*struggle* [16]Sede… *Apostolic See* [17]*controlled* [18]si… *show themselves (to be)*

Attività

Con un compagno / una compagna, discutete le seguenti domande.

A. Francesco ebbe un rapporto molto difficile con il padre quando cominciò a dedicarsi alla povertà e alla vita contemplativa. Quale sarebbe la reazione delle vostre famiglie se decideste di aderire (*join*) a un gruppo che richiedesse la rinuncia ad ogni bene materiale (*material good*)?

B. Sareste capaci di dedicarvi ad una vita povera ed umile come fecero Francesco e Chiara? Per quale causa lo fareste? Cosa consigliereste ad un amico / un'amica che pensasse di farlo?

C. Oltre ai tradizionali ordini monastici, quali sono altri gruppi o società moderne che richiedono un impegno così rigido come quello richiesto dai Francescani e dalle Clarisse (così si sono chiamate le sue consorelle dopo la morte di Chiara)? Qual è la loro reputazione nella nostra società? Quali sono i personaggi di questi gruppi che hanno avuto un effetto, positivo o negativo, sulla nostra società?

D. Qual è il significato e il valore della scelta di una vita semplice e povera? Le persone che lo fanno danno un contributo alla società o cercano semplicemente di fuggire dal mondo?

E. Ci sono momenti in cui senti una gioia speciale che deriva dalla natura come quella espressa da Francesco nel suo *Cantico*? Pensi che sia possibile provare questo tipo di sentimento nella società attuale o che quella prospettiva innocente sia ormai persa per sempre?

Italiani nel mondo: All'estero

Dove vivono, che lavoro fanno… e ora voteranno?

Ecco un recente articolo pubblicato sul giornale *La Repubblica* (Roma) a proposito di una legge che dovrebbe facilitare la partecipazione alle elezioni italiane dei cittadini residenti all'estero.

la Repubblica.it

Il Senato ha approvato il disegno di legge[1] costituzionale

Gli italiani all'estero potranno votare

ROMA—Gli italiani all'estero potranno votare, forse già dalle prossime elezioni politiche. Dopo anni di battaglie, polemiche e rinvii,[2] il Senato ha approvato con 205 voti a favore, 17 contrari e 13 astenuti[3] il testo di modifica[4] dell'art. 48 della Costituzione, con cui si dà il via libera[5] all'istituzione di una Circoscrizione Estero[6] dove confluiranno i voti degli italiani residenti fuori dai confini nazionali. E' il primo passo per l'esercizio di quel diritto di voto da cui, fino a oggi, molti italiani all'estero sono stati praticamente esclusi. Ma per mettere la scheda[7] nell'urna[8] quei tre milioni e mezzo di residenti all'estero (cui vanno tolti i minorenni[9]), dovranno attendere[10] ancora un po'. Sono infatti necessari due ulteriori passaggi legislativi. Un secondo disegno di legge costituzionale dovrà fissare il numero dei seggi assegnato alla Circoscrizione Estero e una legge ordinaria dovrà stabilire in concreto[11] le modalità[12] del voto.

Per Mirko Tremaglia, di An,[13] primo firmatario[14] del disegno di legge, «è una giornata meravigliosa». E per Rosa Russo Jervolino, ministro degli Interni,[15] l'approvazione definitiva della modifica constituzionale «costituisce una grande vittoria per gli italiani all'estero e per quanti hanno a lungo lavorato perché ad essi venisse riconosciuta[16] in concreto la possibilità di partecipare alla vita democratica del paese e di essere rappresentati in Parlamento». Ora, aggiunge «occorre procedere con la massima urgenza agli ulteriori passi necessari sul piano normativo[17] perché sia possibile mantenere l'impegno di far votare gli italiani all'estero sin dalle prossime elezioni politiche. Comunque con il voto del Senato tutto ora è più facile». E' la quarta volta, in poco più di sei anni, che si tenta di modificare la Costituzione per consentire[18] il voto all'estero. Ma il primo progetto risale addirittura[19] al 1955.

(29 settembre 1999)

Sono presenti soprattutto in Europa e America Latina i nostri concittadini che ora hanno diritto di voto

Tre milioni e mezzo gli italiani nel mondo

ROMA—Sono tre milioni e mezzo, concentrati soprattutto fra Europa e America latina, i cittadini italiani all'estero che grazie alla legge approvata oggi potranno esercitare il diritto di voto. Ecco la loro distribuzione geografica, secondo i dati forniti dall'Aire, l'anagrafe[20] dei residenti all'estero. Da queste cifre[21] sono esclusi gli «oriundi», cioè gli italiani di seconda, terza o quarta generazione.

EUROPA: 2.025.000
Belgio: 280.000
Francia: 381.000
Germania: 596.000
Gran Bretagna: 133.500
Russia: 1.461
Spagna: 29.000
Svizzera: 488.000

ASIA: 20.000
Cina: 1.000
Giappone: 2.000
India: 600
Indonesia: 500
Thailandia: 1.500
Turchia: 3.000

AFRICA: 65.000
Algeria: 1.000
Camerun: 1.000
Egitto: 3.000
Libia: 1.000
Marocco: 2.000
Sudafrica: 35.000
Tunisia: 3.000

NORDAMERICA: 207.000
Canada: 113.000
Stati Uniti: 193.000

CENTROAMERICA: 13.000
Costarica: 2.500
Guatemala: 1.000
Messico: 5.000
Panama: 600

SUDAMERICA: 984.000
Argentina: 496.000
Brasile: 261.000
Cile: 26.000
Uruguay: 40.000
Venezuela: 104.000

OCEANIA: 92.000
Australia: 91.000
Nuova Zelanda: 1.000

CHE LAVORO SVOLGONO

Industria: 51 per cento dipendenti,[22] 1,7 liberi professionisti.[23]

Terziario:[24] 30 per cento dipendenti, 14,5 per cento liberi professionisti.

Agricoltura: 2,4 per cento dipendenti, 0,4 per cento liberi professionisti.

(29 settembre 1999)

---

[1] disegno… bill, legislation [2] delays [3] abstaining [4] testo… amendment [5] via… go-ahead [6] Circoscrizione… Foreign District [7] ballot [8] in the ballot box [9] cui… from which minors are removed [10] wait [11] in… actually [12] methods [13] Alleanza Nazionale (partito di destra con radici nell'ex-Movimento Sociale Italiano) [14] signer [15] Interior [16] venisse… was recognized [17] piano… rule-making level [18] allow [19] risale… dates back even

[20] registry office [21] figures [22] employees [23] liberi… professionals [24] Services Industry

Comprensione

Formate dei piccoli gruppi e rispondete alle domande secondo il testo precedente.

1. Mirko Tremaglia e Rosa Russo Jervolino reagiscono in modo positivo o negativo alla nuova legge?
2. Da quanto tempo si cercava di modificare la Costituzione italiana per permettere agli italiani residenti all'estero di votare?
3. Quale gruppo di italiani all'estero non è stato incluso nelle statistiche citate?
4. In quale paese si nota la presenza più grande di cittadini italiani? In quale dei paesi elencati ci sono meno residenti italiani? Vi sorprendono queste cifre?

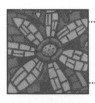 *Lettura*

CLARA SERENI: *Casalinghitudine*

A proposito della scrittrice

Clara Sereni è nata nel 1946 a Roma, dove vive e lavora. È una scrittrice impegnata a cui sta molto a cuore la condizione femminile. Le sue opere sono: *Sigma Epsilon* (1974), *Casalinghitudine* (1987), *Manicomio Primavera* (Primavera Mental Hospital, 1989) e *Il gioco dei regni* (The Game of Kingdoms, 1993).

Casalinghitudine è una delle sue opere più conosciute. In essa è evidente, oltre al talento creativo della Sereni, la natura introversa e profondamente sensibile di questa scrittrice.

A proposito della lettura

Il termine «casalinghitudine» è stato coniato da Clara Sereni e deriva dall'unione di «casalinga» (*housewife*) e «abitudine» (*habit*). Il libro è una raccolta di ricette e di ricordi autobiografici in cui la Sereni riflette e racconta momenti salienti (*prominent*) della sua famiglia, di se stessa e della sua generazione attraverso la memoria del cibo. Con il ricordo dei sapori (*tastes*) e della preparazione dei piatti riaffiorano (*re-emerge*) le persone significative della sua vita e i sentimenti che la legano a loro. Alla fine del romanzo la scrittrice definisce la sua casalinghitudine «un angolino caldo» (*a warm little corner*), «Un angolino da modificare ogni momento, se fosse fisso sarebbe morire, le ricette sono una base per costruire ogni volta sapori nuovi, combinazioni diverse.»

Il libro non segue un ordine cronologico preciso. Non inizia infatti con lei piccola, bensì (*but*) con le ricette «Per un bambino» ispirate da suo figlio Tommaso che da piccolo piangeva in continuazione. Il libro è diviso in sette parti, secondo le categorie delle pietanze (*dishes*): Stuzzichini (*Appetizers*), Primi piatti, Secondi piatti, Uova, Verdure, Dolcezze, Conservare (*Canning*).

Prima di leggere

Ricorda le strategie presentate nei capitoli precedenti. Possono esserti utili sia per questa lettura che per quella del capitolo seguente.

A. **Strategie per leggere**

Usare le strategie in combinazione. Per capire ancora di più di una lettura è importante cominciare a usare le strategie in combinazione. Per questa lettura di Sereni, ad esempio, sarebbe molto utile impiegare due delle strategie per anticipare l'argomento. Dal titolo della lettura puoi pensare a come questo argomento verrà sviluppato. E pensando alle esperienze personali riguardo all'argomento della lettura, puoi trovare una base da cui cominciare a leggere.

• **Una giovane cerca la sua identità, in famiglia, in politica e in amore.** Cosa ti puoi aspettare da questo argomento?

1. Quali sono i problemi che devono affrontare i giovani nella ricerca della propria identità? In quali aspetti questa ricerca diventa più facile nel corso degli anni? In quali aspetti diventa più difficile?
2. Qual è la cosa che più di ogni altra ti fa ricordare il passato? Ti fa piacere pensare al passato? Lo fai spesso?
3. Il cibo è protagonista di molti film e romanzi. Ne hai visto/letto qualcuno? Cosa ne pensi? Se tu fossi regista o scrittore/scrittrice, quale storia creeresti intorno al cibo?

B. **Per conversare.** Prima di leggere, rispondete con un compagno / una compagna o in piccoli gruppi alle seguenti domande. Discutetene dopo con il resto della classe.

1. Presentate la ricetta di un piatto che ha per voi un significato speciale e raccontatevi la storia che c'è dietro a questo piatto. Descrivete come si prepara questo piatto, usando le **Parole utili,** e descrivete le persone legate a questo ricordo, l'ambiente, le circostanze ed i vostri stati d'animo (*state of mind*). Naturalmente se volete, potete portare in classe il piatto cucinato per farlo assaggiare ai vostri compagni e rendere così più concreto il ricordo.
2. Clara Sereni in alcune delle ricette che seguono fa riferimento al gruppo politico a cui apparteneva negli anni intensi del '68. Conoscete qualcuno (di qualsiasi nazionalità) che era politicamente attivo in quegli anni? Descrivete al compagno / alla compagna com'è questa persona e quali sono le principali differenze tra la generazione degli anni '60–'70 e la vostra. Se non conoscete nessuno, descrivete il gruppo a cui appartenete voi oggi e spiegate la natura dei vostri legami con questo gruppo.

Parole utili

I chilo	I kilogram, 2.2 pounds
I grammo	I gram, .035 ounces
I litro	I liter, 2.1 pints
un cucchiaio	a spoonful
una tazza/ tazzina	I cup
aggiungere (*p.p.* aggiunto)	to add
bollire	to boil
cuocere (*irreg.*)	to cook
mescolare	to mix
tagliare	to cut

Vocabolario utile per capire le ricette

Misure

1 etto	*100 grams, 0.22 pounds*
un bicchierino	*small glass*
una fetta, una fettina	*slice*

Strumenti di lavoro e altro

il frullatore	*mixer*
la pirofila	*heat-resisting pan*
il tegame	*saucepan*
il fuoco alto/basso, spento	*high/low heat, heat off*
il forno caldo	*hot oven*

Verbi appropriati

disporre (*irreg.*)	*to place*
imbiondire (isc)	*to turn golden*
sciogliere (*irreg.*)	*to melt*
scolare	*to drain*
stemperare	*to dilute*
strizzare	*to wring*

Ingredienti di base

il brodo	*broth*
il burro	*butter*
la cipolla	*onion*
la farina	*flour*
l'olio	*oil*
il pepe	*pepper*
il sale	*salt*

Casalinghitudine

di Clara Sereni

1

Zuppa di Cipolle
1 chilo di cipolle
1 cucchiaio di farina
1 litro di brodo
100 grammi di fontina[1] a fettine
50 grammi di parmigiano grattugiato[2]
1 bicchierino di whisky
pane casareccio[3]
olio, burro, sale

Taglio le cipolle in grossi pezzi, le faccio imbiondire in olio e burro. Aggiungo poi la farina, la faccio stemperare bene, unisco il brodo.[v] Lascio

---

[1] *type of cheese* [2]parmigiano... *grated parmesan* [3]*homemade*

cuocere a fuoco basso, coprendo il tegame, per circa un'ora, o finché le cipolle non sono comunque quasi completamente sfatte.[4v] A fuoco spento aggiungo il bicchierino di whisky. In una pirofila dispongo a strati[5] alterni pane casareccio a fettine, formaggi, salsa di cipolle, cominciando e finendo con quest'ultima.[v] Prima di portare in tavola, in forno caldo per una decina[6] di minuti.

La mia prima casa erano due stanze, il bagno, il cucinotto, una terrazza grande tre volte l'appartamento. Quando andai ad abitarvi possedevo un letto, una libreria fatta con le cassette[7] della frutta, un divano dalle molle[8] particolarmente aggressive, una caffettiera[9] elettrica. Nessun tipo di fornello.[10] Ma era estate, e fu un'orgia di insalate: con il tonno,[11] con le acciughe,[12] con le uova sode[13] che entravano nella caffettiera di stretta misura,[14] rimanendovi quasi sempre incastrate.[15]

All'inizio dell'inverno la stufa[16] warm-morning—alimentata con le travi[17] prelevate[18] da un cantiere[19] vicino—mi servì per patate e castagne,[20] poi finalmente ebbi un fornello e conobbi Beatrice.

Veniva da una strana famiglia genialoide[21] e pasticciona,[22] che aveva serbato[23] saldi rapporti con le proprie origini maremmane.[24] Un fratello era cacciatore, nella cucina ricca e raffinata di Beatrice entravano in molti modi il cinghiale[25] e la cacciagione.[26]

Sua madre mi adottò, si preoccupava che non mi nutrissi a sufficienza:[27] quando ero a pranzo da loro mi preparava bistecche immense, e attraverso Beatrice mi inviava bavaresi[28] contenenti una gran quantità di uova. Il rispetto per il cibo accomunava[29] anche i fratelli, che mi proteggevano, mi coccolavano, a turno si resero desiderabili.

Parlando con Beatrice, riandando alle nostre infanzie per molti versi simili (le letture terribili: da *Il tallone di ferro*[30] a *La giovane guardia*[31] a *Come fu temprato l'acciaio*[32]) cominciai a pensare che un'educazione marxista non significa automaticamente libertà. O felicità.

Beatrice fu la mia prima porta verso la psicanalisi: attraverso i suoi occhi vidi il '68 capendoci poche cose, alcune importanti. Quella visione del mondo l'ho usata in seguito per molte scelte, allora mi servì per capire le ragioni di Beatrice quando mi portò via un uomo: proprio sotto il naso, con una <u>pesantezza</u> che non le apparteneva.

VOCABOLARIO

Fu difficile il ritorno nel taxi che mi portava a casa dopo averli lasciati soli: mi chiedevo ossessivamente perché. La risposta venne già prima di arrivare a casa—il bisogno di affermazione in quel momento più vitale per lei di ogni altra cosa—e come per magia lo capivo valido, non mi faceva più male. Mi addormentai con qualche fatica, ma di un sonno sereno.

Tardi nella mattinata, Beatrice alla mia porta con una teglia[33] di zuppa di cipolle, l'aria[34] di chi si aspetta di essere cacciato a calci.[35]

Accesi[36] il forno, apparecchiai, sedemmo, mangiai voracemente, solerte[37] e affettuosa verso la sua inappetenza.[38] Avevo scoperto la ferocia vendicativa della bontà.[39]

[4]*overcooked*   [5]*layers*   [6]*una... about ten*   [7]*small boxes*   [8]*divano... sofa with springs*   [9]*coffee maker*   [10]*stove*   [11]*tuna*   [12]*anchovies*   [13]*boiled*   [14]*stretta... tight fit*   [15]*stuck*   [16]*heater*   [17]*beams*   [18]*collected*   [19]*construction site*   [20]*chestnuts*   [21]*gifted but eccentric*   [22]*bungling*   [23]*kept*   [24]*of the Maremma (marshy region of Tuscany)*   [25]*wild boar*   [26]*game*   [27]*non... I didn't eat enough*   [28]*Bavarian cream pastries*   [29]*united*   [30]*Il... The Iron Heel*   [31]*La... The Young Guard*   [32]*Come... How the Steel Was Tempered*   [33]*baking pan*   [34]*the expression*   [35]*cacciato... kicked out*   [36]*I turned on*   [37]*assiduously polite*   [38]*lack of appetite*   [39]*kindness*

VERIFICHIAMO

1. Chi sono i personaggi che incontriamo in questa parte della lettura?
2. Perché la scrittrice si nutre di insalate?
3. Com'era la famiglia di Beatrice?
4. Che cosa impara da Beatrice la scrittrice?
5. Per quale ragione, secondo lei, Beatrice le ha portato via l'uomo? Sei d'accordo con quello che dice la scrittrice della ragione di Beatrice?
6. Sai raccontare con parole tue quello che succede in questa parte?

2

Polpettone di ortiche[1]

1 mazzo[2] di ortiche
400 grammi di carne macinata magra[3]
1 litro di brodo
1 tazza di maionese

VISUALIZZARE

Faccio bollire nel brodo ortiche e carne, metto a scolare. Strizzo bene il composto,[4] lo dispongo su di un piatto in forma di polpettone.[v] Quando è ben freddo ricopro con la maionese.

Quando andai via di casa era tutto semplice: da una parte l'università, la famiglia, l'oppressione, il non farcela più,[5] la paura; dall'altra il lavoro, dei rischi, respirare aria nuova.

Guadagnavo poco, mangiavo tutto quello che mi capitava sotto mano[6] (dalle pasticche per la tosse[7] alle bustine[8] di zucchero rubate al bar), non ebbi più coliche pur nutrendomi di scatolette,[9] la libertà mi fece ingrassare: il mio corpo di gomiti e ginocchia cominciò ad addolcirsi.

All'inizio fu la camera ammobiliata a Trastevere, con la padrona di casa sorda[10] che mi riempiva la stanza di uccelli finti nelle gabbiette dorate[11] e mi proibiva di usare l'acqua calda. Nelle lunghe camminate a piedi per risparmiare sull'autobus scopersi che il cielo non serve solo a capire se è necessario o no l'ombrello.

Paola aveva i capelli rossi, qualche anno più di me; in mezzo a colleghe che guardavano alla mia scelta con sospetto la accettò invece come normale. Sua madre era morta da poco, il padre si risposò, lei mise fuori genitore e matrigna e rimase padrona della casa, in cui mi ospitò.

La mattina uscivamo insieme sulla fatiscente «Bianchina»,[12] mi insegnò a sciacquare[13] bene le posate,[14] a risparmiare sul parrucchiere,[15] e soprattutto a sfruttare e rendere commestibile[16] qualsiasi avanzo:[17] una cosa che non ha ancora smesso di essermi utile, e che in seguito definii «cucinare angoli di tavolino».

A fine mese, quando le nostre finanze erano allo stremo,[18] la pastella[19] per friggere era una grande risorsa: la utilizzavamo per le bucce[20] di parmigiano come per invisibili residui di verdura.

[1]Polpettone... *Nettle meatloaf* [2]*bunch* [3]macinata... *lean ground* [4]*mixture* [5]non... *not being able to take it any longer* [6]mi... *I could find* [7]pasticche... *cough drops* [8]*packets* [9]*canned foods* [10]*deaf* [11]gabbiette... *little golden bird cages* [12]fatiscente... *crumbling Bianchina (make of small car)* [13]*rinse* [14]*silverware* [15]*hairdresser* [16]*edible* [17]*leftover* [18]allo... *exhausted* [19]*batter* [20]*crusts*

Con lo stipendio in mano ci concedevamo un pomeriggio al supermercato; giravamo giravamo, alla fine compravamo poco ma sempre una frivolezza, un inutile cibo costoso per rendere tollerabile tutto il resto: un tubetto di pasta di salmone, i crackers al formaggio, un po' di panna.[21]

In cucina ci davamo il turno, o meglio ci cucinavamo a vicenda,[22] era un linguaggio comune. Preparare il polpettone, ad esempio, non era soltanto mettere insieme gli ingredienti, significava anche il ricamo[23] di prezzemolo,[24] carote e olive sulla maionese. E avere una buona ragione per fughe[25] negli ultimi campi della periferia, in cerca di erbe e vacanza.

Parlavamo delle nostre madri. La sua adolescenza mi appariva diversa e invidiabile,[26] le conferiva una forza che non avrei avuto mai. A fronte della mia famiglia totalmente assente, Paola alimentava sapientemente[27] i sensi di colpa[28] del padre, che le faceva i regali frivoli cui aspiravo.

Un giorno squillò il telefono, stavo dormendo: — Ciao, tesoro mio, sono papà, come stai?

Intontita[29] dal sonno ebbi un attimo di illusione felice, poi mi alzai e andai a chiamarla.

[21]cream [22]ci... we cooked for each other [23]lace (fig. lacy garnish) [24]parsley [25]escapes
[26]enviable [27]wisely [28]sensi... feelings of guilt [29]Dazed

---

VERIFICHIAMO

1. Chi sono i personaggi che incontriamo in questa parte della lettura?

2. Cosa succede al corpo di Clara quando va via di casa? Perché?

3. Dove va ad abitare all'inizio? Dopo viene ospitata da Paola: chi è Paola?

4. Cosa fanno Clara e Paola quando prendono lo stipendio? Che cosa impara da Paola la scrittrice?

5. In che modo erano diversi i genitori di Paola da quelli di Clara?

6. Sai raccontare con parole tue quello che succede in questa parte?

3

Cassata

  1 pandispagna di circa 800 grammi
  600 grammi di ricotta
  100 grammi di cioccolato fondente[1]
  2 bicchierini di liquore dolce (elixir di latte, alchermes)
  1 pugno di canditi[2]
  due o tre cucchiai di zucchero
  ½ litro di panna montata[3]

VISUALIZZARE

Con il frullatore a immersione (o passandola al setaccio[4] a buchi piccoli) la ricotta deve diventare vellutata.[5] La mescolo insieme allo zucchero sciolto[6] in un po' di latte, aggiungendo poi i canditi tagliati piccolissimi e il cioccolato a scaglie.[7v]

[1]dark [2]pugno... handful of candied fruit [3]whipped [4]sifter [5]velvety [6]dissolved
[7]a... in chips

VISUALIZZARE

Taglio il pandispagna in fettine sottilissime: non importa se si rompono un po', perché le ricompongo con le mani.[v]

Stendo un primo strato di pandispagna, che bagno con il liquore allungato con una quantità equivalente di acqua o—meglio—di latte. Sul pandispagna stendo quindi uno strato del composto di ricotta, poi ancora pandispagna bagnato, e via con gli strati, fino a concludere con uno di pandispagna (per l'ultimo tengo sempre da parte le fette più lunghe e regolari).[v] Lascio in frigorifero per una mezza giornata, poi ricopro con la panna montata.

VISUALIZZARE

VOCABOLARIO

Quando si trattò di andare a <u>convivere</u> discutemmo per mesi.

Massimo rifiutava il rito, io volevo che ci sposassimo: continuavo a vedere la coppia come entità episodica, non permanente, votata presto o tardi alla dissoluzione, l'idea di un figlio non la contemplavo neppure; ma volevo un rito, il primo di una vita senza prima comunione né maggiorità, con compleanni distratti, senza quasi regali, senza un momento in cui ci si sente al centro del mondo.

Discutevamo. Rinfacciavo a[8] Massimo la sua infanzia calda di affetti e di cose, ne ricevevo in risposta confessioni, a volte amare, di paura di essere risucchiato.[9]

Mio padre non si esprimeva, mia madre preferiva senz'altro il matrimonio. Mi vide depressa perché non riuscivamo a risolverci, se ne uscì con[10] una frase consolatrice che dopo ha probabilmente rimpianto: «Se poi non vuole che vi sposiate potete sempre fare una gran festa».

Com'era semplice e giusto, il rito alla fin fine[11] ripugnava anche a me. Per non dire che un certo numero di anni li avevo impiegati[12] per non essere «la figlia di», poi quando facevo la segretaria altri anni erano passati nella conquista di un cognome: con un'identità finalmente ricucita,[13] non ci tenevo affatto a diventare «la moglie di».

Ricevemmo regali, organizzammo una grande festa: la festa di non matrimonio.

Massimo arrivò in leggero ritardo, facendomi vivere i classici patemi[14] della sposa abbandonata davanti all'altare.

VOCABOLARIO

Mia madre tirò fuori tutti i bicchieri di cristallo, mio padre cantò con noi le canzoni <u>anarchiche</u> (« ... son nostre figlie / le prostitute ... ») e lo vidi contento.

Venne tanta gente amici e parenti e conoscenti: ma i genitori di Massimo no, quella scelta era per loro ancora troppo difficile da mandare giù,[15] li metteva troppo a disagio, non se la sentivano di avallare[16] con la loro presenza qualcosa che appariva così poco rispettoso della famiglia e delle sue convenienze.

VOCABOLARIO

L'affetto fa fare ad alcuni salti[17] di campo altrimenti <u>impensabili</u>: mia suocera fu presente «in spirito» con la sua splendida, sontuosa, famosa cassata.

...

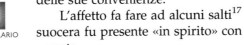

[8]Rinfacciavo... *I taunted* [9]*swallowed up* [10]se... *she came out with* [11]alla... *after all* [12]li... *I had spent them* [13]*mended* [14]*anxieties* [15]da... *to swallow* [16]*endorse* [17]*leaps*

Amaro

1 pugno di fiori e radici di genziana[18]
250 grammi di alcool
500 grammi di zucchero
la scorza[19] di 1 limone
1 bustina di vaniglina
1 litro d'acqua

VISUALIZZARE

VISUALIZZARE

Faccio caramellare[20] lo zucchero, che poi sciolgo con l'acqua. Unisco la genziana e la scorza di limone, lascio bollire per una ventina di minuti.[v] Tolgo dal fuoco, lascio freddare, filtro, aggiungo l'alcool e la vaniglina mescolando bene.[v]

Quando mio padre morì un amico mi scrisse che dovevo accettare di non essere più figlia, tutte le recriminazioni[21] e le rivendicazioni[22] stop, potevo prendermela[23] soltanto con me stessa.

Di fronte a me non c'era più l'Avversario, e non avevo più—anagraficamente—radici.

Allora ho pensato che potevo smettere di suicidarmi, potevo perfino permettermi di avere della felicità da regalare, di farmi radice: è nato Tommaso, la responsabilità di lui a volte la sento così schiacciante,[24] ho bisogno di diluirla in altre ramificazioni, il mondo tento di tenerlo a bada[25] con piccole invenzioni, strategie di sopravvivenza apparentemente disomogenee per legare a me persone e cose.

Cerco di radicarmi in me, dipendo puntigliosamente[26] dall'esterno, da persone e cose che non riescono a garantirmi sicurezze. Così la casa—abitudine, solitudine, negritudine—si fa radice vistosa e assorbente: non posso lasciarla a se stessa, non reggo[27] il disordine la polvere[28] il vaso dei fiori vuoto. Allora la domestica[29] due volte alla settimana: il grosso[30] è risolto, lavori pesanti non ne faccio più; ma restano tantissimi piccoli gesti—vuotare i posacenere,[31] sprimacciare i cuscini[32] del divano, raccogliere i giochi di Tommaso, annaffiare[33] le piante del terrazzo, sistemare i giornali, comprare il latte, dividere il bianco dal colore prima di mettere i panni in lavatrice, affettare l'arrosto grattugiare il parmigiano: fare argine[34] alle puzze,[35] al degrado, alla frantumazione[36]—e senza questi gesti non si sopravvive, io non sopravvivo.

VOCABOLARIO

Perché non sopporto fettina[37] e insalata (che comunque bisognerebbe comprare quasi ogni giorno), perché è impossibile una vita solo funzionale, senza piccoli gesti di agio, senza un odore di cura, senza una qualche ricchezza.

Così le mie radici aeree affondano[38] nei barattoli,[39] nei liquori, nelle piante del terrazzo, nei maglioni e coperte[40] con i quali vorrei irretire[41] il mondo nel freezer: perché nella mia vita costruita a tessere[42] mal tagliate, nella mia vita a mosaico (come quella di tutti, e più delle donne) la casalinghitudine è *anche* un angolino caldo.

---

[18]fiori... *gentian flowers and roots*   [19]*peel*   [20]*brown, caramelize*   [21]*complaints*   [22]*demands*   [23]*get mad*   [24]*overwhelming*   [25]tenerlo... *keep it at bay*   [26]*stubbornly*   [27]non... *I can't stand*   [28]*dust*   [29]*maid*   [30]il... *the main part*   [31]*ashtrays*   [32]sprimacciare... *fluff the cushions*   [33]*water*   [34]fare... *limit*   [35]*bad smells*   [36]*shattering*   [37]*cutlet*   [38]*sink*   [39]*jars*   [40]*blankets*   [41]*trap*   [42]*tessera* (*small tiles that make up a mosaic*)

VERIFICHIAMO

1. Chi sono i personaggi che incontriamo in questa parte della lettura?
2. Perché per Clara è importante il rito del matrimonio?
3. Quale riflessione fa cambiare idea a Clara riguardo al matrimonio?
4. Che rapporto ha avuto Clara con il padre? Dopo la morte del padre, quali sono le sue nuove radici?
5. Qual è il suo rapporto con la casa? In che senso la «casalinghitudine» è un angolino caldo?
6. Sai raccontare con parole tue quello che succede in queste parti della lettura?

Dopo aver letto

A. Comprensione. Con un compagno / una compagna, rispondete alle seguenti domande.
1. Qual è l'ideologia politica della Sereni? In che periodo è maturata la sua formazione politica?
2. Quali sono i problemi che ha dovuto affrontare Clara Sereni nella ricerca della propria identità?
3. Quali sono stati i suoi successi in questa ricerca? Quali i suoi fallimenti (*failures*)?

B. I personaggi
Primo passo. Con un compagno / una compagna, inserite nello schema che segue le parole (sostantivi, aggettivi, verbi) da usare per descrivere i personaggi indicati.

LA SCRITTRICE	BEATRICE	LA MADRE DI CLARA SERENI	PAOLA	MASSIMO	IL PADRE DI CLARA SERENI

Secondo passo. Usando le parole del **Primo passo** e altre riprese dal **Vocabolario del tema,** fate tre paragoni fra due personaggi scelte da quelle elencate nel **Primo passo.** Spiega poi quali di loro preferiresti conoscere personalmente.

Terzo passo. Immagina di essere il compagno / la compagna di casa di Clara Sereni nel suo primo appartamento. Quali consigli daresti a Clara? Quale ricetta le insegneresti?

C. **L'ambiente.** Con un compagno / una compagna, rispondete alle seguenti domande.

1. Hai cambiato casa molte volte nella tua vita? L'hai fatto perché hai dovuto o perché hai voluto farlo? Quali sono per te gli aspetti più belli di cambiare casa? E quelli più brutti? Quali consigli daresti a un amico / un'amica che sta per cambiare casa?

2. Ti piace passare il tempo in cucina? Se potessi cambiare la cucina della tua casa, quali cambiamenti faresti? Quali sono le ricette della lettura che più ti piacerebbe provare? Le prepareresti tu o preferiresti che un'altra persona te le preparasse?

3. Ti sei mai trovato/a in una situazione in cui volevi cambiare il tuo rapporto in modo differente da quello che voleva il tuo ragazzo / la tua ragazza? Che cosa è successo?

D. **Citazioni.** In gruppi di due o tre, spiegate con parole vostre il significato di queste citazioni tratte dalla lettura.

1. Avevo scoperto la ferocia vendicativa della bontà.
2. L'affetto fa fare ad alcuni salti di campo altrimenti impensabili.
3. Nella mia vita costruita a tessere mal tagliate, nella mia vita a mosaico (come quella di tutti, e più delle donne) la casalinghitudine è *anche* un angolino caldo.

E. **Per commentare.** Dividetevi in due gruppi. Ogni persona del gruppo A farà una lista delle cinque parole (non frasi!) chiave associate al concetto di «casalinghitudine» nel modo in cui lo definisce la scrittrice Clara Sereni nel suo libro. Ogni persona del gruppo B farà una lista delle cinque parole chiave associate al concetto nel modo in cui lo interpreta personalmente, basandosi sulla propria esperienza. Poi i gruppi faranno un confronto dei risultati. Avete più o meno le stesse idee di «casalinghitudine»? Quali sono le differenze più evidenti? A che cosa attribuite queste differenze?

Poi, in piccoli gruppi, trattate i seguenti argomenti.

1. Pensate ai cibi che avete mangiato in ognuno di questi periodi della vostra vita: la scuola elementare, la scuola media, il liceo, l'università. Per ogni periodo, scegliete i tre piatti o pasti più tipici. Nel vostro gruppo avete molti o pochi cibi in comune? Avete ricordato più dei piatti preparati in casa o dei piatti comprati? Quali saranno i piatti tipici degli anni che seguiranno le vostre esperienze universitarie? Saranno migliori o peggiori?

2. Secondo voi, è un commento positivo o negativo dire che «la "casalinghitudine" è un angolino caldo»? Nel vostro gruppo, paragonate le reazioni alla lettura degli uomini e delle donne. Ci sono grandi differenze nelle vostre percezioni e reazioni?

F. La nostra esperienza personale e il mondo intorno a noi

Primo passo. Qual è l'importanza o il significato dei concetti sotto elencati nella lettura tratta da *Casalinghitudine?*

la fiducia	la famiglia
la cucina	la politica
la paura	il coraggio
la collettività	l'amicizia
la familiarità	il distacco
l'invidia	la gelosia

Secondo passo. Nella tua vita personale, qual è l'importanza dei concetti sopra citati? Trovi che ci siano contraddizioni fra il modo in cui interagisci con familiari e amici intimi e il modo in cui reagisci al mondo e alla società?

Scriviamo!

descrivere raccomandare

Primo passo. Con un compagno / una compagna, completate i seguenti esercizi.

1. Fate una lista delle qualità che dovrebbe avere qualsiasi persona che vuole partecipare all'attività politica di un paese o di una regione.
2. Fate una lista delle ragioni per cui una persona dovrebbe partecipare attivamente alla politica.
3. Fate una lista dei motivi per cui una persona potrebbe decidere di evitare la partecipazione ad attività politiche.

raccomandare

Secondo passo. Hai un amico / un'amica che secondo te sarebbe un candidato ideale per l'incarico di deputato nel vostro governo regionale. Scrivi una lettera a questo amico / questa amica in cui cerchi di convincerlo/la a presentarsi come candidato/a nelle prossime elezioni. Spiega quali sono le questioni che più ti preoccupano e perché pensi che lui/lei sarebbe in grado di aiutare a risolvere questi problemi se fosse eletto/a.

Terzo passo. Tu sei l'amico/a a cui è stato chiesto di presentarsi come candidato/a nelle prossime elezioni per la legislatura regionale. Scambia lettere con un compagno / una compagna e rispondi alla lettera che hai ricevuto. Ti interessa entrare nel mondo politico? In ogni caso, spiega i motivi della tua decisione. Sono motivi politici, personali o ideologici?

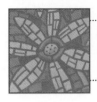

Parlando del tema

Primo passo. Prepara una scheda su ognuno dei seguenti temi per poter discutere ognuna delle seguenti domande o situazioni. Per ogni gruppo di domande, c'è una lista di punti chiave che ti potranno essere utili per rispondere.

LA CRIMINALITÀ

- Quali problemi sociali contribuiscono alla criminalità?
- Quali sono i vantaggi e gli svantaggi del sistema attuale per la riabilitazione dei criminali?
- Tu che cosa faresti per diminuire la delinquenza nel tuo paese?

IL VOLONTARIATO

- Descrivi una tua esperienza in cui hai partecipato a un programma di volontariato.
- Quali attività di volontariato saranno popolari nel XXI secolo?
- A quali attività di volontariato parteciperesti se avessi più tempo?

LA GIUSTIZIA CONTEMPORANEA

- Che cosa pensi che dovrebbe fare il governo per avere una società più giusta?
- La società è più o meno giusta di quella di cinquant'anni fa? Spiega la tua risposta.
- Ci saranno uguaglianza e giustizia per tutti nel XXI secolo? Spiega la tua risposta.

I PROBLEMI ATTUALI

- Quali sono i problemi attuali più gravi?
- Cosa vorresti che facesse il governo per risolvere questi problemi? Cosa non vorresti che facesse?
- In quali circostanze diventeresti rivoluzionario/a? Cosa faresti?

Secondo passo. Prepara una domanda per ogni scheda usando i diversi punti chiave. Poi fai le domande a un compagno / una compagna di classe.

Capitolo

6

Il futuro:
Che cosa ci aspetta nel futuro?

Che cosa ci sarà per Vittorio nel futuro?

*I*n questo capitolo esploreremo il tema del nuovo millennio. Come saremo? Quali aspetti tecnologici cambieranno per sempre la nostra vita? Vivremo in un mondo senza confini? Come cambierà nel futuro la società italiana? Quali saranno i nostri ruoli come individui nel nuovo millennio?

futuro

Punto chiave
• Parlare del futuro

Tema centrale
• Il nuovo millennio

In viaggio per il Centro d'Italia
• le Marche
• la Toscana
• la Liguria

Situazioni

Il futuro dei sei amici

Situazione: *Tutti gli amici, tranne Lucia, sono al Bar Little Texas per discutere dei loro progetti estivi. L'estate è imminente e ci sono delle novità. La loro conversazione tocca molti argomenti personali, ma anche importanti temi di natura sociale.*

JAMES: Guardate che begli acquisti[1] ho fatto ieri! È venuto a trovarmi Tahar. Aveva una valigia piena di CD e prima di andarsene in giro a venderli per le spiagge italiane è passato di qui per farmi avere la prima scelta.

VITTORIO: Chi è Tahar?

CHIARA: È un nostro amico tunisino, lo conosciamo solo da pochi mesi. Sa molto della musica italiana ed è molto simpatico. Ci ha detto che da due anni, nella stagione estiva, lavora in Italia per guadagnare un po' di soldi. Spera così di riuscire a pagarsi gli studi all'università.

JAMES: Da lui ho comprato, ad un buon prezzo, tutta la collezione di Fabrizio De Andrè. Io di De Andrè avevo solo cassette e vecchi dischi di mia madre. Così, in onore di Vittorio, potremo ascoltare la voce di un grande artista ligure.

VITTORIO: Dato che Bach non è nel tuo repertorio musicale, ascolto volentieri De Andrè.

CHIARA: Peccato che Lucia non sia qui, altrimenti ci aggiornerebbe[2] sul significato politico e sociale delle canzoni di questo cantautore.

CORRADO: Dov'è Lucia? Mi aveva detto che sarebbe rimasta a Roma fino alla fine di maggio. Fatemi **indovinare**[3]... c'entra Massimo[4]?

CHIARA: Infatti. È riuscita a convincerlo ad andare a Milano per starle vicino mentre lei si preparerà per il suo viaggio in Europa.

VERONICA: Ora Lucia è coinvolta anima e corpo in un'altra missione: salvare l'ambiente. Vuole sapere quello che si fa nel resto del mondo e, visto che non ha abbastanza soldi per andare in America, farà un bel giro in Europa.

CHIARA: Lucia pensa che qui da noi non si faccia abbastanza per risolvere problemi come **l'inquinamento** e il **riciclaggio** dei **rifiuti**. Andando avanti così, secondo lei, il **pianeta** Terra

---

[1]*purchases* [2]*ci... she would bring us up-to-date* [3]*guess* [4]*c'entra... Massimo has something to do with it*

presto non esisterà più. Vuole anche fare delle ricerche sulle piante transgeniche.[5] Queste biotecnologie le sembrano cose da fantascienza[6] e vuol saperne di più.

CORRADO: Buon per lei! E voi, Chiara e Veronica, avete tutto sotto controllo per il vostro progetto che salverà il mondo dalla noia?

VERONICA: Quasi tutto. Chiara ha organizzato uno spettacolo meraviglioso. Non vedo l'ora che arrivi luglio per cominciare.

CHIARA: Cominceremo dalla Sardegna e poi ci sposteremo in Sicilia. Ho già prenotato i locali. Purtroppo mancherà il terzo grande protagonista. James, non pensi che sia giunta l'ora di dare la notizia?

JAMES: Aspettavo che arrivasse la canzone più triste di De Andrè.

VITTORIO: Di che si tratta?

CORRADO: Niente di brutto, voglio sperare…

JAMES: È una bella notizia per certi aspetti, ma per altri no… La rivista musicale *Buscadero* mi ha proposto di fare un servizio sulla musica giovanile nelle principali città americane. Viaggerò negli Stati Uniti per intervistare gli artisti ed il loro pubblico. Farò foto e scriverò diversi articoli.

VITTORIO: Che bello! Auguri di cuore!

CORRADO: Complimenti! Questo però significa che ci lascerai in mezzo alla strada. Chi si occuperà del[7] nostro Bar Little Texas?

JAMES: Questo è l'aspetto spiacevole. Dovrò stare lontano dal bar e da voi per diversi[8] mesi. Mio zio mi sostituirà finché non ritornerò. Mi mancherete tantissimo, ma questa è un'occasione d'oro, perfetta per me, anche se mi si è presentata all'improvviso ed era del tutto **inaspettata.**

CORRADO: Anche tu ci mancherai. Non preoccuparti, ci ritroverai qui al tuo ritorno.

VITTORIO: Comunque non rimanerci troppo oltreoceano[9]! Non so per quanto tempo potremo **sopravvivere** senza di te!

VERONICA: Bene! È arrivato il momento della **chiromante.**[10] Fatemi **predire** il futuro con la mia sfera di cristallo. Dunque… Lucia, dopo aver finito l'università, diventerà leader del nuovo partito della sinistra europea. Dopo che Massimo si sarà rifiutato per l'ennesima volta[11] di accompagnarla in giro per il mondo, lei sarà costretta a lasciarlo. Corrado con le sue scoperte archeologiche e Vittorio con il suo computer, diventeranno molto ricchi, si sposeranno e vivranno felici e contenti. Chiara ed io apriremo una scuola di ballo e di recitazione per giovani artisti di tutto il mondo. James farà fortuna con le sue fotografie, ma non potrà stare lontano da Roma e dal suo bar e tornerà a viverci per almeno sei mesi all'anno. Quando non sarà a Roma, darà a Tahar la gestione del bar. Lo zio di James se ne andrà finalmente in pensione e passerà molto tempo sulla Costa Smeralda, dalla zia di Chiara. E noi tutti continueremo a riunirci una volta all'anno al Bar Little Texas per raccontarci le nostre vite e fare le solite chiacchierate!

---

[5]*genetically engineered* [6]*science fiction* [7]*si… will take care of* [8]*quite a few* [9]*overseas*
[10]*fortune teller* [11]*l'ennesima… the umpteenth time*

Presa di coscienza. Prima di cominciare le attività che seguono, rileggete in piccoli gruppi il dialogo e individuate i punti chiave usati, scrivendo la lettera che corrisponde a ognuno di essi.

Attività

A. Comprensione. Rispondi alle domande secondo il dialogo.

1. Cosa fa Tahar in Italia?
2. Chi è Fabrizio De Andrè?
3. Dov'è andato Massimo? Perché?
4. Quali sono i nuovi interessi di Lucia?
5. Cosa faranno Veronica e Chiara il prossimo luglio?
6. Come reagiscono Vittorio e Corrado alla notizia che gli dà James?

raccomandare

R

B. Raccomandazioni e opinioni personali. Completa le seguenti frasi secondo la conversazione fra gli amici. Usa un connettivo in ogni frase.

ESEMPIO: È bello che James abbia ricevuto un'offerta di lavoro da *Buscadero,* anche se sarà molto difficile per lui stare lontano dai suoi amici. E anche se diventasse molto ricco, James non lascerebbe mai del tutto il suo bar.

1. Pare che Lucia…
2. Sarebbe bello che Tahar…
3. Vittorio è contento che…
4. Corrado preferirebbe che…

C. Dialogo. A coppie, preparate uno dei seguenti dialoghi e presentatelo in classe.

1. Ricreate il dialogo fra i cinque amici con parole vostre, basandovi su ciò che ricordate.
2. Continuate il dialogo fra Vittorio e James in cui Vittorio vuole avere più informazioni sui futuri viaggi di James in America e sapere se potrà accompagnarlo per conoscere tutte le novità americane del mondo dell'informatica.
3. A turni, fate finta di essere Veronica e fate le vostre predizioni per il futuro dei sei amici.

Connettivi	
anche se + congiuntivo (solo nel caso di un periodo ipotetico)	*even if*
invece	*instead*
nonostante + congiuntivo	*even though*
perciò	*for this reason*
purtroppo	*unfortunately*
quindi	*therefore*
senz'altro	*of course, certainly*

I giovani nella globalizzazione: un futuro da costruire

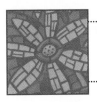

TIN-GLAO
San Jose
COSTA RICA

MA CHI LE HA DETTO CHE USAVAMO ANCORA LA SFERA DI CRISTALLO?

CARTOONISTS & WRITERS SYNDICATE. http://CartoonWeb.com

Per parlare del futuro

contribuire (isc)	*to contribute*
cominciare a + *inf.*	*to start (doing something)*
curare	*to cure*
esaurire (isc)	*to use up*
essere cosciente (di)	*to be aware (of)*
indovinare	*to guess*
predire (*like* dire)	*to predict*
raccogliere (*irreg.*) fondi	*to raise funds*
raggiungere (*irreg.*)	*to reach, arrive at*
rimpiazzare	*to replace*
smettere di + *inf.* (*like* mettere)	*to quit (doing something)*
sopravvivere (*like* vivere)	*to survive*
spaventare	*to frighten*
superare ostacoli	*to overcome obstacles*

Per descrivere il futuro

l'avvenire	*future*
il caos	*chaos*
il/la chiromante	*fortune teller, psychic*
l'essere umano	*human being*
il pianeta	*planet*
disponibile	*available*
inaspettato/a	*unexpected*
ingegnoso/a	*ingenious*
innovativo/a	*innovative*
intrigante	*intriguing*

malato/a, malaticcio/a	*unhealthy (in bad health)*
malsano/a	*unhealthy (bad for the health)*
orripilante	*horrifying*
sacro/a	*sacred*
salutare	*healthy (good for the health)*
sano/a	*healthy (in good health)*

Per parlare dell'ambiente

il beneficio	*benefit*
la carestia	*want, shortage*
la crescita	*growth*
il danno	*harm, damage*
il disboscamento	*deforestation*
l'effetto serra	*greenhouse effect*
la foresta pluviale	*rain forest*
l'inquinamento	*pollution*
la minaccia	*threat*
la povertà	*poverty*
la ricchezza	*wealth*
il riciclaggio	*recycling*
i rifiuti / l'immondizia	*refuse, garbage*
le risorse naturali	*natural resources*
la sovrappopolazione	*overpopulation*

Per parlare di tecnologia

l'avanzamento	*advancement*
l'esperimento	*experiment*
l'informatica	*computer science*
la novità	*new development*
la rete di comunicazione	*communications network*
lo sviluppo	*development*

Per parlare di cooperazione

il confine	*border (between countries)*
la disuguaglianza	*inequality*
la guerra	*war*

l'investimento	investment	la presa di coscienza	awareness
la pace	peace	l'uguaglianza	equality
la parità di diritti	equal rights		

Ampliamento lessicale

Primo passo. Studia le seguenti parole e osserva come il vocabolario si può ampliare quando si conosce il significato di una parola. Scrivi il sostantivo, i verbi e gli aggettivi che mancano nella lista.

SOSTANTIVI	VERBI	AGGETTIVI
il riciclaggio	?	riciclato
la sopravvivenza	sopravvivere	?
la ricchezza	?	ricco/a
la predizione	?	predetto/a
?	crescere	cresciuto/a
l'esaurimento	?	esaurito/a

Secondo passo. Leggi il seguente brano tratto da una lettera che Lucia ha scritto recentemente a Veronica e Chiara. Poi, con un compagno / una compagna, traducete, secondo il contesto di ogni frase, ciascuna parola sottolineata e indicate se è un verbo, un aggettivo o un sostantivo.

Riciclare è un fatto scontato in certi paesi, ma in altri rappresenta ancora un problema grosso a cui non si è trovata ancora una soluzione adeguata. A molti politici manca purtroppo una coscienza ambientale seria e questo rende lenta e penosa la strada verso la soluzione. Prima di tutto i servizi nei quartieri dovranno essere migliorati rapidamente per evitare danni irreparabili. Non è igienico, soprattutto d'estate, avere i cassoni[1] di rifiuti stracolmi[2] per mancanza di un servizio adeguato. Così come il non potere usare in modo appropriato i vari contenitori destinati al riciclaggio della carta, del vetro e della plastica ostacola la buona volontà dei cittadini verso la raccolta differenziata. L'esaurimento dei posti dove le città, grandi e piccole, possono trasportare i propri rifiuti è una realtà con cui presto dovremo fare i conti[3] e che rende il riciclaggio ancora più importante. Auguriamoci che la presa di coscienza dei diversi problemi ambientali, da parte sia dei cittadini che del governo, sia imminente perché la sopravvivenza del pianeta e della gente dipende dalla loro soluzione.

[1]bins, dumpsters [2]overflowing [3]fare... account for, be held accountable for

Terzo passo. Formate gruppi di tre. Una persona di ogni gruppo creerà frasi originali con tutti i sostantivi elencati nel **Primo passo,** un'altra persona scriverà delle frasi originali con tutti i verbi e la terza persona lo farà con tutti gli aggettivi. Poi ascolterete insieme tutte le vostre frasi.

Uso del vocabolario

A. Vocabolario nel contesto. A coppie, indicate se le seguenti predizioni si avvereranno (*will come true*) oppure no entro il 2050. Spiegate perché, secondo voi, ogni predizione si avvererà o non si avvererà.

1. I confini tra i paesi europei non esisteranno più.
2. Per prevenire la carestia, in tutti i paesi si consumeranno prodotti geneticamente modificati.
3. Il 90% della popolazione userà il computer al lavoro.
4. Riceveremo tutte le notizie non dai giornali ma da Internet.
5. Chi ha investito nelle ditte di riciclaggio diventerà ricco.
6. Un extraterrestre fonderà una colonia a Los Angeles.
7. Si troverà una cura per il cancro grazie ad una pianta trovata nella foresta tropicale.
8. A causa del disboscamento e dell'inquinamento, il buco nell'ozono diventerà sempre più minaccioso.
9. Nessuno mangerà più hamburger.
10. Roberto Benigni girerà un film con Steven Spielberg.

B. Domande personali. A coppie, rispondete alle domande usando il **Vocabolario del tema.** Il tuo compagno / La tua compagna dovrebbe intervenire con alcune delle espressioni tratte da **Per conversare meglio.** Riferite dopo alla classe un po' di quello che ognuno ha saputo del compagno / della compagna.

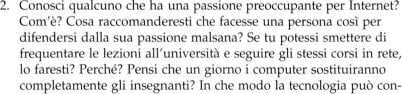

Per conversare meglio

Dici sul serio?	*Are you serious? / Really?*
Ma che scherzi?	*Are you joking?*
(Non) Sono d'accordo.	*I (don't) agree.*
Mi sorprende che pensi così.	*I'm surprised you think so.*
Ci credi?	*You think so?*
Può darsi.	*It / That could be.*
Che disastro!	*What a mess!*
Che bello!	*How great!*

1. Quali sono i benefici di avere un telelavoro? Se fossi un/una capoufficio, avresti paura che i tuoi impiegati sprecassero (*were wasting*) tempo giocando con il computer e cercando informazioni su Internet che non riguardano il lavoro? Cosa faresti?

2. Conosci qualcuno che ha una passione preoccupante per Internet? Com'è? Cosa raccomanderesti che facesse una persona così per difendersi dalla sua passione malsana? Se tu potessi smettere di frequentare le lezioni all'università e seguire gli stessi corsi in rete, lo faresti? Perché? Pensi che un giorno i computer sostituiranno completamente gli insegnanti? In che modo la tecnologia può contribuire all'istruzione?

3. Quale invenzione moderna ti affascina di più? Perché? Se potessi inventare qualcosa di ingegnoso, cosa sarebbe? Quale invenzione moderna ha influito più profondamente sulla vita dei tuoi nonni? Quale invenzione o avvenimento cambierà più profondamente la vita dei tuoi figli?

C. Cosa vuol dire... ? A turno con un compagno / una compagna, immaginate di essere nell'anno 2050 e spiegate quello che erano le seguenti cose che ormai non esistono più. Spiegate anche perché queste cose non esistono più nell'anno 2050.

1. a typewriter   2. a cassette tape   3. a telephone booth   4. an ATM machine

futuro
F

D. Le possibilità per il futuro

Primo passo. Entro l'anno 2050 molti cambiamenti significativi si saranno verificati nel mondo. Con un compagno / una compagna, discutete del vostro stato d'animo se si verificheranno le situazioni che seguono. Potete usare alcuni degli aggettivi indicati.

addolorato/a	deluso/a	scettico/a
allarmato/a	depresso/a	soddisfatto/a
colpevole	disponibile	sollevato/a
commosso/a	emarginato/a	sorpreso/a
confuso/a	imbarazzato/a	timoroso/a

ESEMPIO: —Come ti sentirai se non potrai avere più di un figlio per via della sovrappopolazione?
—Se non potrò avere più di un figlio a causa della sovrappopolazione, mi sentirò sollevata perché non m'interessa una famiglia numerosa.

Come ti sentirai...

1. se non potrai avere più di un figlio per via della sovrappopolazione?
2. se dovrai mangiare solo cibi transgenici?
3. se si raggiungerà la pace nel mondo?
4. se gli scienziati sperimenteranno la clonazione delle menti umane?
5. se si finirà per avere solo una stagione (l'estate, per esempio)?
6. se l'ambiente sarà danneggiato permanentemente a causa dell'uso eccessivo delle automobili?

Secondo passo. Ed ora spiega al tuo compagno / alla tua compagna come sarà la vita se gli eventi che seguono diventeranno realtà. Puoi utilizzare gli aggettivi che seguono.

affascinante	emozionante
allarmante	orripilante
allucinante	preoccupante
degradante	rilassante
deprimente	ripugnante

ESEMPIO: Se si offriranno viaggi settimanali su altri pianeti, la vita sarà emozionante perché ci saranno luoghi nuovi da scoprire.

Come sarà la vita...

1. se si offriranno viaggi settimanali su altri pianeti?
2. se non si potranno fare acquisti nei negozi perché tutto si venderà in rete?
3. se si scoprirà un sistema per prevenire gli incidenti (*accidents*) stradali?

4. se tutti potranno frequentare le migliori università attraverso Internet e la realtà virtuale?

5. se i rifiuti aumenteranno a tal punto che non si saprà dove metterli?

6. se si potrà prendere una pillola per aumentare la preparazione prima di un esame?

Nota culturale   La multietnicità italiana

Sono passati molti anni da quando si è rallentata[1] l'emigrazione degli italiani in America, in Australia e in paesi europei. Negli ultimi quindici anni invece si è andata sempre più intensificando l'immigrazione in Italia di nordafricani, di cinesi, di filippini e, più recentemente, di albanesi, polacchi e russi. Chi arriva in Italia porta con sé la propria cultura e religione. Anche se molti italiani guardano con atteggiamento aperto[2] alla nuova multietnicità nel loro paese, altri sono scettici, ed alcuni decisamente ostili.

Tra gli immigrati regolari ci sono operai di tutti i tipi, studenti, cuochi, commercianti e anche alcuni professionisti. Gli immigrati irregolari (cioè, senza permesso di soggiorno e di lavoro) fanno i venditori ambulanti,[3] i lavapiatti[4] e, talvolta, i camerieri. Gli immigrati chiedono oggi allo stato italiano l'uguaglianza dei diritti civili, il diritto al voto e la libertà di culto.[5]

Dal punto di vista delle religioni, la più rappresentata è quella islamica. Solo nella zona di Roma e in quella di Milano si contano già circa 65.000 islamici. «Quello che conta non è l'aspetto esteriore ma la fede che porti in te» così afferma una donna islamica che da anni ormai abita a Roma e ha rinunciato ad indossare[6] il velo che la sua religione richiede. Molte altre come lei non lo mettono mentre girano per le città italiane dove ora vivono. A molti islamici è permesso interrompere il lavoro per pregare, e loro vorrebbero di più. Chiedono che lo Stato italiano non riconosca solo la libertà di culto, ma anche il loro diritto di costruire moschee in tutto il territorio nazionale e di istituire scuole coraniche per i loro figli. In questi anni molte persone in Italia si sono convertite alla religione islamica talvolta per scelta personale, ma spesso per motivi di matrimonio: gli uomini islamici non possono sposare donne non islamiche.

Come reagisce l'Italia, stato laico, la cui popolazione professa prevalentemente la religione cattolica, alla costruzione di moschee? Il giornalista Enzo Biagi afferma sul noto settimanale *L'Espresso* che «C'è posto per le moschee... C'è posto per chiese, sinagoghe, moschee e via[7] dicendo: ognuno può parlare con Dio come e dove vuole.»

• • • • • • • •

[1]si... *slowed down* [2]*open-minded* [3]venditori... *street vendors* [4]*dishwashers* [5]*religion* [6]*wear* [7]e... *and so on*

Conversazione a coppie.

Con un compagno / una compagna, fatevi le seguenti domande e rispondete.

1. Quali pensate che siano le somiglianze e le differenze tra gli emigrati italiani dell'inizio secolo e gli immigrati in Italia degli ultimi dieci anni? Se voi foste costretti/e per ragioni economiche, politiche o sociali a lasciare il vostro paese, dove provereste a rifarvi una vita?

2. Come è vissuta attorno a voi la multietnicità? Voi, come la considerate?

3. Considerate le differenze geografiche e storiche fra il vostro paese e l'Italia e discutete come l'immigrazione si inserisce in questi diversi contesti.

Vittorio parla della visita che sta per fare ai suoi a Camogli e di come le previsioni di Veronica per il futuro erano divertenti ma sentendole si è intristito un po'. Con l'imminente partenza di James gli amici del Bar Little Texas si vedranno sempre meno spesso e così ora Vittorio pensa al futuro.

Fra qualche settimana sarà la seconda domenica di maggio, giorno della Sagra[1] del Pesce a Camogli. Questo paese di pescatori onora San Fortunato, il loro santo patrono, usando 1.600 litri d'olio per far friggere due tonnellate di acciughe, sarde[2] ed altri pesci in una padella di quattro metri di diametro. I pescatori offriranno poi il pesce alle migliaia di turisti presenti nella piazzetta. È una tradizione molto bella, peccato che l'odore di frittura di pesce invada poi ogni angolo del paese e sia molto fastidioso.

Mia madre e mia zia hanno invitato non so quanti parenti e amici che non vediamo da anni. Toccherà a me[3] intrattenerli. Meno male molti di loro sono della mia età: alcuni abitano in Francia e nei Paesi Bassi, e altri s'intendono[4] come me di informatica. Mentre faremo le gite obbligatorie alle Cinque Terre e a Portofino, potremo anche conoscerci un po' meglio. Trovo molto interessante questo momento in cui l'Europa sembra finalmente riuscire a raggiungere l'unità dopo tanti secoli di conflitti e mi piace discuterne con altri europei.

Così per una settimana nel mio piccolo paese di Camogli, in uno degli angoli più pittoreschi del Bel Paese, si radunerà una folla[5] di familiari e forestieri,[6] di concittadini[7] e turisti. Confluiranno insieme immagini ed esperienze che rendono per me ambigue e allo stesso tempo esilaranti le possibilità offerte dal futuro.

E io, in mezzo agli odori di acciughe fritte, penserò con nostalgia ai miei cari amici di Roma, per cui già sento nostalgia e farò alcune riflessioni sul nostro futuro. Molti di noi sono figli unici. E i nostri figli? Lo saranno anche loro? E quando noi saremo vecchi, come sarà la nostra Italia? In una società arricchita dalla presenza di sempre più immigrati, i separatisti abbandoneranno le loro idee? L'Italia e l'Europa saranno veramente unite? In ogni caso spero di avere sempre un gruppo di amici così buoni come quelli che mi aspettano al Bar Little Texas.

• • • • • • • •

[1]*Festival* [2]*sardines* [3]Toccherà... *It will be up to me* [4]*know a lot (about)* [5]*si... a crowd will gather* [6]*strangers* [7]*fellow citizens, persons from the same town*

A. Comprensione. Rispondi alle domande secondo il testo precedente.

1. Quali emozioni esprime Vittorio?
2. Quali sono i festeggiamenti che avranno luogo a Camogli?
3. Che cosa pensa Vittorio della Sagra del Pesce?
4. Che cosa dovrà fare Vittorio con i parenti che ha invitato sua madre?
5. Quali sono i pensieri di Vittorio a proposito del futuro?

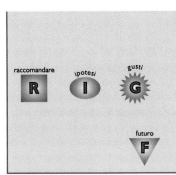

B. **Parliamo noi.** Con un compagno / una compagna, o in piccoli gruppi, fate l'esercizio seguente.

1. Conosci la Liguria o qualche città di quella regione? Ti piacerebbe partecipare alle feste di cui parla Vittorio?
2. Se tu dovessi intrattenere dei familiari arrivati da lontano, cosa faresti con loro? Avreste interessi in comune e argomenti di cui potreste discutere?
3. Che cosa ti mancherà di più della vita universitaria quando avrai finito gli studi? Quali cose non ti mancheranno affatto (*at all*)?

Punto chiave

PARLARE DEL FUTURO

Prima di cominciare questa parte del capitolo, ripassa e studia la spiegazione grammaticale sulle espressioni, i tempi e i modi verbali usati per parlare del futuro sulle pagine verdi, alla fine del libro.

Come va con questo punto chiave?

A. **I tempi e i modi che esprimono il futuro.** Nel seguente testo, si parla dei problemi che gli immigrati in Italia ed in Europa devono affrontare. Completa con la forma corretta (tempo e modo) del verbo fra parentesi.

Gli immigrati in Italia, come in tutti gli altri paesi, devono affrontare grossi problemi: trovare un lavoro e una casa, ottenere gli stessi diritti degli altri cittadini, inserirsi in una cultura diversa dalla propria. Un problema, che _____[1] (diventare) sempre più grande nella società italiana a causa del flusso costante di nuovi immigrati, è quello dell'inserimento dei loro figli nel mondo scolastico.

I bambini, che _____[2] (diventare) cittadini italiani, _____[3] (dovere) adattarsi ad un ambiente scolastico molto diverso da quello dei loro paesi d'origine. Il governo ha promesso che _____[4] (varare[a]) leggi appropriate, ma non si sono ancora raggiunti risultati concreti. Attualmente, quattro alunni stranieri su dieci restano indietro soprattutto nel primo anno di scuola.

La scarsa conoscenza della lingua italiana è un ostacolo che _____[5] (segnare) il loro intero percorso scolastico. _____[6] (Trovare) i bambini stranieri docenti preparati a insegnare loro l'italiano e a

[a]*to pass*

gestire le loro difficoltà di adattamento? _____[7] (Riuscire) a raggiungere, attraverso l'inserimento nella scuola, una parità che per i loro genitori rimarrà forse una chimera[b]? Sono domande preoccupanti che molti genitori si pongono.

Tutta l'Europa nei prossimi decenni _____[8] (accogliere) diversi milioni di nuovi immigrati. Ma solo dopo che tutti i paesi europei _____[9] (sviluppare) una coscienza collettiva sensibile ai problemi degli immigrati, si _____[10] (potere) trovare un'armonia tra i vecchi ed i nuovi cittadini.

[b]*dream*

B. Traduzioni. Traduci le seguenti frasi in italiano.

1. I wonder if they are disappointed to have left their country. I suppose that they didn't really have any other alternatives.
2. Vittorio had told his parents that computer science would change his life forever.
3. After Corrado finds out the day that James is leaving, he will invite everybody to his house for dinner.

Espressioni utili

Per esprimere situazioni indefinite

chiunque sia/chiami/venga	*no matter who is/calls/comes*
qualsiasi/qualunque cosa dica / dica quel che dica	*no matter what he/she says*
qualsiasi cosa per	*anything in order to*
qualsiasi cosa succeda	*no matter what happens*
qualunque cosa faccia	*no matter what he/she does*

Per definire situazioni future

domani	*tomorrow*
dopo che	*after*
entro	*by (a certain time)*
finalmente	*at last, finally*
finché	*until, as long as*
infine	*finally (as the last item in a sequence)*
prossimo/a	*next*
seguente	*following*
tra/fra	*in, within (a certain amount of time)*

Attività

A. **Le preparazioni.** Siamo in maggio e Veronica e Chiara si stanno freneticamente preparando per lo spettacolo che comincerà in luglio. Hanno tante cose a cui pensare e Chiara sta diventando sempre più nervosa.

Leggi questo breve dialogo fra Veronica e Chiara e completa le frasi con l'espressione appropriata. Utilizza le **Espressioni utili** a pagina 170 (per esprimere gli indefiniti).

VERONICA: C'è il direttore dell'albergo di Olbia al telefono, vuole parlarti di alcuni dettagli dello spettacolo.

CHIARA: Ti ho detto di non interrompermi, _____.[1] Digli che lo richiamerò io più tardi.

VERONICA: D'accordo. Cosa facciamo per i costumi?

CHIARA: Non lo so ancora, ma _____,[2] dobbiamo sicuramente andare a prenderli entro domani.

VERONICA: Bussano alla porta... vado io ad aprire, tu mi sembri troppo agitata.

CHIARA: _____,[3] digli di tornare domani.

VERONICA: Va bene, Chiara, calmati! Farò _____[4] lasciarti tranquilla!

B. **Andiamo in viaggio?** Vittorio e James parlano della possibilità di fare un viaggio insieme negli Stati Uniti. Leggi questo breve dialogo e completa le frasi con l'espressione appropriata. Utilizza le **Espressioni utili** (per esprimere il futuro).

VITTORIO: Pensi che sia più economico comprare un computer portatile in America? Il mese _____[1] dovrò fare una presentazione ai miei colleghi.

JAMES: Credo di sì. In America sono all'avanguardia per la tecnologia.

VITTORIO: _____[2] ci saranno i bambini che vogliono regali tecnologici, vedrai che anche l'Italia terrà il passo con l'America ed _____[3] pochi anni diventerà un paese «techno».

JAMES: Speriamo di no! _____[4] gli italiani avranno capito che la tecnologia potrebbe anche portarli sul lastrico (*bring them to ruin*), apprezzeranno di nuovo la semplicità del passato.

VITTORIO: Non vedo l'ora di conoscere americani appassionati d'informatica come me. _____[5] potrò avere una conversazione senza che il mio interlocutore mi ricordi il passato!

C. **Le biotecnologie**

Primo passo. Leggi questo paragrafo le cui informazioni sono tratte dal libro di Adriana Bazzi e Paolo Vezzoni, *Biotecnologie della vita quotidiana* (2000, edizioni Laterza).

Le biotecnologie danneggeranno l'ambiente? Altereranno l'equilibrio della natura? In generale, l'opinione pubblica è favorevole ad accettare le applicazioni delle biotecnologie in campo medico mentre è piuttosto scettica per quanto riguarda il settore agroalimentare.[1]

[1]*relating to agriculture and food*

In USA si coltivano i pomodori Flav Savr che potrebbero facilmente essere usati nella salsa ketchup. Questi pomodori transgenici sono stati manipolati dall'uomo per non farli marcire,[2] o meglio, per farli maturare a comando.[3] Pur essendo acerbi[4] e quindi duri, essi hanno lo stesso contenuto e sapore dei pomodori maturi. Questo è solo un esempio dei cibi transgenici in circolazione. Per secoli gli uomini hanno cercato di modificare la natura e di adattare l'ambiente alle coltivazioni (attraverso l'irrigazione, la concimazione,[5] ecc.). Ora invece, con la biotecnologia, l'approccio è invertito: invece di irrigare una zona desertica, per esempio, si preferisce creare piante che siano resistenti alla siccità[6] e così via.

Molte delle informazioni che il pubblico riceve arrivano dai mass media poiché gli scienziati sono molto gelosi delle loro ricerche. Spesso le informazioni che noi riceviamo non sono accurate e mostrano solo l'aspetto più eclatante[7] della biotecnologia. Sarà necessario che tutti noi raggiungiamo un buon livello di conoscenza su questo soggetto che potrebbe cambiare tanti aspetti della nostra vita futura.

[2]rot [3]maturare… *ripen on command* [4]*green (not yet ripe)* [5]*fertilization* [6]*drought*
[7]*sensational*

Secondo passo. Completa le frasi che seguono con la forma corretta del verbo fra parentesi. Dopo spiega ciascuna affermazione usando i connettivi.

1. In USA si _____ (coltivare) i pomodori transgenici…
2. Se prima si preferiva irrigare un deserto, domani si _____ (preferire) inventare un tipo di vegetazione diversa…
3. L'opinione pubblica _____ (illudersi) di essere informata,…
4. Per l'anno 2050, le biotecnologie _____ (rivoluzionare) il sistema alimentare? Ho paura di sì…

Terzo passo. Ed ora in piccoli gruppi, scrivete un breve annuncio pubblicitario a favore o a sfavore (*against*) della biotecnologia.

Quarto passo. Negli stessi gruppi ora fate finta di essere nell'anno 2050: preparate una cena a base di cibi transgenici. Spiegate l'utilità di questi nuovi ingredienti.

raccomandare

confrontare

descrivere

futuro

D. Che succederà? Di' quello che starà succedendo alle persone sotto elencate nelle diverse situazioni. Usa il futuro di probabilità. Come reagiranno / avranno reagito? Come si sentiranno / si saranno sentiti? E così via.

1. Lucia ha appena detto a Massimo che è costretta a lasciarlo.
2. Veronica dice a Chiara che ha trovato un magazzino (*warehouse*) che vorrebbe trasformare in scuola.
3. Chiara è stata la protagonista di uno spettacolo di Dacia Maraini. L'autrice ha assistito alla prima: è stato un gran successo.
4. Il capoufficio di Vittorio gli dice che non potrà prendere le ferie e dovrà rimandare il suo viaggio in America.
5. James comunica a suo zio che darà la gestione del Bar Little Texas a Tahar durante la sua assenza.

E. La vostra sfera di cristallo

Primo passo. Che cosa succederà nei prossimi decenni? In gruppi di due o tre, consultate la vostra sfera di cristallo e fate delle previsioni per l'anno 2050 nei seguenti settori.

1. la famiglia
2. l'amore
3. l'ozio
4. il lavoro

5. la politica
6. la tecnologia
7. gli Ufo
8. la medicina

Secondo passo. Continuate a guardare l'avvenire, facendo delle previsioni per i seguenti personaggi nell'anno 2050.

1. Barbara e Jenna Bush
2. Chelsea Clinton
3. Lourdes, la figlia di Madonna
4. Caroline Kennedy
5. Il Principe Guglielmo
6. Michael Jordan

F. Parlando del futuro.

Quando si parla delle nuove scoperte ed invenzioni non si può non ricordare il lavoro delle figure illustri del passato che hanno aperto le porte alla tecnologia presente e futura. Tanti sono i nomi degli scienziati, fisici ed inventori a cui l'Italia ha dato i natali. I paragrafi che seguono parlano di tre di loro.

Primo passo. Leggi i testi che seguono.

Galileo Galilei (Pisa 1564–Arcetri 1642) studiò medicina all'università di Pisa, ma fin da giovane si dedicò con passione agli studi di fisica e matematica e presto divenne professore di matematica all'università di Padova. Con il cannocchiale,[1] che lui inventò nel 1609, scoprì i quattro satelliti di Giove,[2] le macchie della Luna e le fasi di Venere.[3] I risultati dei suoi studi nel campo astronomico e meccanico lo portarono poi a convincersi che il polacco Nicola Copernico aveva ragione quando aveva detto che il sole stava fermo e la terra girava. Questo tuttavia non piacque al Papa Paolo V e gli procurò[4] una serie di accuse di eresia[5] da parte della Chiesa Cattolica Romana. Tra i suoi scritti il *Dialogo sopra i due massimi sistemi del mondo* è considerato il suo capolavoro scientifico, ma fu anche il motivo per cui l'Inquisizione lo condannò alla prigione a vita.[6] Durante l'anno giubilare (2000) il papa Giovanni Paolo II ha riconosciuto gli errori della Chiesa nei confronti di Galileo e l'ha riabilitato.[7]

[1]*telescope* [2]*Jupiter* [3]*Venus* [4]*brought upon* [5]*heresy* [6]*prigione… life imprisonment*
[7]*l'ha… restored his good name*

Guglielmo Marconi (Bologna 1874–Roma 1937) fu uno scienziato e un inventore. Non aveva neppure trent'anni quando divenne famoso per aver reso possibili i primi SOS attraverso l'Atlantico. Questo era stato il primo risultato dei suoi lavori sulle onde[1] elettromagnetiche e sulla trasmissione di segnali radio a grande distanza che occuparono tutta la sua vita. Nel 1909 ottenne il

[1]*waves*

Premio Nobel per la Fisica. Fu grazie alla radio da lui inventata che alcuni passeggeri del Titanic poterono salvarsi. L'Inghilterra gli assegnò il titolo di Knight (Sir Guglielmo Marconi) e l'Italia quello di senatore a vita. Marconi fu anche presidente dell'Accademia d'Italia e del Consiglio Nazionale delle Ricerche.

Enrico Fermi (Roma 1901–Chicago 1954) fu uno dei fisici più importanti dell'età nucleare. Fermi diede grandi contributi alla fisica teorica, soprattutto alla matematica delle particelle[1] subatomiche. Dal 1934 in poi si dedicò alla produzione di radioattività artificiale bombardando il nucleo atomico con neutroni. Per questo suo studio nel 1938 gli fu assegnato il Premio Nobel per la Fisica. Il governo fascista di Mussolini diede a Fermi il permesso di andare in Svezia per ricevere il premio. Avendo una moglie ebrea[2] ed essendo allora in vigore[3] le leggi razziali del regime fascista, una volta andato in Svezia con la sua famiglia, preferì non ritornare in Italia ed emigrò negli Stati Uniti. Qui divenne professore alla Columbia University. Nel 1942 realizzò la prima reazione a catena di fissione nucleare[4] e lavorò al progetto della bomba atomica. Successivamente si oppose al progetto della bomba all'idrogeno[5] per motivi etici.[6] In suo onore è stato istituito l'Enrico Fermi Award per gli scienziati che si distinguono per il loro lavoro sullo sviluppo ed il controllo dell'energia atomica.

[1]*particles* [2]*Jewish* [3]*in... in force* [4]reazione... *nuclear chain reaction* [5]*hydrogen* [6]*ethical*

Secondo passo. Con un compagno / una compagna, scegliete uno dei tre scienziati di cui si parla nei testi precedenti. Uno/a di voi farà la parte del/della giornalista che intervisterà lo scienziato (interpretato dall'altra persona). Il/La giornalista può fare sia domande a proposito dei fatti che avete appena letto che domande a proposito di informazione non data nella lettura. Lo scienziato dovrebbe rispondere secondo i fatti dati nella lettura o usando la fantasia.

Terzo passo. Ed ora fate i seguenti compiti facendo attenzione ai punti chiave.

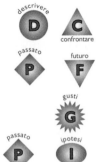

1. Descrivete la personalità di Galileo.
2. Fate un confronto tra Marconi e Fermi.
3. Cosa è stato raggiunto grazie alle scoperte di questi tre scienziati? Quali future innovazioni tecnologiche si potranno raggiungere attraverso di esse?
4. Quali delle loro scoperte scientifiche considerate la più utile e quindi apprezzate di più?
5. Cosa fecero Marconi e Fermi per meritarsi il Premio Nobel? Se voi doveste scegliere solo uno scienziato (del passato o del presente), a chi dareste il Premio Nobel e perché?

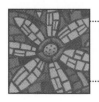

Angolo culturale

In viaggio per il Centro d'Italia

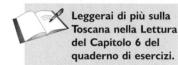

Leggerai di più sulla Toscana nella Lettura del Capitolo 6 del quaderno di esercizi.

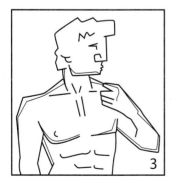

1. **Le Marche: Urbino.** La cittadina di Urbino è famosa innanzitutto[1] per aver dato i natali al[2] grande pittore Raffaello Sanzio (1483–1520), la casa natale del quale si può anche visitare. Il palazzo costruito per il Duca Federico da Montefeltro è considerato da molti il più bello dei palazzi rinascimentali. Il duca, che governò la città dal 1440 fino al 1482, fu non solo un uomo di guerra ma anche un uomo appassionato delle arti: il palazzo, con i suoi dipinti, la sua biblioteca e la sua raffinata architettura è un monumento agli ideali artistici e intellettuali del rinascimento. Fra i tesori che contiene ricordiamo la *Flagellazione*[3] di Piero della Francesca, i magnifici intarsi[4] dello studiolo del duca, e il celeberrimo ritratto *La muta* di Raffaello. Qui, a Urbino, Baldassare Castiglione ambientò la sua opera *Il Cortigiano*[5] in cui descrisse le regole di comportamento degli aristocratici che saranno poi seguite dalle corti rinascimentali di tutta Europa.

2. **Le Marche: Loreto e Recanati.** Nelle Marche una meta di grande pellegrinaggio è la piccola città di Loreto. Secondo la leggenda, gli angeli avrebbero portato in Italia da Nazareth la casa di Maria, deponendola in un bosco di lauri, che avrebbe dato il nome al borgo di Loreto (laureto = *laurel grove*). Intorno alla santa casa è stato costruito un grande santuario, progettato e decorato da famosi architetti, scultori e pittori quali Giuliano da Sangallo, Pomarancio e Bramante. A pochi chilometri da Loreto, c'è la cittadina di Recanati, dove è nato Giacomo Leopardi (1798–1837), uno dei più grandi poeti italiani di tutti i tempi e un grande esponente del Romanticismo italiano.

3. **La Toscana: Firenze.** In tutto il mondo, una delle città italiane più famose è Firenze. Milioni di turisti, ogni anno e in qualsiasi stagione, arrivano a Firenze per ammirare gli innumerevoli e spettacolari capolavori artistici che questa città racchiude in sé. Passeggiando per via dei Calzaioli, da Piazza del Duomo a Piazza della Signoria, è possibile perdersi in un'altra dimensione. Tutto quello che ci circonda,[6] i monumenti, le mura, il selciato,[7] i volti degli abitanti, ci riporta al passato medievale e rinascimentale della città, un passato che vive attraverso artisti immortali quali Dante, Boccaccio, Petrarca, Leonardo, Michelangelo, Brunelleschi, Cimabue, Botticelli, Giotto, Masaccio, Luca della Robbia…

---

[1]*first of all*   [2]*aver… being the hometown of* (lit. *having given origin to*)   [3]Scourging of Christ   [4]*wooden inlays*   [5]*Il…* The Courtier   [6]*ci… surrounds us*   [7]*pavement*

4. **La Toscana: Collodi.** L'antico villaggio di Collodi è ancora come secoli fa: una cascata di case sul fianco[8] di una collina. Qui nacque la madre di Carlo Lorenzini, l'autore del famosissimo Pinocchio, il quale adottò lo pseudonimo di Collodi e che prese il piccolo paese come sfondo immaginario delle avventure del suo Pinocchio. Il Parco di Pinocchio che si trova a Collodi non è il consueto[9] luogo di divertimenti, ma la suggestiva, preziosa opera collettiva di grandi artisti, dove si può rivivere una fiaba, che diverte in modo spontaneo e naturale grazie alla bellezza dell'arte e della natura. L'idea del complesso monumentale ebbe origine nel 1951, quando il Sindaco di Pescia costituì il Comitato[10] per il Monumento a Pinocchio ed invitò i maggiori artisti a partecipare a un concorso per un'opera che celebrasse il famoso burattino.[11] Ottantaquattro scultori risposero: vincitori *ex aequo*[12] furono Emilio Greco con *Pinocchio e la Fata*[13] e Venturino Venturi con la *Piazzetta dei Mosaici*.

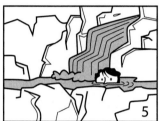

5. **La Toscana: le Terme di Saturnia.** Le Terme di Saturnia, situate al centro della Maremma[14] toscana in una delle zone più suggestive di tutta la regione, erano già famose ai tempi degli Etruschi, che riconoscevano[15] alla sorgente[16] virtù terapeutiche e miracolose. Saturnia è oggi un centro termale con alberghi moderni, ristoranti e negozi che servono una clientela internazionale. Nella composizione sulfureo-carbonica delle acque di Saturnia, che sgorgano[17] con una portata di 800 litri al secondo e alla temperatura di 37°C,[18] è racchiuso il segreto delle loro proprietà salutari, considerate da molti efficaci per la pelle, l'apparato respiratorio e muscolo-scheletrico.

6. **La Liguria: Genova.** Genova era una volta in grande competizione con le altre Repubbliche Marinare di Venezia, Pisa ed Amalfi per la supremazia sui traffici e i commerci nel Mediterraneo. Le grandi famiglie dei Doria, Fieschi, Grimaldi ed altri hanno lasciato nei loro palazzi innumerevoli tesori architettonici ed artistici. A Genova è nato Giuseppe Mazzini (1805–1872), uno dei grandi paladini[19] del Risorgimento italiano. Dal porto di Genova partì per la Sicilia nel 1860 Giuseppe Garibaldi (1807–1882) con i suoi Mille.[20] Questa città, estremamente orgogliosa della sua storia e delle sue avventure leggendarie, è soprannominata La Superba. La Cattedrale di San Lorenzo custodisce le ossa[21] di San Giovanni Battista, la cui testa sarebbe stata presentata a Salomè su un piatto di quarzo smaltato[22] anch'esso custodito nel Tesoro della cattedrale, insieme al Santo Catino[23] che, secondo la leggenda, fu regalato a Salomone dalla regina di Saba[24] e da cui Cristo avrebbe bevuto nell'Ultima Cena. Una curiosità particolare è il vastissimo Cimitero di Staglieno, una vera necropoli[25] ricca di monumenti e mausolei sontuosi che contrastano con semplici tombe.

---

[8]*side* [9]*usual* [10]*Committee* [11]*puppet* [12]*ex... tied* [13]Fairy [14]la Maremma, zona costiera compresa tra la Toscana meridionale e il Lazio settentrionale, un tempo paludosa (*marshy*), oggi bonificata (*reclaimed*) e coltivata intensivamente [15]*attributed* [16]*springs* [17]*surge* [18]*98.6°F* [19]*champions* [20]*Garibaldi's famous detachment of approximately 1,000 men who liberated Sicily and Naples from the King of Naples to unite them with the rest of Italy* [21]*bones* [22]*quarzo... polished quartz* [23]*Santo... Holy Basin* [24]*Sheba* [25]*lit., city of the dead*

7. **La Liguria: San Remo.** Quando si parla di Riviera, i nordamericani pensano subito alle spiagge della Francia del sud. Ma anche la Riviera italiana vanta spiagge belle e soleggiate.[26] A San Remo c'è pure un famoso casinò[27] e spettacolari panorami di terrazzini coperti di fiori. San Remo è anche il principale centro italiano del commercio dei fiori. Nei primi anni '50, si inaugurò a San Remo un Festival di musica leggera che è tuttora molto seguito dagli italiani. Il Festival è diventato la mecca di tanti giovani cantanti che lì possono incontrare non solo i grandi nomi della canzone italiana, ma anche i rappresentati delle più importanti case discografiche.[28] Tra i frequentatori del festival negli ultimi anni ricordiamo Andrea Bocelli, Patty Pravo, Enzo Iannacci e Gianni Morandi. Fra le star più giovani vanno ricordati Alex Britti, Carmen Consoli, Irene Grandi e il duo Paola e Chiara. Molti artisti hanno iniziato la loro carriera proprio dal palcoscenico del Festival di San Remo.

[26]*sunny*   [27]*casino*   [28]*case... record companies*

Attività

A. Trova sulla carta geografica Urbino, Recanati, Firenze, Collodi, le Terme di Saturnia, Genova e San Remo e scrivici un numero da 1 (il più interessante) a 7 (il meno interessante) per indicare il livello d'interesse che hai a visitare questi luoghi.

B. Dividetevi in quattro gruppi e fate le seguenti ricerche che presenterete dopo in classe.

GRUPPO A: Quali sono alcuni dei cantanti che hanno partecipato al Festival di San Remo? Incisioni delle loro canzoni (cantate da loro o da altri artisti) sono disponibili nella vostra città? Cercate di trovarne alcune e ascoltate in classe quelle che trovate.

GRUPPO B: Ci sono parchi o monumenti nel vostro paese dedicati a grandi personaggi della letteratura americana/canadese? Confrontate questi parchi o monumenti al Parco di Pinocchio a Collodi.

GRUPPO C: Esistono nella vostra città o nel vostro stato famosi cimiteri, o cimiteri di grande importanza storica? Confrontate uno (o più di uno) al Cimitero di Staglieno di Genova.

GRUPPO D: Quali sono le terme più vicine alla vostra città? Confrontate il costo di un soggiorno tipico a Saturnia con quello delle terme che avete scelto.

Un artista toscano: Roberto Benigni

Grazie alla creatività e al buon senso dell'umorismo di Roberto Benigni, tutto il mondo conosce questo toscano!

Chi è Roberto Benigni? Forse è Loris, l'ingenua vittima innocente sospettata di crimini atroci e perseguitata dalla polizia che si accanisce[1] contro di lui (*Il mostro*, 1994). O forse è Johnny Stecchino, il temuto mafioso siciliano pieno di sé. O sarà invece Dante, il conducente[2] di buon cuore dello scuolabus costretto[3] ad impersonare quel mafioso, visto che gli assomiglia come una goccia[4] d'acqua (*Johnny Stecchino*, 1991)? Ma non è quel tassista a Roma che teme di aver causato la morte di un suo passeggero prete a cui raccontava le sue strabilianti[5] avventure sessuali (*Night on Earth*, 1991)? O sarà proprio Guido, padre sentimentale, arguto[6] e sensibile che cerca disperatamente di trasformare in favola la tragedia del campo di concentramento[7] (*La vita è bella*, 1997)?

Benigni è tutti loro. Questi sono alcuni dei personaggi da lui creati e interpretati. Questo attore, regista, sceneggiatore[8] e produttore toscano è stato in un certo modo lanciato,[9] come presentatore, dal Festival di San Remo nel 1980. Da allora la sua attività è stata frenetica e le sue apparizioni, non solo sugli schermi cinematografici, ma anche sul piccolo schermo, hanno suscitato[10] l'ilarità di un pubblico ormai fedele. Questo pubblico ha affollato gli stadi di tante città italiane—a Roma addirittura il Colosseo—per seguirlo dal vivo in *TuttoBenigni:* satira pungente[11] della situazione politica italiana dei primi anni '90.

Benigni, artista quanto mai[12] eclettico, ha collaborato con tante figure diverse del mondo artistico internazionale. In *Il piccolo diavolo* (1988), di cui Benigni è regista e sceneggiatore, ha recitato con Walter Matthau. Ha lavorato sotto la regia di Jim Jarmusch in *Night on Earth* e di Blake Edwards in *Il figlio della Pantera Rosa*[13] (1993). Ha recitato per Bernardo Bertolucci in *La luna* (1979) e per Federico Fellini in *La voce della luna* (1990). La sua bellissima amicizia con Massimo Troisi ha dato ottimi frutti tra cui il divertentissimo *Non ci resta che piangere*[14] (1984), sceneggiato, diretto e recitato da questa brillante coppia.

La vita è bella è il suo film che ha vinto tre Oscar: Miglior film straniero, Miglior attore protagonista e Migliore colonna sonora[15] (a Nicola

[1]si... *attacks relentlessly* [2]*driver* [3]*forced* [4]*drop* [5]*astonishing* [6]*quick-witted* [7]campo... *concentration camp* [8]*screenwriter* [9]*launched* [10]*provoked* [11]*sharp* [12]quanto... *extremely* [13]*Il... Son of the Pink Panther* [14]*Non... There's nothing left to do but cry* [15]colonna... *soundtrack*

Piovani). È stato il primo film straniero ad essere candidato come il migliore film insieme ai film americani.

Proprio nel momento in cui riceveva le sue statuette, la sua mente vulcanica già progettava la versione Benigni del classico *Pinocchio*.

Attività

Con un compagno / una compagna, discutete i seguenti argomenti.

A. Conosci altri attori comici del cinema (italiani o di altri paesi) che sono anche registi, sceneggiatori, produttori come Roberto Benigni? Quali saranno per un artista i vantaggi di svolgere tutti questi ruoli nello stesso tempo? E gli svantaggi?

B. Avete mai visitato musei o monumenti dedicati alle vittime del nazismo (per esempio, l'Holocaust Memorial Museum a Washington o il monumento delle Fosse Ardeatine a Roma)? Quali sono i gruppi che hanno sofferto durante le persecuzioni naziste? In che modo questi musei e monumenti onorano la memoria delle vittime? Secondo voi, è possibile trattare in modo corretto e rispettoso problemi di questa natura attraverso l'umorismo e la fantasia, come ha fatto Benigni in *La vita è bella*?

C. Con un altro paio di studenti, discutete i film di Benigni che avete visto. Quali sono i suoi migliori film? Secondo voi, quali sono le qualità di Benigni che lo hanno reso così popolare in America?

D. Nella vostra classe c'è una serata di gala: si presentano gli Oscar, e vincono solo gli italiani (presenti e passati)! Alcuni di voi saranno i presentatori e altri gli artisti premiati. I presentatori dovranno introdurre i diversi tipi di premi e i premiati dovranno accettare le loro statuette con entusiasmo e gratitudine. Cercate di raggiungere i livelli creativi di Benigni.

Italiani nel mondo... e oltre!

1992–2001: gli italiani nello spazio

1992: Franco Malerba è il primo astronauta italiano a volare nello spazio nella missione italo-americana Tethered.

1996: Umberto Guidoni e Maurizio Cheli volano nello spazio nella missione italo-americana Tethered-2 a bordo dello shuttle *Columbia* che ha portato in orbita un satellite a filo.

2001: Umberto Guidoni è il primo astronauta dell'Unione europea a salire a bordo della stazione spaziale internazionale con un equipaggio[1] di sette astronauti: un italiano (Guidoni), un canadese, un russo e quattro americani.

La stazione spaziale, spiega Guidoni, «è il primo tentativo di costruire un laboratorio scientifico permanentemente abitato. Sarà un insieme di laboratori avanzatissimi dove astronauti-ricercatori di tutto il mondo potranno fare esperimenti scientifici in condizioni impossibili sulla Terra. L'attività principale a bordo della stazione sarà proprio la ricerca scientifica».

[1]*crew*

Come astronauta, Umberto Guidoni è riuscito a vedere l'Italia da un punto di vista completamente diverso.

Umberto Guidoni, romano, laureato in fisica, è stato ricercatore dell'Istituto di Fisica dello spazio ed è stato selezionato dall'agenzia spaziale italiana e dalla Nasa come «specialista di carico utile»[2] e inviato al centro spaziale Johnson a Houston. Ha scritto *Il giro del mondo in 80 minuti* in cui gli appunti di una missione spaziale sono alternati alle sensazioni di un uomo in orbita. Scrive inoltre articoli di natura scientifica e fa spesso seminari in scuole e università.

[2] «specialista… *"payload specialist"*

Simona Borruso, una studentessa liceale romana, ha fatto la seguente intervista ad Umberto Guidoni.

Simona Borruso: Quale sarà il ruolo dell'Italia nella navigazione spaziale fra vent'anni?
Umberto Guidoni: È difficile dirlo. L'Italia, insieme alle altre nazioni europee, è impegnata in programmi di cooperazione nel campo spaziale. Probabilmente vedremo crescere il ruolo europeo in questo settore e l'Italia avrà certamente un ruolo importante.

SB: Lei ha già partecipato ad un volo spaziale. Può descriverci una giornata «tipica» nello spazio?
UG: Ho partecipato ad un volo spaziale nel 1996. Sono rimasto in orbita per 16 giorni, una durata abbastanza lunga per una missione, a bordo dello Space Shuttle. Generalmente le giornate sono molto intense: si lavora per circa 12 ore al giorno cercando di completare tutte le attività previste. C'è pochissimo tempo libero a disposizione, ma quel poco che c'è lo si passa a guardare la Terra: uno spettacolo magnifico.

SB: Qual è l'aspetto più spaventoso di essere sospeso nello spazio? E quello più affascinante?

UG: Non c'è nulla di spaventoso nello spazio. L'esser senza peso è una sensazione meravigliosa. Ci vuole qualche giorno perché il proprio corpo si abitui a galleggiare[1] nello spazio, ma quando ci si è abituati è come se si scoprisse una nuova dimensione!

SB: Lei crede che un giorno troveremo prove di vita su altri pianeti?
UG: Ne sono quasi certo. Naturalmente potrebbe essere una ricerca che richiede molto tempo. Ci sono talmente tante stelle nella nostra Galassia, che è solo una dei miliardi di galassie, che è davvero improbabile che la vita si sia sviluppata soltanto sulla Terra.

SB: Come sono cambiate le Sue idee dell'universo da quando ha cominciato la sua carriera da astronauta?
UG: Non ho cambiato le mie idee sull'universo, ma è cambiata la mia sensibilità verso il nostro pianeta. Guardare la Terra dall'esterno, mi ha provocato un'emozione enorme. Con uno sguardo potevo abbracciare una parte del pianeta con la sua colorazione azzurra che si

stagliava[2] contro il buio profondo dello spazio. Alla luce dell'alba si poteva vedere il sottile strato[3] dell'atmosfera che protegge la vita sulla Terra dai rigori dello spazio vuoto e freddo. Questa estrema fragilità mi ha colpito più di qualsiasi discorso sulla conservazione dell'ambiente.

SB: Le capita spesso di parlare con giovani interessati alla sua professione? Cosa vogliono sapere?
UG: Mi capita spesso di fare dei seminari soprattutto nelle scuole e nelle università. Ho verificato spesso che i giovani sono i più entusiasti riguardo allo spazio. Penso che questo sia in parte perché lo spazio rappresenta un po' il loro futuro. La nostra generazione si è appena avventurata[4] in orbita, ma saranno le generazioni a venire che si troveranno a vivere e a lavorare nello spazio.

---

[1] *float* [2] *si… stood out* [3] *sottile… thin layer* [4] *si… has just begun to venture*

UG: Le missioni lunari hanno dato il via[5] all'elettronica integrata,[6] che è alla base dei calcolatori sempre più potenti e sempre più miniaturizzati che usiamo ai giorni nostri. Su tempi più lunghi[7] lo spazio potrà rappresentare la nuova frontiera dell'umanità. Per molti secoli l'esplorazione delle terre e dei mari è stata un elemento importante di progresso tecnologico e sociale. L'esplorazione dello spazio può svolgere la stessa funzione per l'umanità del terzo millennio.

---

[5] dato... *opened the way*
[6] all'elettronica... *to integrated circuitry* [7] Su... *In the long term*

Comprensione

Formate dei piccoli gruppi e rispondete alle domande secondo il testo precedente.

1. Qual è stata la preparazione di Umberto Guidoni per diventare astronauta?
2. La giornata «tipica» nello spazio che descrive Guidoni è quella che ti aspettavi o è diversa da come te la eri immaginata?
3. Qual è una delle sensazioni più piacevoli nello spazio?
4. Quale esperienza fatta in orbita rende Guidoni sensibile al problema dell'ambiente?
5. Dalle sue risposte, che tipo di persona ti sembra Umberto Guidoni?

Lettura

ITALO CALVINO: «Gli anni-luce»

A proposito dello scrittore

Italo Calvino (1923–1985) nacque a Santiago de Las Vegas a Cuba, vicino all'Avana, da genitori italiani e aveva meno di due anni quando la sua famiglia tornò in Italia. I genitori di Calvino erano professori di botanica, e, per motivi di lavoro, andarono a vivere a San Remo.

Durante la seconda guerra mondiale fu partigiano (*partisan, resistance fighter*), e la sua partecipazione alla Resistenza ispirò il suo romanzo *Il sentiero dei nidi di ragno* (The Path to the Nests of Spiders, 1947) e un volume di racconti intitolato *Ultimo viene il corvo* (The Crow Comes Last, 1949). Dopo la guerra, mentre studiava all'università di Torino, scrisse per il giornale comunista *l'Unità*. Quando terminò gli studi, con una laurea in Lettere, fu assunto dalla casa editrice Einaudi.

Negli anni '50 Calvino esplora nelle sue opere mondi allegorici e fantastici: il protagonista del *Visconte dimezzato* (The Cloven Viscount) è un uomo che un colpo di cannone ha spezzato (*split*) in due: una parte buona e un'altra malvagia (*evil*). La ricongiunzione gli è resa possibile dal suo amore per una contadina. *Il barone rampante* (The Baron in the Trees) è la storia di un nobile del Settecento che decide un giorno di salire su un albero dal quale non scenderà mai più. Anche da quest'altezza però, riesce a partecipare alle vicende (*vicissitudes*) dei suoi concittadini.

I romanzi della sua maturità esaminano la natura del caso (*chance*), della coincidenza e del cambiamento utilizzando strutture giocosamente innovative e l'avvicendarsi di (*the alternating of*) punti di vista diversi. Si ricordano *Le città invisibili* (1972), *Il castello dei destini incrociati* (The Castle of Crossed Destinies, 1973) e *Se una notte d'inverno un viaggiatore* (If One Winter's Night a Traveler, 1979).

A proposito della lettura

La seguente lettura è tratta dalle *Cosmicomiche,* un'opera di fantasia pubblicata nel 1965 in cui grandi concetti scientifici dell'universo ispirano narrative insolite. «Gli anni-luce» ("*Light Years*") appartiene alla seconda parte del libro, in cui troviamo anche questi titoli: «Un segno nello spazio», «La forma dello spazio» e «L'implosione». In «Gli anni-luce» il narratore è un osservatore del cielo che una notte vede con il suo telescopio un cartello (*sign*). L'immagine del cartello arriva agli occhi del narratore attraverso una distanza di cento milioni di anni-luce, e il suo messaggio è sconvolgente (*disturbing*): «Ti ho visto». Il narratore è convinto di essere stato osservato da una galassia lontana proprio mentre faceva una cosa che ha sempre cercato di nascondere. Problema: per raggiungere il narratore, la luce della galassia ci ha messo cento milioni di anni quindi qualsiasi comunicazione che lui voglia trasmettere ora in risposta ci metterà altri cento milioni di anni ad arrivare a destinazione. Questioni di distanze spaziali spingono la paranoia del narratore a dimensioni cosmiche… e comiche.

Prima di leggere

A. Strategie per leggere

Continuare ad usare le strategie in combinazione. Nel Capitolo 5 hai cominciato ad usare in combinazione le strategie per leggere presentate in questo libro. È importante continuare ad usare queste strategie, e altre, in combinazione per ogni lettura per ricavarne il massimo (*get the most out of it*). Alcune strategie aiuteranno più di altre per certi tipi di letture. Più leggi, più saprai quali strategie funzionano meglio per ogni tipo di lettura.

• **L'individuo, la scienza e l'universo:** qual è il nostro posto nel cosmo?

La scienza ci aiuta a capire tanti misteri dell'universo. Questo può essere rassicurante ma allo stesso tempo, per alcuni aspetti, sconvolgente. Intorno a chi o a cosa gira la sfera cosmica? All'essere umano o a… ?

1. Quali sono le scoperte scientifiche che danno conforto agli esseri umani? Quali creano diffidenza o paura?

2. Nella storia umana il cielo, le stelle e i pianeti hanno avuto sempre un grande fascino. Quali sono, riguardo ai corpi celesti, alcune delle teorie metafisiche, i miti o le leggende che hanno caratterizzato la percezione umana dell'universo? Alcune di queste idee antiche hanno ancora un'influenza sul nostro modo di percepire l'universo?

3. In che modo lo studio del cielo è stato utile in vari campi dell'attività umana? (l'agricoltura, la navigazione, la geografia e così via)

B. Per conversare. Prima di leggere, rispondete con un compagno / una compagna, o in piccoli gruppi, alle seguenti domande. Discutetene dopo con il resto della classe.

1. Osservare il cielo notturno—con o senza l'aiuto del telescopio—è un'esperienza piacevole e rilassante per molte persone. Avete mai sentito dire (o avete mai detto) «Quando guardo le stelle mi sento piccolo piccolo... sono cosciente di quanto vasto è l'universo... »? Quali sono i sentimenti che provate osservando il cielo? È un'esperienza rassicurante o in qualche modo inquietante?

2. Esiste la vita in altre parti dell'universo? Quali sono le vostre opinioni? Come sono stati trattati in libri e in film i contatti umani con extraterrestri? È valida l'idea di considerare la possibilità di vita extraterrestre? Secondo voi, è una possibilità intrigante o paurosa?

Gli anni-luce

di Italo Calvino

1

Quanto una galassia è più distante, tanto più velocemente s'allontana da noi. Una galassia che si trovasse a 10 miliardi d'anni-luce da noi, avrebbe una velocità di fuga pari[1] a quella della luce, 300 mila chilometri al secondo. Già le «quasi-stelle» (quasars) scoperte di recente sarebbero vicine a questa soglia.[2]

Una notte osservavo come al solito il cielo col mio telescopio. Notai che da una galassia lontana cento milioni d'anni-luce sporgeva[3] un cartello. C'era scritto: TI HO VISTO. Feci rapidamente il calcolo: la luce della galassia aveva impiegato cento milioni d'anni a raggiungermi e siccome di lassù vedevano quello che succedeva qui con cento milioni d'anni di ritardo, il momento in cui mi avevano visto doveva risalire a duecento milioni d'anni fa.

Prima ancora di controllare sulla mia agenda per sapere cosa avevo fatto quel giorno, ero stato preso da un presentimento agghiacciante:[4] proprio duecento milioni d'anni prima, né un giorno di più né un giorno di meno, m'era successo qualcosa che avevo sempre cercato di nascondere. Speravo che col tempo l'episodio fosse completamente dimenticato; esso contrastava nettamente[5]—almeno così mi

[1]*equal* [2]*threshold* [3]*was sticking out* [4]*chilling* [5]*distinctly*

sembrava—con il mio comportamento abituale di prima e di dopo tale data: cosicché,[6] se mai qualcuno avesse tentato di rivangare[7] quella storia, mi sentivo di smentirlo[8] con tutta tranquillità, ... Ecco invece che da un lontano corpo celeste qualcuno mi aveva visto e la storia tornava a saltar fuori proprio ora.

Naturalmente ero in grado di spiegare tutto quel che era successo, e come era potuto succedere, e di rendere comprensibile, se non del tutto giustificabile, il mio modo d'agire. Pensai di rispondere subito anch'io con un cartello, impiegando una formula difensiva come LASCIATE CHE VI SPIEGHI oppure AVREI VOLUTO VEDERE VOI AL MIO POSTO, ma questo non sarebbe bastato e il discorso da fare sarebbe stato troppo lungo per una scritta sintetica[9] che risultasse leggibile a tanta distanza. E soprattutto dovevo stare attento a non fare passi falsi,[10] ossia[11] a non sottolineare con una mia esplicita ammissione ciò a cui il TI HO VISTO si limitava ad alludere. Insomma, prima di lasciarmi andare a una qualsiasi dichiarazione avrei dovuto sapere esattamente cosa dalla galassia avevano visto e cosa no: e per questo non c'era che domandarlo con un cartello del tipo: MA HAI VISTO PROPRIO TUTTO O APPENA UN PO'? oppure VEDIAMO SE DICI LA VERITÀ: COSA FACEVO?, poi aspettare il tempo che ci voleva perché di là vedessero la mia scritta, e il tempo altrettanto lungo perché io vedessi la loro risposta e potessi provvedere alle necessarie rettifiche.[12] Il tutto avrebbe preso altri duecento milioni d'anni, anzi qualche milione d'anni in più, perché le immagini andavano e venivano con la velocità della luce, le galassie continuavano ad allontanarsi tra loro e così anche quella costellazione adesso non era già più dove la vedevo io ma un po' più in là,[13] e l'immagine del mio cartello doveva correrle dietro. Insomma, era un sistema lento, che m'avrebbe obbligato a ridiscutere, dopo più di quattrocento milioni d'anni da quand'erano successi, avvenimenti[14] che avrei voluto far dimenticare nel più breve tempo possibile.

La migliore linea di condotta che mi si offriva era far finta di niente,[15] minimizzare la portata[16] di quel che potevano esser venuti a sapere. Perciò mi affrettai a esporre[17] bene in vista un cartello su cui avevo scritto semplicemente: E CON CIÒ?[18] Se quelli della galassia avevano creduto di mettermi in imbarazzo[19] col loro TI HO VISTO, la mia calma li avrebbe sconcertati,[20] e si sarebbero convinti che non era il caso di soffermarsi[21] su quell'episodio. ... non mi parve opportuno inserire nel cartello riferimenti più espliciti, perché se la memoria di quella giornata, passati tre milioni di secoli, si fosse andata offuscando,[22] non volevo essere proprio io a rinfrescarla.

VOCABOLARIO

In fondo, l'opinione che potevano essersi fatta di me in quella singola occasione non mi doveva preoccupare eccessivamente. I fatti della mia vita, quelli che si erano susseguiti[23] da quel giorno in poi per anni e secoli e millenni, parlavano—almeno in larga maggioranza—a mio favore; quindi non avevo che da lasciar parlare i

---

[6]*so that* [7]*dig up* [8]mi... *I felt I could refute it* [9]*succinct* [10]passi... *false steps* [11]*that is* [12]*clarifications* [13]un... *a bit farther away* [14]*events* [15]far... *to act as if nothing had happened* [16]*importance* [17]mi... *I hastened to display* [18]E... WHAT OF IT? [19]mettermi... *embarrass me* [20]*disconcerted* [21]*linger* [22]si... *had become cloudy* [23]si... *had followed*

fatti.[24] Se da quel lontano corpo celeste avevano visto cosa facevo un giorno di duecento milioni d'anni fa, mi avrebbero visto anche l'indomani,[25] e l'indopodomani, e il giorno dopo, e il giorno dopo ancora, e avrebbero modificato a poco a poco l'opinione negativa che di me potevano essersi formata giudicando affrettatamente sulla base d'un episodio isolato. Anzi, bastava pensassi al numero d'anni che erano già passati dal TI HO VISTO per convincermi che quella cattiva impressione era ormai cancellata da tempo, e sostituita da una valutazione probabilmente positiva, e comunque più rispondente alla[26] realtà. Però questa certezza razionale non bastava a darmi sollievo:[27] fino a che non avessi avuto la prova di un cambiamento d'opinione a mio favore, sarei rimasto sotto il disagio dell'esser stato sorpreso in una situazione imbarazzante e identificato con essa, inchiodato[28] lì.

[24]non... *all I had to do was let the facts speak for themselves* [25]*the following day* [26]rispondente... *in accordance with* [27]*comfort* [28]*nailed down*

1. Chi è il personaggio che incontriamo in questa prima parte della lettura?

2. In questa parte della lettura, si presenta un problema da risolvere? Perché il narratore si preoccupa quando vede il cartello «TI HO VISTO»?

3. C'è molta azione in questa parte o la sua funzione principale è quella di fornire descrizioni e informazioni? Quali informazioni ci dà?

4. Che cosa avrebbe voluto scrivere il narratore in risposta? Perché non lo fa? Cosa decide di fare e di scrivere alla fine?

5. Quali emozioni si esprimono in questa parte?

6. Sai raccontare con parole tue quello che succede in questa parte?

2

... Continuavo ogni notte a guardare intorno col telescopio. E dopo due notti mi accorsi che anche su una galassia distante cento milioni d'anni e un giorno-luce avevano messo il cartello TI HO VISTO. Non c'era dubbio che anche loro si riferivano a quella volta là: ciò che io avevo sempre cercato di nascondere era stato scoperto non da un corpo celeste solamente ma anche da un altro, situato in tutt'altra[1] zona dello spazio. E da altri ancora: nelle notti che seguirono continuai a vedere nuovi cartelli col TI HO VISTO innalzarsi da sempre nuove costellazioni. Calcolando gli anni-luce risultava che la volta che m'avevano visto era sempre quella. A ognuno dei TI HO VISTO rispondevo con cartelli improntati[2] a sdegnosa[3] indifferenza, come AH SÌ: PIACERE oppure M'IMPORTA ASSAI,[4] o anche a una strafottenza[5] quasi provocatoria, come TANT PIS,[6] oppure CUCÙ, SON IO!, ma sempre tenendomi sulle mie.[7]

...

[1]*quite another* [2]*printed* [3]*haughty* [4]M'IMPORTA... *I COULDN'T CARE LESS* [5]*nonchalance* [6]TANT... (*French*) *TOO BAD* [7]tenendomi... *always retaining my reserve*

Un centinaio di migliaia di secoli non sono poi un'eternità, però a me sembrava che non passassero mai. Finalmente arriva la notte buona: il telescopio l'avevo puntato già da un pezzo[8] in direzione di quella galassia della prima volta. Avvicino l'occhio destro all'oculare,[9] tenendo la palpebra socchiusa,[10] sollevo pian piano la palpebra, ecco la costellazione inquadrata[11] perfettamente, c'è un cartello piantato lì in mezzo, non si legge bene, metto meglio a fuoco[12]... C'è scritto: TRA-LA-LA-LÀ. Soltanto questo: TRA-LA-LA-LÀ. Nel momento in cui io avevo espresso l'essenza della mia personalità, ... cos'aveva visto? un bel niente, non s'era accorto di nulla, non aveva notato nulla di particolare. Scoprire che tanta parte della mia reputazione era alla mercé[13] d'un tipo che dava così poco affidamento,[14] mi prostrò.[15] Quella prova di chi io fossi, ... era passata così, inosservata, sprecata,[16] definitivamente perduta per tutta una zona dell'universo, solo perché quel signore s'era concesso i suoi cinque minuti di distrazione, di svago,[17] diciamo pure d'irresponsabilità, a naso per aria come un grullo,[18] magari nell'euforia di chi ha bevuto un bicchiere di troppo, e sul suo cartello non aveva trovato niente di meglio da scrivere che dei segni privi di senso,[19] magari il fatuo motivetto[20] che stava fischiettando,[21] dimentico delle sue mansioni,[22] TRA-LA-LA-LÀ.

[8]da... *for some time*   [9]*to the eyepiece*   [10]tenendo... *keeping my eyelid half-closed*
[11]*framed*   [12]a... *in focus*   [13]*mercy*   [14]dava... *inspired so little trust*   [15]mi... *humiliated me*
[16]*wasted*   [17]*diversion*   [18]*simpleton*   [19]privi... *senseless*   [20]fatuo... *silly tune*   [21]*whistling*
[22]*duties*

VERIFICHIAMO

1. Quali azioni hanno luogo in questa parte? Come risponde il narratore ai nuovi cartelli?

2. Come reagisce quando vede il cartello con scritto TRA-LA-LA-LÀ? Perché reagisce così?

3. Secondo il narratore, la risposta TRA-LA-LA-LÀ è una risposta seria e appropriata?

4. C'è molta azione in questa parte o più emozione?

5. Quali emozioni si esprimono in questa parte? Le emozioni del narratore cambiano o si intensificano? Come?

6. Sai raccontare con parole tue quello che succede in questa parte?

3

Ormai non ero più tanto sicuro di me stesso. Temevo che anche dalle altre galassie non avrei avuto soddisfazioni maggiori. Quelli che m'avevano visto, mi avevano visto in modo parziale, frammentario, distratto, o avevano capito solo fino a un certo punto cosa succedeva, senza cogliere[1] l'essenziale, senza analizzare gli elementi della mia personalità che caso per caso prendevano risalto.[2]

...

[1]*gathering*   [2]caso... *emerged from one situation to another*

Cosa potevo fare, a questo punto? Continuare a occuparmi del passato era inutile; finora era andata come era andata; dovevo fare in modo che andasse meglio in avvenire. L'importante era che, di tutto quel che facevo, risultasse chiaro cos'era l'essenziale, dove andava posto l'accento, cosa si doveva notare e cosa no. Mi procurai un enorme cartello con un segno indicatore di direzione, di quelli con la mano a indice puntato.[3] Quando compivo[4] un'azione su cui volevo richiamare l'attenzione, non avevo che da innalzare[5] quel cartello, cercando di fare in modo che l'indice fosse puntato sul particolare più importante della scena.[v] Per i momenti in cui invece preferivo passare inosservato mi feci un altro cartello, con una mano che sporgeva il pollice[6] nella direzione opposta a quella in cui io mi rivolgevo, in modo da deviare l'attenzione.[v]

VISUALIZZARE

VISUALIZZARE

Bastava che mi portassi dietro quei cartelli dovunque andavo e alzassi o l'uno o l'altro a seconda delle occasioni. Era un'operazione a lunga scadenza,[7] naturalmente: gli osservatori distanti centinaia di migliaia di millenni-luce avrebbero tardato centinaia di migliaia di millenni a percepire quanto io facevo adesso, e io avrei tardato altre centinaia di migliaia di millenni a leggere le loro reazioni. Ma questo era un ritardo inevitabile; c'era purtroppo un altro inconveniente che non avevo previsto: cosa dovevo fare quando m'accorgevo d'aver alzato il cartello sbagliato?

Per esempio, a un certo momento ero sicuro di star per compiere qualcosa che m'avrebbe dato dignità e prestigio; m'affrettavo a sbandierare[8] il cartello con l'indice puntato su di me; e proprio in quel momento m'impelagavo[9] in una brutta figura, in una gaffe[10] imperdonabile,[11] in una manifestazione di miseria umana da sprofondare[12] sotto terra dalla vergogna.[13] Ma il gioco ormai era fatto: quell'immagine con tanto di cartello indicatore puntato lì navigava per lo spazio, nessuno la poteva più fermare, divorava gli anniluce, si propagava per le galassie, suscitava[14] nei milioni di secoli avvenire commenti e risa e arricciamenti[15] di nasi, i quali dal fondo dei millenni sarebbero tornati a me e m'avrebbero obbligato ad ancor più goffe[16] giustificazioni, a impacciati[17] tentativi di rettifica…

Un altro giorno, invece, dovevo affrontare una situazione sgradevole,[18] uno di quei casi della vita attraverso i quali uno è obbligato a passare sapendo già che, comunque vada, non c'è modo di cavarsela bene.[19] Mi feci scudo del[20] cartello col pollice che faceva segno verso la parte opposta, e andai. Inaspettatamente, in quella situazione così delicata e spinosa[21] diedi prova di una prontezza di spirito,[22] un equilibrio, un garbo,[23] una risolutezza nelle decisioni che nessuno— e tanto meno io stesso—aveva mai sospettato in me: prodigai[24] all'improvviso una riserva di doti[25] che presupponevano[26] la lunga maturazione d'un carattere; e intanto il cartello distraeva gli sguardi degli osservatori facendoli convergere su un vaso di peonie[27] lì vicino.

[3]a… with the index finger pointing   [4]I performed   [5]non… all I had to do was raise   [6]thumb   [7]a… long-term   [8]show   [9]I got bogged down   [10]faux pas   [11]unforgiveable   [12]da… to make one sink   [13]shame   [14]it was arousing   [15]wrinklings, turnings-up   [16]più… clumsier   [17]awkward   [18]unpleasant   [19]cavarsela… manage it well   [20]Mi… I shielded myself with the   [21]thorny   [22]prontezza… quick-wittedness   [23]tact   [24]I revealed   [25]talents   [26]implied   [27]vaso… vase of peonies

1. Quali azioni hanno luogo in questa parte? Cosa fa il narratore per indirizzare l'attenzione degli altri su di lui?

2. Perché è un'operazione a lunga scadenza?

3. Qual è il problema più grosso del sistema dei due cartelli?

4. Secondo te, il sistema dei due cartelli funziona bene? Perché sì o perché no? Dà conforto al narratore questo sistema?

5. Quali emozioni si esprimono in questa parte? Le emozioni del narratore cambiano o si intensificano? Come?

6. Sai raccontare con parole tue quello che succede in questa parte?

Dopo aver letto

A. Comprensione. Rispondi alle domande secondo la lettura.

1. Riesci a spiegare con parole tue il concetto degli anni-luce e quello dell'espansione dell'universo?

2. I concetti scientifici sono un conforto per il narratore o li trova sconcertanti? Perché?

3. Secondo te, come finirà la storia del narratore e i suoi cartelli? Quale sollievo potrà mai trovare?

B. Il personaggio

Primo passo. Con un compagno / una compagna, inserite nello schema che segue le parole (sostantivi, aggettivi, verbi) da usare per descrivere il narratore.

IL NARRATORE

confrontare   descrivere

raccomandare   ipotesi

Secondo passo. Usando le parole del **Primo passo** e altre riprese dal **Vocabolario del tema,** fate tre paragoni fra il narratore e la persona più paranoica che voi conoscete.

Terzo passo. Immagina di essere su uno dei corpi celesti della lettura. Quale consigli daresti al narratore per rispondere ai cartelli? E quali consigli daresti al tuo amico / alla tua amica paranoico/a per rendere più tranquilla la sua vita?

descrivere

C. L'ambiente. Qual è l'ambiente in cui si svolge questo racconto? Lo scrittore offre pochi particolari: perché? Come avete immaginato l'ambiente?

D. Citazioni. In gruppi di due o tre, spiegate con parole vostre il significato di queste citazioni tratte dalla lettura.

1. Un centinaio di migliaia di secoli non sono poi un'eternità, però a me sembrava che non passassero mai.
2. Quelli che m'avevano visto, mi avevano visto in modo parziale, frammentario, distratto, o avevano capito solo fino a un certo punto cosa succedeva, senza cogliere l'essenziale, senza analizzare gli elementi della mia personalità che caso per caso prendevano risalto.

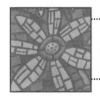

E. Per commentare. In piccoli gruppi, trattate i seguenti argomenti.

1. Sarebbe possibile creare un film basato su questo racconto? Dove lo ambientereste? Chi reciterebbe il ruolo del narratore? Ci sarebbero molti effetti speciali? Quali sarebbero?
2. Le vostre idee sul futuro sono state influenzate dal cinema? Quali film conoscete che ritraggono alcuni scenari del futuro? Offrono visioni ottimistiche o pessimistiche? Quali film descrivono il futuro in modo più attendibile (*credible*)?
3. Seguite molti corsi di scienze? Trovate interessanti e affascinanti gli argomenti scientifici o sono per voi noiosi e difficili da capire? Il racconto di Calvino ha cambiato il modo in cui pensate a certi concetti scientifici?

F. La nostra esperienza personale e il futuro

Primo passo. Qual è l'importanza o il significato dei concetti sotto elencati nella lettura tratta dal racconto «Gli anni-luce»?

il tempo	la vergogna	la società	la speranza
lo spazio	l'orgoglio	la solitudine	la paura

Secondo passo. Come sono legati i concetti sopra citati alle tue idee del futuro e al tuo posto nell'universo?

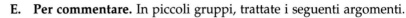

Scriviamo!

Primo passo. Con un compagno / una compagna, discutete delle seguenti domande che vi aiuteranno ad organizzare il componimento da scrivere per questo capitolo. Prendete appunti sulle vostre idee.

1. Quali cambiamenti renderanno migliore il nostro mondo nel futuro?
2. Quali scoperte cambieranno invece il nostro mondo in modo negativo?

Secondo passo. Come sarà il mondo «perfetto» del futuro? Ci saranno cure per tutte le malattie? Avremo eliminato la povertà e la fame? Faremo ancora ricorso ai conflitti armati? Scrivi un breve componimento in cui descrivi questo mondo «perfetto» del futuro.

Terzo passo. Leggi il componimento di un compagno / una compagna. Ora immagina di essere un/a giornalista critico/a di questa descrizione del futuro. Individua e descrivi gli svantaggi di un mondo «perfetto» come l'ha descritto il tuo compagno / la tua compagna di classe. Perché, secondo te, questo mondo sarà qualcosa di non così «perfetto»? Quali altre soluzioni proponi per risolvere i problemi del mondo?

Parlando del tema

Primo passo. Prepara una scheda su ognuno dei seguenti temi per poter discutere ognuna delle seguenti domande o situazioni. Per ogni gruppo di domande, c'è una lista di punti chiave che ti potranno essere utili per rispondere.

LA TECNOLOGIA

- Descrivi gli effetti nocivi (*harmful*) che può avere l'uso della tecnologia nella vita umana.
- Quali cose o attività saranno in disuso fra cinquant'anni come conseguenza dei cambiamenti tecnologici?
- Fai un paragone tra la vita di cinquant'anni fa e la vita fra cinquant'anni. Pensa al ruolo della tecnologia nella vita umana.

L'AMBIENTE E L'ECOLOGIA

- Da che cosa è minacciato attualmente l'ambiente?
- Che cosa raccomandi affinché le condizioni ambientali vengano migliorate?
- Se tu facessi parte del governo, cosa faresti per migliorare l'ambiente?

UN MONDO SENZA CONFINI

- Quali sono i problemi fra le nazioni causati dai confini?
- Quali problemi esisterebbero se non ci fossero i confini fra le nazioni?
- Quali sarebbero le conseguenze se nel mondo fossero annullati tutti i confini e le differenze culturali?

L'IMMIGRAZIONE

- Quali sono i vantaggi e gli svantaggi di ridurre il numero di immigranti che entrano ogni anno nel vostro paese?
- Credi che sia una buona idea permettere ai nuovi cittadini del tuo paese di mantenere anche la cittadinanza del loro paese di origine? Spiega la tua risposta.

Secondo passo. Prepara una domanda per ogni scheda usando i diversi punti chiave. Poi fai le domande a un compagno / una compagna di classe.

Spiegazioni grammaticali

I PUNTI CHIAVE

Punto chiave: Descrivere

In order to help you make more accurate descriptions in Italian, this section contains a review of (A) agreement, (B) **stare, essere,** and **avere,** (C) past participles used as adjectives, and (D) form, uses, and omission of the definite article.

A. Agreement

Although you learned about subject/verb agreement and noun/adjective agreement when you first started to learn Italian, you may still have problems with agreement, or **accordo,** especially when the person, place, or thing continues to be alluded to in a longer text. At this point, you are able to place adjectives with the correct gender when they are close to the noun they modify, but may lose sight of the gender if the sentence continues. Note the following examples.

> INCORRECT: Le rose gialle che Stefano ha regalato a Sara sono belli.
>
> CORRECT: **Le rose gialle** che Stefano ha regalato a Sara sono **belle.**

Remember that adjectives agree in number and gender with the nouns they modify.

1. Adjectives that end in **-e** in the singular form agree in number only and end in **-i** in the plural.

   un incontro piacevole   una gita piacevole
   degli incontri piacevoli   delle gite piacevoli

2. Adjectives that end in **-ista** in the singular form end in **-i** in the masculine plural and in **-e** in the feminine plural.

   un senatore socialista   una senatrice socialista
   dei senatori socialisti   delle senatrici socialiste

   un ragazzo egoista   una ragazza egoista
   dei ragazzi egoisti   delle ragazze egoiste

3. Adjectives that end in **-o** in the masculine singular form generally have four distinct endings: **-o** in the masculine singular, **-i** in the masculine plural, **-a** in the feminine singular, and **-e** in the feminine plural.

   un contributo generoso   un'amica generosa
   dei contributi generosi   delle amiche generose

4. Some adjectives are invariable, that is, they never change form, regardless of the gender or number of the nouns they modify. Most of these are adjectives of color.

un occhio blu	una striscia (*stripe*) blu
due occhi blu	delle strisce blu
un fiocco (*bow*) rosa	una rosa rosa
dei fiocchi rosa	delle rose rosa
un fiore viola	una gonna viola
dei fiori viola	delle gonne viola

5. Some adjectives require additional spelling changes in making the plural form (note that these are the same changes that similar nouns undergo).

   • Adjectives that end in **-co** or **-go** in the masculine singular and are stressed on the syllable immediately preceding **-co** or **-go** (**bianco, lungo**) change their spelling according to the following pattern.

	SINGULAR	PLURAL	
masculine	-co	-chi	bianco, bianchi
feminine	-ca	-che	bianca, bianche
masculine	-go	-ghi	lungo, lunghi
feminine	-ga	-ghe	lunga, lunghe

   • Adjectives that end in **-co** in the masculine singular and are stressed on the second syllable preceding **-co** (**astronomico**) change their spelling according to the following pattern.

	SINGULAR	PLURAL	
masculine	-co	-ci	astronomico, astronomici
feminine	-ca	-che	astronomica, astronomiche

   • Adjectives that end in **-io** in the masculine singular wherein the **i** is not stressed (**vecchio, egregio**) change their spelling according to the following pattern.

	SINGULAR	PLURAL	
masculine	-io	-i	vecchio, vecchi
feminine	-ia	-ie	vecchia, vecchie

- Adjectives that end in **-io** in the masculine singular wherein the **i** is stressed (**restịo**) change their spelling according to the following pattern.

	SINGULAR	PLURAL	
masculine	-io	-ii	restio, restii
feminine	-ia	-ie	restia, restie

6. Of course, many words are not obviously masculine or feminine. The following lists contain some common nouns and rules that should help you.

   a. Most nouns that end in **-a** or that refer to females are feminine.
   la brezza   la madre   la regina   la rosa

   b. Most nouns that end in **-o** or that refer to males are masculine.
   il libro   il padre   il re   il vento

   c. Most nouns that end in **-zione, -gione, -sione, -tà, -tù, -udine, -i,** and **-ie** are feminine. (Note also that nouns ending in an accented vowel have the same form in the singular and in the plural.)

la stazione	la diffusione	la sintesi	la città (le città)
la nazione	la prigione	la serie	l'università
la lezione	la crisi	la carie	(le università)
la ragione	l'estasi	l'abitudine	la virtù (le virtù)

   d. Most nouns that end in a consonant (most of which are borrowed, non-Italian words) are masculine and do not change form in the plural.

   il bar, i bar   il manager, i manager   l'Oscar, gli Oscar
   il film, i film   l'opossum, gli opossum

   e. Even though they end in **-a,** many words ending in **-ma, -pa,** and **-ta** are masculine.

   il tema, i temi   il programma, i programmi
   il papa, i papi   il problema, i problemi
   il pianeta, i pianeti   il poema, i poemi

   f. Some common words are shortened forms of a longer word. For these words, the gender of the original prevails, regardless of the ending of the shortened form, which does not change in the plural.

   il cinematografo → il cinema, i cinema
   la bicicletta → la bici, le bici
   la radiofonia → la radio, le radio
   la fotografia → la foto, le foto

   g. Nouns ending in **-e** do not always follow any specific gender rule and must always be memorized. When they refer to persons, the feminine singular form may sometimes be identical to the masculine form, and it may sometimes be different.

   THINGS
   il caffè, i caffè   la mente, le menti
   il cantone, i cantoni   la canzone, le canzoni

PERSONS

il cantante, la cantante, i cantanti, le cantanti
lo studente, la studentessa, gli studenti, le studentesse
il cameriere, la cameriera, i camerieri, le cameriere
il signore, la signora, i signori, le signore

h. Nouns and adjectives ending in **-ista** in the singular form are masculine or feminine depending on the sex of the person to whom they refer; in the plural they end in **-isti** (masculine) and **-iste** (feminine).

MASCULINE	FEMININE
il comunista, i comunisti	la comunista, le comuniste
il regista, i registi	la regista, le registe
il gruppo femminista, i gruppi femministi	la forza progressista, le forze progressiste

i. One small group of nouns follows a particular and distinct pattern. In the singular these nouns are masculine, but in the plural they change their gender to feminine and have an unusual ending for a feminine plural noun: **-a.** Many, though not all, of these nouns are names of parts of the body.

il dito, le dita   il braccio, le braccia
il ginocchio, le ginocchia   l'uovo, le uova

Facciamo pratica!

A. For each of the following words, indicate the letter of the corresponding rule of gender found in the preceding explanation. Remember that the definite article indicates the gender and number of the noun. **Attenzione!** If a word doesn't follow any of the rules of gender, indicate that fact with an X.

1. _____ il dilemma
2. _____ la nonna
3. _____ la sintesi
4. _____ la pittrice
5. _____ la tennista
6. _____ il telegramma
7. _____ la moto
8. _____ lo stipendio
9. _____ le ginocchia
10. _____ la posizione
11. _____ il tennis
12. _____ lo scandalo
13. _____ la consuetudine
14. _____ la spiaggia
15. _____ l'imperatore
16. _____ il purista
17. _____ la tubercolosi
18. _____ il computer

B. Indicate the appropriate definite articles and adjectives for each of the following sentences.

1. _____ gente del mio quartiere è molto _____ (simpatico).
2. _____ foto del tuo nipotino sono molto _____ (carino).
3. Ecco _____ problema: la voce di Renata è troppo _____ (basso) per quest'aria.
4. _____ canzoni che Leo canta sono _____ (favoloso).
5. _____ clima in California non è sempre _____ (bello) come tante persone credono.
6. _____ dita di mia sorella sono molto _____ (lungo).

7. _____ moto che Luigi si è comprato è _____ (rosso) e _____ (blu).
8. _____ sole in montagna è sempre piuttosto _____ (forte).
9. _____ amici di Genoveffa sono poco _____ (simpatico); li trovo molto _____ (snob).
10. Quali sono, secondo te, _____ stagioni più _____ (adatto) al turismo in Italia?

B. *Stare, essere, and avere*

These irregular verbs are used very often in describing people and things. Both **essere** and **stare** can be translated into English as *to be,* but the use of **stare** in Italian to mean *to be* is fairly limited.

1. **Stare** is most commonly used in reference to the state of someone's health. Note that in this context, **stare** is followed by an adverb, not an adjective.

—Come **stai?**   —Come **sta** Mario?
—**Sto** molto **bene,** grazie.   —**Sta male:** ha il raffreddore.

2. In certain expressions, **stare** is followed by an adjective. The most common of these adjectives are **fermo, zitto,** and **attento.** The meanings of these expressions are often idiomatic.

Questi bambini non   *These children are never quiet.*
   stanno mai **zitti.**
Sta' ferma, Lucia,   *Stand still, Lucia, and pay*
   e **sta' attenta!**   *attention!*

3. **Stare** rather than **essere** is used in the formation of the progressive tenses. These correspond to the English use of *to be* plus the *-ing* form, or gerund (**gerundio**), of a verb. The Italian progressive tenses use a form of **stare** plus the gerund of a verb. The gerund is formed as described below.

For **-are** verbs:
the verb stem + **-ando**   parlare → parlando

For **-ere** and **-ire** verbs:
the verb stem + **-endo**   scrivere → scrivendo
                                     finire → finendo

For verbs derived from archaic infinitives:
the archaic verb stem + the gerund ending appropriate to the archaic infinitive
fare (facere) → facendo   dire (dicere) → dicendo
bere (bevere) → bevendo

Non posso uscire ora: **sto facendo** i compiti.
Stavamo lavando la macchina quando ha cominciato a piovere.

4. Sometimes **stare** is used in cases where **essere** could also have been used, with a somewhat different intent. In these cases, **stare** is being used to mean *to stay* or *to remain* rather than *to be.*

Stasera **stiamo** a casa.   *This evening we're staying home.*
Stasera **siamo** a casa.   *We'll be at home this evening.*

5. In almost every other case, **essere** will be used to mean *to be*.

—Non ti piace quel film?
—No, **è noioso.**

—Dove **siete**, ragazzi?
—**Siamo** qui in giardino, mamma!

—**Com'è** il nuovo professore?
—**È bravo,** ma molto esigente.

6. The Italian verb **avere** is very important for describing people and things because, although its primary meaning is *to have*, it is used in some very common descriptive idiomatic expressions. The English equivalents frequently use the verb *to be* plus an adjective; the Italian idioms use **avere** plus a noun. Many of the most common of these expressions are listed below.

avere fame   *to be hungry*
avere sete   *to be thirsty*
avere coraggio   *to be brave*
avere paura (di)   *to be afraid (of)*
avere caldo   *to be hot (to describe how persons feel)*
avere freddo   *to be cold (to describe how persons feel)*
avere voglia di   *to want to, to feel like (do something, doing something)*
avere intenzione di   *to intend to (do something)*
avere ragione   *to be right*
avere torto   *to be wrong*
avere bisogno di   *to need to, to have need of (do something, doing something)*

7. The verb **fare** can also be an important one in describing persons, since it is frequently used to identify a person's job or profession. The verb **essere** can also be used to do this, but the two verbs operate in slightly different grammatical ways when they have this function. **Fare** is followed by the definite article and the name of the profession; **essere** is followed by the name of the profession without an article if the profession is unmodified. **Essere** and the indefinite article must be used when the profession is followed by an adjective.

Mio padre **fa l'ingegnere.**	Mio padre **è ingegnere.**	Mio padre **è un ingegnere molto bravo.**
Maria **fa l'avvocato.**	Maria **è avvocato.**	Maria **è un avvocato famoso.**

Facciamo pratica!

Complete these sentences with the appropriate form of **stare, essere,** or **avere** in the present tense.

1. _____ una bella giornata, ma tira vento e io _____ freddo.
2. Il cugino di Norma _____ giornalista.
3. La fidanzata di Roberto _____ di Firenze; anche i miei compagni _____ fiorentini.
4. Luisa _____ professoressa e suo marito _____ un agente di viaggio.
5. Molti bambini _____ paura della Befana.

6. —Ciao, Franco! Come _____?
   —Oggi _____ abbastanza bene. Non ho più la febbre.
7. (*al telefono*) —La tua voce _____ bella. Come _____?
   —_____ alto, bruno e magro.

C. Past participles used as adjectives

The past participle can be used as an adjective to modify a noun.
Remember that the rules of agreement apply.

- Regular past participles are formed by adding **-ato** to the stem of
  -are verbs, **-uto** to the stem of **-ere** verbs, and **-ito** to the stem of
  -ire verbs.

  > Lucia è **innamorata** di Renzo.
  > Gianni e Sergio erano **arrabbiati** perché avevano perso il treno.

- Many verbs have irregular past participles. A great number of
  these are **-ere** verbs. In fact, most of the commonly used **-ere** verbs
  have irregular past participles. You should always assume that an
  unfamiliar **-ere** verb has an irregular past participle and look it
  up. Verbs whose infinitives end in **-rre** are usually derived from
  Latin infinitives that were **-ere** verbs and always have irregular
  past participles.

aprire: aperto	leggere: letto	scrivere: scritto
chiudere: chiuso	morire: morto	togliere: tolto
cogliere: colto	porre: posto	tradurre: tradotto
coprire: coperto	prendere: preso	trarre: tratto
dire: detto	risolvere: risolto	
fare: fatto	rispondere: risposto	

Facciamo pratica!

Indicate the appropriate past participle form for each of the following
sentences.

1. Hai letto molte poesie _____ durante la II guerra mondiale? (scrivere)
2. Quali sono le tue scrittrici _____? (preferire)
3. Fa un freddo insopportabile! Perché sono _____ queste finestre?
   (aprire)
4. Tutti i negozi erano _____ quando siamo arrivati in centro. (chiudere)
5. I cittadini del paese vogliono ricostruire gli edifici _____.
   (distruggere)
6. La segretaria ha messo le lettere _____ nelle buste. (firmare)
7. Ho finalmente buttato via quella lampada _____. (rompere)

D. Form, uses, and omission of the definite article

1. Form of the definite article

The correct form of the definite article is determined by two factors: grammar and phonetics.

- Grammar—The number and gender of the noun.

  If the noun is masculine singular, the definite article will take one of the following forms.

  il, lo, l'   (indefinite articles: **un, uno**)

  If the noun is masculine plural, the definite article will take one of the following forms.

  i, gli   (partitive: **dei, degli**)

  If the noun is feminine singular, the definite article will take one of the following forms.

  la, l'   (indefinite article: **una, un'**)

  If the noun is feminine plural, the definite article can have only one form.

  le   (partitive: **delle**)

- Phonetics—The beginning sound of the word that immediately follows the article.

  The correct form of the definite article is determined by the spelling of the word that immediately follows it. Italian seeks to avoid certain sounds, particularly certain consonant clusters.

  For masculine singular nouns

	MASCULINE NOUNS	
if the word immediately following the article begins with	SINGULAR	PLURAL
s + any consonant, **z, ps, gn**	**lo** lo strato, lo zingaro lo psicologo, lo gnomo	**gli** gli strati, gli zingari gli psicologi, gli gnomi
i + another vowel, **y**	**lo** lo iodio lo yacht	**gli** gli iodi gli yacht
any vowel	**l'** l'orto	**gli** gli orti
anything else	**il** il giardino	**i** i giardini

	FEMININE NOUNS	
if the word immediately following the article begins with	SINGULAR	PLURAL
any vowel	**l'** l'aula	**le** le aule
any consonant	**la** la madre	**le** le madri

- When the definite article appears immediately following the prepositions **a, da, di, in,** or **su,** it must be contracted with that preposition.

		a	da	di	in	su
masculine singular	il	al	dal	del	nel	sul
	lo	allo	dallo	dello	nello	sullo
	l'	all'	dall'	dell'	nell'	sull'
masculine plural	i	ai	dai	dei	nei	sui
	gli	agli	dagli	degli	negli	sugli
feminine singular	la	alla	dalla	della	nella	sulla
	l'	all'	dall'	dell'	nell'	sull'
feminine plural	le	alle	dalle	delle	nelle	sulle

2. Uses and omission of the definite article

   In Italian, the definite article is necessary in many cases in which no article is used in English. Generally speaking, Italian nouns must be "announced" or preceded by some type of modifier, such as an adjective, a demonstrative adjective, or an article. Rarely do Italian nouns appear "unannounced." Although you will find exceptions, the following rules will serve as a general guideline to help you decide whether or not to use the definite article.

   - You do not use the definite article when

      a. the noun is used to address someone (or something) directly.

         When you are talking about Mr Morelli to someone else:
         Il signor Morelli ha scritto un bellissimo articolo.

         but

         When you are speaking to Mr Morelli:
         Signor Morelli, ha scritto un bellissimo articolo.

      b. the noun is singular, indicates a family relationship, is not modified by other adjectives or a suffix, and is preceded by a possessive adjective. Note the following exception: If the possessive adjective is **loro,** there will always be a definite article.

Conosci **mia sorella?**	*but*	Conosci **la mia sorella minore?**
Ecco **mio fratello.**	*but*	Ecco **il mio fratellone.**
Gino è **suo cugino.**	*but*	Gino è **il loro cugino.**

c. the noun is preceded by a demonstrative adjective.

> **Questi libri** sono molto interessanti.
> Conoscete **quelle ragazze?**

d. the noun is preceded by an adjective indicating quantity.

> **Molti turisti** visitano la Torre di Pisa ogni anno.
> Pensi che ci siano **troppe macchine** a Los Angeles?

- There is also a long list of prepositional phrases (most of which answer the question *where?*) in which no article is used in front of the noun (as long as the noun remains unmodified by adjectives or other prepositional phrases). There are no reliable rules for predicting these. One usually hears, for example, **in biblioteca** but **al cinema.** Some of the more common prepositional phrases of this type are listed below.

in classe	a letto	a teatro
in bagno	in caserma	in piscina
a casa	in poltrona	in discoteca
in cucina	in ufficio	in ospedale
in chiesa	in banca	

In almost every other case, the noun will be preceded by an article.

- The definite article is often used instead of the possessive adjective or noun when ownership is obvious without the possessive, in cases in which the owner is identified as an indirect object of the verb, or in cases in which an indirect object or reflexive pronoun indicates the owner. This is most often true in the case of articles of clothing and parts of the body.

Oggi ho lasciato **la macchina** a casa e ho preso l'autobus.	*Today I left my car at home and took the bus. (ownership is obvious)*
Il dentista ha estratto **il dente del giudizio** a Mario.	*The dentist extracted Mario's wisdom tooth. (owner is named as indirect object)*
Chi ti ha tagliato **i capelli** in quel modo?	*Who cut your hair that way? (indirect object pronoun indicates owner)*
Mi sono rotto **la gamba sinistra.**	*I broke my left leg. (reflexive pronoun indicates owner)*

Facciamo pratica!

In the following narrative, indicate the appropriate definite and indefinite article, according to the context of the story. Attenzione! In some cases no article is required; indicate these instances with an X.

_____[1] nostro caro amico è Massimo Pensotti. Massimo è _____[2] cugino di Veronica ed è _____[3] professore in _____[4] liceo vicino _____[5] confine tra _____[6] Veneto e _____[7] Trentino. Insegna _____[8] lingua e letteratura tedesca. Ha _____[9] totale di circa cinquanta studenti. _____[10] Sig. Grazioli è _____[11] preside del liceo e lui esige che _____[12] suoi insegnanti discutano fra loro _____[13]ora prima che comincino _____[14] lezioni sui metodi più efficaci per aiutare _____[15] studenti con _____[16] problemi dell'apprendimento. È _____[17] amministratore capace ed interessato ai problemi della sua scuola. Egli crede con tutto _____[18] cuore che _____[19] pazienza e _____[20]amore siano _____[21] componenti necessarie per assicurare _____[22] successo di tutti _____[23] studenti. _____[24] molti insegnanti sono d'accordo con lui e s'impegnano per aiutarlo.

Punto chiave: Confrontare

When describing people, places, things, emotions, and actions, we often compare them with others that are the same or different. In this section, you will review (A) comparisons of equality, (B) comparisons of inequality, (C) irregular comparative forms, and (D) superlatives.

A. Comparisons of equality

When you compare people, places, and things that are equal, use the following formulas.

1. **così** + *adjective* + **come** or **tanto** + *adjective* + **quanto**
   Remember that the adjective always agrees with the noun it modifies and that **così** and **tanto** can be omitted.

   > Laura è **così brava come** Sergio. Laura è **tanto brava quanto** Sergio. Laura è **brava come/quanto** Sergio.
   > Vincenzo e Luca sono **così ambiziosi come** te.* Vincenzo e Luca sono **tanto ambiziosi quanto** te.* Vincenzo e Luca sono **ambiziosi come/quanto** te.*

2. **così** + *adverb* + **come** or **tanto** + *adverb* + **quanto**
   Remember that **così** and **tanto** can be omitted.

   > Paolo parla **così velocemente come** Sara. Paolo parla **tanto velocemente quanto** Sara. Paolo parla **velocemente come/quanto** Sara.
   > Laura dorme **così tranquillamente come** me.* Laura dorme **tanto tranquillamente quanto** me.* Laura dorme **tranquillamente come/quanto** me.*

3. **tanto/a/i/e** + *noun* + **quanto**
   Remember that **tanto** agrees in number and gender with the noun.

   > Suo padre ha **tanti soldi quanto** sua zia.
   > Mirella ha **tante amiche quanto** Norma.
   > Cristina ha portato **tanti regali quanto** loro.†

---

*Note that the disjunctive form of the personal pronoun follows **come** and **quanto**.
†Note that the disjunctive form of the personal pronoun follows **quanto**.

4. **tanto/a/i/e** + *noun 1* + **quanto/a/i/e** + *noun 2*
   Remember that **tanto** agrees in number and gender with noun 1 and **quanto** agrees in number and gender with noun 2.

   > Mia zia ha **tanti cani quanti** gatti.
   > Nel mio zaino ci sono **tante penne quanti** libri.

If you are confused as to why **quanto** in formula 4 agrees with the noun that follows it while **quanto** in formula 3 does not, remember to apply the following criterion.

If the placement of the nouns on either side of **quanto** is switched and the sentence does not make sense, then **quanto** remains invariable, as in formula 3. If, however, the placement of the nouns on either side of **quanto** is switched and the sentence still makes sense, then **quanto** must agree with the noun that follows it, as in formula 4. Another way to understand this is to note that in formula 3 **quanto** functions as an adverb, and adverbs are always invariable; while in formula 4 **quanto** functions as an adjective, and adjectives always agree in number and gender with the noun they modify.

> ESEMPI
> Suo padre ha **tanti soldi quanto sua zia.**

If the placement of **soldi** and **sua zia** is switched, the sentence does not make sense; therefore, **quanto** is invariable.

> Nel mio zaino ci sono **tante penne quanti libri.**
> Nel mio zaino ci sono **tanti libri quante penne.**

In this instance, the placement of **penne** and **libri** is switched and both sentences still make sense; therefore, **quanto** must agree with the noun that follows it.

5. *verb* + **tanto quanto**
   Remember that **tanto** may be omitted.

   > Giorgio **non mangia tanto quanto** suo fratello. Giorgio **non mangia quanto** suo fratello.
   > Nicola **spende tanto quanto** me.* Nicola **spende quanto** me.*

B. Comparisons of inequality

When you compare people, places, or things that are not equal, use the following formulas.

1. **più/meno di** + *number*

   > Il viaggio a Milano ti costerà **meno di mille dollari.**
   > Ci sono **più di 55 persone** iscritte in quel corso.

---

*Note that the disjunctive form of the personal pronoun follows **quanto.**

2. prepositional phrase: **più/meno che** + *prepositional phrase*
   verb in the infinitive: **più/meno che** + *verb in the infinitive*

   > Nella nostra città ci sono **meno chiese che a Roma.** Ci sono **meno** chiese nella nostra città **che a Roma.**
   >
   > Memorizzare è **più facile che capire.** È **più facile** memorizzare **che capire.**

3. **più/meno** + *adjective/adverb/noun* + **che** (rather than **di**)
   This construction is used when switching the placement of the terms on either side of **che** results in a sentence that still makes sense (although the meaning changes).

   > Pasqualino è **più fortunato che intelligente.**
   > Pasqualino è **più intelligente che fortunato.**

   Although the two sentences have different meanings, they both make sense; therefore, **che** is used rather than **di.**

   > Voi viaggiate sempre **meno economicamente che comodamente.**
   > Voi viaggiate sempre **meno comodamente che economicamente.**

   Although the two sentences have different meanings, they both make sense; therefore, **che** is used rather than **di.**

   > In questo corso gli studenti leggono **più racconti che poesie.**
   > In questo corso gli studenti leggono **più poesie che racconti.**

   Although the two sentences have different meanings, they both make sense; therefore, **che** is used rather than **di.**

4. **più/meno** + *adjective/adverb/noun* + **di** (rather than **che**)
   This construction is used when switching the placement of the terms on either side of **di** would result in a sentence that does not make sense.

   > Pasqualino ha vinto **più soldi di Vittorio.**

   If the placement of **soldi** and **Vittorio** is switched, the sentence does not make sense; therefore, **di** is used rather than **che.**

   > Voi viaggiate **meno spesso di noi.**

   If the placement of **spesso** and **noi** is switched, the sentence does not make sense; therefore, **di** is used rather than **che.**

   > In questo corso noi abbiamo letto **più poesie di voi.**

   If the placement of **poesie** and **voi** is switched, the sentence does not make sense; therefore, **di** is used rather than **che.**

C. Irregular comparative forms

Some adjectives and adverbs have a regular and an irregular comparative form.

ADJECTIVES		ADVERBS	
buono	migliore	bene	meglio
cattivo	peggiore	male	peggio
grande	maggiore		
piccolo	minore		

Often either the regular or the irregular form can be used in a grammatically correct sentence, but the meanings will differ. The regular form usually conveys the literal sense of the adjective or adverb and the irregular form usually conveys a figurative sense of the term. In the case of **buono** and **cattivo,** for example, the regular comparatives are usually used when a moral or ethical quality is being referred to, while the irregular comparative will usually be used when the idea of *better* or *worse* implies a degree of skill or suitability for a certain purpose. For example:

Questo professore è **migliore** di quello del semestre scorso.

This sentence implies that the professor this semester is performing better or doing better work than the professor did last semester.

Questo professore è **più buono** di quello del semestre scorso.

This sentence implies that this semester's professor is a nicer, kinder person than last semester's professor.

D. Superlatives

1. Relative superlative

   Superlative comparisons rank one member of a group as the highest or lowest example of its kind. This construction is known as the relative superlative because someone/something is being described as superlative in relation to other persons/things that possess the same quality. In general, the relative superlative is formed as follows.

   definite article + *noun* + **più/meno** + *adjective* (+ **di** if the other examples are mentioned)

   Il dottor Bertini è **il professore più ragionevole di tutti.**
   La soluzione **meno saggia di quelle suggerite** sarebbe l'aumento del prezzo.

   If you are using the irregular comparative form, **più** or **meno** is omitted, and the adjective usually precedes the noun.

   Secondo te, qual è stato **il migliore film** dell'anno?

   Note the following use of the relative superlative, which requires the subjunctive.

   definite article + *noun* + **più/meno** + *adjective* + **che** + *subjunctive*
   È **il film più bello che io abbia** mai **visto.**
   Quelle erano **le scarpe meno care che lui avesse trovato.**

2. Absolute superlative

   To indicate that someone or something is superlative without mentioning in relation to what or to whom, you may use an *adjective* + **-issimo/a/i/e** (known as an absolute or independent superlative). Note that this absolute superlative form is made by adding **-ssimo** to the masculine plural form of the adjective.

   Le amiche di Irene sono **simpaticissime** (molto simpatiche).
   I dipinti di Raffaello sono **bellissimi** (molto belli).

Facciamo pratica!

A. Write complete sentences, using the information in the chart and making any necessary changes to verbs and adjectives.

NOME	ETÀ	FRATELLI	MACCHINA	STIPENDIO MENSILE
Mario	54	3	Cadillac	€ 5.200
Elena	40	2	Fiat 500	€ 1.550
Gianni	50	3	Mercedes	€ 3.100

1. Elena / Gianni / essere / ricco
2. Mario / Gianni / essere / giovane
3. Gianni / Mario / Elena / avere / macchina / buono
4. Mario / Gianni / avere / fratello
5. Elena / Mario / avere / fratello

B. Translate the following sentences.

1. Maria is the most serious student in the class.
2. This is the worst day of my life.
3. Those cities are extremely large.

raccomandare

Punto chiave: Raccomandare e esprimere opinioni

When making recommendations or expressing opinions in Italian, you will often need to use the subjunctive mood. In order to help you master the concepts of the subjunctive, this section contains a review of (A) the formation of the present subjunctive, (B) the formation of the past subjunctive, (C) the formation of the imperfect subjunctive, (D) the formation of the pluperfect subjunctive, (E) the use of the subjunctive in noun clauses, and (F) formal and informal commands.

A. Formation of the present subjunctive

1. The present subjunctive is formed as described below for verbs that are regular in the subjunctive.

   a. The first-, second-, and third-person singular (**io, tu, lui, lei**) forms of **-are** verbs are the same as the second-person present indicative: **canti, cerchi, parli,** and so on. The first-, second-, and third-person singular forms of **-ere** and **-ire** verbs are formed by adding an **-a** to the verb stem: **legga, prenda, venda, capisca, conosca, offra,** and so on.

   b. The first-person plural (**noi**) form of all verbs is the same as the present indicative: **cantiamo, cerchiamo, parliamo, leggiamo, prendiamo, vendiamo, capiamo, conosciamo, offriamo,** and so on.

   c. The second-person plural (**voi**) form of all verbs is formed by adding **-iate** to the verb stem: **cantiate, cerchiate, parliate, leggiate, prendiate, vendiate, capiate, conosciate, offriate,** and so on.

   d. The third-person plural (**loro**) form of all verbs is formed by adding **-no** to the singular subjunctive form: **cantino, cerchino, parlino, leggano, prendano, vendano, capiscano, conoscano, offrano,** etc.

2. Most verbs whose infinitives are contracted forms of a longer archaic infinitive (for example, **bere** from **bevere,** and **tradurre** from **traducere**) have a verb stem that derives from the archaic infinitive. Using the archaic infinitive and stem, these verbs are then conjugated regularly.

bere (**bevere;** stem **bev-**)	**tradurre** (**traducere;** stem **traduc-**)
beva	traduca
beva	traduca
beva	traduca
beviamo	traduciamo
beviate	traduciate
bevano	traducano

dire (**dicere;** stem **dic-**)	**fare** (**facere;** stem **facc-***)
dica	faccia
dica	faccia
dica	faccia
diciamo	facciamo
diciate	facciate
dicano	facciano

3. Verbs that undergo spelling changes or are irregular in the first-person singular present indicative retain this irregularity in the present subjunctive.

raccogliere (present indicative: **io raccolgo**)	**tenere** (present indicative: **io tengo**)
raccolga	tenga
raccolga	tenga
raccolga	tenga
raccogliamo	teniamo
raccogliate	teniate
raccolgano	tengano

scegliere (present indicative: **io scelgo**)	**venire** (present indicative: **io vengo**)
scelga	venga
scelga	venga
scelga	venga
scegliamo	veniamo
scegliate	veniate
scelgano	vengano

4. The following verbs are simply irregular in the present subjunctive.

avere	abbia	abbia	abbia	abbiamo	abbiate	abbiano
dare	dia	dia	dia	diamo	diate	diano
dovere[†]	debba	debba	debba	dobbiamo	dobbiate	debbano

---

*While **fare** departs slightly from this rule due to the variation in spelling, it still follows rule 2 more closely than any other rule.

†**Dovere** can also take the following form in the present subjunctive: **deva, deva, deva, dobbiamo, dobbiate, devano.**

essere	sia	sia	sia	siamo	siate	siano
potere	possa	possa	possa	possiamo	possiate	possano
sapere	sappia	sappia	sappia	sappiamo	sappiate	sappiano
stare	stia	stia	stia	stiamo	stiate	stiano
volere	voglia	voglia	voglia	vogliamo	vogliate	vogliano

- Notice, however, that the irregularity is really in the verb stem, and, otherwise, these verbs follow the regular pattern: all three singular forms are identical, the first-person plural form is the same as the indicative, and the third-person plural is formed by adding **-no** to the singular form.

B. Formation of the past subjunctive

The formation of the past subjunctive is analogous to that of the **passato prossimo** in the indicative. It is formed by using the present tense of the appropriate auxiliary verb plus the past participle of the verb in question. The difference here is that we use the present subjunctive of the auxiliary verb. All the rules governing which auxiliary verb is appropriate and determining the ending of the past participle are the same for all compound tenses, indicative or subjunctive.

Verbs conjugated with **avere**

mangiare	**vendere**	**capire**
abbia mangiato	abbia venduto	abbia capito
abbia mangiato	abbia venduto	abbia capito
abbia mangiato	abbia venduto	abbia capito
abbiamo mangiato	abbiamo venduto	abbiamo capito
abbiate mangiato	abbiate venduto	abbiate capito
abbiano mangiato	abbiano venduto	abbiano capito

Verbs conjugated with **essere**

andare	**accorgersi**	**vestirsi**
sia andato/a	mi sia accorto/a	mi sia vestito/a
sia andato/a	ti sia accorto/a	ti sia vestito/a
sia andato/a	si sia accorto/a	si sia vestito/a
siamo andati/e	ci siamo accorti/e	ci siamo vestiti/e
siate andati/e	vi siate accorti/e	vi siate vestiti/e
siano andati/e	si siano accorti/e	si siano vestiti/e

C. Formation of the imperfect subjunctive

1. For all verbs that are regular in the imperfect subjunctive, the tense is formed by dropping the **-re** from the infinitive and then adding the following endings.

	-ssi	-ssi	-sse	-ssimo	-ste	-ssero
andare	andassi	andassi	andasse	andassimo	andaste	andassero
prendere	prendessi	prendessi	prendesse	prendessimo	prendeste	prendessero
capire	capissi	capissi	capisse	capissimo	capiste	capissero

2. Most verbs whose infinitives are contracted forms of a longer archaic infinitive are conjugated in the imperfect subjunctive by dropping the **-re** from the archaic infinitive and adding the appropriate ending.

bere (bevere)	tradurre (traducere)
bevessi	traducessi
bevessi	traducessi
bevesse	traducesse
bevessimo	traducessimo
beveste	traduceste
bevessero	traducessero

dire (dicere)	fare (facere)
dicessi	facessi
dicessi	facessi
dicesse	facesse
dicessimo	facessimo
diceste	faceste
dicessero	facessero

3. The following verbs are irregular in the imperfect subjunctive.

dare	dessi	dessi	desse	dessimo	deste	dessero
essere	fossi	fossi	fosse	fossimo	foste	fossero
stare	stessi	stessi	stesse	stessimo	steste	stessero

D. Formation of the pluperfect subjunctive

The formation of the pluperfect subjunctive is analogous to that of the **trapassato prossimo** in the indicative. It is formed by using the imperfect tense of the appropriate auxiliary verb plus the past participle of the verb in question. The difference here is that we use the imperfect subjunctive of the auxiliary verb. All the rules governing which auxiliary verb is appropriate and determining the ending of the past participle are the same for all compound tenses, indicative or subjunctive.

Verbs conjugated with **avere**

mangiare	vendere	capire
avessi mangiato	avessi venduto	avessi capito
avessi mangiato	avessi venduto	avessi capito
avesse mangiato	avesse venduto	avesse capito
avessimo mangiato	avessimo venduto	avessimo capito
aveste mangiato	aveste venduto	aveste capito
avessero mangiato	avessero venduto	avessero capito

Verbs conjugated with **essere**

andare	accorgersi	vestirsi
fossi andato/a	mi fossi accorto/a	mi fossi vestito/a
fossi andato/a	ti fossi accorto/a	ti fossi vestito/a
fosse andato/a	si fosse accorto/a	si fosse vestito/a
fossimo andati/e	ci fossimo accorti/e	ci fossimo vestiti/e
foste andati/e	vi foste accorti/e	vi foste vestiti/e
fossero andati/e	si fossero accorti/e	si fossero vestiti/e

E. Use of the subjunctive in noun clauses

Sentences that use the subjunctive have two clauses: an independent (main) clause, with a verb in the indicative, and a dependent (subordinate) clause, with a verb in the subjunctive. The two clauses are generally separated by the connector **che.**

INDEPENDENT CLAUSE		DEPENDENT CLAUSE
Io **raccomando**	+ **che** +	lei **abbia** più pazienza.
I recommend	+ *(that)* +	*she have more patience.*

Note that the English connector *that* is optional, whereas **che** is not.

1. Conditions for the use of subjunctive in noun clauses in Italian

    *   The main clause and the subordinate clause must have different subjects.

(Noi) **Vogliamo** che **loro arrivino** presto.	*We want them to arrive early.*

    *   If the subject is the same in both clauses, use the infinitive in the dependent clause.

Vogliamo arrivare presto.	*We want to arrive early.*

    *   The verb in the independent clause must express (W) willing/wish, (H) hope, (E) emotion, (I) impersonal expression, (R) requests, or (D) doubt or denial. If the verb in the independent clause does not indicate any of these WHEIRD categories, the verb in the dependent clause must be in the indicative (even if the two clauses have different subjects). Compare the following examples, also noting how the sequence of tenses comes into play.

        Spero che loro siano contenti della loro nuova casa.
        (H: *hope expressed*)

        So che loro sono contenti della loro nuova casa.
        (*certainty expressed*)

        Abbiamo chiesto che Laura **avesse** una camera privata.
        (R: *request expressed*)

        Eravamo sicuri che Laura **aveva** una camera privata.
        (*certainty expressed*)

        Avevo paura che ci fossero scarafaggi (*cockroaches*) in cucina.
        (E: *emotion expressed*)

        Era certo che c'erano scarafaggi in cucina.
        (*certainty expressed*)

    *   Impersonal expressions or generalizations that express willing/wish, hope, emotion, requests, or doubt or denial are followed by an infinitive. When one of these generalizations is personalized (made to refer to a specific entity), it is followed by the subjunctive in the dependent clause.

        È necessario ammazzare gli scarafaggi. (*general*)
        È necessario che Gino ammazzi gli scarafaggi. (*personalized*)

        Era terribile avere degli scarafaggi in casa. (*general*)
        Era terribile che io avessi degli scarafaggi in casa. (*personalized*)

- Here are some expressions that always use the subjunctive.

  W: willing/wish, H: hope, R: requests (These expressions indicate a direct or implicit command.)

(non) dire che (*when **dire** means to tell someone to do something*)	(non) raccomandare che
(non) desiderare che	(non) sperare che
(non) preferire che	(non) volere che
(non) insistere che	

  E: emotion

(non) essere contento che	(non) dispiacere che
(non) è un peccato che	(non) temere che
(non) piacere che	(non) avere paura che
(non) essere lieto che	(non) è triste che

  I: impersonal expressions (These expressions indicate opinion or a subjective reaction.)

è meglio che	(non) è incredibile che
(non) è bene che	(non) è necessario che
(non) è difficile che	(non) è possibile che
(non) è importante che	(non) è probabile che
(non) è impossibile che	può darsi che

  D: doubt or denial

pensare che	non è sicuro che
dubitare che	credere che

Italian, like any other language, is constantly changing, and the use of the subjunctive tenses is one area in which this change is most evident. Even among teachers of Italian there is disagreement concerning the degree to which the subjunctive should be emphasized in introductory and intermediate level courses. There is no doubt, however, that everyday, informal conversation makes less and less use of it, and there are several quite legitimate ways to avoid using the subjunctive. In expressing opinions (reacting), introductory phrases such as **secondo me** (**secondo lui, secondo lo scrittore,** and so on) and verbs like **trovare** are quite useful because they indicate that what follows constitutes an opinion without requiring the use of the subjunctive. For example, instead of saying **pensavo che le sue idee fossero sbagliate** you might prefer to say **secondo me, le sue idee erano sbagliate** or **trovavo le sue idee sbagliate** (but **trovo che le sue idee siano sbagliate**). In fact, you are likely to hear many Italians themselves say **pensavo che le sue idee erano sbagliate.** Difficult decisions concerning the subjunctive are not often required in everyday, informal Italian conversation, and second-year Italian students can afford to relax in this context where the subjunctive is concerned.

The different tenses of the subjunctive do allow for a great deal of precision and subtlety of expression, and anyone who hopes to communicate effectively will want to be able to take advantage of every available tool. Italians continue to use the subjunctive in all its tenses in informal conversation and particularly in more formal conversation (job interviews, business meetings, in discussion with and among professionals, for example). Its use is also considered indispensable in formal or commercial correspondence, expository prose, and any serious writing (applications for employment, statements of purpose, business proposals, and so on).

2. Sequence of tenses

    If the verb in the main clause is in any past or conditional tense, the verb in the subjunctive in the subordinate clause will be in either the imperfect subjunctive or the pluperfect subjunctive. If the action described in the subordinate clause takes place at the same time as or later than the action in the main clause, the imperfect subjunctive will be used. If the action in the subordinate clause takes place prior to the action in the main clause, the pluperfect subjunctive will be used.

    If the verb in the main clause is in any other tense, for example, the present tense, the verb in the subjunctive in the subordinate clause will be in either the present subjunctive or the past subjunctive. If the action described in the subordinate clause takes place at the same time as or later than the action in the main clause, the present subjunctive will be used. If the action in the subordinate clause takes place prior to the action in the main clause, the past subjunctive will be used.

MAIN CLAUSE	SUBORDINATE CLAUSE
PRESENT	SAME TIME OR LATER
Sono contento che	**tu abbia** abbastanza soldi. (*present subjunctive*)
(Hai abbastanza soldi e io ne sono contento.)	
	EARLIER
Sono contento che	**tu abbia avuto** abbastanza soldi. (*past subjunctive*)
(Hai avuto abbastanza soldi e io ne sono contento.)	
PAST	SAME TIME OR LATER
Ero contento che	**tu avessi** abbastanza soldi. (*imperfect subjunctive*)
(Avevi abbastanza soldi e io ne ero contento.)	
	EARLIER
Ero contento che	**tu avessi avuto** abbastanza soldi. (*pluperfect subjunctive*)
(Avevi avuto abbastanza soldi e io ne ero contento.)	

Facciamo pratica!

A. Complete the following sentences with the corresponding indicative, subjunctive, or infinitive forms.

1. Loro insistono che lei _____ (organizzare) il ricevimento.
2. È ridicolo che lui _____ (comprare) ancora una macchina costosa.
3. È impossibile che Giannino non _____ (sapere) leggere quel libro.
4. Sanno che tu non _____ (essere) straniero.
5. Alcuni non credono che voi _____ (essere) fratelli.
6. Ti ha sorpreso che tuo fratello _____ (essere) un mio nemico?
7. Credevamo che Anna _____ (andare) al mare in estate.
8. Il maestro sperava che gli allievi _____ (portare) i quaderni con gli esercizi.
9. Era necessario che noi _____ (lavorare) anche di notte per finire in tempo.
10. Dubitavano che io _____ (potere) risolvere il problema.

B. Complete the following sentences according to the context of each situation.

1. Luigi fuma due pacchetti di sigarette per giorno.
   È terribile che _____.
   Il medico gli raccommanda che _____.
2. Irene non esce mai con gli amici perché studia sempre.
   È un peccato che _____.
   È ovvio che _____.
3. La fidanzata di Ettore flirta sempre con altri ragazzi.
   Mi pare che Ettore _____.
   Tutti sanno che la sua fidanzata _____.
   Ad Ettore non piace che la sua fidanzata _____.

F. Formal and informal commands

Giving formal and informal commands is a more direct way of making recommendations and influencing the behavior of others.

Formal commands

1. When commands are issued in Italian to people addressed in the third person (for example, in formal address, using the **Lei** and **Loro** forms), the present subjunctive third-person verb forms serve as the imperative, or "command," form.

		SINGULAR: Lei	PLURAL: Loro
-are verbs	parlare	(Non) Parli!	(Non) Parlino!
-ere verbs	leggere	(Non) Legga!	(Non) Leggano!
-ire verbs	partire	(Non) Parta!	(Non) Partano!

- Remember that when you use the subjunctive as the formal imperative, object pronouns retain their normal position in front of the verb and are never attached to the end of the verb as they must be with first- and second-person (informal) imperative forms.
- Note also that the use of the formal plural, the **Loro** form, continues to become less common in Italy. It is now acceptable in practically every situation to use the **voi** form when addressing more than one person. In the singular, however, the distinction between formal (**Lei**) and informal (**tu**) address is still universally made.

Informal commands

2. When commands are issued in Italian to people addressed in the second person (for example, in informal address, using the **tu** and **voi** forms), the subjunctive is not used, and the following rules apply.

   a. Affirmative commands in the second-person singular (**tu**) form of **-are** verbs are always the same in form as the third-person singular of the present indicative.

   Parla!   Canta!   Mangia!   Lavora!   Lava!   Guarda!

   b. Commands in the second person singular (**tu**) form of **-ere** and **-ire** verbs and in the second person plural (**voi** form) of all three conjugations are the same in form as the present indicative.

-are	voi:	Parlate!	Cantate!	Mangiate!	Lavorate!
-ere	tu:	Scrivi!	Leggi!	Prendi!	Ripeti!
	voi:	Scrivete!	Leggete!	Prendete!	Ripetete!
-ire	tu:	Senti!	Vieni!	Parti!	Offri!
	voi:	Sentite!	Venite!	Partite!	Offrite!

   c. Negative commands in the second-person singular (**tu** form) are always **non** + infinitive.

   Non parlare!   Non leggere!   Non partire!

   d. All other negative commands are always **non** + *imperative.*

3. The following verbs have irregular second-person imperative forms.

	tu	**voi**
avere	Abbi! (Non avere!)	Abbiate! (Non abbiate!)
essere	Sii! (Non essere!)	Siate! (Non siate!)
sapere	Sappi!	Sappiate!

   The following verbs have irregular second-person singular imperative forms only.

andare	Vai! *or* Va'! (Non andare!)
dare	Dai! *or* Da'! (Non dare!)
dire	Di'! (Non dire!)
fare	Fai! *or* Fa'! (Non fare!)

4. To express suggestions and collective commands, such as *Let's go, Let's leave, Let's speak,* and so forth, use the present indicative first-person plural (**noi**) form.

   Andiamo!   Partiamo!   Parliamo!

5. Pronouns (reflexive, direct object, indirect object) and the particles **ci** and **ne** attach to the end of affirmative commands and may either be attached to negative commands or precede them. (The indirect object pronoun **loro** is an exception: it is never attached to a verb form and must always follow the verb.) In the case of more than one pronoun, the indirect object or reflexive pronoun always precedes the direct object pronouns. If the pronouns precede the verb in a negative command, they always follow **non.**

If you are attaching a pronoun to a monosyllabic imperative form, the first letter of the pronoun will be doubled (the exception is **gli**). For the verbs **andare, dare,** and **stare,** use the form without the **-i** at the end and omit the apostrophe.

Remember that pronouns are never attached to subjunctive forms used as formal commands.

Fanne cinque!	*Make five of them!*
Non farne molta! Non ne fare molta!	*Don't make a lot of them!*
Diglielo!	*Tell it to him!*
Non dirglielo! Non glielo dire!	*Don't tell it to him!*
Fallo!	*Do it!*
Non farlo! Non lo fare!	*Don't do it!*
Dammela!	*Give it to me!*
Non darmela! Non me la dare!	*Don't give it to me!*
Scrivimi ogni giorno!	*Write to me every day!*
Non scrivermi così di rado! Non mi scrivere così di rado!	*Don't write to me so rarely!*
Alzatevi presto!	*Get up early!*
Non alzatevi! Non vi alzate!	*Don't get up!*
Dammi una mano!	*Give me a hand!*
Non darmi niente! Non mi dare niente!	*Don't give me anything!*
Vacci subito!	*Go there right away!*
Non andarci subito! Non ci andare subito!	*Don't go there right away!*

Note that when pronouns are added to imperative forms, the stress remains on the same syllable on which it was in the verb form before the pronouns were added.

6. The expression **ecco** behaves just like a second-person imperative as far as pronouns are concerned: they are attached to it. **Ecco** has no negative form.

Eccomi!	*Here I am!*

Facciamo pratica!

A. Fill in the charts on the next page with commands. Place the affirmative commands in the first column and the negative commands in the second. Substitute the correct pronoun or pronouns for the italicized words. Some have been done for you as a model.

	fare *i compiti*		mettersi *la cravatta*	
	AFFERMATIVO	NEGATIVO	AFFERMATIVO	NEGATIVO
tu				
voi			Mettetevela!	
Lei		Non li faccia!		

	scrivere *ai genitori*		punire *il bambino*	
	AFFERMATIVO	NEGATIVO	AFFERMATIVO	NEGATIVO
tu				
voi				
Lei				

	dire *la verità a papà*		leggere *la favola ai bambini*	
	AFFERMATIVO	NEGATIVO	AFFERMATIVO	NEGATIVO
tu				
voi				
Lei				

B. Translate the following commands.

1. Let's buy it. (**la macchina**)
2. Let's sit down.
3. Bring it to us. (**la birra, Lei**)
4. Play it. (**la chitarra, tu**)
5. Don't lose them. (**le chiavi, voi**)
6. Let's not get up.
7. Wait* for him. (**Lei**)
8. Leave. (**tu**)
9. Don't do it. (**tu**)
10. Give it to them. (**il vassoio** [*tray*], **voi**)

C. Give the subjunctive **tu** or the imperative **tu** form of the indicated verb necessary to complete the following sentences.

		SUBJUNCTIVE	IMPERATIVE
1.	uscire:	Voglio che tu _____.	_____! Non _____!
2.	lavorare:	Il direttore preferisce che tu _____.	_____! Non _____!
3.	lavarsi:	Spero che tu _____.	_____! Non _____!
4.	farlo:	Mi fa piacere che tu _____.	_____! Non _____!
5.	andare:	È impossible che tu _____.	_____! Non _____!

*Remember that **aspettare** takes a direct object.

Punto chiave: Raccontare del passato

Narrating in the past requires that you know the verb forms and that you study and practice using the **passato prossimo** (and sometimes the **passato remoto**), the imperfect, and the pluperfect tenses: **trapassato prossimo** and **trapassato remoto.** To help you master this **punto chiave** we will provide you with (A) a review of the formation of the **passato prossimo** and the imperfect, (B) a review of the use of the **passato prossimo** and the imperfect with hints for understanding the relationship and differences between them through the backbone/flesh metaphor, an explanation chart, and symbols to show how events take place in time and in relation to each other, (C) a list of verbs with different meanings in the **passato prossimo** or the **passato remoto** on the one hand and in the imperfect on the other, (D) a review of the verb forms and a discussion of the use of the **passato remoto,** (E) a review of the pluperfect tenses, and (F) a review of the agreement of the past participle in all compound tenses.

A. Formation of the *passato prossimo* and the imperfect

Here is a review of the **passato prossimo** and imperfect verb forms, including high frequency irregulars.

PASSATO PROSSIMO

The **passato prossimo** conjugated with **avere***—regular past participles

	parlare	**vendere**	**sentire**
ho	parlato	venduto	sentito
hai	parlato	venduto	sentito
ha	parlato	venduto	sentito
abbiamo	parlato	venduto	sentito
avete	parlato	venduto	sentito
hanno	parlato	venduto	sentito

The **passato prossimo** conjugated with **essere**†—regular past participles

	andare	**crescere**	**uscire**
sono	andato/a	cresciuto/a	uscito/a
sei	andato/a	cresciuto/a	uscito/a
è	andato/a	cresciuto/a	uscito/a
siamo	andati/e	cresciuti/e	usciti/e
siete	andati/e	cresciuti/e	usciti/e
sono	andati/e	cresciuti/e	usciti/e

---

*Remember that all transitive verbs—that is, verbs that can take a direct object—are conjugated with **avere** as their auxiliary.

†Remember that **essere, piacere,** and most intransitive verbs that refer to motion or to states of being are conjugated with **essere** as their auxiliary. Any verb used reflexively is also conjugated with **essere.** The past participle agrees in number and gender with the subject of the verb. See **F. Agreement of the past participle,** later in this section.

- Verbs with irregular past participles

  Remember that many irregular verbs and most **-ere** verbs have irregular past participles. Some of the more common of these irregular verbs are presented below.

  Verbs conjugated with **avere**

accendere: acceso	chiudere: chiuso	espellere: espulso
aprire: aperto	cogliere: colto	fare: fatto
bere: bevuto	decidere: deciso	friggere: fritto
chiedere: chiesto	dire: detto	

  Verbs conjugated with **essere**

  essere: stato
  morire: morto
  nascere: nato
  venire: venuto

- IMPERFECT

parlare	vendere	sentire
parlavo	vendevo	sentivo
parlavi	vendevi	sentivi
parlava	vendeva	sentiva
parlavamo	vendevamo	sentivamo
parlavate	vendevate	sentivate
parlavano	vendevano	sentivano

- Irregular verbs in the imperfect

  These are usually verbs whose Italian infinitives have been short-ened from longer archaic forms: **fare** (from **facere**), **bere** (from **be-vere**) and **dire** (from **dicere**), for example. Note that their imperfect forms are regular in relation to these archaic infinitives.

fare	bere	dire
facevo	bevevo	dicevo
facevi	bevevi	dicevi
faceva	beveva	diceva
facevamo	bevevamo	dicevamo
facevate	bevevate	dicevate
facevano	bevevano	dicevano

B. Use of the *passato prossimo* and the imperfect

A general rule of thumb to help you understand the distinction between the **passato prossimo** and the imperfect is that the **passato prossimo** is used to report completed events in the past. The focus may be on the beginning of the event (**Ha cominciato a piangere.**), the end of an event (**Ha finito i compiti.**), or on the event from the beginning to the end (**Ha comprato una nuova macchina.**). On the other hand, when the focus is on the middle of the action, with no concern for when it started or ended, the imperfect is used. Think of the **passato prossimo** verbs as those that move the storyline forward (the backbone of the story) and the imperfect verbs as the descriptive filler (the flesh) used to enhance the listener's ability to picture more fully the circumstances of the past event being described. We will present the distinction in the following ways: (1) as a metaphor to guide you as you analyze and create past time discourse, (2) in a general explanation chart of when to use the **passato prossimo** or the imperfect, (3) as an explanation of the uses of the **passato prossimo,** (4) as an explanation of the uses of the imperfect, and (5) as an explanation of how events take place in time.

1. The metaphor*

    The backbone/flesh metaphor can be useful to help you understand the relationship between the **passato prossimo** and the imperfect. Think of a backbone (**spina dorsale**) as the information that moves a story forward, a series of completed actions (**passato prossimo**). As each event ends, a new event starts, which in turn moves the story forward in time. Notice that in the events narrated below, each verb in the **passato prossimo** moves the storyline forward from the point of waking up to the point of leaving for Milan. The **passato prossimo** is considered the backbone of the story.

Si è svegliata presto.	X
Ha mangiato in fretta.	X
È uscita di casa correndo.	X backbone
È arrivata all'Ufficio delle Imposte alle otto.	X (**spina dorsale**)
Ha firmato i documenti.	X
È partita per Milano.	X

    Verbs in the imperfect do not introduce new times into the story and therefore do not move the storyline forward. The imperfect is connected to a time (which could be a moment or an extended interval of time) already referred to by the **passato prossimo.** In other words, the imperfect is used to stop the storyline to fill in descriptive details or to flesh out the story. Note how the imperfect adds details to the above story.

FLESH (**CARNE**)	BACKBONE (**SPINA DORSALE**)	FLESH (**CARNE**)
	Si è svegliata presto. X ↓	Fuori pioveva. ~~~~~~
	Ha mangiato in fretta. X ↓	Non aveva molta fame. ~~~~~~
Voleva arrivare presto. ~~~~~~	È uscita di casa correndo. X ↓	Si sentiva un po' nervosa. ~~~~~~
	È arrivata all'Ufficio delle Imposte alle otto. X ↓	Il direttore l'aspettava. ~~~~~~
Lei tremava un po'. ~~~~~~	Ha firmato i documenti. X ↓	Doveva aver coraggio. ~~~~~~
	È partita per Milano.	

*Metaphor created by Dr. Ruth Westfall of the University of Texas at Austin.

Notice how the imperfect refers to a time already available through the **passato prossimo** storyline.

- At the time she woke up, it was raining outside.
- At the time of eating, she wasn't very hungry.
- She left running because she wanted to arrive early. At the time of leaving, she was feeling a little nervous.
- At the time of her arrival in the Tax Office, the Director was already waiting for her.
- She was shaking at the time of signing the documents, but she had to be brave.
- Then she departed for Milan.

This metaphor is very helpful as you create your own stories in the past, and it is also very helpful in analyzing existing texts in Italian. Read the following narrative. In the space provided below, indicate the **spina dorsale** and the **carne** found in the narration, using the previous example as a model.

> L'anno scorso Lucia è andata sulla Costiera Amalfitana per passare le vacanze di Pasqua. Il tempo era bellissimo. Il sole splendeva ogni giorno. Prima si è fermata a Napoli, da dove ha preso un traghetto per Capri. Era un posto straordinario e aveva dei panorami incredibili. Poi è tornata a Napoli dove ha preso un pullman per Positano. Siccome era la Settimana Santa, c'erano dei fiori dappertutto in tutti i piccoli paesi e le strade erano piene di gente. Ha deciso di tornarci per preparare un servizio sulla regione per il giornale della sua università.

CARNE	SPINA DORSALE	CARNE

You can use this metaphor when you are reading. If you are confused about what happened in a passage, highlight the **passato prossimo** verbs so you have the backbone of the story. Each verb in the **passato prossimo** accounts for the forward movement of the narrative. Note that in most Italian fiction and in much Italian expository prose, the **passato prossimo** will be replaced by the **passato remoto.** In these cases, the backbone function will be performed by the **passato remoto** verbs, while the story will continue to be "fleshed out" by verbs in the imperfect. For more information, see **D. The** *passato remoto*, later in this section.

2. Explanation Chart

PASSATO PROSSIMO X	IMPERFECT
a. completed action	a. middle of an action with no focus on beginning or end
Sono andato al concerto.	**Leggeva** con molta concentrazione.
Mi sono arrabbiato e **ho deciso** di andare via. Il picnic **è finito** quando **ha cominciato** a piovere.	**Dormiva** tranquillamente mentre suo padre **lavorava.**
b. completed actions in succesion	b. habitual action
Si è alzato, ha mangiato e **ha telefonato** ad Anna.	**Mangiava** sempre di corsa.
c. completed action with specific time indicated	c. description of physical and emotional states including past opinions and desires
Ha chiamato tre volte. **Ha vissuto** quattro anni a Roma.	Il ragazzo **era** alto e magro. **Aveva** paura di tutto. **Voleva** fuggire.
d. summary or reaction statement	d. background information such as time, weather, and age
È stata un'estate perfetta.	**Erano** le due e **faceva** freddo. **Aveva** tredici anni nel 1978.

3. Explanation of the uses of the **passato prossimo**

a. Completed action. Completed actions may refer to events that happened and ended quickly: **Si è seduto sulla poltrona e ha chiuso gli occhi.** They may refer to the beginning or end of an action: **Ha deciso di investigare. Hanno finito l'indagine.** Or they may refer to actions that started and ended in the past: **Ha pulito tutta la casa.**

b. Completed actions in succession. Actions in a series, in which one action ends before the other begins, are considered to be completed: **Ha fatto colazione, ha pulito la casa e ha tagliato l'erba.** She started and finished breakfast, she started and finished cleaning the house and she started and finished cutting the grass.

c. Completed action with specific time indicated. The **passato prossimo** is used to describe an event that took place a specific number of times or occurred throughout a closed interval of time (such as, for example, **per due anni**): **Paolo ha visitato il suo paese cinque volte l'anno scorso.** He returned to his hometown a specific number of times last year, five times. **Domenico ha studiato a Bologna per quattro anni.** He studied there during a closed interval of time, four years.

d. Summary or reaction statement. The **passato prossimo** is used to represent a summary statement or a reaction to a series of events packaged as a whole. It is stepping back and looking at the event: **—E il film che avete visto ieri sera? —Ci è piaciuto da morire!**

Siamo rimasti sbalorditi! È stato una rivelazione! This is the group's overall reaction to the picture as a whole. **—E il viaggio in India? —È stato meraviglioso!** The whole trip was wonderful. Then when you begin to describe the trip, you will use the imperfect to describe the weather, the hotel, your feelings while you were there, and so on.

4. Explanation of the uses of the imperfect

   a. Middle of an action with no focus on the beginning or end. The imperfect is used to express what was in the middle of happening at the time of the story in the past: **Elena preparava la cena mentre suo marito giocava con i bambini.** *Elena was in the middle of preparing the meal while her husband was in the middle of playing with the children.* We don't know when she started or finished the meal, nor do we know when her husband started or finished playing with the children.

   b. Habitual action. The imperfect is used to describe what used to occur in the past when there is no definite length of time mentioned: **Ascoltava sempre la sua musica preferita in salotto.** *It was her habit to listen to her favorite music in the living room.*

   c. Description of physical and emotional states including past opinions and desires. The imperfect is used to describe characteristic states in the past: **Indossava un abito elegante; era bello, ma era molto nervoso.** At the time of the story he was wearing an elegant suit and looked very handsome, but his emotional state was not good. **Voleva imparare di più.** His desire to learn more was continuous in the past.

   d. Background information such as time, weather, and age. The imperfect is used to set the scene by giving background information: **Era una notte buia.** We know it was a dark night as the story unfolds.

5. How events take place in time

   You may use the following symbols to help describe the usage of the **passato prossimo** and the imperfect in Italian.

   At a specific point in time
   Ha deciso di cambiare casa.
   X

   Sequential
   Ho preparato la cena, **ho mangiato** e **ho lavato** i piatti.
   X X X

   Continuous, in progress
   Da bambino **suonava** il piano.
   〜〜〜〜〜〜〜〜〜〜

   Continuous, interrupted by another action
   Facevo il bagno quando **è suonato** il telefono.
   〜〜〜〜〜X〜〜〜〜〜

Facciamo pratica!

A. In this exercise you will work only with the four mentioned uses of the **passato prossimo.** Write the appropriate letter (a–d) after each verb in italics to indicate which use of the **passato prossimo** is being expressed.

   1. Stefania e Michael *hanno aperto* [   ] il bar «Da Romolo» nel 1989.
   2. Il giorno in cui *hanno inaugurato* [   ] il bar *è stato* [   ] molto importante per loro.

3. Tutti i loro amici *sono venuti* [   ], *hanno preso* [   ] dei caffè e *si sono congratulati* [   ] con loro.
4. La madre di Stefania *non ha potuto* [   ] assistere ma le *ha telefonato* [   ] tre volte durante quella giornata.
5. Nel 1994 *hanno festeggiato* [   ] il quinto anniversario del bar e sua madre li *ha sorpresi* [   ] ed *è arrivata* [   ] senza averli avvertiti.
6. *È stata* [   ] una sorpresa molto bella.
7. I festeggiamenti *sono durati* [   ] tre giorni!

B. In this exercise you will work only with the four mentioned uses of the imperfect. Write the appropriate letter (a–d) after each verb in italics to indicate which use of the imperfect is being expressed.

1. Il giorno dell'inaugurazione del bar «Da Romolo», Stefania *sentiva* [   ] un orgoglio così forte che *non riusciva* [   ] a contenerlo.
2. *Era* [   ] una giornata perfetta; il sole *splendeva* [   ] ma non *faceva* [   ] troppo caldo.
3. Michael *puliva* [   ] il nuovo bar mentre Stefania *preparava* [   ] le bibite per la festa.
4. Stefania *portava* [   ] un nuovo vestito e Michael le ha detto che il colore le *stava* [   ] proprio bene.
5. *Accendevano* sempre [   ] alcune candele speciali prima di qualsiasi occasione importante.
6. I due *erano* [   ] sicuri che «Da Romolo» *aveva* [   ] proprio tutto quello che ci voleva per affermarsi alla grande.

C. For the following sentences, indicate the use of each verb in italics. Use P for **passato prossimo** and I for imperfect, plus the letter of the usage (a–d) for each. Follow the example.

ESEMPIO   Ieri *è stato* [P:d] un giorno disastroso. Daniele *ha sentito* [P:b] un rumore in giardino mentre *preparava* [I:a] i conti. Di solito *faceva* [I:b] questo lavoro senza fare attenzione ad altre cose. Ma qualcuno *ha suonato* [P:c] alla porta cinque volte. Finalmente Daniele *ha deciso* [P:a] di aprire. *Era* [I:b] una donna molto alta con una rivoltella in mano. Gli *ha detto* [P:a] che *voleva* [I:b] il suo portafoglio. Il povero Daniele *aveva* [I:b] così tanta paura che gliel'*ha dato* [P:a] senza discutere. Che botta (*blow*)!

1. Susanna *ha vissuto* [   ] a Bologna dal 1971 al 1988.
2. Prima *abitava* [   ] ad Alberobello, un paese della Puglia.
3. Il suo appartamento a Bologna *era* [   ] molto piccolo ma abbastanza accogliente.
4. Quasi ogni giorno *prendeva* [   ] il cappuccino nel bar sotto casa.
5. Un giorno, mentre *faceva* [   ] colazione, *ha ricevuto* [   ] la notizia della sua borsa di studio per l'Università di Lovanio, in Belgio.
6. Quando sua sorella lo *ha saputo* [   ], *ha pianto* [   ], ma le *ha detto* [   ] che *era* [   ] contenta per lei.
7. Susanna *è andata* [   ] tre volte in Puglia, a Bari, per mettere in ordine tutti i suoi documenti.
8. L'ultima volta, *c'era* [   ] molta gente in fila e *ha dovuto* [   ] aspettare qualche ora.

9. Purtroppo *portava* [ ] scarpe troppo strette e con i tacchi alti.
10. *È stata* [ ] una giornata allucinante.

C. Verbs with different meanings in the *passato prossimo* and the imperfect

The meanings of the following verbs change depending on whether they are in the **passato prossimo** or the imperfect.

	PASSATO PROSSIMO	IMPERFECT
sapere	*to find out* **Hanno saputo** che parlavo italiano. *They found out I spoke Italian.*	*to know* **Sapevano** che parlavo italiano. *They knew I spoke Italian.*
non potere	*to try but fail* **Non ha potuto** tradurlo. *He couldn't translate it.* (He tried, but failed to translate it.)	*to be incapable of* **Non poteva** tradurlo. *He couldn't translate it.* (He wasn't capable of translating it at that time; he may have managed to do so later.)
conoscere	*to meet* **Ha conosciuto** mia madre. *She met my mother.* (She made her acquaintance.)	*to know* **Conosceva** mia madre. *She knew my mother.*

For some verbs, use of the imperfect instead of the **passato prossimo** allows for ambiguity as to the outcome of a situation.

non volere	*to not want, refuse*
	   (to do something)
	 Non è voluto andare via.
	 He refused to leave.
	 (unambiguous: He didn't want to leave and he did not leave.)
		to not want, prefer not
		   (to do something)
		 Non voleva andare via.
		 He didn't want to leave.
		 (ambiguous: He didn't want to leave at that time, but he may have changed his mind or been persuaded to leave later.)

dovere	*to have to* **È dovuto** andare dal medico. *He had to go to the doctor.* (unambiguous: He had to go and he did go.)	*to be supposed to* **Doveva** andare dal medico. *He was supposed to go to the doctor.* (ambiguous: He was supposed to go, but did he go?)

D. The *passato remoto*

In modern conversational Italian, one verb tense, the **passato prossimo,** performs the functions that are assigned to two different tenses in English. The English present perfect tense corresponds to the Italian **passato prossimo** in that it is formed with the present tense of an auxiliary verb plus the past participle of the main verb: **Carla ha scritto cinquanta pagine della sua tesi questa settimana.** *Carla has written fifty pages of her thesis this week.* How many pages did she write last week? Last week she wrote twenty pages. In this instance, English uses a simple (one-word) past tense. But in Italian, the same **passato prossimo** tense is used: **La settimana scorsa ha scritto venti pagine.**

Italian does have a one-word past tense to describe completed actions. This tense is the **passato remoto,** but its use is now restricted to two main instances, as will be explained following this look at how the tense is conjugated.

1. Formation of the **passato remoto**

parlare	**vendere**	**sentire**
parlai	vendei (vendetti)	sentii
parlasti	vendesti	sentisti
parlò	vendè (vendette)	sentì
parlammo	vendemmo	sentimmo
parlaste	vendeste	sentiste
parlarono	venderono (vendettero)	sentirono

The following verbs are completely irregular in the **passato remoto.**

essere	**dare**	**stare**
fui	diedi (detti)	stetti
fosti	desti	stesti
fu	diede (dette)	stette
fummo	demmo	stemmo
foste	deste	steste
furono	diedero (dettero)	stettero

Another very large group of verbs is irregular in the first-person singular and both third-person forms, but regular in the other forms. The irregular forms follow a pattern once you have determined the first-person singular form, from which you drop the final **-i,** and add **-e** for the third-person singular, and **-ero** for the third-person plural. The other forms (first-person plural, second-person singular and plural) are regular. Verbs like **bere, dire,** and **fare** are conjugated in this pattern according to their archaic infinitive forms, which you saw in studying the imperfect. Here are some examples.

avere	**bere**	**chiedere**	**dire**
ebbi	bevvi	chiesi	dissi
avesti	bevesti	chiedesti	dicesti
ebbe	bevve	chiese	disse
avemmo	bevemmo	chiedemmo	dicemmo
aveste	beveste	chiedeste	diceste
ebbero	bevvero	chiesero	dissero

2. Use of the **passato remoto**

- In fictional narrative and storytelling, the **passato remoto** is often used to describe completed events. In everyday conversation or informal writing (as in letters), such events would be related using the **passato prossimo.** If I were telling you about what a friend of mine did last night I might say: **Mario è andato in discoteca e ha conosciuto una ragazza fiorentina molto simpatica. Hanno fatto tardi e quando sono usciti dal club, pioveva e lei gli ha offerto un passaggio. Mario si è innamorato della bella Ferrari che la ragazza guidava con disinvoltura** (*ease*). But in writing a short story I might relate these events by saying: **Mario andò in discoteca e conobbe una ragazza fiorentina molto simpatica. Fecero tardi e quando uscirono dal club, pioveva e lei gli offrì un passaggio. Mario si innamorò della bella Ferrari che la ragazza guidava con disinvoltura.**

- In any situation (conversation or writing) where completed events are viewed as belonging to a remote past or as no longer having an immediate impact on the current situation, the **passato remoto** tense is used to describe those actions. I might proudly announce: **Ieri ho inventato un nuovo dispositivo** (*device*) **per sgusciare** (*peel*) **le uova sode** (*boiled*). But of Guglielmo Marconi I would say: **Nel primo Novecento inventò diversi apparecchi per la trasmissione telegrafica.**

  How much "distance" is sufficient to require use of the **passato remoto** (the "remote" past) rather than the **passato prossimo** (the "near" past) is something that can vary from region to region and from individual to individual in any instance. You might encounter someone who tells of his or her own experiences of last week, or even of an hour ago, using the **passato remoto,** and enjoy a lifelong friendship and daily conversation with someone else who never uses the **passato remoto** at all.

- One of the most important things to remember in situations where the **passato remoto** is being used is that its use does not exclude the use of the imperfect. Generally speaking, the **passato remoto** is replacing the **passato prossimo** to report completed events in the past. The focus may be on the beginning of the event (**Cominciò a piangere.**), the end of an event (**Finì l'opera.**), or on the event from the beginning to the end (**Comprò una nuova carrozza** [*carriage*].). But for all those instances previously mentioned in which the imperfect is required (habitual action, background information, and so on), the imperfect will still be the appropriate tense, even when the **passato remoto** rather than the **passato prossimo** is being used for the completed actions.

  This means that the backbone/flesh metaphor works in exactly the same way if you replace the **passato prossimo** with the **passato remoto,** leaving all instances requiring the imperfect intact. In fact, you could now review points A, B, and C of this section, replacing all instances of the **passato prossimo** with the **passato remoto,** and the principles would be valid for those situations above that call for the **passato remoto.**

E. The pluperfect tenses

There are two pluperfect tenses: the **trapassato prossimo** and the **trapassato remoto.** The **trapassato prossimo** is formed by combining the appropriate auxiliary verb in the imperfect and the past participle of the main verb; the **trapassato remoto** is formed by combining the appropriate auxiliary verb in the **passato remoto** and the past participle of the main verb. The past participle of any verb is always the same in any compound tense, whether it is the **passato prossimo,** the **trapassato prossimo,** or the **trapassato remoto.** The rules that determine agreement of the past participle are the same for all the compound tenses. See **F. Agreement of the past participle,** at the end of this section. Since we have already seen various different past participles in the section on the formation of the **passato prossimo,** we will now look at just one verb each per auxiliary.

1. Formation of the pluperfect tenses

    scrivere (transitive verb conjugated with **avere**)

TRAPASSATO PROSSIMO	TRAPASSATO REMOTO
avevo scritto	ebbi scritto
avevi scritto	avesti scritto
aveva scritto	ebbe scritto
avevamo scritto	avemmo scritto
avevate scritto	aveste scritto
avevano scritto	ebbero scritto

    venire (intransitive verb of motion conjugated with **essere**)

TRAPASSATO PROSSIMO	TRAPASSATO REMOTO
ero venuto/a	fui venuto/a
eri venuto/a	fosti venuto/a
era venuto/a	fu venuto/a
eravamo venuti/e	fummo venuti/e
eravate venuti/e	foste venuti/e
erano venuti/e	furono venuti/e

2. Use of the pluperfect tenses

    - The **trapassato prossimo** and the **trapassato remoto** have essentially identical functions: they serve to indicate an action completed in the past prior to another action completed in the past. In this respect, these tenses are analogous to the past perfect tense in English.

        Quando **siamo arrivati** alla stazione, il nostro treno **era già partito.**
        When we arrived at the station, our train had already left.

        Gianni ci **ha detto** che **aveva lavorato** otto giorni consecutivi prima di prendere una giornata di riposo.
        Gianni told us he had worked eight consecutive days before taking a day off.

- The **trapassato remoto** is very rare, since it is used to perform this function only in a subordinate clause and only when both of the following two conditions are met:
  1. The verb in the main (independent) clause is in the **passato remoto.**
  2. The subordinate clause is introduced by a conjunction of time, such as **appena** or **dopo che.**

     Colombo **partì** per l'India appena **ebbe convinto** i sovrani del suo programma.
     Columbus left for India as soon as he had convinced the rulers of his plan.

Facciamo pratica!

A. Since these five friends met, some changes have occurred in their lives. For each of the following sentences, conjugate the verb in parentheses in the **passato prossimo.**

1. Sergio (ottenere) un contratto con la Rai.
2. Gianni (lasciare) Tiziana.
3. Silvia (scrivere) duecento pagine della sua tesi.
4. Laura non (tornare) a trovare Michele nelle Marche.
5. Daniele (avere) un gran successo con una delle sue canzoni.

B. For each of the following sentences, conjugate the verb in parentheses in the **trapassato prossimo** to indicate that the action took place before the change mentioned in Exercise A.

1. Prima di ottenere un contratto con la Rai, Sergio (lavorare) con vari registi poco conosciuti.
2. Prima di lasciare Tiziana, Gianni (sognare) una vita insieme a una ragazza proprio come lei.
3. Prima di scrivere quelle duecento pagine, Silvia (andare) da un suo vecchio professore per chiedere consigli.
4. Prima di tornare a Venezia, Laura (promettere) a Michele che sarebbe andata a trovarlo ad Ancona dopo due settimane.
5. Prima di avere successo con una sua canzone, Daniele (essere) sull'orlo della disperazione.

C. In each of these sentences, conjugate the verb in parentheses in the **passato remoto** and indicate why the **passato remoto** would be a better choice in this instance than the **passato prossimo.**

1. All'improvviso Alice (vedere) di nuovo il Coniglio Bianco, che ancora si lamentava di essere in ritardo.
2. I miei bisnonni (arrivare) in America nel 1890.
3. «Ci penserò domani», (dire) Scarlett. «Tanto, domani sarà un altro giorno».
4. Collodi (scrivere) «Pinocchio» nel diciannovesimo secolo.
5. Quel giorno Pinocchio non (andare) a scuola come voleva Geppetto.

F. Agreement of the past participle

For all compound tenses (indicative or subjunctive), agreement of the past participle is determined as explained below.

1. If there is a third-person direct object pronoun preceding the verb, the past participle must agree in number and gender with the direct object.

—Hai letto **il giornale?**	—Sì, **l'ho letto.**
—Hai scritto **la lettera?**	—Sì, **l'ho scritta.**
—Hai visto **i ragazzi?**	—Sì, **li ho visti.**
—Hai sentito **le canzoni?**	—Sì, **le ho sentite.**
—Hai comprato **della farina?**	—Sì, **ne ho comprata.**

2. If there is no third-person direct object pronoun, and the verb is conjugated with **essere,** the past participle must agree in number and gender with the subject.

—Ragazzi, **vi siete lavati?**		—Ragazzi, **vi siete lavati la faccia?**
—Sì, **ci siamo lavati.**	*but*	—Sì, **ce la siamo lavata.**

3. If there is no third-person direct object pronoun and the verb is conjugated with **avere,** the past participle will end in **-o.**

   Ho finito i compiti stamattina.
   Anche Cinzia **ha finito** i compiti stamattina.

Punto chiave: Parlare dei gusti

Many different verbs and idiomatic expressions are used in Italian to express likes and dislikes. One of the most important of these is **piacere,** a verb that functions in a very particular way. Indirect object pronouns are a necessary element in using **piacere** effectively, so, in this section we will review (A) direct object pronouns, (B) indirect object pronouns, (C) double object pronouns, and then (D) **piacere** and similar verbs.

A. Direct object pronouns

1. A direct object receives the action of a verb and answers the questions *whom?* or *what?* in relation to that action. Direct objects in Italian are never preceded by a preposition. Note the direct objects in the following examples.

Ha ricevuto **il premio.**	*He received the prize.* (What did he receive? **il premio**)
Non ho visto **Paola** ieri sera.	*I didn't see Paola last night.* (Whom did I not see? **Paola**)

2. A direct object pronoun, like a direct object noun, receives the action of the verb and answers the questions *whom?* or *what?* These pronouns take the place of their corresponding noun in order to avoid unnecessary repetition. Here is a list of direct object pronouns in Italian. These are the unstressed direct object pronouns, or **pronomi atonici.**

mi	*me*	ci	*us*
ti	*you (fam., s.)*	vi	*you (pl.)*
lo	*him, it (m.)*	li	*them (m.)*
la	*her, it (f.)*	le	*them (f.)*
La	*you (form., s.)*	Li, Le	*you (form., pl.)*

- Remember that **ne** is also a direct object pronoun when it replaces a partitive: **dello zucchero** = *some sugar*. Note that in these cases, the **di** in expressions like **dei libri** and **dello zucchero** is part of the partitive construction and does not function grammatically as a preposition.
- Note that when you use the third-person singular direct object pronoun as formal *you*, you always use the feminine form, regardless of the gender of the person you are addressing.
- Third-person direct object pronouns should be used only after the direct object noun has been identified. That is, it is already known that the conversation is about Paola, so we can refer to her as *her* rather than say *Paola* each time she is mentioned.

3. Direct object pronouns are placed before a conjugated verb and after the word **non** when it appears in a sentence.

Ha ricevuto **il premio.** →
L'ha (**Lo** ha) ricevuto ieri.   *He received it yesterday.*
Non ho visto **Paola** ieri sera. →
Non l'ho (**la** ho) vista ieri sera.   *I didn't see her last night.*

- Remember that when a third-person direct object pronoun precedes a verb in a compound tense, the past participle must agree in number and gender with the direct object.

4. Direct object pronouns are attached to affirmative commands (except when the subjunctive is used as a command in the third person). In negative commands, they may be attached to the verb or precede it.

   Direct object pronouns that are associated with verbs in the infinitive or the progressive forms are normally attached to the end of the verb. In situations where the verb form involves both a conjugated modal verb (**dovere, potere, volere**) and an infinitive or a gerund, the pronoun may be placed either in front of the conjugated modal verb or attached to the infinitive or gerund.

non voglio mangiarlo	sto leggendola adesso
or	*or*
non lo voglio mangiare	la sto leggendo adesso

5. The following verbs are commonly associated with direct objects and direct object pronouns.

amare	cercare	pagare
aiutare	chiamare	prendere
ascoltare	conoscere	trovare
aspettare	guardare	vedere
avere	invitare	volere

- Remember that these verbs take a direct object, which in Italian is never preceded by a preposition, even when the corresponding verb in English usually does have an object preceded by a preposition, such as *listen to, wait for, look for, look at, pay for*. Notice the absence of a preposition between the verb and the object in each of these Italian sentences.

Ascolto la musica.	*I'm listening to the music.*
Aspettiamo il medico.	*We're waiting for the doctor.*
Cerchi le chiavi?	*Are you looking for the keys?*
Guarda le stelle.	*He's looking at the stars.*
Hanno già pagato il caffè.	*They've already paid for the coffee.*

B. Indirect object pronouns

1. Like a direct object, an indirect object also receives the action of a verb, but it answers the question *to whom?* or *for whom?* the action is performed. An indirect object noun in Italian is always preceded by a preposition, usually **a.** When the noun is replaced by an indirect object pronoun, the preposition disappears.

Pietro non scrive mai **a Maria.**	*Pietro never writes to Maria.*
Pietro non **le** scrive mai.	*Pietro never writes to her.* (To whom does Pietro never write? **a lei**)
Ho comprato il regalo **per i miei genitori.**	*I bought the present for my parents.*
Gli ho comprato il regalo.	*I bought them the present.* (For whom did I buy the present? **per loro**)

2. Review the following list of indirect object pronouns. These are the unstressed indirect object pronouns, or **pronomi atonici.** Note that indirect object pronouns have the same form as direct object pronouns except in the third person.

INDIRECT OBJECT PRONOUNS

mi	*to me, for me*	ci	*to us, for us*
ti	*to you, for you (fam., s.)*	vi	*to you, for you (fam., pl.)*
gli	*to him, for him*	gli (loro)	*to them, for them (m. and f.)*
le	*to her, for her*		
Le	*to you, for you (form., s.)*	Loro	*to you (form., pl.)*

- Note that when you use the third-person singular indirect object pronoun as formal *you,* you always use the feminine form, regardless of the gender of the person you are addressing.

3. The rules for placement of indirect object pronouns are the same as those for direct object pronouns, with the exception of **loro. Loro** as the third-person plural indirect object pronoun always follows the verb and is never attached to it.

4. If you are having trouble figuring out whether to use a direct or an indirect object pronoun in Italian, try answering the following questions.

- Does the pronoun refer to a person or to a personification? If it does not, you don't want to use an indirect object pronoun.
- Can you express the sentence in Italian referring to the person with a noun rather than a pronoun? If you can, and the object noun has the preposition **a** in front of it, then it is an indirect object.
- Always beware of applying English language rules to Italian! Remember, for example, that the verb **ascoltare** takes a direct object in Italian: *I don't want to listen to her.* = **Non voglio ascoltarla.**

5. The following verbs are commonly used with indirect objects and indirect object pronouns.

chiedere*	offrire	raccomandare
dare	parlare	regalare
dire	portare	scrivere
fare una domanda	prestare	servire
mandare	promettere	spiegare

C. Double object pronouns

1. It is common in Italian to have both a direct and an indirect object pronoun associated with the same verb. When this occurs, the indirect object pronoun always precedes the direct object pronoun, and if the word **non** precedes the verb, it precedes the two pronouns as well. It may be helpful to imagine three "slots" available in front of a conjugated verb that can be filled as follows:

> [**non**]   [indirect object pronoun]   [direct object pronoun]   verb
>   1   2   3

In any given case, only one, two, or all three of the three possible elements might be present, but they will always appear in this order.

- If the pronouns are attached to the verb form, the indirect object pronoun still precedes the direct object pronoun and **non** remains in front of the verb.

> **Non** voglio comprar**glieli.**
> Preferisco **non** chieder**telo.**

2. When both an indirect object pronoun and a third-person direct object pronoun are associated with a verb, there is always a spelling change that involves the indirect object pronoun. The two pronouns are combined as shown on the next page.

---

*To ask someone for something = **chiedere qualcosa a qualcuno.** Did you ask Dad for the money? **Hai chiesto i soldi a papà?**

mi + lo = me lo	ci + lo = ce lo
+ la = me la	+ la = ce la
+ li = me li	+ li = ce li
+ le = me le	+ le = ce le
+ ne = me ne	+ ne = ce ne
ti + lo = te lo	vi + lo = ve lo
+ la = te la	+ la = ve la
+ li = te li	+ li = ve li
+ le = te le	+ le = ve le
+ ne = te ne	+ ne = ve ne
gli or le + lo = glielo	gli + lo = glielo
+ la = gliela	+ la = gliela
+ li = glieli	+ li = glieli
+ le = gliele	+ le = gliele
+ ne = gliene	+ ne = gliene

- Remember that when **loro** is used as the third-person plural indirect object pronoun it always follows the verb and is never attached to it. The direct object pronoun will either precede the verb or be attached to it according to the rules already given.

I don't want to send it to them.

with **gli:**   Non **glielo** voglio mandare.
                     Non voglio mandar**glielo.**

with **loro:**   Non **lo** voglio mandare **loro.**
                     Non voglio mandar**lo loro.**

D. *Piacere* and similar verbs

1. As you have learned in your prior Italian studies, **piacere** means *to be pleasing.* Thus, the subject of sentences with **piacere** and similar verbs is the person or thing that is pleasing, not the person to whom it is pleasing. Sentences with **piacere** and similar verbs most often use the following formula.

INDIRECT OBJECT PRONOUN   +   **PIACERE**   +   SUBJECT

mi		
ti		
gli		
le	**piace**	*infinitive* (**mangiare**)
Le	**piace**	*singular noun* (**il caffè**)
ci	**piacciono**	*plural noun* (**i ravioli**)
vi		
gli		

Ti piace mangiare?	*Do you like eating (to eat)?*
	Is eating pleasing to you?
Gli è piaciuto molto quel caffè.	*He (They) really liked the coffee.*
	The coffee was very pleasing to
	him (them).
Mi piacciono i ravioli.	*I like ravioli.*
	Ravioli are pleasing to me.

2. Note that subject pronouns are not generally used with the **piacere** construction. If the subject pronoun can be translated as *it* in English, the subject pronoun is definitely not used in Italian. The subject (the person, place, or thing that is pleasing) almost always follows the verb **piacere.** Note this example.

> A Giulia **è piaciuto** molto **il nostro gatto.** (**Il gatto** is the subject of the sentence, not **Giulia:** *Our cat was pleasing to Giulia.*)

- Since **piacere** is an intransitive verb (meaning it cannot take a direct object), direct object pronouns are not used with **piacere.** Note this example.

QUESTION:	—Ti piace il libro?	*Do you like the book?*
		(Is the book pleasing to you?)
CORRECT ANSWER:	—Sì, mi piace.	*Yes, I like it.*
		(Yes, it is pleasing to me.)

The book is the subject of the sentence. It is explicitly referred to in the question, so it does not have to be specifically referred to again in the answer. (**Lo** is a direct object pronoun, and cannot be used to replace a subject.)

- The verb **piacere** never has a direct object and is never used with a direct object pronoun. (Notice that it is conjugated with **essere.**) See the additional examples below.

A Carla piacciono i biscotti al cioccolato.	*Carla likes chocolate cookies.*
	(Chocolate cookies are pleasing to
	Carla.)
Le piacciono i biscotti al cioccolato.	*She likes chocolate cookies.*
	(Chocolate cookies are pleasing to
	her.)
A Sergio e Daniele piace il gelato italiano.	*Sergio and Daniele like Italian ice cream.*
	(Italian ice cream is pleasing to
	Sergio and Daniele.)
Gli piace il gelato italiano.	*They like Italian ice cream.*
	(Italian ice cream is pleasing to
	them.)

3. Here are some other verbs that use the same construction as **piacere.** Note in all examples that the verb matches the person or thing that is necessary, that is disgusting, that is left over, that is useful, that bothers or disturbs, and so on. You will also notice that in colloquial English, a somewhat different idiom from the literal translation of each expression is almost always used (as is the case with **piacere**).

bastare*	*to be enough*	Vi basteranno due ore per vedere tutto. *Two hours will be enough for you to see everything.*
dare fastidio	*to annoy, to bother*	Alla maestra davano fastidio le persone maleducate. *Misbehaved people were annoying to the teacher.*
dispiacere*	*to bother, to disturb*	Scusi, signorina, Le dispiace se fumo? *Excuse me, Miss, does it bother you if I smoke?*
fare paura	*to scare, to frighten*	A molti bambini fanno paura i pagliacci. *Clowns scare (are frightening to) many children.*
fare schifo	*to be disgusting*	Mi fanno schifo gli scarafaggi. *Cockroaches disgust me.*
importare	*to be important, to care about*	A quel signore non importa mai il prezzo delle cose. *That man never cares about the price of things.*
interessare	*to be of interest*	Ti interessano le notizie internazionali? *Are you interested in international news?*
mancare*	*to miss, to make one's absence felt*	Mi mancate tanto, bambini! *I miss you so much, children!*
occorrere*	*to be necessary*	Ci occorre solo una valigia per questo viaggio. *We need only one suitcase for this trip.*
servire*	*to be useful*	A Gina servono le forbici per aprire quel pacco. *Gina can (could) use the scissors to open that package. (Scissors would be useful to Gina to open that package.)*
restare*	*to remain, to be left over*	Dopo il weekend a Las Vegas, quanti soldi ti restano? *After your weekend in Las Vegas, how much money do you have left?*

---

*Words indicated with an asterisk (*) are conjugated with **essere**.

Facciamo pratica!

A. For each of the following sentences, indicate the appropriate indirect object pronoun and the correct form of the verb in parentheses.

ESEMPIO: (A papà) _____ (servire: presente) un martello (*hammer*) per riparare il cassetto (*drawer*).

Gli serve un martello per riparare il cassetto.

1. (tu) Carolina, _____ (piacere: passato prossimo) i dolci che hanno servito?
2. (Io) _____ (piacere: imperfetto) guardare la televisione con i miei genitori quando ero piccolo.
3. (Lorenzo e Berto) _____ (fare paura: presente) i film dell'orrore.
4. (Mia sorella) _____ (fare schifo: presente) il pesce fritto.
5. (Noi) _____ (occorrere: presente) gli occhiali per leggere l'elenco telefonico.

B. Form complete sentences according to the example.

ESEMPIO: i miei compagni di casa / dare fastidio / le feste che do ogni fine-settimana
Ai miei compagni di casa danno fastidio le feste che do ogni fine-settimana.

1. io / fare schifo / tutti i piatti con carne
2. i professori / servire / i computer per calcolare le medie alla fine del semestre
3. il turista / occorrere / una buona pianta stradale (*street map*) della città
4. voi / fare paura / le vespe e le api (*bees*)?
5. i bambini / non interessare / le questioni politiche ed economiche
6. i giovani / dare fastidio / le regole delle residenze universitarie

Punto chiave: Fare ipotesi

In this section, you will review how to express hypothetical situations. Hypothetical situations are those that express what would take place given certain circumstances, such as: *If I were president of the United States, I would first look for a diplomatic resolution to the conflict.* To form such hypothetical situations in Italian, you will need to review (A) the imperfect and pluperfect subjunctive and sequence of tenses, (B) the conditional, and (C) the various rules that govern the formation and use of hypothetical situations.

A. Imperfect and pluperfect subjunctive and sequence of tenses

1. Imperfect and pluperfect subjunctive

For a review of the formation of these tenses, see the **Spiegazioni grammaticali** section on **Raccomandare e esprimere opinioni.**

2. Sequence of tenses

Remember that if the independent clause is in a past tense (and represents one of the WHEIRD categories) or in the conditional, then the dependent clause will contain the imperfect or pluperfect subjunctive.

La mamma **vuole** che i bambini **dormano** un po' questo pomeriggio.
La mamma **vorrebbe** che i bambini **dormissero** un po' questo pomeriggio.
La mamma **voleva** che i bambini **dormissero** un po' quel pomeriggio.

Papà non **crede** che io **studi** abbastanza.
Papà non **crede** che io **abbia studiato** abbastanza.
Papà non **credeva** che io **studiassi** abbastanza.
Papà non **credeva** che io **avessi studiato** abbastanza.

Non gli **piace** che i suoi figli **abitino** così lontano.
Non gli **piacerebbe** che i suoi figli **abitassero** così lontano.
Non gli **piaceva** che i suoi figli **abitassero** così lontano.

B. The conditional

1. The conditional tense (*I would go, I would speak,* and so on) is formed by adding the conditional endings to the conditional stem of the verb. The conditional endings are the same for all verbs.

	SINGULAR	PLURAL
first person	-ei	-emmo
second person	-esti	-este
third person	-ebbe	-ebbero

futuro
F

- The conditional stem is always identical to the future stem, for all verbs (see the **Spiegazioni grammaticali** section on **Parlare del futuro**). For verbs that have a regular conditional/future stem, that stem is created as explained below.

  For **-are** verbs: the final **-e** of the infinitive is dropped, and the **a** of the infinitive ending is changed to **e.**

  cantare → canter-   portare → porter-   telefonare → telefoner-

  The usual spelling changes are made to preserve the sound of hard **c** and **g** in the stems of **-are** verbs.

  cercare → cercher-   pagare → pagher-

  For **-ere** and **-ire** verbs and all verbs whose infinitives end in **-rre:** the final **-e** of the infinitive is dropped.

  leggere → legger-   prendere → prender-   ripetere → ripeter-
  capire → capir-   finire → finir-   sentire → sentir-
  condurre → condurr- porre → porr-   tradurre → tradurr-

- The following verbs share the same irregular conditional stems with the future tense (see the **Spiegazione grammaticale** section on **Parlare del futuro**). The conditional endings are the same for all verbs.

  The irregular verb **essere** has as its conditional stem **sar-.**

| **essere** → sar- | sarei | saresti | sarebbe | saremmo | sareste | sarebbero |

Other irregular conditional stems can be grouped into the following two categories.

SHORTENED STEMS WITH DOUBLE **r**

| **bere** → berr- | berrei | berresti | berrebbe | berremmo | berreste | berrebbero |

(*The stem that has been shortened is the archaic stem* **bever-.**)

tenere → terr-	terrei	terresti	terrebbe	terremmo	terreste	terrebbero
valere → varr-	varrei	varresti	varrebbe	varremmo	varreste	varrebbero
venire → verr-	verrei	verresti	verrebbe	verremmo	verreste	verrebbero
volere → vorr-	vorrei	vorresti	vorrebbe	vorremmo	vorreste	vorrebbero

a OR **e** REMOVED FROM THE INFINITIVE

andare → andr-	andrei	andresti	andrebbe	andremmo	andreste	andrebbero
avere → avr-	avrei	avresti	avrebbe	avremmo	avreste	avrebbero
dovere → dovr-	dovrei	dovresti	dovrebbe	dovremmo	dovreste	dovrebbero
potere → potr-	potrei	potresti	potrebbe	potremmo	potreste	potrebbero
sapere → sapr-	saprei	sapresti	saprebbe	sapremmo	sapreste	saprebbero
vivere → vivr-	vivrei	vivresti	vivrebbe	vivremmo	vivreste	vivrebbero

2. The past conditional

   The past conditional (*I would have gone, I would have spoken,* and so forth) is formed by combining the conditional of the appropriate auxiliary verb with the past participle of the main verb. The past participle of any verb is always the same in any compound tense, indicative or subjunctive. The rules that determine agreement of the past participle are the same for all the compound tenses. (See **F. Agreement of the past participle** at the end of the **Spiegazioni grammaticali** section on **Raccontare del passato.**)

scrivere
(transitive verb conjugated
with **avere**)
avrei scritto
avresti scritto
avrebbe scritto
avremmo scritto
avreste scritto
avrebbero scritto

venire
(intransitive verb of motion
conjugated with **essere**)
sarei venuto/a
saresti venuto/a
sarebbe venuto/a
saremmo venuti/e
sareste venuti/e
sarebbero venuti/e

C. Hypothetical situations: *Il periodo ipotetico*

1. A major component of expressing hypothetical situations is wondering *what if? If* clauses in Italian trigger the result of the hypothetical state or action expressed. In this section, you will work with two types of *if* clauses: (1) those that represent a situation that is likely to happen or one that represents a habitual action and (2) those that represent a situation that is considered less likely to happen or that is contrary to fact. Note the following examples.

   > Se studierò, prenderò un'«A». (*There is still time for this to happen.*)
   > Se sono preoccupata, parlo con un'amica. (*habitual;* **se** = *when, whenever*)
   > Se io **vincessi** la lotteria, **andrei** alle Hawaii. (*less likely to happen*)
   > Se **fossimo** a Roma, **visiteremmo** Piazza Navona. (*We're not in Rome, so the statement is contrary to fact.*)

2. Here are some formulas that use *if* clauses. Note that not all of them express unlikely or contrary-to-fact situations.

   se + *present indicative* + *present indicative* = habitual

Se **ho** problemi, **chiedo** consigli ai genitori.	*If I have problems, I ask my parents for advice.* (habitual)

   se + *future* + *future* = probable

Se **avrò** tempo, vi **accompagnerò** al cinema.	*If I have time, I'll go with you to the movies.* (probable)

   se + *imperfect subjunctive* + *present conditional* = improbable or contrary to fact

Se papà mi **desse** i soldi, **comprerei** una macchina nuova.	*If Dad were to give me the money, I would buy a new car.* (improbable, unlikely)
Se io **fossi** Laura, **non sposerei** Riccardo.	*If I were Laura, I wouldn't marry Riccardo.* (contrary to fact [I am not Laura])

3. To express hypothetical, contrary-to-fact situations about the past, use the following formulas.

   se + *pluperfect subjunctive* + *present conditional* = contrary to fact

   The action in the *if* clause is in the past and the action in the result-clause is in the present conditional or in the future.

Se ieri io **avessi tagliato** l'erba, questo pomeriggio **potrei** giocare a tennis con voi.	*If I had cut the grass yesterday, I could play tennis with you this afternoon.* (contrary to fact [I didn't cut the grass, so now I can't play.])

se + *pluperfect subjunctive* + *past conditional* = contrary to fact

The action in the *if* clause and the action in the result clause are both in the past.

Se tu **fossi venuta** con noi alla festa, **ti saresti divertita.**	*If you had come with us to the party, you would have had a good time.* (contrary to fact [You didn't come with us and you didn't have a good time, at least not at the party.])

Facciamo pratica!

A. Complete the following sentences with the appropriate form of each verb in parentheses. **Attenzione!** Not all the sentences express improbable or contrary-to-fact situations.

1. Se io parlassi meglio italiano, _____ (trovare) senz'altro un buon posto di lavoro a Firenze.
2. Se la ditta mi pagasse di più, _____ (lavorare) più ore.
3. Se non faccio colazione, _____ (avere) poca energia.
4. Se arrivassimo presto la mattina, non _____ (dovere) fare tutto in fretta.
5. Se tu vedessi un furto, _____ (chiamare) subito la polizia?
6. Se Lei _____ (essere) presidente, che cosa _____ (cambiare)?
7. Se io _____ (riuscire) ad ottenere dei biglietti per il concerto, ti telefonerò.
8. Se io _____ (essere) a Milano, andrei a vedere uno spettacolo al Piccolo Teatro.

B. Change the following sentences to indicate that the situation is less likely to happen. Then translate each new sentence into English.

1. Se andrò ad Alberobello, visiterò i trulli.
2. Se Luigi avrà abbastanza soldi, mi manderà un biglietto per la Sardegna.
3. Se studieremo in Italia, frequenteremo l'Università di Bologna.

futuro

F   **Punto chiave: Parlare del futuro**

The present indicative is often used in Italian to express future actions and states, usually those about to take place in the immediate future. Italian also has a future tense with its own set of endings, which can be used to express any future actions or states but which should always be used instead of the present tense for long-term future plans or events, and a compound future tense to express future actions or states that will take place prior to others in the future. In this section, you will review (A) the formation of the future tenses, (B) the ways Italian uses the future tenses tenses to talk about the future, (C) another use of the future tenses: the future of probability, and (D) talking about pending future actions and others by using verbs in adverbial clauses.

A. Formation of the future tenses

1. The future

   The future tense is formed by adding the future endings to the future stem of the verb. The future endings are the same for all verbs.

	SINGULAR	PLURAL
first person	-ò	-emo
second person	-ai	-ete
third person	-à	-anno

   - The future stem is always identical to the conditional stem, for all verbs (see the **Spiegazione grammaticale** section on **Fare ipotesi**). For verbs that have a regular future/conditional stem, that stem is created as explained below.

     For **-are** verbs: the final **-e** of the infinitive is dropped, and the **a** of the infinitive ending is changed to **e.**

     cantare → canter-   portare → porter-   telefonare → telefoner-

     The usual spelling changes are made to preserve the sound of hard **c** and **g** in the stems of **-are** verbs.

     cercare → cercher-   pagare → pagher-

     For **-ere** and **-ire** verbs and all verbs whose infinitives end in **-rre**: the final **-e** of the infinitive is dropped.

leggere → legger-	prendere → prender-	ripetere → ripeter-
capire → capir-	finire → finir-	sentire → sentir-
condurre → condurr-	porre → porr-	tradurre → tradurr-

   - The following verbs share the same irregular future stems with the conditional tense (see the **Spiegazioni grammaticali** section on **Fare ipotesi**). The future endings are the same for all verbs.

     The irregular verb **essere** has as its future stem **sar-.**

essere → sar-	sarò	sarai	sarà	saremo	sarete	saranno

   Other irregular future stems can be grouped into the following two categories.

   SHORTENED STEMS WITH DOUBLE **r**

bere → berr-	berrò	berrai	berrà	berremo	berrete	berranno
(*from the archaic stem* **bever-**)						
tenere → terr-	terrò	terrai	terrà	terremo	terrete	terranno
valere → varr-	varrò	varrai	varrà	varremo	varrete	varranno
venire → verr-	verrò	verrai	verrà	verremo	verrete	verranno
volere → vorr-	vorrò	vorrai	vorrà	vorremo	vorrete	vorranno

   a OR **e** REMOVED FROM THE INFINITIVE

andare → andr-	andrò	andrai	andrà	andremo	andrete	andranno
avere → avr-	avrò	avrai	avrà	avremo	avrete	avranno
dovere → dovr-	dovrò	dovrai	dovrà	dovremo	dovrete	dovranno
potere → potr-	potrò	potrai	potrà	potremo	potrete	potranno
sapere → sapr-	saprò	saprai	saprà	sapremo	saprete	sapranno
vivere → vivr-	vivrò	vivrai	vivrà	vivremo	vivrete	vivranno

2. The future perfect

The future perfect (*I will have gone, I will have spoken,* and so forth) is formed by combining the future of the appropriate auxiliary verb with the past participle of the main verb. The past participle of any verb is always the same in any compound tense, indicative or subjunctive. The rules that determine agreement of the past participle are the same for all the compound tenses. (See **F. Agreement of the past participle** at the end of the **Spiegazioni grammaticali** section on **Raccontare del passato**.)

scrivere	**venire**
(transitive verb conjugated with **avere**)	(intransitive verb of motion conjugated with **essere**)
avrò scritto	sarò venuto/a
avrai scritto	sarai venuto/a
avrà scritto	sarà venuto/a
avremo scritto	saremo venuti/e
avrete scritto	sarete venuti/e
avranno scritto	saranno venuti/e

B. Using the future tenses to talk about the future

The two future tenses are both used to talk about future events. The future perfect tense places its action prior to that of another action that also takes place in the future.

| Ti **vedrò** domani alle dieci, appena **avrò letto** la tua proposta. | *I will see you tomorrow at ten as soon as I (will) have read your proposal.* |

The point of reference, *I will see you,* is in the future, and is expressed in Italian in the future tense. The action, *(will) have read,* is also in the future, but it will take place before the other action, and so is expressed in Italian in the future perfect tense. Note that Italian and English differ here in that in the English version one of the actions can be expressed in either the present or future tense. In Italian both actions are expressed in future tenses.

| È tardi. Quando **arriveremo,** la riunione **sarà** già **cominciata.** | *It's late. When we arrive, the meeting will have already started.* |

The point of reference, *when we arrive,* is in the future and is expressed in Italian in the future tense. The action, *will have started,* is also in the future, but it will take place before the other action, and so is expressed in Italian in the future perfect tense. Note that Italian and English differ here in that the English version leaves one of the actions in the present tense. In Italian both actions are expressed in future tenses.

| Quando **avrò finito** questo esercizio, **farò** una pausa. | *When I have finished this exercise, I will take a break.* |

The point of reference, *I will take a break,* is in the future, and is expressed in Italian in the future tense. The action, *I have finished this exercise,* is also in the future, but it will take place before the other action, and so is expressed in Italian in the future perfect tense. Notice that English and Italian differ considerably in this example. English permits the use of the present perfect instead of the future perfect tense even though the action in question has not yet been performed. In standard Italian, you cannot use the **passato prossimo** (the comparable Italian tense to the English present perfect) to express a future action, though you may occasionally hear it used in that way in colloquial speech.

Facciamo pratica!

Each of the following sentences uses two verbs, both of which refer to future actions. In each case, the future perfect will be used to refer to the action that logically must be completed first, and the future will be used to express the other action.

1. Dopo che io (parlare) _____ con Elisabetta, ti (potere) _____ dire come sta.
2. Dobbiamo fare in fretta, altrimenti quando noi (arrivare) _____ alla festa, Marta (aprire) _____ tutti i suoi regali.
3. Appena Benigni (completare) _____ questo film, (iniziare) _____ subito un nuovo progetto.

C. The future of probability

The future can also be used to express probability or conjecture about what may be happening now or what may have already happened. The words and phrases used to indicate probability such as *must, probably, wonder,* and so on, are not directly expressed in Italian.

When probability or conjecture is being expressed about what may be happening now, the future is used; when probability or conjecture is being expressed about something that may have already happened, the future perfect is used.

—Dove **sarà** Pierino?	—*I wonder where Pierino is. (Where can Pierino be?)*
—È sabato. **Sarà andato** a incontrare gli amici al bar.	—*It's Saturday. He probably went to meet his friends at the café.*

Facciamo pratica!

Use the future of probability to make a conjecture about the following situations. Then translate the sentences into English.

1. Mario ha i capelli bianchi e tante rughe. (Avere) _____ almeno 70 anni.
2. Anna mi ha detto che sarebbe arrivata entro le sette, ma sono già le sette e mezza. (Esserci) _____ molto traffico.
3. Paolo ci ha offerto una bella cena in quel nuovo ristorante. Di solito è così tirchio. (Vincere) _____ la lotteria?
4. Doris parla molto bene l'italiano. Forse (vivere) _____ parecchi anni in Italia.

D. Verbs in adverbial clauses

Talking about future events often involves the use of adverbial phrases (introduced by subordinating conjunctions or by prepositions) that refer to some pending time in the future or in the past. We will look at some of the most common of these adverbial phrases, which may require the use of the indicative, of the subjunctive, or of the infinitive, depending on several factors.

before	prima di, prima che
after	dopo, dopo che
without	senza, senza che
in order to/so that	per/perché, affinché
until	fino a, finché (non)

1. Same subject

   When the subject of the verb in the adverbial phrase is the same as the subject of the verb in the main clause of the sentence, the adverbial clause will be introduced by a preposition and the verb will be in the infinitive. If the action expressed in the adverbial clause is completed prior to the action expressed in the main clause, the past infinitive (infinitive of the auxiliary verb plus the past participle) is used; otherwise the simple infinitive is used.

   - before: **prima di**

     Prima di partire, abbiamo ringraziato i signori Bianchi della loro ospitalità.

     The subject of **partire** and **ringraziare** is the same (**noi**), so the phrase is introduced by **prima di** (preposition) and the verb **partire** is in the infinitive. The simple infinitive is used because, as the logic of the sentence demands, we thank Mr. and Mrs. Bianchi first, and then we leave.

   - after: **dopo**

     Dopo aver lasciato la festa, **hanno preso** un taxi per tornare a casa.

     The subject of **lasciare** and **prendere** is the same (**loro**), so the phrase is introduced by **dopo** (preposition) and the verb **lasciare** is in the infinitive. The past infinitive is used because, as the logic of the sentence demands, they first leave the party, and then take the cab.*

   - without: **senza**

     Quel signore **è andato** via **senza aver visto** il medico.

     The subject of **andare via** and **vedere** is the same (**quel signore**), so the phrase is introduced by **senza** (preposition) and the verb **vedere** is in the infinitive. The past infinitive is used because, as

---

*Note that the simple infinitive is never used after **dopo.**

the logic of the sentence demands, the gentleman would first see the physician (although in this instance he did not), and would then leave.

Pasqualino **guidava senza fare** attenzione ai segnali stradali.

The subject of **guidare** and **fare attenzione** is the same (**Pasqualino**), so the phrase is introduced by **senza** (functioning as a preposition) and the verb **fare attenzione** is in the infinitive. The simple infinitive is used because, as the logic of the sentence demands, Pasqualino does (or in this case does not) pay attention to the street signs at the same time he is driving.

- in order to: **per**

  I ragazzi **hanno acceso** il televisore **per vedere** un film italiano.

  The subject of **accendere** and **vedere** is the same (**i ragazzi**), so the phrase is introduced by **per** (preposition) and the verb **vedere** is in the infinitive. The simple infinitive is used because, as the logic of the sentence demands, the kids don't see the film until after the television set is turned on.

- until: **fino a**

  Ho studiato i verbi **fino ad addormentarmi** con la testa sul libro.

  The subject of **studiare** and **addormentarsi** is the same (**io**), so the phrase is introduced by **fino a** (preposition) and the verb **addormentarsi** is in the infinitive. The simple infinitive is used because, as the logic of the sentence demands, I first studied the verbs, and then I fell asleep.

2. Different subjects

When the subject of the verb in the adverbial phrase is different from the subject of the verb in the main clause of the sentence, the adverbial clause will be introduced by a subordinating conjuction and the verb will be conjugated.

- before: **prima che**

  Prima che is always followed by the subjunctive. Which tense of the subjunctive you use depends on the tense of the verb in the main clause.

  a. If the action of the main clause is in any present or future tense, the verb following **prima che** in the subordinate clause is in the present subjunctive.

  Dobbiamo pulire la cucina **prima che arrivino** i genitori.

  The subject of **dovere** is **noi** and that of **arrivare** is **i genitori,** so the subordinate clause is introduced by **prima che** (subordinating conjunction) and the verb **arrivare** is in the subjunctive. The present subjunctive is used because the verb in the main clause is in the present tense and, as the logic of the sentence demands, we must clean the house before the parents arrive.

b. If the action of the main clause is in any past or conditional tense, the verb following **prima che** in the subordinate clause is in the imperfect subjunctive.

Volevo salutare i signori Bianchi **prima che partissero.**

The subject of **volere** is **io** and that of **partire** is **i signori Bianchi,** so the subordinate clause is introduced by **prima che** (subordinating conjunction) and the verb **partire** is in the subjunctive. The imperfect subjunctive is used because the verb in the main clause is in the imperfect and, as the logic of the sentence demands, I wanted to say goodbye to Mr. and Mrs. Bianchi before they left, but they have already gone.

- after: **dopo che**

Dopo che is followed by a compound tense (auxiliary plus past participle) of the indicative. Which tense you use depends on the tense of the verb in the main clause. Because the action expressed in the adverbial phrase must be complete before the action expressed in the main clause, you use a tense that is one step further back in time than the verb in the main clause.

Di solito **lasciamo** guardare la TV ai bambini **dopo che hanno finito** i compiti.

The subject of **lasciare** is **noi** and that of **finire** is **i bambini,** so the phrase is introduced by **dopo che** (subordinating conjunction) and the verb **finire** is in a compound tense of the indicative. The **passato prossimo** is used because the verb in the main clause is in the present tense.

Dopo che i loro figli **si saranno sposati,** i signori Giuliani **cambieranno** casa.

The subject of **sposarsi** is **i figli** and that of **cambiare casa** is **i signori Giuliani,** so the phrase is introduced by **dopo che** (subordinating conjunction) and the verb **sposarsi** is in a compound tense of the indicative. The future perfect is used because this action will take place in the future; the verb in the main clause is in the future tense because the children's marriage must take place before Mr. and Mrs. Giuliani will move.

- without: **senza che**

Senza che is always followed by the subjunctive. Which tense of the subjunctive you use depends on two factors: (a) the tense of the verb in the main clause and (b) the time relationship between the two clauses.

a. If the action of the main clause is expressed in any present or future tense, the verb following **senza che** in the subordinate clause is in the present subjunctive if the action occurs at the same time or in the future, or in the past subjunctive if the action occurred prior to that of the main clause.

Quell'attrice **non appare** mai sulla scena **senza che** gli spettatori **applaudano.**

The subject of **apparire** is **quell'attrice** and that of **applaudire** is **gli spettatori,** so the subordinate clause is introduced by **senza che** (subordinating conjunction) and the verb **applaudire** is in the subjunctive. The present subjunctive is used because the verb in the main clause is in the present and, as the logic of the sentence demands, the spectators applaud when the actress appears, and not before.

Quel signore **va via senza che** il medico **l'abbia visitato.**

The subject of **andare via** is **quel signore** and that of **visitare** is **il medico,** so the subordinate clause is introduced by **senza che** (subordinating conjunction) and the verb **visitare** is in the subjunctive. The past subjunctive is used because the verb in the main clause is in the present tense and, as the logic of the sentence demands, the physician would first examine the gentleman (although in this instance he did not), and then the gentleman would leave.

b. If the action of the main clause is in any past or conditional tense, the verb following **senza che** in the subordinate clause is in the imperfect subjunctive if the action occurred at the same time or later than that of the main clause, or in the pluperfect subjunctive if the action occurred prior to that of the main clause.

Quell'attrice **non apparve** mai sulla scena **senza che** gli spettatori **applaudissero.**

The subject of **apparire** is **quell'attrice** and that of **applaudire** is **gli spettatori,** so the subordinate clause is introduced by **senza che** (subordinating conjunction) and the verb **applaudire** is in the subjunctive. The imperfect subjunctive is used because the verb in the main clause is in a past tense and, as the logic of the sentence demands, the spectators applaud when the actress appears, and not before.

Quel signore **è andato via senza che** il medico **l'avesse visitato.**

The subject of **andare via** is **quel signore** and that of **visitare** is **il medico,** so the subordinate clause is introduced by **senza che** (subordinating conjunction) and the verb **visitare** is in the subjunctive. The pluperfect subjunctive is used because the verb in the main clause is in a past tense and, as the logic of the sentence demands, the physician would first examine the gentleman (although in this instance he did not), and then the gentleman would leave.

• so that: **perché, affinché**

Perché (when it means *so that* rather than *because*) and **affinché** are followed by the subjunctive. Which tense of the subjunctive you use depends on the tense of the verb in the main clause. If the verb in the main clause is in any present or future tense, the verb following **perché** or **affinché** is in the present subjunctive. If the verb in the main clause is in any past or conditional tense, the verb following **perché** or **affinché** is in the imperfect subjunctive.

Domani vi **farò** sentire un mio CD **affinché conosciate** un po' la musica tradizionale della Sardegna.

The subject of **fare sentire** is **io** and that of **conoscere** is **voi,** so the phrase is introduced by **affinché** (subordinating conjunction) and the verb **conoscere** is in the subjunctive. The present subjunctive is used because the main verb is in the present and, as the logic of the sentence demands, you will not become more familiar with the music until after I have had you hear the CD.

Il professore **ha portato** in classe il televisore **perché** gli studenti **vedessero** un film italiano.

The subject of **portare** is **il professore** and that of **vedere** is **gli studenti,** so the subordinate clause is introduced by **perché** (subordinating conjunction) and the verb **vedere** is in the subjunctive. The imperfect subjunctive is used because the verb in the main clause is in the **passato prossimo** and, as the logic of the sentence demands, the students do not see the film until after the TV set has been brought in.

- until: **finché (non)**

  Finché (**non**) is followed by a conjugated verb in either the indicative or the subjunctive. Generally speaking, if the action of the verb following **finché** (**non**) is in the past, the indicative will be used. If it is in the future, the subjunctive is some-times used, especially if a sense of doubt or uncertainty is to be expressed, but the indicative is almost always acceptable.

  Ho letto ai bambini **finché non si sono addormentati.**

  I signori Giuliani **continueranno** a vivere in questa casa **finché** i loro figli **si saranno sposati.**

Facciamo pratica!

Complete the following sentences with the appropriate form of the verb in parentheses.

1. Andrò a fare la spesa prima che _____ (arrivare) i miei fratelli.
2. Marta è stata molto nervosa finché non _____ (finire) la tesi.
3. I bambini mettono la camera in ordine per _____ (accontentare) la mamma.
4. Dopo _____ (mangiare), abbiamo portato i piatti in cucina e li abbiamo lavati.
5. Franco telefonerà appena _____ (tornare) dalla conferenza.
6. Papà ci ha prestato questi soldi affinché _____ (potere) comprare qualcosa da mangiare.
7. Quando ero giovane, riuscivo spesso ad uscire di casa senza che i miei genitori _____ (accorgersene).
8. Dopo che noi _____ (firmare) il contratto, Sergio ha avuto dei dubbi a proposito della nostra decisione.
9. Non vorresti salutare i signori Giuliani prima di _____ (andare via)?
10. Come mai sei riuscito ad entrare al cinema senza _____ (comprare) un biglietto?

Riferimenti di grammatica

ALTRI PUNTI GRAMMATICALI

A. *Ci* and *ne*

Although **ci** and **ne** are particles, they can be considered pronouns for they behave just like them. They substitute for a prepositional phrase and always precede a conjugated verb, except for verbs in the imperative, the infinitive, and the progressive tenses. With **volere, dovere,** and **potere,** they can be put in front of the modal verb or attached to its dependent infinitive. When there is a double pronoun, **ci** precedes the direct object pronoun and is the first in order of the two pronouns, **ne** follows the indirect object pronoun and is the second in order of the two pronouns.

1. **Ci** generally means *there* and replaces the following prepositional phrases.

    a. The prepositions **in, a, su,** and **da** (when used to refer to a place, for example, **da Mario** = *at Mario's*) followed by a noun

    —Torni spesso **in Italia?**　　　—Sei già stata **al supermercato?**
    —Sì, **ci** torno ogni estate.　　　—No, non **ci** sono ancora andata.

    —Hai messo i fiori **sul tavolo?**　　—A che ora andrete **dal dottore?**
    —Sì, **ce*** li ho messi.　　　　　—**Ci** andremo verso le tre.

    b. The preposition **a** followed by a verb

    　—Quando devi andare **a studiare?**
    　—**Ci** devo andare (Devo andar**ci**) oggi pomeriggio.

    c. **Lì/là, qui/qua, dentro, fuori** (If a place is not mentioned, use **lì/là** or **qui/qua.**)

    　—Vai **là?**　　　　　—Le forchette sono **dentro al cassetto?**
    　—No, non **ci** vado.　—Sì, **ci** sono.

    d. **Pensare** and **credere** followed by prepositional phrases beginning with **a**

    　—Pensi **al tuo cane** quando　　—Credete **agli spiriti?**
    　　sei lontano?　　　　　　　　—No, non **ci** crediamo.
    　—Sì, **ci** penso spesso.

    • Note that there is no agreement between the past participle and **ci** in compound tenses.

---

*Note that **ci,** when combined with a direct object pronoun, undergoes a spelling change to become **ce,** as discussed in **C. Double object pronouns** in the **Spiegazioni grammaticali** section on **Parlare dei gusti.**

- Here are some of the more common idiomatic expressions using **ci.**

  avercela* con qualcuno *to hold a grudge against someone*

  Perché **ce l'hai** sempre con lui?   *Why are you always mad at him?*

  entrarci† *to have something to do with*

  In questa faccenda non voglio   *I don't want to have anything to*
  entrarci.   *do with this matter.*

  farcela* *to manage (to do something)*

  Ha vinto la gara! Finalmente   *He won the competition! Finally,*
  ce l'ha fatta!   *he managed (to win)!*

  metterci* *to take time (when the subject of the verb is the person performing the action)*

  Di solito **ci metto** quindici   *Usually, it takes me 15 minutes to*
  minuti ad arrivare, ma ieri **ci**   *arrive, but yesterday it took me an*
  ho messo un'ora.   *hour.*

  rifletterci* *to think something over*

  Non agire in modo insensato!   *Don't behave irrationally! Think it*
  Riflettici bene!   *over!*

  sentirci* *to be able to hear*

  Devo spostarmi: da qui   *I have to move: I can't hear well*
  non ci sento bene.   *from here.*

  tenerci* *to care about something (to be attached to or fond of something)*

  Non perdere il mio ombrello;   *Don't lose my umbrella; I'm very*
  ci tengo molto!   *fond of it!*

  vederci* *to be able to see*

  Dall'occhio destro **non**   *He cannot see from his right eye*
  ci vede più.   *anymore.*

  volerci† *to take time (in impersonal expressions when the subject of the verb is the amount of time in question)*

  Ci vuole un'ora per arrivare a   *It takes an hour to get to his*
  casa sua, ma ieri **ci sono volute**   *house, but yesterday it took two*
  due ore.   *hours.*

2. **Ne** means *of it/of them* and replaces the following prepositional phrases.

   a. Any noun preceded by an expression of quantity and a number

   —**Quante regioni** ci sono in   —Hai **due o tre sorelle?**
   Italia?   —**Ne** ho solo una.
   —Ce **ne** sono venti.

   —**Quanti anni** hai?
   —**Ne** ho ventuno.

---

*Words indicated with an asterisk (*) are conjugated with **avere.**
†Words indicated with a dagger (†) are conjugated with **essere.**

b. The preposition **di** followed by a noun

—Hai bisogno **di pane?**
—No, grazie, oggi non **ne** ho bisogno.

c. The preposition **di** followed by a verb
—Hai paura **di volare?**
—Sì, un po' **ne** ho.

d. A partitive or a noun not preceded by a definite article

—Gradisci **del caffè?**	—Vuoi **zucchero?**
—Sì, grazie, **ne** prendo volentieri una tazzina.	—No, non **ne** voglio.

- Note that except when used with **parlare di,** the past participle must always agree with **ne** in compound tenses.

—Avevate già parlato **di politica** a lezione?	—**Quante birre** hai bevuto ieri alla festa?
—No, non **ne** avevamo ancora parlato.	—**Ne** ho bevut**e** troppe.

- Here are some of the more common idiomatic expressions using **ne.**

andarsene*   *to go away, to leave*

Basta! Sono stanca, **me ne vado.**   *Enough! I'm tired, I'm leaving.*

non voler[†] saperne di qualcuno/qualcosa   *to want nothing to do with someone/something*

Non voglio proprio più **saperne** delle vostre storie!   *I really want nothing more to do with your stories!*

non poterne[†] più di qualcuno/qualcosa   *to not be able to stand someone/something any longer*

Non ne potevamo più di lui! Parlava troppo. E parlava sempre di se stesso!   *We couldn't stand him any longer! He talked too much. And he always talked about himself!*

Facciamo pratica!

Complete the sentences below using either **ci** or **ne** as appropriate.

1. —Non mi va di andare alla sua conferenza.   Tu, _____ vai?

   —Vorrei andar_____, ma non so se _____ avrò il tempo.

2. Lucia è ancora arrabbiata con Massimo: ha detto che non _____ vuole più sapere di lui. Sembra che anche Massimo _____ l'abbia ancora con lei.

3. Ma cosa dici? Non _____ entra niente con il problema di cui ti sto parlando!

---

*Words indicated with an asterisk (*) are conjugated with **essere.**
[†]Words indicated with a dagger (†) are conjugated with **avere.**

4. —Hai visitato molti musei durante il tuo soggiorno in Europa?
   —Sì, _____ ho visitati tantissimi.

5. —Quante volte sei andata in Inghilterra?
   —_____ sono andata tre volte.

6. —_____ hai messo molto ad imparare a nuotare?
   —Io no, ma al mio fratellino _____ sono voluti molti mesi.

B. Prepositions and verbs that take prepositions

You have already learned the most frequently used prepositions in Italian:
a, di, da, con, in, per, su, and **tra/fra.**

As in all languages, the proper use of prepositions in Italian can be difficult since a literal translation is often impossible. It is also not easy to group them in a logical manner. Just as in English, in many cases verbs change their meaning according to the prepositions that follow them. Rather than memorizing a long list of verbs and idiomatic expressions, it is best to read carefully passages in Italian and become familiar with the use of prepositions in context. Use the dictionary wisely when you look up a verb or expression. You are already familiar with some common verbs and prepositions. The lists that follow will help you become familiar with some more. The exercises that appear at the end of this section will also help you become more familiar with the idiomatic uses of prepositions.

1. Verbs and adjectives followed by **a** + *infinitive*

VERBS

abituarsi	*to get used to*	mettersi	*to set about, to begin*
affrettarsi	*to hurry*		
aiutare	*to help*	obbligare	*to oblige*
cominciare	*to begin*	persuadere	*to persuade*
continuare	*to continue*	preparare	*to prepare*
convincere	*to convince*	provare	*to try*
costringere	*to oblige, to compel*	rinunciare	*to give up*
decidersi	*to make up one's mind*	riprendere	*to begin again, to resume*
divertirsi	*to have a good time, to enjoy oneself*	riuscire	*to succeed*
		sbrigarsi	*to hurry up*
fare meglio	*to be better off*	servire	*to be of use*
imparare	*to learn*	tornare	*to start doing (something) again*
insegnare	*to teach*		

ADJECTIVES

abituato	*used to, accustomed to*	disposto	*willing*
attento	*attentive*	pronto	*ready, prepared*

2. Verbs and adjectives followed by **di** + *infinitive* or **di** + *noun/pronoun*

accorgersi (+ *infinitive* or *noun/pronoun*)	*to notice*	fare a meno (+ *infinitive* or *noun/pronoun*)	*to do without*
aspettarsi (+ *infinitive*)	*to expect*	fidarsi (+ *infinitive* or *noun/pronoun*)	*to trust (somebody)*
augurare/augurarsi (+ *infinitive*)	*to wish, to hope*	fingere (+ *infinitive*)	*to pretend*
avere tempo (+ *infinitive*)	*to have time*	lamentarsi (+ *noun/pronoun*)	*to complain*
avere vergogna (+ *infinitive* or *noun/pronoun*)	*to be/feel ashamed*	meravigliarsi (+ *infinitive* or *noun/pronoun*)	*to be surprised*
cercare (+ *infinitive*)	*to try (to do something)*	pentirsi (+ *infinitive* or *noun*)	*to repent, to be sorry*
chiedere (+ *infinitive*)	*to ask*	pregare (+ *infinitive*)	*to ask (for someone to do something)*
comandare (+ *infinitive*)	*to command*	rendersi conto (+ *infinitive* or *noun/pronoun*)	*to notice*
consigliare (+ *infinitive*)	*to advise, to recommend*	ridere (+ *noun/pronoun*)	*to laugh (at someone/something)*
credere (+ *infinitive*)	*to believe*	ringraziare (+ *infinitive* or *noun*)	*to thank (someone for something)*
decidere (+ *infinitive*)	*to decide*	sentirsela (+ *infinitive*)	*to feel up to*
dimenticarsi (+ *infinitive* or *noun/pronoun*)	*to forget*	smettere (+ *infinitive*)	*to stop, to cease (doing something)*
dire (+ *infinitive* or *noun/pronoun*)	*to say, to tell*	non vedere l'ora (+ *infinitive*)	*to look forward to*
dubitare (+ *infinitive* or *noun/pronoun*)	*to doubt*	vietare (+ *infinitive*)	*to forbid*
essere in grado (+ *infinitive*)	*to be able to (do something)*	vivere (+ *noun*)	*to live on*

ansioso (+ *infinitive*)	*anxious*	lieto (+ *infinitive*)	*glad*
capace (incapace) (+ *infinitive*)	*capable (incapable)*	sicuro (+ *infinitive*)	*sure, certain*
contento (+ *infinitive*)	*content*	soddisfatto (+ *infinitive*)	*satisfied*
curioso (+ *infinitive*)	*curious*	stufo/stanco (+ *infinitive*)	*tired, fed up*
felice (+ *infinitive*)	*happy*	triste (+ *infinitive*)	*sad*

3. Verbs followed by **da** + *noun*, adjectives followed by **da** + *infinitive*

VERBS

dipendere   *to depend on*
guardarsi   *to refrain from, beware of*

ADJECTIVES*

bello/brutto
buono/cattivo
difficile/facile

4. Verbs followed by **con** + *il / lo / l′* + *infinitive**
    cominciare con   *to begin by*
    finire con   *to end up*

5. Verbs followed by **in** + *noun*
    consistere in   *to consist of*
    essere bravo in   *to be good at*
    sperare in   *to hope for*

6. Verbs followed by **per** + *infinitive* or *noun*
    ringraziare per (+ *infinitive* or *noun*)   *to thank for*
    stare per (+ *infinitive*)   *to be about to (do something)*

---

*Note that many of the uses of these adjectives followed by **da** + *infinitive* are idiomatic: **bello da morire** = *drop-dead gorgeous.*

Facciamo pratica!

Read the following sentences and translate them into English with the help of a dictionary when needed. Pay attention to the way the prepositions are used in the given context.

A

1. Vado a Napoli a trovare Monica.
2. Ho comprato una bella giacca a righe.
3. A pochi chilometri da Roma c'è Ostia.
4. Il suo vestito è fatto a mano.
5. Chi è al telefono?
6. Non c'è niente di interessante alla televisione.
7. Usciamo alle sette!

DI

1. Mi piace molto la tua collana d'oro. Va benissimo con la tua camicetta di seta.
2. Questo libro di geografia è molto difficile.
3. —Di dove siete?
   —Siamo di Palermo.
4. Ho visto qualcosa di molto bello alla mostra, ma niente di economico da comprare.
5. —Di chi è questa borsa?
   —È di Fabrizio.

DA

1. Il suo vestito da sposa era molto bello.
2. La mia camera da letto è molto spaziosa.
3. Non ho niente di buono da mangiare.
4. Quando si va da Alfredo?
5. Da piccoli volevamo fare gli astronauti.
6. Le piace molto quel ragazzo dagli occhi verdi.
7. Studio dalle tre alle quattro.

*Note that in these cases the infinitive form functions as a noun and is therefore preceded by the definite article: **Alla festa si comincia sempre con il fare qualche brindisi.**

IN

1. Come si chiama quel ragazzo che era seduto in mezzo a voi?
2. Ti riscriverò dopo; nel frattempo voglio darti una bella notizia!
3. Hai messo troppa acqua nella bottiglia.
4. —In quanto tempo riuscirai a prepararti?
   —In dieci minuti!

PER

1. Ho incontrato la moglie di Francesco per strada e mi ha dato una lettera per te.
2. Per prendere un buon voto, dovrai studiare molto.
3. Siamo arrivati alla Costa Smeralda per mare.
4. Ma cosa fai? Mangi per terra?
5. Per caso hai un fiammifero?
6. Due per due fa quattro.
7. Passeremo per la Francia.

SU

1. Cosa c'è sull'albero?
2. Puoi contare su di me.
3. La conferenza sul futurismo è stata interessantissima.
4. È una bella donna sui cinquant'anni.

TRA/FRA

1. Tra un'ora si comincia.
2. Tra me e lui non corre buon sangue.
3. Chi fra di voi la conosce?

C. *Sapere* and *conoscere*

Both verbs translate as the English verb *to know*.

1. **Sapere**

   a. to know a fact or a piece of information

Non sappiamo a che ora vengono.	*We don't know when they are arriving.*
—**Sai** quando uscirà il suo nuovo libro?	*—Do you know when his new book is coming out?*
—No, **non lo so.**	*—No, I don't know.*
Sapevo che lui sarebbe arrivato in tempo.	*I knew he would arrive on time.*

   b. to know how to do something

Quell'attrice **sa** recitare molto bene.	*That actress knows how to act very well.*
Da piccolo **sapeva** suonare il clarinetto.	*As a child he knew how to play the clarinet.*

Attenzione! Notice how in the **passato prossimo** the meaning of **sapere** changes.

> **Hai saputo** la notizia? Lucia e Massimo si sposano! | *Did you hear the news? Lucia and Massimo are getting married!*

2. **Conoscere**

   a. to know, to be familiar with (*someone, something, a place*)

> —**Conoscete** l'arte barocca? | —*Do you know Baroque art?*
> —Sì, la **conosciamo** bene. | —*Yes, we know it well.*

> Quando ero piccola, **conoscevo** bene Giuseppe; poi l'ho perso di vista. | *When I was young, I used to know Giuseppe well; then I lost touch with him.*

   b. to meet, to make the acquaintance of

> —Quando **conoscerai** suo marito? | —*When will you meet her husband?*
> —Lo **conoscerò** domani sera. | —*I will meet him tomorrow evening.*

Attenzione! Notice how in the **passato prossimo** the meaning of **conoscere** changes to become more precise.

> L'anno scorso Anna **ha conosciuto** Stefano Accorsi a Cinecittà. | *Last year Anna met (made the acquaintance of) Stefano Accorsi at Cinecittà.*

Facciamo pratica!

Complete the sentences with the appropriate form of **sapere** or **conoscere**.

1. —Giorgio, _____ che fine ha fatto Marina?
   —No, non ne _____ niente.
2. —Ragazzi, cosa _____ fare bene da piccoli?
   —_____ giocare a pallone.
3. —Com'è la figlia di Sebastiano?
   —Non lo _____; non la _____ ancora _____.
4. Dottore, _____ i risultati delle analisi che ho fatto due settimane fa?
5. Si è innamorato di lei appena la _____.
6. Quegli avvocati mi _____ bene, ma loro non _____ ancora cosa voglio da loro.
7. I suoi figli _____ la Spagna.
8. Mi scusi, _____ che ore sono?

D. Time expressions

Time expressions vary a great deal between English and Italian. The following is not an exhaustive list but a discussion of some of the most common expressions of time.

1. Words for time

   a. *Time* as an abstract concept or as a period or duration of time: **tempo**

Il **tempo** vola.	*Time flies.*
Quanto **tempo** avete trascorso a Roma?*	*How much time did you spend in Rome?*

   b. *Time* referring to an instance, occasion, or occurence: **volta**

Ti ho chiamato cinque **volte.**	*I called you five times.*
Qualche **volta** dovrai lavorare fino alle otto.	*Sometimes you will have to work until eight o'clock.*

   c. *Time* meaning the time of day or the time at which to do something: **ora**

Non so che **ora** è.	*I don't know what time it is.*
È **ora** di mangiare.	*It's time to eat.*

   d. *Time* meaning *to have a good time:* **divertirsi**

Vi siete divertiti?	*Did you have a good time?*

2. Centuries

   a. Centuries are referred to using ordinal numbers, which are often expressed as Roman numerals when written.

il **quarto** secolo	il **IV** secolo
il **tredicesimo** secolo	il **XIII** secolo
il **quattordicesimo** secolo	il **XIV** secolo
il **diciannovesimo** secolo	il **XIX** secolo
il **ventunesimo** secolo	il **XXI** secolo

   b. The thirteenth through the twentieth centuries of the Common Era (A.D.) can be expressed by specifying the hundreds. Note that the first letter is capitalized.

1201–1300	il tredicesimo secolo	**il Duecento**
1301–1400	il quattordicesimo secolo	**il Trecento**
1801–1900	il diciannovesimo secolo	**l'Ottocento**
1901–2000	il ventesimo secolo	**il Novecento**
2001–2100	il ventunesimo secolo	**il Duemila**

3. Years

   A year is always preceded by the masculine singular definite article. Note that Italians do not express years in sets of two numbers: 1952 is *one thousand nine hundred fifty-two,* not *nineteen fifty-two.*

   il 1860 = **il** milleottocentosessanta
   nel 1860   *in 1860*
   il 2006 = **il** duemilasei
   nel 2006   *in 2006*

   ---

   *Note that the verb **spendere** is never used to express *to spend time.*

- The decades of the twentieth century can be referred to in an abbreviated form.

gli anni '30 (gli anni trenta)   *the thirties*
negli anni '60 (negli anni   *in the sixties*
   sessanta)

4. Months

The names of the months are masculine and they are not capitalized. The prepositions **in** or **a** are used with the months.

Andiamo in Italia **in giugno.**

Sono tornato a Firenze **a maggio.**

5. Days of the week

The Italian week begins on Monday. The days of the week are not capitalized. **Domenica** is feminine; the names of the other days are masculine. No preposition is used in front of the name of a day of the week.

a. When an event regularly occurs on a particular day of the week, the definite article is used.

Vai in chiesa **la domenica?**   *Do you go to church on Sundays?*

Lavori **il sabato?**   *Do you work on Saturdays?*

b. When the next or the most recent day is referred to, no article is used.

Devo lavorare **venerdì.**   *I have to work (this) Friday.*

Hai visto Alberto **martedì?**   *Did you see Alberto (on) Tuesday?*

6. Dates

References to dates begin with the masculine singular definite article. The first day of a month is referred to with the ordinal number; all other days of the month are referred to using the cardinal number. The day is always stated before the month, even in abbreviations. The month may be preceded by the preposition **di** or the preposition may be omitted. No preposition is used to replace the English *on*.

Il primo gennaio è un giorno   *January 1 is a holiday in*
   di festa in America e anche   *America and also in Italy.*
   in Italia.

Siamo arrivati **il 23 (di) luglio.**   *We arrived on July 23.*

7. The prepositions **da** and **per** with time expressions

The prepositions **da** and **per** are used with time expressions to indicate for how long an action has been occurring or did occur. Both of these prepositions are expressed with *for* in English, but they are not interchangeable in Italian.

a. When an action begins prior to the point of reference in time and continues up to the point of reference, the preposition **da** is used.

—Dove abiti?	—*Where do you live?*
—Abito a Firenze.	—*I live in Florence.*
—**Da quanto tempo** ci abiti?	—*How long have you lived there?*
—Ci abito **da tre anni.**	—*I've lived there for three years.*

The point of reference is the present (the person lives in Florence now). The action of living there began prior to the point of reference and is continuing. The verb remains in the present tense and the preposition **da** is used.

—Dove abitavi nel 1985?	—*Where were you living in 1985?*
—Abitavo a Firenze.	—*I was living in Florence.*
—**Da quanto tempo** ci abitavi?	—*How long had you been living there?*
—Ci abitavo **da cinque anni.**	—*I had been living there for five years.*

The point of reference is in the past (the person was living in Florence in 1985). The action of living there began prior to the point of reference and continued up to that point. The verb remains in the imperfect and the preposition **da** is used.

b. When an action lasts for a specified period of time in the past or in the future, the preposition **per** is used.

Ieri ho studiato i verbi **per tre ore.**	*Yesterday I studied verbs for three hours.*
L'anno prossimo andremo in Toscana **per tre settimane.**	*Next year we're going to Tuscany for three weeks.*
—**Per quanto tempo** hai abitato a Firenze?	—*How long did you live in Florence?*
—Ci ho abitato **per sei anni,** dal 1985 al 1991.	—*I lived there for six years, from 1985 to 1991.*

8. The prepositions **in** and **tra/fra** with time expressions

When used in time expressions, these Italian prepositions are all equivalent to *in* in English, but in Italian they are not interchangeable.

In Italian **in** is used to indicate that an action will be complete within a specific period of time.

—**In quanti minuti** riesci a pettinarti?	—*In how many minutes can you comb your hair?*
—Mi pettino **in tre minuti.**	—*I comb my hair in three minutes. (It takes me three minutes to comb my hair.)*

Tra/fra is used to indicate that an action will take place once a specified period of time has elapsed.

—Quando parte il treno per Firenze?	—*When does the train for Florence leave?*
—Parte **fra cinque minuti.**	—*It leaves in five minutes. (The train will leave five minutes from now.)*

E. Passive and impersonal forms

1. The passive forms

   In the passive form the subject is not the person or thing performing the action (as it is in active forms) but the person or thing that is acted upon (the person or thing that would be the direct object in an active verb form).

   > ACTIVE: My grandfather planted this tree in 1942.

   > PASSIVE: This tree was planted by my grandfather in 1942.

   Italian has two passive constructions: the **voce passiva** and the **si passivante.**

   a. The **voce passiva** follows the English passive pattern very closely. The direct object of the verb (the thing acted upon) becomes the subject, the person performing the action (the agent) becomes the object of the preposition **da,** and the verb **essere** is conjugated in the appropriate tense and followed by the past participle of the original verb, which now must agree in number and gender with the new subject.

Questi alberi **sono stati piantati da** mio nonno nel 1942.	*These trees were planted by my grandfather in 1942.*
La chiesa **fu costruita** nel Quattrocento.	*The church was constructed in the fifteenth century.*
In quale anno **è stata fondata** la Repubblica Italiana?	*In what year was the Italian Republic founded?*
Il documento **sarà firmato** domani **dal** presidente.	*The document will be signed tomorrow by the president.*
L'erba **era tagliata** ogni settimana **dal** giardiniere.	*The grass was cut every week by the gardener.*

   - Note that in the English passive form, the indirect object can often become the subject:

     I have just been handed a message from our correspondent in Milan.

     This never happens in Italian. The sentence can be expressed in the **voce passiva,** but the direct object must become the subject (the person to whom the note was handed will be the indirect object).

     Mi è stato appena **consegnato un messaggio** dal nostro corrispondente a Milano.

   b. The other passive construction is the **si passivante.** It can only be used in the third person, and only if the agent is not identified. The pronoun **si** precedes the verb, which is conjugated in the appropriate tense to have the person or thing acted upon as its subject. In compound tenses, the auxiliary verb is always **essere;** therefore, the past participle always agrees with the subject.

Si consuma molta benzina negli Stati Uniti.	*A great deal of gasoline is consumed in the United States.*
Quanti tacchini **si mangiano** ogni Thanksgiving?	*How many turkeys are eaten each Thanksgiving?*
Si sono visti pochi film italiani quest'anno negli Stati Uniti.	*Few Italian films were seen this year in the United States.*

2. The impersonal form: **si impersonale**

When the specific identity of the performer of an action is either unknown or relatively unimportant, both English and Italian can take advantage of several approaches. A dummy subject can be used, such as *they, one, you,* or *people.* Often the **si passivante** form just described can be used if the verb is transitive. Italian also frequently uses the **si impersonale,** which does not have a direct equivalent in English. Italians often use this form even when the identity of the subject, although never explicitly stated, is assumed (often to be *we*). Again, the third-person form of the verb is used preceded by the pronoun **si;** if the verb is already a reflexive verb, it will be preceded by the combination **ci si.**

In quel ristorante **si mangia** male e **si spende** troppo.	*One eats poorly and spends too much in that restaurant.*
In campagna **ci si alza** presto.	*You wake up early in the country.*

- In the **si impersonale** form, the verb is always conjugated in the singular form, and it is conjugated with **essere** in compound tenses.

- If the verb is ordinarily conjugated with **essere,** the past participle will always take the masculine plural ending. If the verb is ordinarily conjugated with **avere,** the past participle will not undergo any changes.

A Natale **si è andati** dai nonni.	*For Christmas we went to our grandparents' (house).*
Ci si è divertiti molto alla festa.	*People had a very good time at the party.*
L'anno scorso **si è mangiato** molto bene a Thanksgiving.	*Last year we ate very well at Thanksgiving.*

- Predicate adjectives will take the masculine plural ending.

Quando **si è giovani** tutto è possibile.	*When you're young everything is possible.*

F. Relative pronouns

A relative pronoun introduces a subordinate clause (relative clause) relating additional information about its antecedent, the noun that immediately precedes it. In English the relative pronoun is sometimes omitted; however, in Italian it is never omitted. The Italian relative pronouns are: **che, chi, cui,** and **quale (il quale, la quale, i quali, le quali).** Which one you use is determined by the grammatical function of the pronoun in the relative clause.

1. Subject and direct object

   When the relative pronoun functions as the subject in the relative clause, the relative pronoun is either **che** or a form of **quale,*** whose use is generally limited to clarifying cases of ambiguity. When the relative pronoun functions as a direct object in the relative clause, the relative pronoun is **che**.

   SUBJECT

Il signore **che** ha parlato alla nostra classe è di Modena.	*The gentleman who spoke to our class is from Modena.*
Il signore **il quale** ha parlato alla nostra classe è di Modena.	
La ragazza di Alberto, **il quale** suonerà stasera, viene a prendermi alle otto.	*Alberto's girlfriend is coming to pick me up at eight; Alberto is playing tonight.*

   DIRECT OBJECT

Le signore **che** abbiamo conosciuto ieri sera insegnano a Siena.	*The ladies (whom) we met last night teach in Siena.*

2. Object of a preposition

   When the relative pronoun is the object of a preposition in the relative clause, the pronoun is either **cui** or a form of **quale** and is always immediately preceded by the preposition.

Chi è quella signora **a cui** parlavi?	*Who is that lady you were talking to?* (the lady to whom you were talking)
Chi è quella signora **alla quale** parlavi?	
I libri **di cui** abbiamo bisogno sono molto cari.	*The books we need are very expensive.* (the books of which we have need)
I libri **dei quali** abbiamo bisogno sono molto cari.	

3. Possessive adjective

   When the relative pronoun is used to indicate to whom something belongs, the pronoun is **cui** and is preceded by the definite article, which agrees in gender and number with the thing possessed.

È questo il professore **la cui** studentessa ha ricevuto una borsa di studio?	*Is this the professor whose student received a scholarship?*
Conosco una signora **i cui** figli sono tutti geni.	*I know a lady whose children are all geniuses.*

---

*Note that the form of **quale** is always preceded by the definite article.

4. Indefinite pronoun

When the relative pronoun refers to an unspecified (indefinite) person, meaning *whoever* or *whosoever,* the pronoun is **chi.** Verbs having **chi** as their subject are conjugated in the third-person singular.

Chi vuole venire con me deve fare in fretta. Me ne vado subito.	*Whoever wants to come with me needs to hurry. I'm leaving immediately.*

Note that with the exception of **chi** in point 4 above, an Italian relative pronoun must always be immediately preceded by its antecedent (the noun it refers to). Sometimes the antecedent is missing. When this happens, a dummy antecedent must be inserted in the sentence to precede the relative pronoun. This function can be fulfilled in Italian by any one of the following: **ciò, quel, quello.**

Ciò che lui ha detto non è vero.	*What he said isn't true.*
Quello di cui abbiamo bisogno è un'altra valigia.	*What we need is another suitcase.*
Credi a tutto **quello che** leggi?	*Do you believe everything you read?*

G. Causative construction

The causative construction is used to express *to make* (or *have*) *someone do something,* or *to let* (or *allow*) *someone to do something.*

1. **Fare**

   Many idiomatic expressions are formed with the verb **fare.** This verb followed by an infinitive is also used to express the English *to make / to have someone do something.*

   a. **Fare** + *infinitive* with one object

   - Present tense

Faccio leggere gli studenti. (*direct object noun*)	*I make/have the students read.*
Li (*direct object pronoun*) **faccio leggere.**	*I make/have them read.*

   - **Passato prossimo**

Ho fatto leggere gli studenti.	*I made/had the students read.*
Li **ho fatti* leggere.**	*I made/had them read.*

   - Imperative

Fa leggere gli studenti!	*Make/Have the students read!*
Falli leggere!	*Make/Have them read!*

---

*Note that the past participle agrees in gender and number with the direct object pronoun.

b. **Fare** + *infinitive* with two objects

- Present tense

Faccio leggere la rivista (*direct object noun*) agli studenti (*indirect object noun*).	*I make/have the students read the magazine.*
Gli (*indirect object pronoun*) **faccio leggere** la rivista.	*I make/have them read the magazine.*
La (*direct object pronoun*) **faccio leggere** agli studenti.	*I make/have the students read it.*
Gliela **faccio leggere**.	*I make/have them read it.*

- **Passato prossimo**

Ho fatto leggere la rivista agli studenti.	*I made/had the students read the magazine.*
Gli **ho fatto leggere** la rivista.	*I made/had them read the magazine.*
L'**ho fatta*** **leggere** agli studenti.	*I made/had the students read it.*
Gliel'**ho fatta*** **leggere**.	*I made/had them read it.*

- Imperative

Fa leggere la rivista agli studenti!	*Make/Have the students read the magazine!*
Fagli **leggere** la rivista!	*Make/Have them read the magazine!*
Falla **leggere** agli studenti!	*Make/Have the students read it!*
Fagliela **leggere**!	*Make/Have them read it!*

2. **Lasciare**

a. **Lasciare** + *infinitive* follows the same construction as **fare** + *infinitive* and is used to express *to let someone do something*.

Ho lasciato mangiare in classe gli studenti.	*I let the students eat in class.*

b. **Lasciare** can also be followed by **che** + a verb conjugated in the subjunctive mood.

Ho lasciato che gli studenti **mangiassero** in classe.	*I let the students eat in class.*

---

*Note that the past participle agrees in gender and number with the direct object pronoun.

3. **Farsi**

Farsi + *infinitive* is used to express *to have something done by someone for oneself.* In this case, **fare** is reflexive; therefore, it will be conjugated with **essere.**

- Present tense

Mi faccio cucinare le lasagne (*direct object noun*) da Maria (*agent*).	*I have Maria cook the lasagna for me.*
Me le **faccio cucinare** da lei.	*I have her cook it for me.*

- **Passato prossimo**

Mi sono fatta* cucinare le lasagne da Maria.	*I had Maria cook the lasagna for me.*
Me le **sono fatte† cucinare** da lei.	*I had her cook it for me.*

- Imperative

Fatti cucinare le lasagne da Maria!	*Have Maria cook the lasagna for you!*
Fattele **cucinare** da lei!	*Have her cook it for you!*

4. **Permettere di**

Permettere di + *infinitive* expresses *to allow someone to do something.* In this case, only an indirect object noun or pronoun will be used (the indirect object is the person to whom permission is given), and any direct object noun or pronoun must follow the infinitive.

permettere a qualcuno di fare qualcosa	*to allow someone to do something.*
Permetto ai bambini di guardare la televisione.	*I allow the children to watch TV.*
Gli permetto di guardarla.	*I allow them to watch it.*
Ho permesso ai bambini di guardare la televisione.	*I allowed the children to watch TV.*
Gli ho permesso di guardarla.	*I allowed them to watch it.*

Facciamo pratica!

Translate the following sentences.

1. She had her children wash the car.
2. When I was young, my parents would not let me go out by myself.
3. We cannot allow them to talk in such a rude way.
4. We had our teeth cleaned by the dentist.
5. Would you let Matteo drive your new car?
6. Girls, make your friends bring the cake!
7. I will not let him ruin my life.
8. They make me read all the time.

*Note that the reflexive verb (**farsi**) agrees in gender and number with the subject.
†Note that, in this instance, due to the presence of a direct object pronoun, the past participle agrees in gender and number with the direct object pronoun.

Appendice

Verb Charts

A. Avere e essere

Coniugazione del verbo *avere*

INFINITO — PRESENTE: avere PASSATO: avere avuto

PARTICIPIO: avuto

GERUNDIO: avendo

INDICATIVO

PRESENTE	IMPERFETTO	PASSATO REMOTO	FUTURO
ho	avevo	ebbi	avrò
hai	avevi	avesti	avrai
ha	aveva	ebbe	avrà
abbiamo	avevamo	avemmo	avremo
avete	avevate	aveste	avrete
hanno	avẹvano	ẹbbero	avranno

PASSATO PROSSIMO	TRAPASSATO	TRAPASSATO REMOTO	FUTURO ANTERIORE
ho avuto	avevo avuto	ebbi avuto	avrò avuto
hai avuto	avevi avuto	avesti avuto	avrai avuto
ha avuto	aveva avuto	ebbe avuto	avrà avuto
abbiamo avuto	avevamo avuto	avemmo avuto	avremo avuto
avete avuto	avevate avuto	aveste avuto	avrete avuto
hanno avuto	avẹvano avuto	ẹbbero avuto	avranno avuto

CONDIZIONALE

PRESENTE	PASSATO
avrẹi	avrẹi avuto
avresti	avresti avuto
avrebbe	avrebbe avuto
avremmo	avremmo avuto
avreste	avreste avuto
avrẹbbero	avrẹbbero avuto

CONGIUNTIVO

PRESENTE	IMPERFETTO	PASSATO	TRAPASSATO
ạbbia	avessi	ạbbia avuto	avessi avuto
ạbbia	avessi	ạbbia avuto	avessi avuto
ạbbia	avesse	ạbbia avuto	avesse avuto
abbiamo	avẹssimo	abbiamo avuto	avẹssimo avuto
abbiate	aveste	abbiate avuto	aveste avuto
ạbbiano	avẹssero	ạbbiano avuto	avẹssero avuto

IMPERATIVO

—
abbi (non avere)
ạbbia
abbiamo
abbiate
ạbbiano

Coniugazione del verbo *essere*

INFINITO
PRESENTE: essere
PASSATO: essere stato/a/i/e

PARTICIPIO
stato/a/i/e

GERUNDIO
essendo

INDICATIVO

PRESENTE	PASSATO PROSSIMO		IMPERFETTO	TRAPASSATO		PASSATO REMOTO	TRAPASSATO REMOTO		FUTURO	FUTURO ANTERIORE	
sono	sono		ero	ero		fui	fui		sarò	sarò	
sei	sei	stato/a	eri	eri	stato/a	fosti	fosti	stato/a	sarai	sarai	stato/a
è	è		era	era		fu	fu		sarà	sarà	
siamo	siamo		eravamo	eravamo		fummo	fummo		saremo	saremo	
siete	siete	stati/e	eravate	eravate	stati/e	foste	foste	stati/e	sarete	sarete	stati/e
sono	sono		erano	erano		furono	furono		saranno	saranno	

CONDIZIONALE

PRESENTE	PASSATO	
sarei	sarei	
saresti	saresti	stato/a
sarebbe	sarebbe	
saremmo	saremmo	
sareste	sareste	stati/e
sarebbero	sarebbero	

CONGIUNTIVO

PRESENTE	PASSATO		IMPERFETTO	TRAPASSATO	
sia	sia		fossi	fossi	
sia	sia	stato/a	fossi	fossi	stato/a
sia	sia		fosse	fosse	
siamo	siamo		fossimo	fossimo	
siate	siate	stati/e	foste	foste	stati/e
siano	siano		fossero	fossero	

IMPERATIVO

—
sii (non essere)
sia
siamo
siate
siano

B. Verbi regolari

Coniugazione del verbo *cantare*

INFINITO — PRESENTE: cantare PASSATO: avere cantato

PARTICIPIO — cantato

GERUNDIO — cantando

INDICATIVO

PRESENTE	IMPERFETTO	PASSATO REMOTO	FUTURO
canto	cantavo	cantai	canterò
canti	cantavi	cantasti	canterai
canta	cantava	cantò	canterà
cantiamo	cantavamo	cantammo	canteremo
cantate	cantavate	cantaste	canterete
cantano	cantavano	cantarono	canteranno

PASSATO PROSSIMO	TRAPASSATO	TRAPASSATO REMOTO	FUTURO ANTERIORE
ho	avevo	ebbi	avrò
hai	avevi	avesti	avrai
ha } cantato	aveva } cantato	ebbe } cantato	avrà } cantato
abbiamo	avevamo	avemmo	avremo
avete	avevate	aveste	avrete
hanno	avevano	ebbero	avranno

CONDIZIONALE

PRESENTE	PASSATO
canterei	avrei
canteresti	avresti
canterebbe	avrebbe } cantato
canteremmo	avremmo
cantereste	avreste
canterebbero	avrebbero

CONGIUNTIVO

PRESENTE	PASSATO	IMPERFETTO	TRAPASSATO
canti	abbia	cantassi	avessi
canti	abbia	cantassi	avessi
canti	abbia } cantato	cantasse	avesse } cantato
cantiamo	abbiamo	cantassimo	avessimo
cantiate	abbiate	cantaste	aveste
cantino	abbiano	cantassero	avessero

IMPERATIVO

—
canta (non cantare)
canti
cantiamo
cantate
cantino

Coniugazione del verbo *ripetere*

INFINITO
PRESENTE: ripetere
PASSATO: avere ripetuto

PARTICIPIO: ripetuto

GERUNDIO: ripetendo

INDICATIVO

PRESENTE	IMPERFETTO	PASSATO PROSSIMO	TRAPASSATO	FUTURO
ripeto	ripetevo	ho	avevo	ripeterò
ripeti	ripetevi	hai	avevi	ripeterai
ripete	ripeteva	ha	aveva	ripeterà
ripetiamo	ripetevamo	abbiamo	avevamo	ripeteremo
ripetete	ripetevate	avete ⎰ ripetuto	avevate ⎰ ripetuto	ripeterete
ripetono	ripetevano	hanno	avevano	ripeteranno

PASSATO REMOTO	TRAPASSATO REMOTO	FUTURO ANTERIORE
ripetei	ebbi	avrò
ripetesti	avesti	avrai
ripetè	ebbe	avrà
ripetemmo	avemmo ⎰ ripetuto	avremo ⎰ ripetuto
ripeteste	aveste	avrete
ripeterono	ebbero	avranno

CONDIZIONALE

PRESENTE	PASSATO
ripeterei	avrei
ripeteresti	avresti
ripeterebbe	avrebbe
ripeteremmo	avremmo ⎰ ripetuto
ripetereste	avreste
ripeterebbero	avrebbero

CONGIUNTIVO

PRESENTE	PASSATO	IMPERFETTO	TRAPASSATO
ripeta	abbia	ripetessi	avessi
ripeta	abbia	ripetessi	avessi
ripeta	abbia	ripetesse	avesse
ripetiamo	abbiamo ⎰ ripetuto	ripetessimo	avessimo ⎰ ripetuto
ripetiate	abbiate	ripeteste	aveste
ripetano	abbiano	ripetessero	avessero

IMPERATIVO

—
ripeti (non ripetere)
ripeta
ripetiamo
ripetete
ripetano

Coniugazione del verbo *dormire*

INFINITO
PRESENTE: dormire
PASSATO: avere dormito

PARTICIPIO
dormito

GERUNDIO
dormendo

INDICATIVO

PRESENTE	PASSATO PROSSIMO	IMPERFETTO	TRAPASSATO	PASSATO REMOTO	TRAPASSATO REMOTO	FUTURO	FUTURO ANTERIORE
dormo	ho dormito	dormivo	avevo dormito	dormii	ebbi dormito	dormirò	avrò dormito
dormi	hai dormito	dormivi	avevi dormito	dormisti	avesti dormito	dormirai	avrai dormito
dorme	ha dormito	dormiva	aveva dormito	dormì	ebbe dormito	dormirà	avrà dormito
dormiamo	abbiamo dormito	dormivamo	avevamo dormito	dormimmo	avemmo dormito	dormiremo	avremo dormito
dormite	avete dormito	dormivate	avevate dormito	dormiste	aveste dormito	dormirete	avrete dormito
dọrmono	hanno dormito	dormivano	avẹvano dormito	dormirono	ẹbbero dormito	dormiranno	avranno dormito

CONDIZIONALE

PRESENTE	PASSATO
dormirẹi	avrẹi dormito
dormiresti	avresti dormito
dormirebbe	avrebbe dormito
dormiremmo	avremmo dormito
dormireste	avreste dormito
dormirẹbbero	avrẹbbero dormito

CONGIUNTIVO

PRESENTE	PASSATO	IMPERFETTO	TRAPASSATO
dorma	abbia dormito	dormissi	avessi dormito
dorma	ạbbia dormito	dormissi	avessi dormito
dorma	ạbbia dormito	dormisse	avesse dormito
dormiamo	abbiamo dormito	dormịssimo	avẹssimo dormito
dormiate	abbiate dormito	dormiste	aveste dormito
dọrmano	ạbbiano dormito	dormịssero	avẹssero dormito

IMPERATIVO

—
dormi (non dormire)
dorma
dormiamo
dormite
dọrmano

Coniugazione del verbo *capire*

INFINITO	PARTICIPIO	GERUNDO	IMPERATIVO
PRESENTE: capire PASSATO: avere capito	capito	capendo	

INDICATIVO

PRESENTE	IMPERFETTO	PASSATO PROSSIMO	TRAPASSATO	PASSATO REMOTO	TRAPASSATO REMOTO	FUTURO	FUTURO ANTERIORE
capisco	capivo	ho	avevo	capii	ebbi	capirò	avrò
capisci	capivi	hai	avevi	capisti	avesti	capirai	avrai
capisce	capiva	ha	aveva	capì	ebbe	capirà	avrà
capiamo	capivamo	abbiamo	avevamo	capimmo	avemmo	capiremo	avremo
capite	capivate	avete	avevate	capiste	aveste	capirete	avrete
capiscono	capivano	hanno	avevano	capirono	ebbero	capiranno	avranno

(PASSATO PROSSIMO, TRAPASSATO, TRAPASSATO REMOTO, FUTURO ANTERIORE + capito)

CONDIZIONALE

PRESENTE	PASSATO
capirei	avrei
capiresti	avresti
capirebbe	avrebbe
capiremmo	avremmo
capireste	avreste
capirebbero	avrebbero

(PASSATO + capito)

CONGIUNTIVO

PRESENTE	PASSATO	IMPERFETTO	TRAPASSATO
capisca	abbia	capissi	avessi
capisca	abbia	capissi	avessi
capisca	abbia	capisse	avesse
capiamo	abbiamo	capissimo	avessimo
capiate	abbiate	capiste	aveste
capiscano	abbiano	capissero	avessero

(PASSATO, TRAPASSATO + capito)

IMPERATIVO

—
capisci (non capire)
capisca
capiamo
capite
capiscano

C. Verbi irregolari

Forms and tenses not listed here follow the regular pattern.

Verbi irregolari in *-are*

There are only four irregular **-are** verbs: **andare, dare, fare,** and **stare.**

andare to go

PRESENTE:	vado, vai, va; andiamo, andate, vanno
FUTURO:	andrò, andrai, andrà; andremo, andrete, andranno
CONDIZIONALE:	andrei, andresti, andrebbe; andremmo, andreste, andrebbero
CONGIUNTIVO PRESENTE:	vada, vada, vada; andiamo, andiate, vadano
IMPERATIVO:	va' (vai), vada; andiamo, andate, vadano

dare to give

PRESENTE:	do, dai, dà; diamo, date, danno
FUTURO:	darò, darai, darà; daremo, darete, daranno
CONDIZIONALE:	darei, daresti, darebbe; daremmo, dareste, darebbero
PASSATO REMOTO:	diedi (detti), desti, diede (dette); demmo, deste, diedero (dettero)
CONGIUNTIVO PRESENTE:	dia, dia, dia; diamo, diate, diano
IMPERFETTO DEL CONGIUNTIVO:	dessi, dessi, desse; dessimo, deste, dessero
IMPERATIVO:	da' (dai), dia; diamo, date, diano

fare to do, make

PARTICIPIO:	fatto
GERUNDIO:	facendo
PRESENTE:	faccio, fai, fa; facciamo, fate, fanno
IMPERFETTO:	facevo, facevi, faceva; facevamo, facevate, facevano
FUTURO:	farò, farai, farà; faremo, farete, faranno
CONDIZIONALE:	farei, faresti, farebbe; faremmo, fareste, farebbero
PASSATO REMOTO:	feci, facesti, fece; facemmo, faceste, fecero
CONGIUNTIVO PRESENTE:	faccia, faccia, faccia; facciamo, facciate, facciano
IMPERFETTO DEL CONGIUNTIVO:	facessi, facessi, facesse; facessimo, faceste, facessero
IMPERATIVO:	fa' (fai), faccia; facciamo, fate, facciano

stare to stay

PRESENTE:	sto, stai, sta; stiamo, state, stanno
FUTURO:	starò, starai, starà, staremo, starete, staranno
CONDIZIONALE:	starei, staresti, starebbe; staremmo, stareste, starebbero
PASSATO REMOTO:	stetti, stesti, stette; stemmo, steste, stettero

CONGIUNTIVO PRESENTE: stia, stia, stia; stiamo, stiate, stįano
IMPERFETTO DEL CONGIUNTIVO: stessi, stessi, stesse; stęssimo, steste, stęssero
IMPERATIVO: sta' (stai), stia; stiamo, state, stįano

Verbi irregolari in -ere

assųmere to hire

PARTICIPIO: assunto
PASSATO REMOTO: assunsi, assumesti, assunse; assumemmo, assumeste, assųnsero

bere to drink

PARTICIPIO: bevuto
GERUNDIO: bevendo
PRESENTE: bevo, bevi, beve; beviamo, bevete, bęvono
IMPERFETTO: bevevo, bevevi, beveva; bevevamo, bevevate, bevęvano
FUTURO: berrò, berrąi, berrà; berremo, berrete, berranno
CONDIZIONALE: berręi, berresti, berrebbe; berremmo, berreste, berrębbero
PASSATO REMOTO: bevvi, bevesti, bevve; bevemmo, beveste, bęvvero
CONGIUNTIVO PRESENTE: beva, beva, beva; beviamo, beviate, bęvano
IMPERFETTO DEL CONGIUNTIVO: bevessi, bevessi, bevesse; bevęssimo, beveste, bevęssero
IMPERATIVO: bevi, beva; beviamo, bevete, bęvano

cadere to fall

FUTURO: cadrò, cadrąi, cadrà; cadremo, cadrete, cadranno
CONDIZIONALE: cadręi, cadresti, cadrebbe; cadremmo, cadreste, cadrębbero
PASSATO REMOTO: caddi, cadesti, cadde; cademmo, cadeste, cąddero

chiędere to ask   **richiędere** to require

PARTICIPIO: chiesto
PASSATO REMOTO: chiesi, chiedesti, chiese; chiedemmo, chiedeste, chięsero

chiųdere to close

PARTICIPIO: chiuso
PASSATO REMOTO: chiusi, chiudesti, chiuse; chiudemmo, chiudeste, chiųsero

conǫscere to know   **riconǫscere** to recognize

PARTICIPIO: conosciuto
PASSATO REMOTO: conobbi, conoscesti, conobbe; conoscemmo, conosceste, conǫbbero

convincere to convince

PARTICIPIO: convinto
PASSATO REMOTO: convinsi, convincesti, convinse; convincemmo, convinceste, convinsero

correre to run

PARTICIPIO: corso
PASSATO REMOTO: corsi, corresti, corse; corremmo, correste, corsero

cuocere to cook

PARTICIPIO: cotto
PRESENTE: cuocio, cuoci, cuoce; cociamo, cocete, cuociono
PASSATO REMOTO: cossi, cocesti, cosse; cocemmo, coceste, cossero
CONGIUNTIVO PRESENTE: cuocia, cuocia, cuocia; cociamo, cociate, cuociano
IMPERATIVO: cuoci, cuocia; cociamo, cocete, cuociano

decidere to decide

PARTICIPIO: deciso
PASSATO REMOTO: decisi, decidesti, decise; decidemmo, decideste, decisero

dipendere to depend

PARTICIPIO: dipeso
PASSATO REMOTO: dipesi, dipendesti, dipese; dipendemmo, dipendeste, dipesero

dipingere to paint

PARTICIPIO: dipinto
PASSATO REMOTO: dipinsi, dipingesti, dipinse; dipingemmo, dipingeste, dipinsero

discutere to discuss

PARTICIPIO: discusso
PASSATO REMOTO: discussi, discutesti, discusse; discutemmo, discuteste, discussero

distinguere to distinguish

PARTICIPIO: distinto
PASSATO REMOTO: distinsi, distinguesti, distinse; distinguemmo, distingueste, distinsero

dividere to divide   **condividere** to share

PARTICIPIO: diviso
PASSATO REMOTO: divisi, divideste, divise; dividemmo, divideste, divisero

dovere to have to

PRESENTE: devo (debbo), devi, deve; dobbiamo, dovete, devono (debbono)

FUTURO: dovrò, dovrai, dovrà, dovremo, dovrete, dovranno

CONDIZIONALE: dovrei, dovresti, dovrebbe; dovremmo, dovreste, dovrebbero

CONGIUNTIVO PRESENTE: debba, debba, debba; dobbiamo, dobbiate, debbano

leggere to read

PARTICIPIO: letto

PASSATO REMOTO: lessi, leggesti, lesse; leggemmo, leggeste, lessero

mettere to put   **promettere** to promise   **scommettere** to bet

PARTICIPIO: messo

PASSATO REMOTO: misi, mettesti, mise; mettemmo, metteste, misero

muovere to move

PARTICIPIO: mosso

PASSATO REMOTO: mossi, muovesti, mosse; muovemmo, muoveste, mossero

nascere to be born

PARTICIPIO: nato

PASSATO REMOTO: nacqui, nascesti, nacque; nascemmo, nasceste, nacquero

offendere to offend

PARTICIPIO: offeso

PASSATO REMOTO: offesi, offendesti, offese; offendemmo, offendeste, offesero

parere to seem

PARTICIPIO: parso

PRESENTE: paio, pari, pare; paiamo, parete, paiono

FUTURE: parrò, parrai, parrà; parremo, parrete, parranno

CONDIZIONALE: parrei, parresti, parrebbe; parremmo, parreste, parrebbero

PASSATO REMOTO: parvi, paresti, parve; paremmo, pareste, parvero

CONGIUNTIVO PRESENTE: paia, paia, paia; paiamo, paiate, paiano

piacere to please

PARTICIPIO: piaciuto

PRESENTE: piaccio, piaci, piace; piacciamo, piacete, piacciono

PASSATO REMOTO: piacqui, piacesti, piacque; piacemmo, piaceste, piacquero

CONGIUNTIVO PRESENTE: piaccia, piaccia, piaccia; piacciamo, piacciate, piacciano

IMPERATIVO: piaci, piaccia; piacciamo, piacete, piacciano

piạngere to cry

PARTICIPIO:	pianto
PASSATO REMOTO:	piansi, piangesti, pianse; piangemmo, piangeste, piạnsero

potere to be able

PRESENTE:	posso, puọi, può; possiamo, potete, pọssono
FUTURO:	potrò, potrại, potrà; potremo, potrete, potranno
CONDIZIONALE:	potrẹi, potresti, potrebbe; potremmo, potreste, potrẹbbero
CONGIUNTIVO PRESENTE:	possa, possa, possa; possiamo, possiate, pọssano

prẹndere to take   **riprẹndere** to resume   **sorprẹndere** to surprise

PARTICIPIO:	preso
PASSATO REMOTO:	presi, prendesti, prese; prendemmo, prendeste, prẹsero

produrre to produce   **tradurre** to translate

PARTICIPIO:	prodotto
GERUNDIO:	producendo
PRESENTE:	produco, produci, produce; produciamo, producete, prodụcono
IMPERFETTO:	producevo, producevi, produceva; producevamo, producevate, producẹvano
PASSATO REMOTO:	produssi, producesti, produsse; producemmo, produceste, prodụssero
CONGIUNTIVO PRESENTE:	produca, produca, produca; produciamo, produciate, prodụcano
IMPERFETTO DEL CONGIUNTIVO:	producẹssi, producẹssi, producesse; producẹssimo, produceste, producẹssero

rẹndere to give back

PARTICIPIO:	reso
PASSATO REMOTO:	resi, rendesti, rese; rendemmo, rendeste, rẹsero

rịdere to laugh

PARTICIPIO:	riso
PASSATO REMOTO:	risi, ridesti, rise; ridemmo, rideste, rịsero

rimanere to remain

PARTICIPIO:	rimasto
PRESENTE:	rimango, rimani, rimane; rimaniamo, rimanete, rimạngono
FUTURO:	rimarrò, rimarrại, rimarrà, rimarremo, rimarrete, rimarranno
CONDIZIONALE:	rimarrẹi, rimarresti, rimarrebbe; rimarremmo, rimarreste, rimarrẹbbero
PASSATO REMOTO:	rimasi, rimanesti, rimase; rimanemmo, rimaneste, rimạsero
CONGIUNTIVO PRESENTE:	rimanga, rimanga, rimanga; rimaniamo, rimaniate, rimạngano

IMPERATIVO: rimani, rimanga; rimaniamo, rimanete, rimangano

rispondere to answer
PARTICIPIO: risposto
PASSATO REMOTO: risposi, rispondesti, rispose; rispondemmo, rispondeste, risposero

rompere to break   **interrompere** to interrupt
PARTICIPIO: rotto
PASSATO REMOTO: ruppi, rompesti, ruppe; rompemmo, rompeste, ruppero

sapere to know
PRESENTE: so, sai, sa; sappiamo, sapete, sanno
FUTURO: saprò, saprai, saprà; sapremo, saprete, sapranno
CONDIZIONALE: saprei, sapresti, saprebbe; sapremmo, sapreste, saprebbero
PASSATO REMOTO: seppi, sapesti, seppe; sapemmo, sapeste, seppero
CONGIUNTIVO PRESENTE: sappia, sappia, sappia; sappiamo, sappiate, sappiano
IMPERATIVO: sappi, sappia; sappiamo, sappiate, sappiano

scegliere to choose
PARTICIPIO: scelto
PRESENTE: scelgo, scegli, sceglie; scegliamo, scegliete, scelgono
PASSATO REMOTO: scelsi, scegliesti, scelse; scegliemmo, sceglieste, scelsero
CONGIUNTIVO PRESENTE: scelga, scelga, scelga; scegliamo, scegliate, scelgano
IMPERATIVO: scegli, scelga; scegliamo, scegliete, scelgano

scendere to descend
PARTICIPIO: sceso
PASSATO REMOTO: scesi, scendesti, scese; scendemmo, scendeste, scesero

scrivere to write   **iscriversi** to enroll
PARTICIPIO: scritto
PASSATO REMOTO: scrissi, scrivesti, scrisse; scrivemmo, scriveste, scrissero

sedere to sit
PRESENTE: siedo, siedi, siede; sediamo, sedete, siedono
CONGIUNTIVO PRESENTE: sieda, sieda, sieda (segga); sediamo, sediate, siedano (seggano)
IMPERATIVO: siedi, sieda (segga); sediamo, sedete, siedano (seggano)

succẹdere to happen

> PARTICIPIO: successo
>
> PASSATO REMOTO: successi, succedesti, successe; succedemmo, succedeste, succẹssero

tenere to hold **appartenere** to belong **ottenere** to obtain

> PRESENTE: tengo, tieni, tiene; teniamo, tenete, tẹngono
>
> FUTURO: terrò, terrại, terrà; terremo, terrete, terranno
>
> CONDIZIONALE: terrẹi, terresti, terrebbe; terremmo, terreste, terrẹbbero
>
> PASSATO REMOTO: tenni, tenesti, tenne; tenemmo, teneste, tẹnnero
>
> CONGIUNTIVO PRESENTE: tenga, tenga, tenga; teniamo, teniate, tẹngano
>
> IMPERATIVO: tieni, tenga; teniamo, tenete, tẹngano

uccịdere to kill

> PARTICIPIO: ucciso
>
> PASSATO REMOTO: uccisi, uccidesti, uccise; uccidemmo, uccideste, uccịsero

vedere to see

> PARTICIPIO: visto *or* veduto
>
> FUTURO: vedrò, vedrại, vedrà; vedremo, vedrete, vedranno
>
> CONDIZIONALE: vedrẹi, vedresti, vedrebbe; vedremmo, vedreste, vedrẹbbero
>
> PASSATO REMOTO: vidi, vedesti, vide; vedemmo, vedeste, vịdero

vịncere to win

> PARTICIPIO: vinto
>
> PASSATO REMOTO: vinsi, vincesti, vinse; vincemmo, vinceste, vịnsero

vịvere to live

> PARTICIPIO: vissuto
>
> FUTURO: vivrò, vivrại, vivrà; vivremo, vivrete, vivranno
>
> CONDIZIONALE: vivrẹi, vivresti, vivrebbe; vivremmo, vivreste, vivrẹbbero
>
> PASSATO REMOTO: vissi, vivesti, visse; vivemmo, viveste, vịssero

volere to want

> PRESENTE: voglio, vuọi, vuole; vogliamo, volete, vọgliono
>
> FUTURO: vorrò, vorrại, vorrà; vorremo, vorrete, vorranno
>
> CONDIZIONALE: vorrẹi, vorresti, vorrebbe; vorremmo, vorreste, vorrẹbbero
>
> PASSATO REMOTO: volli, volesti, volle; volemmo, voleste, vọllero

CONGIUNTIVO PRESENTE: voglia, voglia, voglia; vogliamo, vogliate, vogliano

IMPERATIVO: vogli, voglia; vogliamo, vogliate, vogliano

Verbi irregolari in *-ire*

aprire to open

PARTICIPIO: aperto

dire to say, tell

PARTICIPIO: detto

GERUNDIO: dicendo

PRESENTE: dico, dici, dice; diciamo, dite, dicono

IMPERFETTO: dicevo, dicevi, diceva; dicevamo, dicevate, dicevano

PASSATO REMOTO: dissi, dicesti, disse; dicemmo, diceste, dissero

CONGIUNTIVO PRESENTE: dica, dica, dica; diciamo, diciate, dicano

IMPERFETTO DEL CONGIUNTIVO: dicessi, dicessi, dicesse; dicessimo, diceste, dicessero

IMPERATIVO: di', dica; diciamo, dite, dicano

morire to die

PARTICIPIO: morto

PRESENTE: muoio, muori, muore; moriamo, morite, muoiono

CONGIUNTIVO PRESENTE: muoia, muoia, muoia; moriamo, moriate, muoiano

IMPERATIVO: muori, muoia; moriamo, morite, muoiano

offrire to offer **soffrire** to suffer

PARTICIPIO: offerto

salire to climb

PRESENTE: salgo, sali, sale; saliamo, salite, salgono

CONGIUNTIVO PRESENTE: salga, salga, salga; saliamo, saliate, salgano

IMPERATIVO: sali, salga; saliamo, salite, salgano

scoprire to discover

PARTICIPIO: scoperto

uscire to go out **riuscire** to succeed

PRESENTE: esco, esci, esce; usciamo, uscite, escono

CONGIUNTIVO PRESENTE: esca, esca, esca; usciamo, usciate, escano

IMPERATIVO: esci, esca; usciamo, uscite, escano

venire to come **avvenire** to happen

PARTICIPIO: venuto

PRESENTE: vengo, vieni, viene; veniamo, venite, vengono

FUTURO: verrò, verrai, verrà, verremo, verrete, verranno

CONDIZIONALE: verrei, verresti, verrebbe; verremmo, verreste, verrebbero

PASSATO REMOTO: venni, venisti, venne; venimmo, veniste, vennero
CONGIUNTIVO PRESENTE: venga, venga, venga; veniamo, veniate, vengano
IMPERATIVO: vieni, venga; veniamo, venite, vengano

Verbi con participi passati irregolari

aprire *to open*	aperto	parere *to seem*	parso
assumere *to hire*	assunto	perdere *to lose*	perso or perduto
avvenire *to happen*	avvenuto	piangere *to cry*	pianto
bere *to drink*	bevuto	prendere *to take*	preso
chiedere *to ask*	chiesto	produrre *to produce*	prodotto
chiudere *to close*	chiuso	promettere *to promise*	promesso
conoscere *to know*	conosciuto	rendere *to return, give back*	reso
convincere *to convince*	convinto	richiedere *to require*	richiesto
correre *to run*	corso	riconoscere *to recognize*	riconosciuto
cuocere *to cook*	cotto	ridere *to laugh*	riso
decidere *to decide*	deciso	rimanere *to remain*	rimasto
dipendere *to depend*	dipeso	riprendere *to resume*	ripreso
dipingere *to paint*	dipinto	risolvere *to solve*	risolto
dire *to say, tell*	detto	rispondere *to answer*	risposto
discutere *to discuss*	discusso	rompere *to break*	rotto
distinguere *to distinguish*	distinto	scegliere *to choose*	scelto
dividere *to divide*	diviso	scendere *to get off*	sceso
esistere *to exist*	esistito	scommettere *to bet*	scommesso
esprimere *to express*	espresso	scoprire *to discover*	scoperto
essere *to be*	stato	scrivere *to write*	scritto
fare *to do, make*	fatto	soffrire *to suffer*	sofferto
interrompere *to interrupt*	interrotto	sorprendere *to surprise*	sorpreso
iscriversi *to enroll*	iscritto	succedere *to happen*	successo
leggere *to read*	letto	tradurre *to translate*	tradotto
mettere *to put*	messo	uccidere *to kill*	ucciso
morire *to die*	morto	vedere *to see*	visto or veduto
muovere *to move*	mosso	venire *to come*	venuto
nascere *to be born*	nato	vincere *to win*	vinto
offendere *to offend*	offeso	vivere *to live*	vissuto
offrire *to offer*	offerto		

D. Verbi coniugati con *essere*

andare *to go*
arrivare *to arrive*
avvenire *to happen*
bastare *to suffice, be enough*
bisognare *to be necessary*
cadere *to fall*
cambiare* *to change, become different*
campare *to live*
cominciare* *to begin*
costare *to cost*
dimagrire *to lose weight*
dipendere *to depend*
dispiacere *to be sorry*
diventare *to become*
durare *to last*
entrare *to enter*
esistere *to exist*
essere *to be*
finire* *to finish*
fuggire *to run away*

ingrassare *to put on weight*
morire *to die*
nascere *to be born*
parere *to seem*
partire *to leave, depart*
passare† *to stop by*
piacere *to like, be pleasing*
restare *to stay*
rimanere *to remain*
ritornare *to return*
riuscire *to succeed*
salire‡ *to go up; to get in*
scappare *to run away*
scendere* *to get off*
sembrare *to seem*
stare *to stay*
succedere *to happen*
tornare *to return*
uscire *to leave, go out*
venire *to come*

In addition to these verbs, all reflexive verbs are conjugated with **essere.**

---

*Conjugated with **avere** when used with a direct object.
†Conjugated with **avere** when the meaning is *to spend* (*time*), *to pass.*
‡Conjugated with **avere** when the meaning is *to climb.*

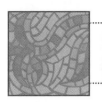

Vocabolario italiano–inglese

This vocabulary contains contextual meanings of most words used in this book. Active vocabulary is indicated by the number of the chapter in which the word first appears (the designation P refers to the preliminary chapter, **Per cominciare**). Proper and geographical names are not included in this list. Exact cognates do not appear unless they have an irregular plural form.

The gender of nouns is indicated by the form of the definite article, or by the abbreviation *m.* or *f.* if neither the article nor the final vowel reveals gender. Adjectives are listed by their masculine form. Idiomatic expressions are listed under the major word or words in the phrase, usually a noun or a verb. An asterisk (*) before a verb indicates that the verb requires **essere** in compound tenses. Verbs ending in **-si** always require **essere** in compound tenses and therefore are not marked. Verbs preceded by a dagger (†) usually take **essere** in compound tenses unless followed by a direct object, in which case they require **avere**. Verbs followed by **(isc)** are third-conjugation verbs that insert **-isc-** in the present indicative and subjunctive and in the imperative.

The following abbreviations have been used:

adj.	adjective	*inv.*	invariable
adv.	adverb	*lit.*	literally
art.	article	*m.*	masculine
conj.	conjunction	*n.*	noun
coll.	colloquial	*p.p.*	past participle
f.	feminine	*pl.*	plural
fam.	familiar	*prep.*	preposition
form.	formal	*s.*	singular
inf.	infinitive	*subj.*	subjunctive

A

a, ad (*before vowels*) at, in, to
abbaiare to bark
abbandonare to abandon;
  abbandonarsi to abandon oneself
abbassarsi to lower oneself
abbastanza (*inv.*) enough; quite;
  abbastanza bene pretty well
l'abbondanza abundance
abbracciare to hug, embrace (3)
abile able, competent
l'abilità ability, competence
l'abitante *m./f.* inhabitant
abitare to live, reside
l'abitazione *f.* dwelling, house
abituale habitual
abituarsi to get used to
l'abitudine *f.* habit
l'abuso abuse

l'accademia academy
*accadere to happen
accanirsi (isc) to be ruthless
accanto (a) next to; **qui accanto**
  next door
l'accappatoio bathrobe
accarezzare to caress
accecare to blind, cause blindness
accendere (*p.p.* **acceso**) to turn on;
  to light
accennare to hint (at), mention
l'accento accent
accentuare to accentuate
l'accerchiamento encircling
accerchiare to encircle
acceso lively
accettare to accept
l'acciaio steel
l'acciuga anchovy

accogliente welcoming, receptive
accogliere (*p.p.* **accolto**) to receive,
  welcome
accompagnare to accompany
accomunare to unite
acconsentire to consent, agree (*to do
  something*)
accontentare to please, make happy
l'accordo agreement; ***andare d'accordo**
  to get along; **d'accordo** agreed;
  *essere d'accordo to agree
accorgersi (*p.p.* **accorto**) to notice,
  realize
accrescere to grow
accumulare to accumulate
accurato accurate
l'accusa accusation
acerbo green (*not yet ripe*)
l'acqua water

acquistare to acquire

l'acquisto purchase; **fare acquisti** to shop

acre sour

l'acustica acoustic

acuto sharp; high (*music*)

l'adattamento adaptation

adattare to adapt; **adattarsi** to adapt oneself

adatto appropriate, suitable

addio good-bye

addirittura even; absolutely

addolcire (isc) to soften, sweeten (2)

addormentarsi to fall asleep

adeguato adequate

adesso now

adiacente adjacent

adirato angry

l'adolescente *m./f.* adolescent

l'adolescenza adolescence (2)

adorare to adore (3)

adottare to adopt

adulto adult

adunco hooked

aereo aerial

l'aereo airplane

aerobico aerobic

l'afa oppressive, suffocating heat

affacciarsi to face

affamato starving (5)

l'affare *m.* business; **l'uomo/la donna d'affari** businessman/-woman

affascinante charming (1); fascinating

affascinare to fascinate, to be fascinating

affascinato fascinated

affatto at all; **non… affatto** not at all

affermare to affirm, assert; **affermarsi** to establish oneself

affermativo affirmative

affermato establish

affettare to slice

affettivo emotional, sentimental

l'affetto affection

affettuoso affectionate

l'affidamento trust

affidato trusted

affinché so that, in order that

l'affitto rent

affollare to crowd, pack

affollato full, crowded

affondare to sink

affrettatamente hurriedly

affrettarsi to hurry

affrontare to face, confront (5)

l'agenda appointment book, agenda

l'agente *m./f.* agent; **l'agente di viaggio** travel agent

l'agenzia agency

l'aggettivo adjective

agghiacciante chilling

aggiornare to bring up to date

aggiornato well-informed, up-to-date, current

aggirarsi to wander around

aggiungere (*p.p.* **aggiunto**) to add

aggrapparsi to grab onto

aggressivo aggressive (1)

agile agile

l'agilità agility

l'agio ease; **sentirsi a proprio agio** to feel at ease (1); **trovarsi a proprio agio** to feel at ease

agire (isc) to act (1)

agitare to shake, agitate

l'agora open square

agrario agrarian

agricolo agricultural

l'agricoltura agriculture

agroalimentare relating to agriculture and food

l'agrume *m.* citrus fruit

l'AIDS *m.* AIDS (5)

aiutare to help; **aiutare a** to help (*to do something*)

l'alba sunrise, dawn; **alzarsi all'alba** to get up early (4)

albanese Albanian

l'albergo hotel

l'albero tree

l'alcolico alcoholic drink

l'alcool alcohol

alcuni/alcune some, a few

l'ala (*pl.* **le ali**) wing

alimentare to nurture, feed

alimentare *adj.* food

allacciare to fasten

allargato extended

allarmante alarming (5)

allarmato alarmed

l'allarme *m.* alarm

allegorico allegorical

allegro cheerful (1)

l'allenamento training

l'allenatore / l'allenatrice trainer, coach

alleviare to relieve, alleviate (4)

l'allievo/a pupil

l'allodola lark

allontanarsi to distance oneself

allora then; so; at that time; in that case

allucinante dazzling; *coll.* incredible, crazy, unreal

alludere (*p.p.* **alluso**) to hint (*at something*); to refer (*to something*)

allungarsi to extend

allungato lengthened

almeno at least

alpino alpine

alquanto some, quite a lot (of), a good deal

l'altare *m.* altar; **la pala d'altare** altar-piece

alterare to alter

l'alterazione *f.* alteration, change, modification

alternarsi to alternate

l'altezza height

alto tall; high

altrettanto likewise

altrimenti otherwise

altro other; **un altro / un'altra** another; **senz'altro** of course

altruista altruistic; unselfish (2)

l'alunno alumnus; pupil

alzare to raise, lift; **alzarsi** to get up; to stand up; **alzarsi all'alba** to get up early (4)

l'amaca hammock

l'amante *m./f.* lover

amare to love (3)

amaro bitter

l'ambasciatore / l'ambasciatrice ambassador

ambientale environmental

l'ambientalista *m./f.* environmentalist

ambientarsi to adjust (2)

ambientato set (*a story, film, etc.*)

l'ambiente *m.* environment

ambiguo ambiguous

ambizioso ambitious

ambulante: il venditore / la venditrice ambulante street vendor

americano American

l'amico / l'amica friend

l'amicizia friendship (3)

ammazzare to kill

ammettere (*p.p.* **ammesso**) to admit

amministrativo administrative

l'amministratore / l'amminstratrice administrator

ammirare to admire

l'ammiratore / l'ammiratrice admirer

l'ammirazione *f.* admiration

l'ammissione *f.* admission

ammobiliato furnished

ammorbidire (isc) to soften (1)

l'amore *m.* love

amoroso amorous

l'ampliamento enlargement

ampliare to enlarge

l'anagrafe *f.* registry office

anagrafico *adj.* registry; **i dati anagrafici** personal data

l'analfabetismo illiteracy (5)

l'analisi *f.* analysis

analizzare to analyze

l'anarchico / l'anarchica anarchist

anche also, too; even

ancora again, still;

***andare** to go; ***andare a** (+ *inf.*) to go (*to do something*); ***andare avanti** to move on ahead, forward; ***andare d'accordo** to get along (*with someone*) (1); ***andare di moda** to be in style, trendy (*something*) (1); ***andare al mare** to go to the seashore; ***andare in pensione** to retire; ***andare in rovina** to go to ruins; ***andare in vacanza** to go on vacation; ***andare via** to go away, leave; ***andarsene** to go away, leave; **fare andare dei dischi/Cd** to play records/Cds

l'aneddoto anecdote

l'anello ring

l'anfiteatro ampitheater

l'angelo angel

l'angolo corner; **l'angolo di salvezza** way out

l'anima soul (3); **l'anima gemella** soulmate (3)

l'animale *m.* animal

animare to animate

l'animo mind; **lo stato d'animo** state of mind (4)

annaffiare to water

l'annata year

l'anniversario anniversary

l'anno year; **l'anno-luce** light year; **gli anni settanta** the Seventies; **avere... anni** to be . . . years old; ***essere sui cinquant'anni** to be in one's fifties

annoiare to bore; **annoiarsi** to get bored, be bored

annuale annual

annullato annulled, cancelled

annunciare to announce

l'annuncio ad

l'ansia anxiety; **l'ansia di prestazione** performance anxiety

ansioso anxious

gli antenati ancestors (2)

l'antichità antiquity, ancient times

anticipare to anticipate

antico old, antique, ancient; **all'antica** old-fashioned

antipatico unpleasant (1); ***essere/*stare antipatico a** to dislike

l'antiquariato antiques

antisociale antisocial

anzi but rather, on the contrary

anziano old, elderly.

l'anziano / l'anziana old/elderly man/woman

apatico apathetic (5)

l'ape *f.* bee

apertamente openly

aperto open; **all'aperto** outside, outdoor; **di mentalità aperta** open-minded (2)

l'apertura openness

l'apparato equipment, machine, machinery

l'apparecchio device, instrument

apparecchiare to set (the table)

apparente apparent

apparentemente apparently

l'apparenza appearance (*physical*); **le apparenze ingannano** looks are deceiving (1)

***apparire** (*p.p.* **apparso**) to appear

appariscente showy (1)

l'apparizione *f.* appearance (*manifestation*)

l'appartamento apartment

†**appartenere** to belong

appartenente belonging

appassionato passionate; **appassionato di** crazy about

l'appellativo nickname

appena as soon as; just, barely, hardly

appendere (*p.p.* **appeso**) to hang

applaudire to applaud

l'applicazione *f.* application

appoggiare to support

l'appoggio support (2)

apposta on purpose

apprezzare to appreciate

l'approccio approach

†**approdare** to lead

approffittare, approffittarsi di to take advantage of (4)

appropriato appropriate

approvare to approve

l'appuntamento appointment; date; **l'appuntamento alla cieca** blind date

gli appunti notes; **prendere appunti** to take notes

appurare to ascertain

l'apprendista *m./f.* apprentice

aprire (*p.p.* **aperto**) to open

arancione orange (*color*)

l'archeologia archeology

archeologico archeologico

l'archeologo/a archeologist

l'architetto/a architect

architettonico architectural

l'architettura architecture

l'archivio archive, record

l'arcipelago archipelago

ardente burning

l'area area

l'arena arena

argine: fare argine to limit

l'argomento subject, topic

arguto quick-witted

l'aria air; expression; aria (*opera*); **avere l'aria stanca/felice/soddisfatta** to look tired/happy/pleased with oneself (1)

arido arid

l'aristocratico/a aristocrat

l'arma weapon (5)

l'armadio closet, wardrobe, armoire

l'armonia harmony

arrabbiare to anger; **arrabbiarsi** to get angry

arrabbiato angry (3)

arrestare to arrest

arricchire (isc) to enrich (2); **arricchirsi (isc)** to get rich; to enrich oneself

l'arricciamento wrinkling

***arrivare** to arrive

l'arrivo arrival

l'arrosto roast

l'arte *f.* art

l'articolo article

artificiale artificial

artificio: i fuochi d'artificio fireworks

l'artigianato craftsmanship; handicrafts

l'artista *m./f.* artist

artistico artistic

ascellare relating to the armpits

ascoltare to listen to

asociale asocial

aspettare to wait (for); **aspettarsi** to expect

l'aspettativa expectation

l'aspetto aspect; appearance

aspirante aspiring

assaggiare to taste, try (*food*)

assai a lot; fairly, rather

l'assalto assault

assegnare, assegnarsi to assign; to award

l'assegno check

assente absent

l'assenza absence

assicurare to assure, ensure

l'assistente *m./f.* assistant

l'assistenza assistance; **l'assistenza sanitaria** health care

assistere to assist; to attend

associare to associate

l'associazione *f.* association

assolutamente absolutely

assoluto absolute; **in assoluto** absolutely

assomigliare to look like, resemble (1)

assorbente absorbent

assumere (*p.p.* **assunto**) to hire

l'assurdità absurdity; **che assurdità!** how absurd!

astratto abstract

l'**astronauta** astronaut
astronomico astronomical
astuto astute
l'**atmosfera** atmosphere
atomico atomic
atroce atrocious
l'**atteggiamento** attitude; **con atteggiamento aperto** open-minded
attendere (*p.p.* **atteso**) to await
attendibile credible, believable
l'**attentato** criminal assault (5)
attento careful, aware; **stare attento a** to be careful (to), be aware (of)
l'**attenzione** *f.* attention; **fare attenzione** pay attention
atterrito frightened
l'**attesa** wait
atteso awaited
attiguo adjacent
l'**attimo** instant
attirare to attract
attivamente actively
l'**attività** activity
attivo active
l'**atto** act
l'**attore / l'attrice** actor/actress
attorno around
attraente attractive
attrarre (*p.p.* **attratto**) to attract
attraversare to cross
attraverso across; through
l'**attrazione** *f.* attraction
l'**attrezzo** tool
attribuire (**isc**) to attribute
attuale current
attualmente currently
audace audacious, bold
augurare to wish; **augurarsi** to hope
l'**augurio** wish; **auguri!** best wishes!
l'**aula** classroom
†**aumentare** to increase (4)
l'**aumento** increase
autentico authentic
autobiografico autobiographical
l'**autobus** bus
l'**autodidatta** *m./f.* self-taught (*person*)
automaticamente automatically
l'**automobile, l'auto** *f.* car, automobile
automobilistico *adj.* car, automobile
autonomo autonomous
l'**autore / l'autrice** author
l'**autorità** authority
autoritario bossy (2)
l'**autostop: fare l'autostop** to hitchhike; **in autostop** hitchhiking
l'**autostrada** highway
autunnale *adj.* fall, autumn
avallare to endorse
l'**avanguardia** avant-garde
avanti forward; in front; **andare avanti** to move on ahead, forward; **avanti cristo (a.c.)** Before Christ (B.C.)
l'**avanzamento** advancement (6)
avanzante advancing
avanzarsi to advance
l'**avanzo** left-over
avere to have; **avercela con qualcuno** to be angry with; **avere... anni** to be ... years old; **avere l'aria (stanca/felice/soddisfatta)** to appear, look (tired/happy/pleased with oneself) (1); **avere bisogno di** to need; **avere una cotta per** *coll.* to have a crrush on (*someone*) (3); **avere una faccia da schiaffi** to be an unpleasant person (*lit.* someone who makes you want to slap his or her face) (1); **avere nostalgia di** to miss (*someone, something*) (3); **avere paura** to be afraid; **avere successo** to be successful; **non avere i peli sulla lingua** to speak one's mind (1)
gli **avi** ancestors (2)
l'**avvenimento** event
l'**avvenire** *m.* future (6)
l'**avventura** adventure
avventurarsi to venture
avventuroso adventurous
avverare to happen; to realize, fulfill; **avverarsi** to come true
l'**avversario / l'avversaria** adversary
avvertire to advise, give notice (*about something*)
avviarsi to set out
avvicinarsi to near, get near
avvilente degrading
avvilito degraded
l'**avviso** advice; **avviso!** attention!, beware!
avvitare to twist
l'**avvocato/a** lawyer, attorney
avvolgere (*p.p.* **avvolto**) to envelop
l'**azienda** firm, company
l'**azione** *f.* action
azzurro blue

B

il **baccanale** revelry, orgy
baciare to kiss (3)
il **bacio** (*pl.* **i baci**) kiss; il **bacione** big kiss
bada: tenere a bada to keep at bay
i **baffi** moustache (1)
bagnare to bathe; to wet, soak
bagnato wet, soaked
il **bagnino / la bagnina** lifeguard
il **bagno** bath; bathroom; **fare il bagno** to take a bath; la **vasca da bagno** bathtub

il **balcone** balcony; il **balconcino** small balcony
ballare to dance
il **ballerino / la ballerina** dancer; ballerina
il **balletto** ballet
il **ballo** dance
balzare to jump, leap out
il **bambino / la bambina** child; little boy/girl
la **banana** banana
la **bandiera** flag
il **bandito** bandit
il **bar** bar; café; coffee shop
il **barattolo** jar
la **barba** beard (1)
il **barbiere** barber; la **seduta dal barbiere** sitting at the barber's
la **barca** boat; la **barca a vela** sailboat
il **baritono** baritone
barocco baroque
il **barone** baron
la **barzelletta** joke
basare (su) to base (on); **basarsi (su)** to base oneself (on); to be based (on)
basato (su) based (on)
la **base** basis; **di base** basic; **in base a** on the basis of
le **basette** sideburns (1)
la **basilica** basilica
basso low; short (*in height*); il **fuoco basso** low heat (*cooking*)
il **basso** bottom; slum; **guardare verso il basso** to look towards the bottom
basta! *inv.* enough!, stop!
*****bastare** to be enough, suffice
il **bastone** walking stick
il **battage** buildup, *coll.* hype
la **battaglia** battle
battere to tap; to beat
battuto beaten, hit
la **bavarese** Bavarian cream pastry
beato lucky, fortunate; **beato/a te!** lucky you!
la **Befana** *kindly old witch who brings gifts on Epiphany eve*
beffarsi to make fun of
il **belato** bleat
la **bellezza** beauty
bello beautiful, handsome; nice (*thing*); **adesso arriva il bello** now comes the great part; **Che bello!** That's great!, How great!; **fare bella figura** to make/give a good impression (1)
il **belvedere** belvedere, scenic outlook
benché although
bene well, fine
il **beneficio** benefit (6)
il **benessere** well-being
bensì but

benvenuto welcome

la **benzina** gasoline

bere (*p.p.* **bevuto**) to drink; **qualcosa da bere** something to drink

la **bertula** saddlebag

la **bevanda** beverage

la **Bianchina** make of small car

bianco white; **passare la notte in bianco** to not be able to sleep (4)

biasimare to blame (5)

la **bibita** drink, beverage

la **biblioteca** library

il **bicchiere** (drinking) glass; il **bicchierino** small glass

la **bicicletta**, la **bici** bicycle, bike

il **bidone: fare il bidone a qualcuno** to stand someone up (*regional usage*) (3)

il **biglietto** ticket; note

il **bilancio** budget (4)

la **biografia** biography

biografico biographical

biondo blond

la **biotecnologia** biotechnology

la **birra** beer

la **bisaccia** saddlebag

il **biscotto** cookie

il **bisnonno** / la **bisnonna** great-grandfather / great-grandmother

*****bisognare** to be necessary; **bisogna** it is necessary

il **bisogno** need; **avere bisogno di** to need

la **bistecca** steak

bizantino Byzantine

blu blue

la **blusa** blouse

la **bocca** mouth

il **boccone** mouthful

bollire to boil

la **bomba** bomb (5)

bombardare to bombard

la **bontà** kindness

il **bordo** board; **a bordo** on board

la **borghesia** bourgeoisie (5); la **borghesia alta/media/piccola** upper-/middle-/lower-middle class (5)

il **borgo** village; suburb

la **borsa** bag; purse; la **borsa di studio** scholarship

il **bosco** wood

botanico botanical

la **botta** blow

la **bottega** shop

la **bottiglia** bottle

il **bottone** button

la **bozza** proof, draft

il **braccio** (*pl.* le **braccia**) arm

il **brano** selection, excerpt

brasiliano Brasilian

bravo able; good; *****essere una brava persona** to be a good person (1); *****essere bravo in** to be good at

breve brief, short (*in length*)

la **brezza** breeze

il **brigantaggio** banditry

brillante brilliant

la **brillantezza** brillance

brillare to shine

brindare to toast, drink a toast

il **brodo** broth

il **bronzo** bronze

bruciato burned

bruno brunette, dark-haired; dark-complexioned

brutale brutal, brutish (1)

brutto ugly; bad; **fare brutta figura** to make/give a bad impression (1)

la **buca** hole; **dare buca a** to stand (*someone*) up (*regional usage*) (3)

la **buccia** peel; crust

il **buco** hole

buffo funny, silly

la **buganvillea** bougainvilla

la **bugia** lie; fib

il **buio** dark

buio dark

buono good; *****essere di buon umore** to be in a good mood (4)

il **burattino** puppet

il **burro** butter

bussare to knock

la **busta** envelope

la **bustina** packet

buttare to throw; **buttare un'occhiata** to throw a glance (*at something*); **buttare via** to throw away

C

la **cacciagione** game (*hunted animals*)

cacciare to hunt; **cacciarsi** to hide oneself; to thrust oneself; **cacciare a calci** to kick out

il **cacciatore** / la **cacciatrice** hunter

la **cadenza** cadence

*****cadere** to fall; **lasciare cadere** to drop

la **caffettiera** coffee maker

cafone tacky, tasteless, rude (1)

cagliato curdled; **latte cagliato** curd

calare to fall

il **calcio** soccer; kick; **cacciare a calci** to kick out

calcolare to calculate

il **calcolatore** calculator

il **calcolo** calculation

caldo hot; **avere caldo** to be hot; il **forno caldo** hot oven

la **calle** street (*Venetian dialect*)

la **calma** calm, quiet

calmarsi to calm oneself; to calm down, keep calm

calmo quiet (1); calm

il **calore** heat

calvo bald (1)

†**cambiare** to change

la **camera** room

il **cameriere** / la **cameriera** waiter/waitress

la **camicia** shirt

il **cammello** camel

camminare to walk

la **camminata** walk, stroll

il **camorra** criminal organization based in Campania

il/la **camorrista** member of the Camorra

la **campagna** countryside; la **campagna elettorale** electoral campaign (5)

il **campanile** belltower

il **campeggio** camping; **fare il campeggio** to go camping

il **campionario** sampling

il **campionato** championship

il **campione** champion (*of a cause or idea*), advocate

il **campo** field

canadese Canadian

il **canale** channel

cancellare to cancel

il **cancro** cancer

la **candela** candle

il **candeliere** candlestick

il **candidato** / la **candidata** candidate

i **canditi** candied fruit

il **cane** dog

la **canna** reed

il **cannocchiale** telescope

il **cannone** cannon

il/la **cantante** singer

cantare to sing

il **cantautore** / la **cantautrice** singer-songwriter

il **cantiere** construction site; shipyard

il **canto** song

cantonale *adj.* canton (*Switzerland*)

il **cantone** canton (*Switzerland*)

canzonare to make fun of

la **canzone** song

il **caos** chaos (6)

capace capable (4)

la **capanna** hut

i **capelli** hair; i **capelli lisci** straight hair (1); i **capelli tinti** dyed hair (1); **grigio/a di capelli** grey-haired (1); **riccio/a di capelli** curly-haired (1); **rosso/a di capelli** red-haired/redhead (1)

capire (isc) to understand

la **capitale** capital

*capitare to happen; ***capitare qualche guaio** (*a qualcuno*) to get into some kind of trouble

il capitolo chapter

il capo head

il capolavoro masterpiece

il capoluogo capital (*of a region of Italy*)

caporione bossy (2)

il/la capoufficio boss (*office*) (4)

capovolgere (*p.p.* **capovolto**) to turn upside down

la cappella chapel

il cappuccino cappuccino

il capretto little goat

caramellare to brown

il carattere character

caratteriale *adj.* character

caratteristico characteristic

caratterizzare to characterize

carbonico carbon

il carcere prison

la carestia want, shortage (6)

la caricatura charicature

carico laden, full; **carico di** laden with, full of

la carie cavity

carino sweet (2); pretty; cute

carismatico charismatic

la carità charity; **per carità** for goodness' sake

la carnagione complexion; **la carnagione chiara/scura** light/dark complexion (1)

la carne meat; flesh

il carnevale carnival

caro dear

la carota carrot

la carriera career (4)

la carrozza carriage

il cartello sign; **il cartellone** big sign

la cartolina postcard

la casa house

la casalinga housewife

casalingo home-loving

casareccio homemade

cascare to fall

la cascata waterfall

la caserma barrack

il casinò casino

il caso case; chance; **fare caso a** to pay attention to (2); **nel caso che** (+ *subj.*) in the even that

la cassetta audiocassette; small box

il cassetto drawer

il cassone bin, dumpster

la castagna chestnut

il castello castle

catalogare to catalogue

la categoria category

la catena chain; **la reazione a catena** chain reaction

il catino basin

la cattedrale cathedral

la cattiveria meanness, naughtiness (2)

cattivo bad; ***essere una cattiva persona** to be a bad person (1); ***essere di cattivo umore** to be in a bad mood (4)

cattolico Catholic

la causa cause; **a causa di** because of

causare to cause

la cavalcata horse ride

il cavaliere knight

la cavalletta grasshopper

il cavallo horse; **montare il cavallo a pelo** to ride a horse bareback

cavarsela to manage (*a situation*)

cavo hollow

celebrare to celebrate

celebre celebrated, famous

celeste light blue

la celletta cell (small room)

il cellulare cellular phone

il cemento cement

la cena dinner; **L'ultima cena** The Last Supper

cenare to eat dinner

la cenere ash

centinaio about a hundred

cento hundred; **per cento** percent

centrale central

il centro downtown; center; **di centro** moderate (*politically*)

la ceramica ceramics

cercare to look for, to try; **cercare di** (+ *inf.*) to try (*to do something*); **in cerca di** in search of

i cereali cereal

certamente certainly

la certezza certainty

certo certain; **certo!** certainly!, of course!

*cessare to stop, cease

il cetaceo whale

chattare to chat

chi who; whoever; he who, she who, the one who; **di che è... ?** whose is . . . ?; **di chi sono... ?** whose are . . . ?

chiacchierare to chat (4)

la chiacchiera chat; **fare quattro chiacchiere** to chat (4)

il chiacchierone / la chiacchierona chatty person

chiamare to call; **chiamarsi** to call oneself, be named

chiaramente clearly

chiarire (*isc*) to clarify, clear up

chiaro clear; light; **la carnagione chiara** light complexion (1)

il chiarore patch of light

chiave *adj.* key

la chiave key

chiedere (*p.p.* **chiesto**) to ask; to ask for

la chiesa church

il chilo kilogram

il chilometro kilometer

la chimera dream, fantasy

il chiostro cloister

il/la chiromante fortune teller; psychic (6)

chissà who knows

la chitarra guitar

chiudere (*p.p.* **chiuso**) to close

chiunque whoever, whomever

chiuso closed; **di mentalità chiusa** closed-minded (2)

ciascuno each, each one

il cibo food

cicalante chattering

la cicatrice scar (1)

la ciecità blindness; **l'appuntamento alla cieca** blind date

il cielo sky

la cifra figure (*numerical*)

il ciglio (*pl.* **le ciglia**) eyelash (1)

la cima peak, summit; **in cima** atop

il cimelio relic

il cimitero cemetary

il cinema (*pl.* **i cinema**) cinema, movie theater

cinematografico cinematic

il cinematografo / la cinematografa filmmaker

cinese Chinese

il cinghiale wild boar

ciò this, that; **ciò che** that which; **e con ciò?** what of it?; **nonostante ciò** nevertheless; **tutto ciò** all that

il cioccolato chocolate

cioè that is

la cipolla onion

circa about, approximately, around

circolare *adj.* circular

la circolazione circulation

il circolo circle

circondare to surround

la circonlocuzione circumlocution

la circostanza circumstance

circostante surrounding

citato cited

la citazione quotation

la città (*pl.* **le città**) city; **la città d'origine** hometown

la cittadella stronghold

la cittadina town, small city

la cittadinanza citizenship

cittadino *adj.* city, urban

il cittadino / la cittadina citizen (5)

la civetta coquette; **fare la civetta** to flirt (*women*)

civico civic
la civiltà civilization
il clarinetto clarinet
la classe class; la classe operaia working class (5)
classico classic
la classifica classification, ranking; entrare nelle classifiche to hit the charts
il/la cliente client, customer
la clientela clientele
il clima climate
la clinica clinic
coccolare to cuddle
la coda tail
cogliere (p.p. colto) to gather
il cognato / la cognata brother-/ sister-in-law (2)
il cognome surname
la coincidenza coincidence
coincidere to coincide, correspond
coinvolgere (p.p. coinvolto) to involve; coinvolgersi to involve oneself
la colazione breakfast; fare colazione to have breakfast
la colica colic
collaborare con to collaborate, work with (5)
il collaboratore / la collaboratrice collaborator, co-worker
il collage collage
la collana necklace
il colle hill
il/la collega colleague
collegiato collegiate
la collettività collectivity
collettivo collective
la collezione collection
la collina hill
il collo neck (1)
il collocamento arrangement
collocato arranged
il colloquio interview; il colloquio di lavoro job interview
il colmo height; questo è il colmo! this is the last straw!
colombiano Colombian
il colombo dove
la colonia colony
colonizzato colonized
la colonna column; la colonna sonora soundtrack
colorato colored
la colorazione coloring
il colore color
il colosseo Colosseum
la colpa guilt
colpevole guilty (5)
colpire (isc) to hit, strike

il colpo hit; il colpo di stato coup d'etat (5); svegliarsi di colpo to wake with a start
coltivato cultivated
la coltivazione cultivation
colto well-read (1)
comandare to command (2)
la comare godmother
combattere to combat, fight against (5)
il combattimento fight, battle
combinare to come up with
la combinazione combination
comico comical, funny
†cominciare to begin, start; cominciare a (+ inf.) to start (to do something) (6)
il comitato committee
la comitiva group
il comizio rally, demonstration; il comizio elettorale campaign rally
la commedia play, comedy
il commediografo / la commediografa comedy-writer, playwright
commemorare to commemorate
commentare to comment on
il commento comment
commerciale commercial
il/la commercialista merchant, business law consultant
il/la commerciante merchant
il commercio commerce
commestibile edible
commettere (p.p. commesso) to commit (a crime) (5)
commosso touched, moved (3)
commovente touching, moving (3)
communicativo communicative
comodamente comfortably
comodo comfortable
il compaesano / la compaesana person from the same area
la compagnia company
il compagno / la compagna companion, mate; il compagno / la compagna di casa housemate; di classe classmate
il comparativo comparative
il compare godfather
il compenso compensation
competere to compete
la competizione competition
compiere to complete; compiere un anno to be/turn a year older
il compito task, assignment, homework
compiuto accomplished
il compleanno birthday
il complesso musical group
completamente completely
completare to complete
complimenti! congratulations!
la componente component, part

il componimento composition, short essay
il comportamento behavior (2)
comportarsi to behave; to conduct oneself
il compositore / la compositrice composer
la composizione composition
il composto mixture
comprare to buy
comprendere (p.p. compreso) to understand; to include, be composed of
comprensibile comprehensible; understandable
la comprensione comprehension, understanding (2)
comprensivo adj. understanding (2)
comune common
comunemente commonly
comunicare to communicate
comunicativo communicative
la comunicazione communication; i mezzi di comunicazione communications media (5); la rete di comunicazione communications network (6)
la comunione communion (religious)
il/la comunista communist
comunque however; no matter how
la conca head (Sardinian dialect)
concedersi (p.p. concesso) to allow oneself
il concentramento concentration; il campo di concentramento concentration camp
concentrarsi to concentrate oneself
la concentrazione concentration
il concerto concert
il concetto concept
la concezione conception; L'immacolata concezione Immaculate Conception
la conchiglia shell
la concimazione fertilization
il concittadino / la concittadina fellow citizen (from the same place)
concludere (p.p. concluso) to conclude, finish
la conclusione conclusion, end
la concordanza agreement
la concorrenza competition
il concorso contest
concreto concrete
condannare to condemn
condividere (p.p. condiviso) to share
la condizione condition
il condominio condominium
la condotta conduct
il/la conducente driver
condurre (p.p. condotto) to conduct

la **confederazione** confederation
la **conferenza** conference, lecture
conferire (isc) to award (*something to someone*); to assign, appoint (*someone to something*)
confermato confirmed
confessare to confess, admit
la **confessione** confession
confezionato created, made
confidarsi to confide; **confidarsi con** to confide in
la **confidenza** confidence
confinare to confine; **confinare con** to border on
il **confine** border (*between countries*) (6)
il **conflitto** conflict
confluire (isc) to meet, join, merge
il **conforto** comfort
confrontare to compare (1)
il **confronto** comparison; **fare un confronto** to compare, make a comparison
la **confusione** confusion
confuso confused (3)
congratularsi con to congratulate
coniato coined
il **coniglio** rabbit
il/la **coniuge** spouse
il **connettivo** connective
il **cono** cone; **a forma di cono** cone-shaped
il/la **conoscente** acquaintance
la **conoscenza** knowledge; acquaintance; **fare la conoscenza di** to make the acquaintance of
conoscere to know, be familiar with; to meet (*past tense*)
la **conquista** conquest
conquistare to conquer
consecutivo consecutive
consegnare to hand over, hand in
la **conseguenza** consequence
il **conseguimento (di una meta)** accomplishment (*of a goal*) (2)
conseguire to obtain
conservare to preserve
la **conservazione** preservation
considerare to consider
la **considerazione** consideration
consigliare to advise (2); to recommend
il **consiglio** advice, piece of advice
*****consistere (di/in)** (*p.p.* **consistito**) to consist (of)
il **consolatore / la consolatrice** consoler; consoling
consueto usual
la **consuetudine** habit
il/la **consulente** consultant
la **consulenza** consulting
consultare to consult

consumare to use up, consume
il/la **consumista** consumer
il **consumo** consumption
il **contadino / la contadina** man/woman from the countryside
contare to count; to expect, intend; **contare su di** to count on; **ci puoi contare!** you can count on it!
il **contatto** contact
contemplare to contemplate, think about
contemporaneamente contemporarily, simultaneously
contemporaneo contemporary
il **contemporaneo / la contemporanea** contemporary
il **contenente** container
contenere to contain
il **contenitore** container
contento happy, content; **essere contento che** to be happy that
il **contenuto** content
contestare to contest, argue against, oppose
il **contesto** context
continentale continental
il **continente** continent
continuamente continually
continuare to continue
la **continuazione** continuation; **in continuazione** in continuation, continuously, endlessly
continuo continuous
conto: per conto proprio on one's own; **rendersi conto di** to notice, realize; **tenere conto di** to keep track of, pay attention to
il **contrabbandiere / la contrabbandiera** smuggler (5)
il **contrabbando** smuggling (5)
la **contraddizione** contradiction
contrario opposed, against
il **contrario** opposite
contrastare to contrast, compare
il **contrasto** contrast
il **contratto** contract
contribuire (isc) to contribute (6)
il **contributo** contribution
contro against
controllare to check
il **controllo** control
controverso controversial
controvoglia unwillingly
il **convegno** convention; **darsi convegno** to meet
la **convenienza** convenience
*****convenire a** to be a good idea, worthwhile (*for someone*)
*****convergere** (*p.p.* **converso**) to converge
conversare to converse, talk
la **conversazione** conversation

convertirsi to convert
convincente convincing
convincere (*p.p.* **convinto**) to convince
*****convivere** to live together
la **cooperazione** cooperation
coperto covered
la **coppia** couple
coprire (*p.p.* **coperto**) to cover
il **coraggio** courage
coraggioso courageous
coranico Koranic
la **corda** cord, rope
il **cormorano** cormorant
il **corno** (*pl.* **le corna**) horn; **mettere le corna a qualcuno** *coll.* to betray (*someone*) in love (3)
il **coro** chorus, choir
il **corpo** body
correggere (*p.p.* **corretto**) to correct
†**correre** (*p.p.* **corso**) to run
corretto correct
corrispondente corresponding
corrispondere (*p.p.* **corrisposto**) to correspond
la **corsa** race; **di corsa** quickly
il **corsetto** corset
il **corso** course
la **corte** court; **fare la corte a** to court (3)
cortese courteous, kind
la **cortesia** courtesy
il **cortigiano** courtier
il **cortile** courtyard
la **cortina** curtain
corto short (*in length*)
il **corvo** crow
la **cosa** thing
cosa what; **che cosa** what; **cosa vuol dire... ?** what does . . . mean?; **in che cosa** how
la **coscia** thigh
cosciente aware; *****essere cosciente (di)** to be aware (of) (6)
la **coscienza** conscience; **la presa di coscienza** awareness (6)
così so, thus, this way; **così come** just as; **così... come** as . . . as; **e così via** and so on, and so forth; **così tanto** so much
cosicché so that
cosmico cosmic
il **cosmo** cosmos, universe
la **costa** coast
costante constant
costantemente constantly
la **costanza** perseverance
*****costare** to cost
costellato studded
la **costellazione** constellation
la **costiera** coast
costituire (isc) to constitute

la costituzione constitution
il costo cost
costoso costly
costretto forced
costringere (*p.p.* **costretto**) to force
costruire (isc) to build, construct
la costruzione construction
il costume costume; custom
la cotta *coll.* crush, infatuation; **avere una cotta per** *coll.* to have a crush on (*someone*) (3)
cotto *coll.* infatuated; ***essere cotto di** to have a crush on (*someone*) (3)
il cratere crater
la cravatta necktie
creare to create
creativo creative
il creatore / la creatrice creator
la creatura creature
la creazione creation
credere to believe; to think; **ci credi?** you think so?
credibile believable
il credito credit
credulone gullible
cremisi crimson
il crepuscolo twilight
†**crescere** to grow (up), be raised (2); to bring up (2)
la crescita growth (6)
il/la criminale criminal (5)
la criminalità crime (*as a whole, in general*)
il crimine crime, criminal offense (*as a single act*) (5)
la crisi crisis
il cristallo crystal; **la sfera di cristallo** crystal ball
cristiano Christian
Cristo Christ; **avanti Cristo, a.C.** Before Christ, B.C.; **dopo Cristo, d.C.** Anno Domini, A.D.
il criterio criterion
la critica criticism, critique
critico critic, critical
la croce cross
il crollo collapse
cromatico chromatic
la cronaca news report, local news
cronologico chronological
il cucchiaio spoon
la cucina kitchen; cuisine
cucinare to cook
il cucinotto small kitchen
cucire to sew
il cugino / la cugina cousin
cui whom; that, which (*after preps.*); *art.* + **cui** whose
culinario culinary
cullare to rock

il culmine peak, summit
il culto religion; **la libertà di culto** freedom of religion
la cultura culture
culturale cultural
il cuoco / la cuoca cook
il cuore heart (3)
la cura cure
curare to cure (6); **curarsi** to cure, heal oneself
la curiosità curiosity
curioso curious
la curva curve
il cuscino cushion
custodire (isc) to watch over

D

da by; from; **dal vivo** live
la dama noblewoman, lady
danneggiare to damage
il danno harm, damage (6)
la danza dance
danzante dancing
il danzatore/ la danzatrice dancer
dappertutto everywhere
dare to give; **dare buca a** to stand (*someone*) up (*regional usage*) (3); **dare fastidio a** to annoy, bother; **dato che** since, as
la data date
i dati data, information; **i dati anagrafici** personal data
davanti a in front of
davvero really
debole weak
il debutto debut
la decadenza decline
il decennio decade
decidere (*p.p.* **deciso**) to decide; **decidersi** to make up one's mind
decina about ten
decisamente decidedly
la decisione decision
decorare to decorate
la decorazione decoration
il decoro propriety
dedicare to dedicate, devote; **dedicarsi** to dedicate, devote oneself
definire (isc) to define
definitivamente definitively, permanently
la deflagrazione explosion (5)
degno worthy
degradante degrading (1)
il degrado degradation
delicato delicate
la delinquenza crime, delinquency (*as a whole, in general*) (5)

il delitto crime, criminal offense (*as a single act*) (5)
deludere (*p.p.* **deluso**) to disappoint
la delusione disappointment
deluso disappointed (2)
la demarcazione demarcation; **la linea di demarcazione** boundary line
la democrazia democracy
il demonio demon
la denominazione denomination
il dente tooth
il/la dentista dentist
dentro inside
deporre (*p.p.* **deposto**) to set down
il depositario depository
depresso depressed (3)
deprimente depressing (3)
il deputato / la deputata representative, member of the lower house of Parliament (5)
†**derivare** to divert; to derive, get
la derivazione derivation
la dermatologia dermatology
descrivere (*p.p.* **descritto**) to describe
la descrizione description
desertico *adj.* desert
il deserto desert
desiderabile desirable
desiderare to desire, want
il desiderio desire, want
desideroso desirous, wanting
destare to wake
destinato destined
la destinazione destination
il destino destiny
destra right (*direction*); **a destra** on the right, to the right; **di destra** right-wing (2)
destro *adj.* right (*direction*)
determinare to determine
determinato determined
il dettaglio detail
devastare to devastate
deviare to deviate; to divert
di of, about; from; **di cui** about which, of which; **di fretta** in a hurry; **di meno** less; **di più** more; **di solito** usually; **invece di** instead of; **pensare di** to think about, have an opinion of **pensare di** (+ *inf.*) to think about, plan (*to do something*); **prima di** before
il dialetto dialect
il dialogo dialogue
il diamante diamond
il diametro diameter
il diario diary
il diavolo devil
la dichiarazione declaration
il/la diciottenne eighteen-year-old

dietro (a) behind
difendere (*p.p.* difeso) to defend
difensivo defensive
il difetto defect, flaw
differente different
la differenza difference
differenziarsi to differentiate oneself, to differ
difficile difficult
la difficoltà difficulty
la diffidenza diffidence
la diffusione diffusion, spread
diffuso spread
digestivo digestive
digitale digital
la dignità dignity
il dilemma dilemma
diluire (isc) to dilute
la dimensione dimension
dimenticare to forget
dimezzato cloven, cut in two
†diminuire (isc) to decrease, reduce (4)
il diminutivo diminutive, short form of a name
la dimora dwelling
dimostrare to show, demonstrate
dimostrato shown, demonstrated
dinamico dynamic
il dinamismo dynamism
il dio (*pl.* gli dei) god
il/la dipendente employee
dipendere (da) (*p.p.* dipeso) to depend on
dipingere (*p.p.* dipinto) to paint
il dipinto painting (*individual work*)
diplomarsi to graduate (*from high school*)
diplomatico diplomatic
dire (*p.p.* detto) to say, tell; a dire la verità the truth be told; cosa vuol dire... ? what does . . . mean?; vale a dire that is
direttamente directly
diretto direct
il direttore / la direttrice director, manager
la direzione direction, management
dirigere (*p.p.* diretto) to direct
il diritto right; i diritti umani human rights (5); la parità dei diritti equal rights (6)
il dirupo cliff
il disagio uneasiness, discomfort; sentirsi a disagio to feel ill at ease
il disastro disaster
disastroso disastrous
il disboscamento deforestation (6)
il/la discendente descendant
*discendere (*p.p.* disceso) to descend
il dischetto diskette
il disco record

discografico *adj.* record, recording; la casa discografica record company
il discorso discussion, speech (5)
la discoteca dance club
discreto discreet
discriminare to discriminate (5)
la discriminazione discrimination (5)
la discussione discussion
discusso discussed
discutere (*p.p.* discusso) to discuss
disegnato drawn, designed
il disegno drawing, design
la disgrazia disgrace; Che disgrazia! What a misfortune!
disgustare to disgust
disgustoso disgusting (1)
la disinvoltura ease
la disoccupazione unemployment (4)
disomogeneo heterogenous
disonorato dishonored
disordinato messy
il disordine mess, disorder
la disparità inequality
disperatamente desperately
la disperazione desperation
il dispetto spite
*dispiacere (*p.p.* dispiaciuto) to bother, disturb; to be sorry
disponibile available (6)
disporre (*p.p.* disposto) to place
il dispositivo device
la disposizione availability; a disposizione available
disposto willing; disposto a to be willing to (4)
distaccato detached, reserved, aloof
il distacco aloofness
distante distant
la distanza distance
distinguere (*p.p.* distinto) to distinguish
distinto distinguished
distrarre (*p.p.* distratto) to distract
distratto absent-minded (1); distracted
la distrazione distraction
la distribuzione distribution
distruggere (*p.p.* distrutto) to destroy
disturbare to bother, disturb
la disuguaglianza inequality (6)
il disuso disuse; in disuso obsolete
il dito (*pl.* le dita) finger
la ditta firm, company
la dittatura dictatorship (5)
il divano sofa, couch
il divario gap; il divario tra generazioni generation gap (2)
*divenire (*p.p.* divenuto) to become
*diventare to become
diversamente differently; pensarla diversamente to have a different opinion about something (3)

la diversità diversity
diverso different
divertente funny (1); fun, entertaining
il divertimento fun, entertainment
divertirsi to have fun, have a good time (4)
dividere (*p.p.* diviso) to share
la divisa uniform
la divisione division
diviso divided
divorare to devour
divorziare to divorce; divorziarsi da to get a divorce from (3)
divorziato divorced
il divorzio divorce
il dizionario dictionary
la dizione diction
il doccione gargoyle
il/la docente teacher
il documentario documentary
documentato documented
il documento document
dolce sweet
il dolce dessert
la dolcezza sweetness
il dollaro dollar
il dolore pain
la domanda question; fare una domanda to ask a question
domandare to question, to ask
domani tomorrow
domattina tomorrow morning
la domestica maid
domestico domestic
dominare to dominate
dondolarsi to rock oneself
la donna woman; lady (*title*); la donna d'affari businesswoman
il dono gift
dopo *prep.* after; *adv.* afterwards; *cong.* dopo che after; dopo Cristo, d.C. Anno Domini, A.D.
dorato golden
dormire to sleep
dorsale dorsal; la spina dorsale backbone
la dose dose, dosage
la dote talent, gift
il dottore / la dottoressa doctor
dove where
dovere (+ *inf.*) to have to, must (*do something*)
il dovere duty
dovunque wherever
il drago dragon
il dramma drama
drammatico dramatic
il drappo banner
il dubbio doubt; senza dubbio of course, without a doubt

dubitare to doubt
il duca duke
ducale ducal
la duna dune
dunque therefore
il duo duet
il duomo major church of a city
durante during
la durata duration
duraturo lasting (3)
duro hard (4); lavorare duro to work hard (4)

E

ebbene well then, so
ebreo Jewish
eccessivamente excessively
eccessivo excessive
eccetera etcetera
eccitare to excite
l'eccitazione f. excitement
ecco here is, here are; ecco! here it is!, here they are!
†echeggiare to echo
eclatante sensational
eclettico eclectic
l'ecologia ecology
l'economia economy
economicamente economically
economico economical
l'edificio building
editoriale editorial; publishing
editrice publishing; la casa editrice publishing house
l'edizione f. edition
educato polite (1)
l'educazione f. upbringing
l'effetto effect; l'effetto serra greenhouse effect (6); in effetti actually
efficace effective
egli pron. he
l'egoismo arrogance, selfishness
egoista self-centered, selfish (1); arrogant
elegante elegant
l'eleganza elegance
eleggere (p.p. eletto) to elect
elementare elementary
l'elemento element
elencare to list
l'elenco list
elettorale electoral
elettrico electrical
elettromagnetico electromagnetic
elettronico electronic; l'elettronica integrata integrated circuitry; la posta elettronica e-mail
l'elezione f. election

eliminato eliminated
ella pron. she
l'elogio praise, commendation
eloquente eloquent
emarginare to alienate (5)
emarginato marginalized; excluded (5)
emergente emerging
*emergere (p.p. emerso) to emerge
*emigrare to emigrate
l'emigrato / l'emigrata emigrant
l'emigrazione f. emigration
emotivamente emotionally
emotivo emotional
emozionante exciting (1); emotionally moving (3)
emozionare to move, thrill
emozionato excited (3)
l'emozione f. emotion
l'empito impetus
l'energia energy
energico energetic
ennesimo umpteenth
enorme enormous
l'entità entity
entrambi/e both
*entrare to enter; entrarci to have something to do with
l'entrata entrance
entro within, by (a certain time)
l'entroterra inland area, interior
l'entusiasmo enthusiasm
entusiasta enthusiastic
l'epidemia epidemic
episodico occasional
l'episodio episode, incident, event
l'epoca era; age
eppoi and then
eppure and yet; still
equatoriale equatorial
equilibrato balanced
l'equilibrio balance
l'equipaggio crew
l'equivalente m. equivalent
l'equivoco misunderstanding
l'erba grass
l'eredità inheritance
ereditare to inherit (2)
ereditario hereditary
l'eresia heresy
eretto erected
l'eroe / l'eroina hero/heroine
l'errore m. error, mistake
l'eruzione f. eruption
esagerare to exaggerate
esagerato exaggerated
esaltare to exalt
l'esame m. test, exam
esaminare to examine
l'esasperazione f. exasperation
esattamente exactly

l'esattezza exactness
esaudire (isc) to fulfill
l'esaurimento exhaustion
esaurire (isc) to use up, exhaust (6)
esaurito used up, exhausted
esausto exhausted (4)
l'esclamazione exclamation
escluso excluded
l'escursione excursion
eseguire to perform
l'esempio example
esercitare to exercise
l'esercizio exercise
esibire to display, show
esigente demanding (2)
l'esigenza demand, requirement
esigere (p.p. esatto) to demand
esilarante exhilirating
l'esistenza existence
*esistere (p.p. esistito) to exist
esitare to hesitate
esotico exotic
l'espansione f. expansion
espansivo outgoing (1)
espellere (p.p. espulso) to expel
l'esperienza experience
l'esperimento experiment (6)
l'esperto expert
esplicito explicit
esplorare to explore
l'esplorazione exploration
l'esponente m. leading figure, representative
esporre (p.p. esposto) to display
l'esportazione f. exportation
l'espressione f. expression
esprimere (p.p. espresso) to express; esprimersi to express oneself
essa pron., f. it, she, her
esse pron., f. they, them
l'essenza essence
essenziale adj. essential
l'essenziale m. essential
*essere (p.p. stato) to be; *esserci to be there, be in (a place); *essere una brava/cattiva persona to be a good/bad person (1); *essere cosciente (di) to be aware (of) (6); *essere cotto di coll. to have a crush on (someone) (3); *essere d'accordo to be in agreement; *essere di to be from (city); *essere di buon/cattivo umore to be in a good/bad mood (4); *essere di moda to be in style, trendy (someone); *essere in grado di (+ inf.) to be able to, capable of (doing something); *essere loquace to talk a lot (1); *essere raccomandato to be recommended (as someone's protégé) (1)

l'essere *m.* being; **l'essere umano** human being (6)

esso *pron., m.* they, them

esso *pron., m.* it, he, him

l'estasi *f.* ecstasy

l'estate *f.* summer

esteriore external

l'esterno exterior

l'estero abroad

estivo *adj.* summer

estraneo foreign

estrarre (*p.p.* **estratto**) to extract

estremo extreme

estremamente extremely

l'estro whim

estroverso extroverted (1)

esultare to rejoice

l'età age

l'eternità eternity

eterno eternal

l'etica ethics

etico ethical

etnico ethnic

l'etnologia ethnology

l'etto 100 grams

l'euforia euphoria

europeo European

†evaporare to evaporate

l'evento event

eventuale eventual, future

l'eventualità eventuality

evidente evident

evitare to avoid (4)

evocativo evocative

l'evoluzione *f.* evolution

l'extraterrestre *m./f.* extraterrestrial

F

la fabbrica factory

la faccenda matter

la faccia (*pl.* **le facce**) face; **avere una faccia da schiaffi** to be an unpleasant person (*lit.* someone who makes you want to slap his or her face) (1)

facile easy

la facilità easiness

facilitare to facilitate

facilmente easily

la facoltà (*pl.* **le facoltà**) school, department (*of a university*)

il fallimento failure (3)

†fallire (isc) to fail

fallito failed

falso false, fake

la fama fame

la fame hunger (5); **avere fame** to be hungry

la famiglia family

famigliare *adj.* family

il famigliare family member

familiare familiar

la familiarità familiarity

famoso famous

il fanciullo / la fanciulla young boy/girl

la fantascienza science fiction

la fantasia imagination; fantasy

il fantasma ghost

fantastico fantastic

il fantino jockey

fare (*pl.* **fatto**) to do, make; **farcela** to manage; **il non farcela più** to not be able to take it any longer; **fare** (*+ inf.*) to cause something to be done, have something be done; **fare** (*+ art. + profession*) to be a (*profession*); **fare acquisti** to go shopping; **fare argine** to limit; **fare attenzione (a)** to pay attention (to); **fare bella/brutta figura** to make a good/bad impression (1); **fare il bidone a** to stand (*someone*) up (*regional usage*) (3); **fare il campeggio** to go camping; **fare caso a** to pay attention to (2); **fare la civetta** to flirt (*women*); **fare un confronto** to make a comparison, compare; **fare la corte a** to court (3); **fare del volontariato** to volunteer (5); **fare una domanda** to ask a question; **fare finta (di)** to pretend; **fare foto** to take photographs; **fare il galletto** to flirt (*men*); **fare a meno** to do without; **fare nottata** to pull an all-nighter (4); **fare parte di** to be a part of; **fare paura** to scare, frighten; **fare un pisolino** to take a nap; **fare quattro chiacchiere** to chat (4); **fare quattro passi** to take a stroll; **fare schifo (a)** *coll.* to disgust; **fare la spesa** to go grocery shopping; **fare spese** to go shopping; **fare i turni** to take turns; **fare un viaggio** to take a trip

la farina flour

il/la farmacista pharmacist

fascinare to fascinate

il fascino charm

fascista fascist

la fase phase

il fastidio bother, annoyance; **dare fastidio a** to annoy, bother

fastidioso annoying, bothersome

la fata fairy

la fatica effort

faticoso tiring

fatiscente crumbling

la fattezza feature

il fatto fact

il fattore factor

fatuo silly

la fauna fauna

il fauno faun

la favola fable, fairytale

favoloso fabulous

il favore favor

favorevole favorable

favorire (isc) to favor

il fazzoletto kerchief

la febbre fever

la fede faith

fedele faithful

il/la fedele believer (*religious*)

la fedeltà faithfulness

felice happy

la felicità happiness

femminile feminine

il fenomeno phenomenon

le ferie holidays; **prendere le ferie** to take a vacation

ferito wounded

fermare to stop (*someone or something*); **fermarsi** to stop, come to a stop

la fermata stop

fermo still; **stare fermo** to stay, be still

feroce ferocious

la ferocia ferocity

il ferro iron

fertile fertile

il fervore fervor

la festa party; celebration; holiday

il festaiolo / la festaiola partyer

il festeggiamento celebration

festeggiare to celebrate

festivo festive

la fetta, la fettina slice

la fiaba fairytale, fable

il fiammifero match

fiancheggiare to line

il fianco side

ficcanaso busybody

ficcarsi nei guai to get into trouble (3)

fico: Che fico! *coll.* how cool!

il fidanzamento engagement to be married (3)

fidanzarsi to get engaged to be married (3)

il fidanzato / la fidanzata fiancé/fiancée

fidarsi to trust; **fidarsi di** to trust (*someone*)

la fiducia trust; **avere fiducia in** to trust (*someone*)

la fiera fair

il figlio / la figlia son/daughter; **il figlio / la figlia unico/a** only child (2); **il figlioccio / la figlioccia** godson/-daughter

la figura figure; **fare bella/brutta**

figura to make a good/bad impression (1)

figurare: figurati, figuriamoci what do you think? / not at all!

filare to spin, weave

il film film, movie

il filo thread; line; **il capo del filo** end of the line

la filosofia philosophy

il filosofo / la filosofa philosopher

il filtro filter

finale final

finalmente finally

le finanze finances

finché (non) until

la fine end; **alla fin fine** after all

la finestra window

fingere (*p.p.* **finto**) to pretend; **fare finta di** to pretend

finire (isc) to finish, end; to stop; to end up

fino (a) till, until

finora until now

finto false; **fare finta di** to pretend

fiocchi: coi fiocchi great, exceptional

il fiore flower

fiorire (isc) to bloom (3)

firmare to sign

la fisarmonica accordion

fischiare to whistle

la fisica physics

fisico physical

la fissione: la reazione a catena di fissione nucleare nuclear chain reaction

fisso fixed, **il lavoro fisso** steady job

fitto thick

il fiume river

la flagellazione scourging

la flessibilità flexibility

flirtare to flirt (3)

il flusso flow

la foglia leaf

la folata gust

folcloristico folkloristic

il folclore folklore

la folla crowd

folle crazy, insane

folto thick

fondamentale fundamental

fondamentalmente fundamentally

fondare to found, establish

fondato founded, established

la fondazione foundation

i fondi funds; **raccogliere fondi** to raise funds (6)

fondo deep; **a fondo** deeply; **in fondo** deep inside

la fontana fountain

le forbici scissors

la foresta forest; **la foresta pluviale** rainforest (6)

il forestiero / la forestiera foreigner

la forma form, shape

il formaggio cheese

formale formal

formare to form

formattare to format

la formazione formation, development, training

la formula formula

il fornello stove

fornire (isc) to furnish, provide

il forno oven

forse maybe, perhaps

forte strong

fortificato fortified

la fortificazione fortification

la fortuna fortune, luck

fortunato fortunate, lucky

la forza strength

la foto, la fotografia photograph; **la fotografia** photography

fotografare to photograph

il fotografo / la fotografa photographer

fra between, among, in, within (*a certain amount of time*)

fragile fragile

la fragilità fragility

frammentario fragmentary

frammentato fragmented

francamente frankly

francese *m./f.* French

la franchezza straightforwardness

la frangia edge

la frantumazione shattering

il frare monk

la frase phrase, sentence

il fratello brother; **il fratellastro** step-brother (2); **il fratellino** little/younger brother

il frattempo meantime

freddare to chill

freddo cold

la fregatura let-down; **che fregatura!** what a bummer!

freneticamente frantically

frenetico frantic

frequentare to attend (*a school, a class*); to go often to (*a place*)

il frequentatore / la frequentatrice regular customer

frequente frequent

frequentemente frequently

la frequenza frequence

fresco cool

la fretta hurry, haste; **in fretta** hurriedly, in a hurry

friggere (*p.p.* **fritto**) to fry

il frigorifero refrigerator

fritto fried

la frittura frying

la frivolezza frivolity

frivolo frivolous

fronte: a fronte di compared to; **di fronte a** facing, opposite

la frontiera frontier

frugare to search

il frullatore blender, mixer

frusciare to rustle

la frutta fruit

la fuga flight, escape

*fuggire to flee, escape

fumare to smoke

il fumo smoke

il funerale funeral

funzionale functional

funzionare to work, function

la funzione function

il fuoco (*pl.* **i fuochi**) fire, heat; **i fuochi d'artificio** fireworks; **il fuoco alto/basso** high/low heat; **il fuoco spento** heat off

fuori out, outside; **fuori da** outside of

furbo sly

la furia rage, fury

furioso furious

il furto theft (*as single criminal act*)

il futurismo Futurism

il/la futurista futurist

futuro future

il futuro future

G

la gabbietta small cage

la gaffe faux pas, social blunder

la gala gala

la galassia galaxy

galleggiare to float

la galleria arcade, gallery

il galletto gallant, ladies' man; **fare il galletto** to flirt (*men*)

gallista male chauvinist

galoppare to gallop

la gamba leg

la gara competition

garantire (isc) to guarantee

il garbo tact

la gastronomia gastronomy

il gatto cat

il gelato ice cream

la gelosia jealousy

geloso jealous (2)

il gemello / la gemella twin; **l'anima gemella** soulmate (3)

generale general

generalizzare to generalize

generalmente generally

generare to generate

generazionale generational
la generazione generation; il divario tra generazioni generation gap (2)
il genere kind, type
generico generic
generoso generous
geneticamente genetically
genialoide gifted but eccentric
il genio genius
il genitore parent
la gente people
gentile kind
la gentilezza kindness
la genziana gentian
la geografia geography
geografico geographical
geopolitico geopolitical
la gerarchia hierarchy
gerarchico hierarchical
il gergo slang, jargon
il gerundio gerund
la gestione management
gestire (isc) to manage
il gesto gesture
il gestore manager
ghiacciato iced, chilled
la ghirlanda circle
il ghiro dormouse
già already
la giacca jacket
giacché as, since (cause, not time)
giallo yellow
giapponese Japanese
la giara large earthenware jar
il/la giardiniere/a gardener
il giardino garden
gigantesco gigantic
il ginepro juniper tree
il ginocchio (pl. le ginocchia) knee
giocare to play (a game, a sport)
il giocatore / la giocatrice player
il gioco game
giocosamente playfully
la gioia joy
il gioiello jewel
il giornale newspaper
il giornalismo journalism
il/la giornalista reporter (5); journalist
giornalistico journalistic
la giornata day; the whole day
il giorno day
giovane young
il/la giovane young person; i giovani young people, the young
giovanile youthful
la giovinezza youth (2)
girare to turn; to wander about, go about; to shoot (a film)
il giro tour, trip; in giro around; nel giro di within

la gita excursion, trip
giù adv. down; downstairs; mandare giù to swallow
giubilare adj. jubilee
giudicare to judge
il giudizio judgement
*giungere (p.p. giunto) to arrive, reach
giustificabile justifiable
giustificare to justify
la giustificazione justification
la giustizia justice
giusto correct, right; just
lo gnomo goblin
gobbo bent; hunchbacked
la goccia drop
godere to enjoy (4); godersi to enjoy oneself (4)
goffo clumsy
il golf sweater
il golfo gulf
goloso gluttunous
il gomito elbow (1)
la gomma rubber; gum
la gonna skirt
gotico gothic
governare to govern, rule
il governo government, administration (5)
gradevole pleasant, agreeable, enjoyable
la gradinata stands (stadium, arena), tiers (theater)
gradire (isc) to want, like
grado: essere in grado di (+ inf.) to be able to, capable of (doing something)
il gradone large step
grammaticale grammatical
il grammo gram
grande big, large; great; più grande bigger; older
grandioso grand, grandiose
la grassezza fatness
grasso fat
gratis free of charge
la gratitudine gratitude, gratefulness
grato grateful
grattare to scratch
grattugiare to grate
grave serious, grave
la grazia grace
grazie thanks, thank you; grazie a thanks to (someone); grazie di thanks for
greco Greek
il grembiale apron
il grido (pl. le grida) yell, shout
il grifone griffon
grigio gray; grigiastro grayish
grosso big, large, great
il grosso the main part
la grotta cave, grotto
grottesco grotesque

il grullo simpleton
il gruppo group
guadagnare to earn; guadagnarsi da vivere to earn a living
il guaio trouble, difficulty; *capitare qualche guaio to get into some kind of trouble; ficcarsi nei guai to get into trouble (3)
la guancia cheeck
il guanciale pillow
guardare to watch, look at
il guardaroba wardrobe
la guardia guard; stare a guardia to keep watch
il/la guastafeste spoil-sport, party-pooper
la guerra war (5); la prima/seconda guerra mondiale World War I/II
il guerriero / la guerriera warrior
la guida guide
guidare to drive
gustare to taste
il gusto taste
gutturale guttural

H

handicappato handicapped
hollywoodiano adj. hollywood

I

l'idea idea; cambiare idea to change one's mind;
ideale ideal
identico identical
identificarsi to identify oneself
l'identità identity
l'ideologia ideology
ideologico ideological
l'idolo idol
l'idrogeno hydrogen
ieri yesterday; iera sera last night
igienico hygienic, sanitary
l'ilarità hilarity, laughter
illudersi to delude oneself
illuminare to light, light up, illuminate; illuminarsi to light up. brighten
illuminato lighted lit up, illuminated
l'illusione f. illusion
illustre distinguished, illustrious
imbarazzante embarassing
imbarazzato embarrassed (3)
l'imbarazzo embarrassment; mettere in imbarazzo to embarass (someone)
*imbiondire (isc) to turn golden
l'imitazione f. imitation
immacolato immaculate; L'immacolata concezione Immaculate Conception
immaginare to imagine, picture

immaginario imaginary
l'immaginazione *f.* imagination
l'immagine *f.* image, picture
immediato immediate
immediatemente immediately
immenso immense
immergersi (*p.p.* **immerso**) to immerse oneself
l'immersione *f.* immersion
immerso immersed
l'immigrato/a immigrant
l'immigrazione *f.* immigration (5)
imminente imminent
immobile immobile; motionless
l'immobilità immobility
l'immondizia refuse, garbage (6)
immortalato immortalized
immortale immortal
impacciato embarassed, awkward
imparare to learn
impedire (isc) to prevent, stop (*someone from doing something*)
impegnarsi to be busy; to commit oneself to, get involved (*in, with*); to be politically involved
impegnato busy, committed, involved (2); politically involved
l'impegno commitment (3)
impelagarsi to get bogged down
impensabile unthinkable
l'imperativo imperative
l'imperatore / l'imperatrice emperor/empress
imperdonabile unforgivable
impersonale impersonal
impersonare to impersonate
imperterrito undaunted
impiegare to employ; to take (*time*)
l'impiegato/a employee; clerk
l'implicazione *f.* implication
implorare to implore (2)
l'implosione *f.* implosion
imponente imposing, centuries-old
importante important
l'importanza importance
importare to be important; to care about; to matter
impossibile impossible
l'imposta tax (5)
l'impresa enterprise
impressionante impressive
l'impressione *f.* impression
improbabile improbably, unlikely
improntato printed
improvvisamente suddenly
improvvisare to improvise; to make up
improvviso sudden; **all'improvviso** suddenly
l'inappetenza lack of appetite
inaspettatamente unexpectedly

inaspettato unexpected (6)
inaugurarsi to open; to begin, get under way
inaugurato opened
l'inaugurazione *f.* opening
l'incantesimo spell
incantevole enchanting
incapace incapable (4)
l'incarico task, job; position
incassare to yield to; to sink into
incastrato stuck
l'incendio fire (5)
incerto uncertain
inchinarsi to bow; to bend down
l'inchino bow
inchiodato nailed down
l'incidente *m.* accident
incidere (*p.p.* **inciso**) to record
incidibile recordable
incinta pregnant
incipiente stirring
l'incisione *f.* recording
includere (*p.p.* **incluso**) to include
incompleto incomplete
incosciente irresponsible
incontrare, incontrarsi to meet; to meet up with
l'incontro meeting; **il punto d'incontro** meeting place
l'inconveniente drawback, disadvantage
***incorrere** (*p.p.* **incorso**) to run; **incorrere nel rischio** to run the risk
incredibile incredible; amazing (3)
incredibilmente incredibly
incrociarsi to cross
incrociato crossed
l'incrocio intersection
l'incubo nightmare
incuriosire (isc) to intrigue, make curious
l'indagine *f.* investigation
indeciso undecided (5)
indefinito indefinite
l'indipendenza independence
indescrivibile indescribable, beyond description
indicare to indicate, point out
indicatore indicating
l'indice *m.* index; index finger
indietro back, backwards, behind
indifferente indifferent
l'indifferenza indifference
indigeno indigenous
indimenticabile unforgettable (3)
indipendente independent; **il consulente indipendente** independent/freelance consultant
indiretto indirect
indirizzare to address
indiscreto indiscreet, tactless

indispensabile indispensable, essential
individuale individual
individuare to single out
l'individuo individual
l'indomani to following day, the day after
indomito unconquerable
l'indopodomani to day after the day after, the day after that
indossare to wear
indovinare to guess (6)
l'industria industry
industriale industrial
industrializzato industrialized
inevitabile inevitable
infantile childish
l'infanzia childhood (2)
infastidire (isc) to annoy
infastidito annoyed
infatti actually, in fact
infilare to run through
infilarsi to slip (*into*)
infine *adv.* in the end, finally
infiorato covered with flowers
infischiarsene to not give a darn about (*someone, something*)
inflessibile inflexible
l'influenza influence;
influenzare to influence (3)
influire (isc) to influence, have an influence on
informale informal
informarsi (di) to become informed (about) (5)
l'informatica computer science (6)
informato up-to-date, informed
l'informazione *f.* information
infuriato furious
ingannare to deceive; **le apparenze ingannano** looks are deceiving (1)
l'ingegnere/a engineer
ingegnoso ingenious (6)
ingente considerable
l'ingenuità naiveté
ingenuo naive (2)
inginocchiare to fall to one's knees; **inginocchiarsi** to kneel
inglese English
l'inglese English (*language*); English (*person*)
***ingrassare** to gain weight
l'ingratitudine *f.* ungratefulness
l'ingrediente *m.* ingredient
l'inibizione *f.* inhibition
inimmaginabile unimaginable
iniziale initial
†iniziare to begin, start
l'inizio beginning
innalzare to raise, lift up; **innalzarsi** to raise oneself, lift oneself up

innamorarsi di to fall in love with (3)
innanzitutto first of all
innocente innocent
innovativo innovative (6)
l'innovazione f. innovation
innumerevole innumerable, countless
inoltrarsi to penetrate
inoltre furthermore, also
inosservato unobserved, unnoticed;
  passare inosservato to go unnoticed
inquadrato framed
inquietante disturbing, disquieting
inquieto restless
l'inquinamento pollution (5)
l'inquisizione f. inquisition
l'insalata salad
l'insediamento settlement
l'insegnante m./f. teacher, instructor
insegnare to teach
insensato foolish, crazy
l'inserimento insertion
inserire (isc) to insert
l'insicurezza insecurity
insieme together; insieme a together
  with; un insieme di an ensemble of;
  tutti insieme all together
insistente insistent
l'insistenza insistence
insistere to insist
insolentirsi (isc) to be insolent, rude to
  each other
l'insolenza rude remark
insolito unusual
insomma in short
l'insonnia insomnia
insopportabile unbearable (2)
insospettito suspicious
insultare to insult
l'intagliatore / l'intagliatrice carver
l'intaglio carving
intanto meanwhile, in the meantime
l'intarsio wooden inlay
intatto intact
integrato integrated; l'elettronica
  integrata integrated circuitry
l'intellettuale m./f. intellectual
intelligente intelligent
intendersi (di) to be an expert in
  (something)
intensificarsi to intensify
intenso intense
l'intenzione f. intention; avere
  intenzione di to intend to
interagire (isc) interact
interculturale intercultural
l'interculturalismo interculturalism
interessante interesting
interessare to interest, be of interest (to
  someone); interessarsi di to be
  interested in

l'interesse m. interest, concern
interiore internal
l'interlocutore / l'interlocutrice person
  one is talking to
intermedio intermediate
internazionale international
interno internal; all'interno di within
intero entire
interpellare to ask
interpretare to interpret; to play a role
l'interpretazione f. interpretation;
  performance
l'interprete m./f. interpreter
interrogare to interrogate
interrogativo interrogative
interrompere (p.p. interrotto) to
  interrupt
l'intervallo break, intermission
*intervenire to intervene (5)
l'intervista interview
intervistare to interview
l'intesa agreement, understanding
intimo intimate
intitolato entitled
l'intonazione f. intontation
intontito dazed
intorno around; intorno a (+ n.)
  around (something)
intraprendere (p.p. intrapreso) to
  undertake
intrattenere to entertain (4)
intrecciato clasped
intrigante intriguing (6)
intristire (isc) to sadden
introdurre (p.p. introdotto) to introduce
l'introduzione f. introduction
introverso introverted (1)
inutile useless
invadente intrusive, meddlesome (2)
invadere to intrude
*invecchiare to age, get older
invece instead, on the other hand;
  invece di instead of
inventare to invent
l'inventore / l'inventrice inventor
l'invenzione f. invention
invernale adj. winter
l'inverno winter
inverosimile incredible (1)
invertito inverted, reversed
investigare to investigate
l'investigazione f. investigation
l'investimento investment (6)
investire to invest
inviare to send
l'invidia envy
invidiabile enviable
invidiare to envy
invidioso envious (2)
invisibile invisible

invitare to invite
l'invitato/a guest
ipertecnologico super-technological
l'ipocrisia hypocrisy
l'ipotesi f. hypothesis
ipotetico hypothetical
l'ira wrath
l'ironia irony
ironico ironic
irregolare irregular
l'irresponsabilità irresponsibility
irretire (isc) to trap
irrigare to irrigate
l'irrigazione f. irrigation
l'irruenza impulsiveness
iscritto enrolled (in a course, in a school)
islamico Islamic
l'isola island
l'isolamento isolation
ispirare to inspire
l'ispirazione f. inspiration
l'istante instant
l'istinto instinct
istituire (isc) to institute
l'istituto institute
l'istituzione f. institution
l'istruzione f. education
italiano Italian
l'italiano Italian (language); l'italiano/a
  Italian person

L

il labbro (pl. le labbra) lip
il laboratorio laboratory
laborioso busy, industrious
la lacerazione laceration, wound
laggiù down there
il lago lake
laico secular, lay
lamentarsi to complain
lamentoso mournful, plaintive
la lampada lamp
la lana wool
lanciare to launch
lanciato launched
la lanetta light wool
largo (m. pl. larghi) wide
lasciare to leave (behind); lasciare
  (+ inf.) to let, allow (something to be
  done); lasciarsi to break up (3);
  lasciarsi (+ inf.) to let, allow
  (something to be done to oneself)
lassù up there
la lastra x-ray
lastrico: portare sul lastrico to bring
  (someone) to ruin
laterale side
il lato side
il latte milk

la laurea doctorate (*from an Italian university*); degree
laureato graduated
il lauro laurel tree
la lavagna chalkboard
lavare to wash; **lavarsi** to wash oneself
il/la lavapiatti dishwasher (*person*)
lavorare to work; **lavorare duro** to work hard (4)
il lavoratore / la lavoratrice worker
il lavoro job; **il colloquio di lavoro** job interview; **il lavoro fisso** steady job; **sommerso dal lavoro** overwhelmed (4)
il/la leader leader (5)
legale legal
il legame relationship, tie, link
legare to tie, link
la legge law (5)
la leggenda legend
leggendario legendary
leggero slight, light; **la musica leggera** pop music
leggere (*p.p.* **letto**) to read
leggibile legible
la legislatura legislature
legittimo legitimate
il legname timber
il legno wood
lento slow
lentamente slowly
la lentezza slowness
il lentischio mastic tree
la lepre hare
lessicale lexical
il lessico lexicon
la lettera letter
letterario literary
la letteratura literature
le lettere letters, liberal arts
il letto bed; **il lettuccio** small bed
il lettore / la lettrice reader
la lettura reading
la lezione lesson; class
lì there
libero free; **il tempo libero** free time
la libertà freedom; **la libertà di culto** freedom of religion
la libreria bookstore
il libro book
liceale *adj.* high school
il liceo high school
lieto happy
limitarsi to limit oneself
il limitare edge
il limite limit
il limone lemon, **il limoncello** a lemon-flavored digestive liquor
limpido clear
la linea line

la lingua language; tongue; **avere la lingua lunga** to talk a lot; **non avere peli sulla lingua** to speak one's mind (1)
il linguaggio langauge
il/la linguista linguist
linguistico linguistic
il lino linen
il liquore liqueur, liquor
lirico (*m. pl.* **lirici**) operatic
la lirica opera; lyric poetry
liscio straight; **i capelli lisci** straight hair
la lista list
litigare to fight, quarrel (2); to have an argument
il litro liter
il livello level
la livrea livery; **in livrea** uniformed
il locale place; haunt (*slang*)
la località place, locality; resort
lodare to praise (2)
logicamente logically
lontano distant, far; **lontano da** far from
loquace talkative; *essere loquace* to talk a lot (1)
la lotta fight
la lotteria lottery
la luce light; **l'anno-luce** light year
la luna moon; **la luna piena** full moon
lunare *adj.* lunar
la lunghezza length
lungo (*m. pl.* **lunghi**) long; *prep.* along; **a lunga scadenza** long-term; **a lungo** (for) a long time; **sui tempi più lunghi** in the long term
il luogo (*pl.* **i luoghi**) place; **avere luogo** to take place; **dare luogo a** to lead to, give rise to
il lusso luxury

M

la macchia spot
la macchina car; machine; **la macchina fotografica** camera; **la macchina da presa** movie camera
il macchinario equipment
macello: Che macello! What a mess!
macinato ground
Madama Madame
la madre mother
la maestà majesty
il maestro / la maestra teacher
il mafioso member of the Mafia
magari perhaps, maybe; if only
il magazzino warehouse
la maggioranza majority
maggiore bigger, greater; older; *art.* + **maggiore** the biggest,

greatest, the oldest; **la maggior parte** the majority of, most of
maggiormente mainly, most
la magia magic
magico magic
il maglione sweater
magnifico wonderful, magnificent
la magrezza thinness
magro thin
mai ever, **non... mai** never, not ever; **come mai** how come
la maionese mayonnaise
malaticcio unhealthy, in bad health (6)
malato sick, ill, unhealthy, in bad health (6)
la malattia disease, illness
male badly, poorly; **fare del male** to hurt, harm
maleducato rude, ill-mannered
maligno evil
malinconico melancholy
malizioso mischievous (2)
la malnutrizione malnutrition (5)
malsano unhealthy, bad for the health (6)
malvagio evil
la mamma mom
la mancanza lack
*mancare** to miss (*someone, something*) (2), lack
la mancia tip
mandare to send
la mandria herd
mangiare to eat
il manicomio mental hospital
manifestare to manifest, display, exhibit
la manifestazione demonstration, rally (5); show; display
il manifesto poster
manipolare manipulate
la mano (*pl.* **le mani**) hand; **fatto a mano** handmade
la mansione duty, task
mantenere to maintain, keep, support
la mappa map
*marcire** (**isc**) to rot
il mare sea; **andare al mare** to go to the seashore
la maremma marshy region along the coast between Tuscany and Lazio
maremmano of the maremma
marinaro *adj.* maritime
il marito husband
marittimo *adj.* marine
il martello hammer
marxista Marxist
la maschera mask
maschile masculine
maschio *adj.* male, masculine
massimo the greatest, ultimate
la matematica mathematics

la **materia** subject of study
il **materiale** material
materno maternal
la **matita** pencil
la **matricola** first-year university student
la **matrigna** stepmother (2)
il **matrimonio** marriage (3)
la **mattina** morning
la **mattinata** morning
il **mattino** morning
matto crazy
*__maturare__ to ripen; to mature
la **maturazione** maturation; ripening
la **maturità** maturity (2)
maturo mature; ripened
il **mausoleo** mausoleum
la **mazza** club
il **mazzo** bunch
meccanico mechanical
medesimo same, identical
la **media** average
medico medical
la **medico** doctor, physician
medievale medieval
medioevale medieval
meditare meditate
meglio *adv.* better; **il meglio** the best
melodico melodic
il **membro** member
la **memoria** memory
memorizzare to memorize
meno less; fewer; *art.* + **meno** least; **meno di/che** less than; **meno male!** thank goodness!
mensile *adj.* monthly
la **mentalità: di mentalità aperta/chiusa** open-/closed-minded (2)
la **mente** mind; **fare venire in mente** to remind, bring to mind
mentire to lie (5)
mentre while
menzionare to mention
la **meraviglia** wonder, marvel; **Che meraviglia!** How awesome!
meravigliarsi to be surprised
meraviglioso wonderful (3)
il **mercato** market
la **mercé** mercy
meridionale southern
meritare, meritarsi to merit, deserve, be worthy of
il **merito** merit, worth
meschino shabby
mescolare to mix
il **mese** month
il **messaggio** messagge
messicano Mexican
il **mestiere** profession, trade

la **meta** goal (4); destination
la **metà** (*pl.* **le metà**) half
il **metabolismo** metabolism
metafisico metaphysical
la **metafora** metaphor
il **metodo** method
la **metropoli** metropolis
mettere (*p.p.* **messo**) to put, place; **mettere le corna** *coll.* to betray (*in love*) (3); **mettere in scena** to stage; **metterci** to take time; **mettersi** to put on (*clothes*); to set about; **mettersi in pari** to catch up (4); **mettersi nei pasticci** to get into trouble (3)
mezzo *adj.* half; middle; **in mezzo a** in the middle of, amidst
i **mezzi** *n.* means; **i mezzi di comunicazione** communications media (5)
miagolare to meow
il **miagolio** mewing; wailing
il **microfono** microphone
migliaia thousands, about a thousand
il **miglio** (*pl.* **le miglia**) mile
il **miglioramento** improvement
†**migliorare** to improve (4)
migliore *adj.* better; *art.* + **migliore** the best
il **miliardo** billion
mille (*pl.* **mila**) thousand
il **millennio** millennium
la **minaccia** threat (6)
minacciare to threaten
minaccioso threatening
la **minestra** soup
miniaturizzato miniaturized
minimizzare to minimize
il **ministro** minister (5)
la **minoranza** minority
minore lesser, smaller, younger; *art.* + **minore** the youngest
minuscolo tiny, miniscule
il **minuto** minute
la **minuzia** minute detail
il **miracolo** miracle
miracoloso miraculous
la **miseria** poverty
la **missione** mission
misteriosamente mysteriously
misterioso mysterious
il **mistero** mystery
la **misura** measure; size; **a misura che** as, while; **di stretta misura** by a narrow margin, a tight fit
misurato weighed, measured
mitico *coll.* cool (1)
il **mito** myth
la **mitologia** mythology
il **mobile** piece of furniture

la **moda** fashion; *__andare di moda__ to be in style, fashionable, trendy (*something*) (1); *__essere di moda__ to be in style, fashionable, trendy (*someone*) (1)
il **modello** model
moderno modern
modesto modest
modificare to modify; to amend
il **modo** way, manner, mode; **in che modo** how
la **moglie** (*pl.* **le mogli**) wife
molestato harassed, bothered (4)
la **molla** spring
mollare to let go, release, ease off
molle flexible; soft
il **momento** moment
la **mondanità** high society
mondiale world, worldwide
il **mondo** world
la **moneta** coin
il **monologo** monologue
la **monotonia** monotony
la **montagna** mountain
montare to mount, **montare un cavallo a pelo** to ride a horse bareback
montato whipped, **panna montata** whipped cream
il **monte** mountain
monumentale monumental
il **monumento** monument
morale moral
la **morale** moral
mordere (*p.p.* **morso**) to bite
*__morire__ (*p.p.* **morto**) to die; *__morire dalle risate / ridere da morire__ to die from laughing (4)
mormorare to murmur, whisper, mutter
morsicare to bite
mortale mortal
la **morte** death (2); **natura morta** still life
il/la **mosaicista** mosaicist
il **mosaico** mosaic
la **mosca** fly
la **moschea** mosque
la **mostra** show, exhibit
mostrare to show, exhibit, display
il **mostro** monster
il **motivetto** tune
il **motivo** reason
la **moto** motorcycle
il **moto: il moto di stizza** gesture of irritation or anger
il **movimento** movement (5)
la **mucca** cow
la **multa** ticket, fine
multiculturalismo multiculturalism
multietnicità multiethnicity
multilingue multilingual

muovere (*p.p.* **mosso**) to move, **muoversi** to move oneself
la muratura stonework
il muro (*pl.* **le mura**) wall, city wall
il muscolo muscle
il museo museum
la musica music; **musica leggera** pop music
musicale musical
il/la musicista musician
muto mute, silent
il muto silent film

N

napoletano Neapolitan
narrare to narrate
la narrativa narrative
narrativo *adj.* narrative
il narratore / la narratrice narrator
la narrazione narration
***nascere** (*p.p.* **nato**) to be born
la nascita birth (2)
il nascituro / la nascitura baby about to be born
nascondere (*p.p.* **nascosto**) to hide (2)
il naso nose
natale *adj.* birth, **dare i natali a** to be the birthplace of
il Natale Christmas
natio native
la natura nature; **natura morte** still life
naturale natural; **le risorse naturali** natural resources (6)
naturalmente naturally
navale naval, nautical
la nave ship
navigare to navigate; to surf (*Internet*)
la navigazione navigation
nazionale national
la nazionalità nationality
la nazione nation, country
il nazismo Nazism
il/la nazista Nazi
neanche nor, neither
necessario necessary
la necessità necessity
la necropoli cemetery, necropolis, *lit.* city of the dead
negare to deny, **negarsi** to deny oneself
negativamente negatively
negativo negative
il negozio shop, store
la negritudine negritude
il nemico / la nemica enemy
il neo mole (1)
neolitico Neolithic
neppure not even: not, neither
nero black
nervoso nervous

nessuno *n.* no one, nobody; *adj.* none, not any
nettamente distinctly
neutro neutral
il neutrone neutron
la nevrosi neurosis
il nido nest
niente nothing
la ninfa nymph
il/la nipote nephew, niece; grandchild
nitido clear
il nitrito whinny (*of a horse*)
nobile noble
il/la nobile *n.* noble, nobleman/noblewoman
nocivo harmful
noioso boring, tedious (1)
noleggiare to rent
nomade nomadic
il nome name
nominare to name
nonché let alone
il nonno / la nonna grandfather/grandmother
nonostante notwithstanding
normale normal
la nostalgia nostalgia, **avere nostalgia di** to miss, be homesick for (*someone, something*) (3)
nostalgico nostalgic, homesick (3)
la nota note
notare to note, make note
notevole impressive (1); notable, remarkable
la notizia news, piece of news
il notiziario newscast (5)
noto known, well-known, famous
la nottata night, **fare nottata** to stay up all night, pull an all-nighter (4)
la notte night; **passare la notte in bianco** to not be able to sleep (4)
notturno nocturnal
la novella short story
la novità new development (6); news
nucleare *adj.* nuclear; **la reazione a catena di fissione nucleare** nuclear chain reaction
il nucleo nucleus
nulla nothing
il numero number
numeroso numerous
nuotare to swim
nuovo new
nutrirsi to feed, eat
la nuvola cloud

O

o or
l'oasi *f.* oasis

obbedire (**isc**) to obey (2)
obbligare to oblige
obbligatorio obligatory
obsoleto outdated
l'oca goose; **la pelle d'oca** goosebumps
occasionale casual
occasionalmente fortuitously, by chance
l'occasione *f.* opportunity, occasion
gli occhiali eyeglasses
l'occhiata look; **dare un'occhiata** (+ *n.*) to have a look at, take a glance at (*something*)
l'occhio (*pl.* **gli occhi**) eye; **sognare ad occhi aperti** to daydream
***occorrere** (*p.p.* **occorso**) to be necessary (2)
occupare to occupy; **occuparsi (di)** to be involved in; to take care (of); to devote oneself (to); to concern oneself (with)
l'oceano ocean
l'oculare *m.* eyepiece
odiare to hate (3)
odierno of today, today's
l'odio hate, hatred
odioso hateful, loathsome
l'odore *m.* odor, smell
offendersi to take offense (at), be offendend (by)
l'offerta offer, offering
offrire (*p.p.* **offerto**) to offer; to "treat" (*by paying*)
offuscarsi to become cloudy
oggettivo objective
l'oggetto object
oggi today
oggigiorno nowadays
ogni *inv.* each, every
ognuno each one, every one
l'olio oil
l'oliva olive
oltre beyond, further, more than; **oltre a** in addition to, besides
oltreoceano overseas
l'ombra shadow
l'ombrello umbrella
omonimo of the same name
l'omosessuale homosexual
l'onda wave
ondulare to wave
onorare to honor
l'onore *m.* honor; **in onore di** in honor of
l'opera opera; work
l'operaio / l'operaia (*m. pl.* **gli operai**) blue-collar worker; **la classe operaia** working class (5)
l'operatore / l'operatrice operator
l'operazione *f.* operation, effort

l'opinione *f.* opinion
opporsi a to oppose (5)
l'opportunità opportunity, chance
opportuno opportune; appropriate; expedient
l'oppressione *f.* oppression
oppure or
ora now
l'ora hour; **non vedere l'ora** to not be able to wait (until)
gli orali oral exams
oralmente orally, aloud
l'orbita orbit
l'orchestra orchestra
l'ordigno bomb (5)
ordinare to order, command
ordinato organized, neat
l'ordine *m.* order, organization; **in ordine** neat, organized; **mettere in ordine** to clean up, tidy up; to organize
l'orecchino earring (1)
l'orecchio (*pl.* **le orecchie**) ear (1)
organizzare to organize
l'organizzazione *f.* organization
l'orgia orgy; carnival; **un'orgia di insalate** a carnival of salads
l'orgoglio pride
orgoglioso proud
orientale eastern
originale original
l'originalità originality
l'origine *f.* origin, beginning, birth
l'orlo hem; edge
l'oro gold
l'oroscopo horoscope
orribile horrible
orrido horrid
orripilante horrifying (6)
l'orrore *m.* horror; **che orrore!** how horrible!
l'ortica (stinging) nettle
l'orto vegetable garden
l'orzata almond-milk
osare to dare
oscuro dark
l'ospedale *m.* hospital
l'ospitalità hospitality
ospitare to host
l'ospite *m./f.* guest
osservare to look at
l'osservatore / l'osservatrice observer
l'osservazione *f.* observation
ossessionato obsessed
l'ossessione *f.* obsession
ossessivamente obsessively
ossia that is
l'osso (*pl.* **le ossa**) bone
l'ostacolo obstacle; **superare ostacoli** to overcome obstacles (6)

ostile hostile
l'otre *m.* big leather bottle, wineskin
ottenere to obtain, get
l'ottimista *m./f.* (*m. pl.* **gli ottimisti**) optimist
ottimistico optimistic
ottimo excellent, perfect (2)
ove where
ovvero or, or rather
ovvio obvious
oziare to be idle
l'ozio idleness; **stare in ozio** to be idle, idle about
l'ozono ozone

P

il pacchetto packet, package
il pacco package
la pace peace (6); **lasciare in pace** to leave alone
la padella pan
il padre father
il padrone / la padrona landlord/landlady; owner
il paesaggio landscape
il paese country, land, town
la paganità paganism
pagano pagan
pagare to pay
la pagina page
il pagliaccio clown
il paio (*pl.* **le paia**) pair
la pala shovel; **pala d'altare** altar-piece
il paladino champion (*of a cause*)
il palazzo apartment building; palace
il palcoscenico stage
il pallacanestro basketball
pallido pale
il pallone balloon
la palpebra eyelid
palpitare to beat, throb
il pane bread
il panino sandwich
la panna cream; **panna montata** whipped cream
il pannello panel
i panni clothes
il panorama panorama, panoramic view
panoramico panoramic
la pantera panther; **La pantera rosa** The Pink Panther
la pantofola slipper
il papa pope
il papà dad
il paradiso heaven, paradise
la parafrasi paraphrase
paragonabile comparable
paragonare to compare (1)

il paragone comparison
il paragrafo paragraph
la paranoia paranoia
il paranormale paranormal
parcheggiare to park
il parco park
parecchio quite a lot
il/la parente relative
la parentesi parenthesis
*parere (*p.p.* **parso**) to seem (1)
la parete wall
pari equal; **mettersi in pari** to catch up (4)
la parità equality; **la parità dei diritti** equal rights (6)
parlamentare parlamentary
il parlamento Parliament
parlante talking, speaking
parlare to talk, speak
il parmigiano Parmesan cheese
la parola word
la parrucca wig (1)
il parrucchiere / la parrucchiera hairdresser
la parte part; **fare parte di** to be a part of, participate in; **la maggior parte di** most of, the majority of
il/la partecipante participant
partecipare (a) to participate (in)
la partecipazione participation
la partenza departure
la particella particle
il participio participle
particolare *adj.* particular
il particolare detail, particular
particolarmente particularly
il partigiano / la partigiana partisan, resistance fighter
*partire to leave, depart
la partita game, match
il partito political party (5)
la partitura musical score
parziale partial
parzialmente partially
pasqualino *adj.* Easter
il passaggio passage; ride; **di passaggio** passing through; **un passaggio in auto** a ride in a car
†passare to pass, spend (*time*); **passare la notte in bianco** to not be able to sleep (4)
il passatempo pastime
il passeggero / la passegera passenger
passeggero fleeting (3)
passeggiare to go for a stroll, walk
la passione passion; enthusiasm (for); interest (in)
passivo passive
il passo step; **tenere il passo** to keep pace

la pasta pasta; pastry; paste; **pasta di salmone** salmon paste,

la pastella batter

la pasticca lozenge, drop; **la pasticca per la tosse** cough drop, lozenge

la pasticceria pastry shop

il pasticcio mess; **mettersi nei pasticci** to get into trouble (3)

il pasticciere / la pasticciera pastry cook; pastry clerk

pasticcione bungling

il pasto meal

il pastore / la pastora shepherd/shepherdess

la patata potato

il patema (*pl.* **i patemi**) anxiety, worry

la patente driver's license

la patria native country, homeland

il patrigno stepfather (2)

il patrimonio fortune; heritage

il patriottismo patriotism

il patrono patron, patron saint; **il santo patrono** patron saint

la paura fear; **avere paura di** to be afraid of; **fare paura a** to scare, frighten

pauroso scary, frightening

la pausa break, pause; **fare una pausa** to take a break, **prendersi una pausa** to take a break

paziente patient

il/la paziente patient

la pazienza patience; **perdere la pazienza** to lose one's patience, temper

il pazzerellone / la pazzerellona jokester

pazzesco crazy; **è pazzesco** it's crazy

pazzo crazy

il peccato sin, shame; **peccato!** too bad!; **Che peccato!** What a shame!; **è un peccato che, peccato che** it's a shame that

peggio *adv.* worse; *art.* + **peggio** the worst

*****peggiorare** to worsen

peggiore *adj.* worse; *art.* + **peggiore** the worst

la pelle skin; **la pelle d'oca** goosebumps

il pellegrinaggio pilgrimage

il pelo hair, coat; **montare il cavallo a pelo** to ride a horse bareback; **non avere i peli sulla lingua** to speak one's mind (1)

la pena pain

*****pendere** to hang, to lean

la penisola peninsula

la penna pen

il pennello brush, paintbrush; **stare a pennello** to fit perfectly, suit perfectly

penoso painful (3)

pensare to think; **neanche a pensarci** don't even think about it; **pensare a** (+ *n.*) to think about (*someone, something*); **pensarci** to think about; **pensare di** (+ *inf.*) to plan to (*do something*); **pensare di** (+ *n.*) to think of, have an opinion of; **pensarla diversamente** to have a different opinion about something (3)

il pensiero thought

pensile *adj.* roof

la pensione pension; **andare in pensione** to retire

pentirsi to repent, be sorry

la peonia peony

la peperonata *red and yellow pepper stew*

percepire (**isc**) to perceive

la percezione peception

perché why; because; **perché** + *subj.* so that, in order to

perciò for this reason, so, therefore

†**percorrere** (*p.p.* **percorso**) to go along; to go through

il percorso route

percuotere (*p.p.* **percosso**) to hit

perdere (*p.p.* **perduto** or **perso**) to lose; to miss (*a train, an airplane, an event, etc.*); **perdere la pazienza** to lose one's patience, temper

perfettamente perfectly

perfetto perfect

il/la perfezionista perfectionist

perfino even

il pericolo danger

pericoloso dangerous (3)

la periferia periphery; outskirts, suburbs

il periodo period

la perla pearl

permaloso touchy (1)

permanente permanent

permanentemente permanently

il permesso permission; **permesso di soggiorno** residence permit; **permesso di lavoro** work permit

permettere (*p.p.* **permesso**) to permit, allow; **permettere a qualcuno di fare qualcosa** to allow somone to do something; **permettersi** to afford

la pernice partridge

però but, however

la persecuzione persecution

perseguitato persecuted

perseguito pursued

persino even

la persona person

il personaggio character

personale personal

la personalità personality

personalmente personally

persuadere (*p.p.* **persuaso**) to persuade (2)

pesante heavy

la pesantezza heaviness

il pescatore / la pescatrice fisherman/fisherwoman

il pesce fish

il peso weight; **sollevare pesi** to lift weights

il/la pessimista pessimist

pessimistico pessimistic

pessimo awful, terrible (2)

la peste plague

pettegolare to gossip

il pettegolezzo gossip

pettegolo gossipy

petulante pestering, tiresome

il pezzo piece

*****piacere** (*p.p.* **piaciuto**) to like; to please, be pleasing

il piacere pleasure; **fare piacere a** to be a pleasure (*for somone*); **mi fa piacere che** it's a pleasure for me that; **piacere!** it's a pleasure!, pleased to meet you!

piacevole pleasant (1)

la piaga (open) wound

il pianeta (*pl.* **i pianeti**) planet (6)

piangere (*p.p.* **pianto**) to cry

il/la pianista pianist

piano *adv.* slowly, quietly; **pian piano** little by little

il piano piano

la pianta plant

la piantagione plantation

piantare to plant

il piatto plate, dish; **primo/secondo piatto** first/second course

la piazza square, plaza

picchiare to knock; to hit

piccolo small, little; **da piccolo/a** as a child

il piccone pick, pickax

il piede foot; *****andare a piedi** to walk, go by foot; **in piedi** standing, upright; **reggersi in piedi** to stand on one's feet

la piega fold, wrinkle

piegare to fold

pieno full; *****essere in pieno accordo con qualcuno** to be in complete agreement with someone; **pieno di sé** full of oneself, arrogant

la pietanza course, dish

la pietra stone

la **pignoleria** fussiness
la **pigrizia** laziness
pigro lazy (1)
la **pillola** pill
la **pioggia** rain
piovere to rain
piovoso rainy
la **pipa** pipe
il **pipistrello** bat
la **pirofila** heat-resistant dish
il **piroscafo** steamer ship
la **piscina** swimming pool
il **pisello** pea; **sgranare i piselli** to shell peas
il **pisolino** nap; **fare un pisolino** to take a nap
il **pittore / la pittrice** painter
pittoresco picturesque
la **pittura** painting (*art form*)
pitturato painted
più more, plus; *art.* + **più** the most; **di più** more; **in più** in addition; **non farcela più** to not be able to take it any longer; **non poterne più di qualcuno/qualcosa** to not be able to stand someone/something any longer; **più di/che** more than; **sempre più** more and more
piuttosto rather
la **pizza** pizza
pizzicare to pinch
la **plastica** plastic
plebeo plebeian, common
pluviale *adj.* rain; **la foresta pluviale** rain forest (6)
po': un **po' di** a little bit of
poco *adj.* or *adv.* few, little, not many, not very; a short time, a little while; **a poco a poco** little by little; **da poco** a short time ago; **poco dopo** shortly after
il **poema** (*pl.* **i poemi**) poem
la **poesia** poem; poetry
il **poeta / la poetessa** poet
poi then, afterward; **da quel giorno in poi** from that day on; **prima o poi** sooner or later
poiché as, since
polacco Polish
la **polemica** controversy (5)
polemico controversial (5)
il **polo** pole
la **politica** politics
politicamente politically
politico political
la **polizia** police (5)
il **poliziotto / la poliziotta** police officer (5)
il **pollame** poultry
il **pollice** thumb

il **polpettone** meatloaf
la **poltrona** armchair
la **polvere** dust
pomeridiano *adj.* afternoon
il **pomeriggio** afternoon
il **pomodoro** tomato
popolare *adj.* popular
popolato populated
la **popolazione** population
il **popolo** people
porgere (*p.p.* **porto**) to hold out, hand, offer
porre (*p.p.* **posto**) to put down, place
la **porta** door
il **portafoglio** wallet
il **portale** portal
portare to bring; to carry; to wear; **portare a termine** to accomplish, complete (4)
la **portata** importance
portatile portable
il **portico** portico, arcade
il **portiere / la portiera** doorkeeper, concierge
il **portinaio** doorman
il **porto** port
il **posacenere** ashtray
le **posate** silverware, utensils
positivamente positively
positivo positive
la **posizione** position
posporre (*p.p.* **posposto**) to postpone (4)
possedere to possess
possibile possible
la **possibilità** possibility
la **posta** mail
postmoderno postmodern
il **posto** place; job, position
postumo posthumous
potente powerful
la **potenza** power
potere to be able; **non poterne più di qualcuno/qualcosa** to not be able to stand someone/something any longer; **potere** (+ *inf.*) to be able to, can, may (*do something*)
il **potere** power
povero poor; **poverino/a!** poor thing!
la **povertà** poverty (5)
il **pranzo** lunch
la **pratica** practice
praticamente pratically
praticare to practice; **praticare uno sport** to play a sport
pratico practical
precedente preceding
preceduto preceded
precipitare to fall
la **precisione** precision

preciso precise
predetto predicted
predire (*p.p.* **predetto**) to predict (6)
la **predizione** prediction
la **preferenza** preference
preferire (isc) to prefer; **preferire** (+ *inf.*) to prefer (*to do something*)
preferito preferred, favorite
il **prefisso** prefix
pregare to beg (2); to pray; to ask (*for someone to do something*)
il **pregiudizio** prejudice (5)
preistorico prehistoric
prelevato collected
preliminare *adj.* preliminary
prematuro premature, early
il **premiato / la premiata** prize-winner
il **premio** prize
prendere (*p.p.* **preso**) to take; to have (*food/drink*); to get; **prendere appunti** to take notes; **prendersela** to get mad, **prendersela a cuore** to take to heart (1), **prendersi una pausa** to take a break
prenotare to reserve
preoccupante worrisome (1)
preoccupare, preoccuparsi to worry
la **preoccupazione** worry
preparare to prepare
i **preparativi** preparations
la **preparazione** preparation
la **preposizione** preposition
prepotente arrogant, authoritarian (2)
la **presa** taking; **macchina da presa** movie camera; **presa di coscienza** awareness, realization (6)
prescrivere (*p.p.* **prescritto**) to prescribe
presentare to present; to introduce; **presentarsi** to introduce oneself
il **presentatore / la presentatrice** presentor, host
la **presentazione** presentation
presente present
il **presente** present
il **presentimento** presentiment, premonition
la **presenza** presence
il **preservativo** condom (3)
il/la preside principal (*of a school*)
il **presidente / la presidentessa** president (5); chairperson
la **pressione** pressure
presso with, at
prestare to lend
la **prestazione** performance; **l'ansia di prestazione** performance anxiety
il **prestigio** prestige
prestigioso prestigious

il **prestito** loan; **chiedere in prestito** to ask to borrow; **prendere in prestito** to borrow

presto early; quickly; soon

presuntuoso conceited (1)

la **presunzione** arrogance, presumption

presupporre (*p.p.* **presupposto**) to imply

il **prete** priest

prevalentemente mostly, mainly, principally

prevenire to prevent, avoid

il **preventivo** estimate

la **previsione** prediction, forecast

previsto envisaged, expected

prezioso precious

il **prezzemolo** parsley

il **prezzo** price

la **prigione** prison, jail

la **prigionia** imprisonment

il **prigioniero** / la **prigioniera** prisoner

prima *adv.* before, first; **prima che** (+ *subj.*) *cong.* before; **prima di** *prep.* before; **prima o poi** sooner or later; **sulle prime** at first

la **prima** opening night

la **primavera** spring

primeggiare to be pre-eminent

primo first; **a prima vista** at first glance (1)

primordiale primitive

principale main, principal

principalmente mainly

il **principe** / la **principessa** prince/princess

privato private

privo (di) deprived (of), without

probabile probable

probabilmente probably

il **problema** (*pl.* **i problemi**) problem

procurare to procure, obtain

prodigare to reveal

il **prodotto** product

il **produttore** / la **produttrice** (film) producer

la **produzione** production

professare to profess

professionale professional

la **professione** profession

il/la **professionista** professional

il **professore** / la **professoressa** professor

il **profilo** profile

profondamente deeply; profoundly

profondo deep; profound

il **profugo** / la **profuga** refugee

profumato scented, perfumed, fragrant

progettare to plan; to design

il **progetto** project

il **programma** (*pl.* **i programmi**) program; plan

programmare to plan

il **progresso** progress

proibire (isc) to prohibit, forbid

il **proletariato** working class (5)

prolifico prolific

il **prologo** prologue

promettere (*p.p.* **promesso**) to promise

il **promontorio** headland

il **pronome** pronoun

la **prontezza** readiness, quickness; la **prontezza di spirito** quick-wittedness

pronto ready, prepared

pronunciare to pronounce

propagare to propagate

proporre (*p.p.* **proposto**) to propose (5); **proporsi** to intend

il **proposito** subject, point; **a proposito** by the way; **a proposito di** with regard to, speaking of

la **proprietà** property

il **proprietario** / la **proprietaria** owner

proprio one's own

proprio (*inv.*) just, really, exactly

proseguire to to continue, carry on

la **prospettiva** perspective

prossimo next

prostrarsi to humble oneself

il/la **protagonista** protagonist

proteggere (*p.p.* **protetto**) to protect

protestare to protest

protettivo protective

la **protezione** protection

la **prova** test; proof

provare to try; to feel, experience

proveniente coming (from), originating (from)

*****provenire** to originate (from)

il **proverbio** proverb

la **provincia** province

provocare to provoke; to elicit

provocatorio provoking

provvedere (*p.p.* **provvisto**) to provide

la **provvista** provision

lo **pseudonimo** pseudonim

la **psicanalisi** psychoanalysis

lo/la **psichiatra** psychiatrist

la **psicologia** psychology

psicologico psychological

lo **psicologo** / la **psicologa** psychologist

pubblicare to publish

la **pubblicità** publicity

pubblicitario promotional; advertising

il **pubblico** public; audience

pubblico public

pudico bashful

il **pugno** handful

pulire (isc) to clean

il **pullman** tour bus

pungente sharp

pungere (*p.p.* **punto**) to sting

punire (isc) to punish (2)

punito punished

la **punizione** punishment

la **punta** point, tip

puntare to point

la **puntata** episode

il **puntello** support

puntigliosamente stubbornly

il **punto** point; il **punto di vista** point of view

puntuale punctual

il **pupo** / la **pupa** *coll. in Southern and Central Italy* baby (*of the family*) (2)

pure even

il/la **purista** purist

il **puritano** puritan

purtroppo unfortunately

il **putto** cupid

la **puzza** stink, bad smell/odor

Q

qua here

il **quaderno** notebook

quadrato square; **un chilometro quadrato** a square kilometer

il **quadro** painting (*individual work*)

qualche some, a few; **qualche volta** sometimes

qualcosa something; **qualcosa di bello/simile/speciale/etc.** something good/similar/special/etc.; **qualcosa da bere/mangiare** something to drink/eat

qualcuno someone, anyone

quale *adj.* which; *pron.* which one

la **qualità** quality

qualsiasi (*inv.*) any; whatever

qualunque any, any sort of, whichever; **qualunque cosa** whatever

quando when; **da quando** since

la **quantità** quantity

quanti/e how many

quanto how much; how many; **tanto... quanto** as much as

il **quartiere** district, quarter, neighborhood

il **quarto** fourth

il **quarzo** quartz

quasi almost

quello that; the one; **quello che** what, that which

il **quesito** question

la **questione** question

questo this

qui here; **qui accanto** right here; next door

la **quiete** quiet; stillness, calm

il/la **quietista** quietist
quindi *adv.* then; *cong.* therefore
quindicina about fifteen
quotidiano everyday

R

rabbioso furious (3)
racchiudere (*p.p.* **racchiuso**) to contain
raccogliere (*p.p.* **raccolto**) to collect, gather; **raccogliere fondi** to raise funds (6)
la raccolta collection
raccomandare to recommend (2)
raccomandato recommended; **essere raccomandato** to be recommended (as someone's protégé) (4)
la raccomandazione recommendation
raccontare to recount, tell, narrate
il racconto short story
radicarsi to take root
la radice root (2)
la radio radio
la radioattività radioactivity
radiofonico *adj.* radio
rado rare; **di rado** rarely
radunare to gather, assemble
raffigurare to imagine, picture
raffinato refined
rafforzare to reinforce, strengthen (5)
il raffreddore cold
il ragazzo / la ragazza boy/girl; young man/woman; boyfriend/girlfriend; **ragazzino/ragazzina** little boy/girl
raggiante radiant
il raggio radius
raggiungere (*p.p.* **raggiunto**) to reach, arrive at (6)
la ragione reason; **avere ragione** to be (in the) right
ragionevole reasonable
il ragno spider
il ragù meat sauce
la RAI *Radio Audizioni Italiane, oggi la RAI-TV, radio e televisione italiane*
rallegrarsi to be glad; **mi rallegro che...** I'm glad that . . .
rallentarsi to slow down
il ramarro green lizard
la ramificazione ramification
rammaricarsi to regret (2)
il rammarico regret
il ramo branch
la rampa flight (*of stairs*)
rampante rampant; high-flying; *Il barone rampante* The Baron in the Trees (novel by Italo Calvino)
rapidamente rapidly, quickly
rapido rapid, quick
il rapporto relationship

il/la **rappresentante** representative
rappresentare to represent
la rappresentazione representation; performance, show
raramente rarely
rassicurante reassuring
razionale rational
razziale racial
il razzismo racism (5)
il re king
reagire (**isc**) **a** to react (5)
il/la **realista** realist
realistico realistic
realizzare to achieve, bring about, realize (4)
la realtà reality
la reazione reaction
recarsi to go
la recensione review
recente recent; **di recente** recently
recentemente recently
reciproco (*m. pl.* **reciproci**) reciprocal
recitare to recite; to play, act (*a role*)
la recitazione acting
la recriminazione complaint
recuperare to recover
il recupero recovery
il redattore / la redattrice editor
il reddito income (5)
regalare to give (*as a gift*)
il regalo present, gift
reggersi to stand; **reggersi in piedi** to stand on one's feet
la regia directing
la regina queen
regionale regional
la regione region
il/la **regista** director
registrare to record
la registrazione recording
il regno kingdom
la regola rule
regolare *adj.* regular
regolarmente regularly
reintrodurre (*p.p.* **reintrodotto**) to reintroduce
relativamente relatively
relativo relative
la relazione relationship
la religione religion
la religiosità religiousness
religioso religious
rendere (*p.p.* **reso**) to make, cause to be; **rendersi conto (di)** to realize, notice (1)
il repertorio repertoire
la replica objection
la repubblica republic
la reputazione reputation
il/la **residente** resident

la residenza residence, dwelling
i residui remains
resistente resistent
la resistenza resistance
respirare to breathe
respiratorio respiratory
responsabile responsible
la responsabilità responsibility
***restare** to have left, remain (2); to stay, remain
restaurato restored
il restauro restoration
i resti remains, ruins
restio reluctant
restituire (**isc**) to return, give back
il resto rest; **del resto** after all
la resurrezione resurrection
la rete net; **la rete di comunicazione** communications network (6); **in rete** online
la rettifica rectification
il rettore / la rettrice rector (*religious*), dean (*academic*)
riabilitato rehabilitated
la riabilitazione rehabilitation
***riaffiorare** to re-emerge
***riandare** to go back, return; to look back, think back, reminisce
riaprire (*p.p.* **riaperto**) to reopen
riassaporare to taste again, savor again, relish again
ribaltare to turn over
ribelle rebellious (2)
il ricamo lace
ricaricarsi to recharge oneself (4)
ricavarsi to extract, get, obtain; to make
la ricchezza wealth (6)
riccio curly; **riccio/a di capelli** curly-haired (1)
ricco rich, wealthy
la ricerca search, research
il ricercatore / la ricercatrice researcher
la ricetta recipe
ricevere to receive
il ricevimento reception, party
richiamare to attract (*attention*); to call back
richiedere (*p.p.* **richiesto**) to require
il riciclaggio recycling (6)
riciclare to recycle
†**ricominciare** to begin, start again
ricomporre (*p.p.* **ricomposto**) to reassemble, reconstruct
la ricongiunzione rejoining
la riconoscenza recognition
riconoscere (*p.p.* **riconosciuto**) to recognize
riconoscibile recognizable
ricoprire to cover, coat
ricordare to remember

il ricordo memory
*ricorrere (a) (*p.p.* ricorso) to resort (to); fare ricorso a to resort to
ricostituire (isc) to reconstruct
ricreare to recreate
ricucire to mend
ridare to give again; to restore
ridere (*p.p.* riso) to laugh; to laugh at someone/something; ridere da morire to die from laughing (4); scoppiare a ridere to burst out laughing
ridicolo ridiculous; mettere in ridicolo to ridicule
ridiscutere (*p.p.* ridiscusso) to discuss again
ridurre (*p.p.* ridotto) to reduce
riempire to fill up
rievocare to call up, evoke; remind (*someone of something*)
rifare to mimic, imitate
il riferimento reference; fare riferimento a to make reference to
riferirsi (isc) (a) to refer (to)
*rifiorire (isc) to bloom again
rifiutare to reject (1); rifiutarsi to refuse
i rifiuti refuse, garbage (6)
la riflessione reflection
riflettere (*p.p.* riflesso) to reflect (on); rifletterci to think (*something*) over
rifugiarsi to seek refuge
la riga stripe; a righe striped
rigido stiff
il rigore severity, harshness
riguardare to regard, concern; per quanto riguarda with regard to; riguardo a regarding
il riguardo regard, concern; nei riguardi di to, towards; nei miei riguardi towards me
il rilassamento relaxation
rilassante relaxing
rilassarsi to relax
rilevante notable; prominent
il rilievo importance; di grande rilievo of great importance
rimandare to postpone
*rimanere (*p.p.* rimasto) to remain, stay
il rimedio remedy
rimorchiare *coll.* to "pick up" (*someone*) (3)
il rimorso remorse, regret
rimpiangere (*p.p.* rimpianto) to regret (2)
rimpiazzare to replace (6)
rimproverare to scold (2)
rinascimentale *adj.* renaissance
il rinascimento Renaissance
*rincasare to go home
rincorrere (*p.p.* rincorso) to pursue
rinfacciare to taunt

rinfrescante refreshing
rinfrescare to refresh
ringraziare to thank (for) (2)
rinnovare to renew, restore
rinomato well-known
la rinuncia renunciation
rinunciare to give up
il rione district, neighborhood
riparare to repair, fix
ripassare to review
il ripasso review; fare un ripasso to review
ripetere to repeat
ripetitivo repetitive
riportare to bring back, take back
riposare to rest
riprendere (*p.p.* ripreso) to begin again, resume
la riproduzione reproduction, copy, replica
ripugnante disgusting (1)
ripugnare to disgust
il riso (*pl.* le risa) laughs, laughter
risalire to date back
la risata laughter, laughs; *morire dalle risate to die from laughing (4)
rischiare to risk
il rischio risk (3); *incorrere il rischio to run the risk, take the chance
riscontrare to find, discover
riscrivere (*p.p.* riscritto) to write again; to write back
il risentimento resentment (3)
la riserva reserve; supply
la risolutezza resolve; determination
risolvere (*p.p.* risolto) to resolve, solve
il risorgimento Italian unification movement
la risorsa resource; le risorse naturali natural resources (6)
risparmiare to save (*money, resources*) (5)
rispecchiare to reflect
rispettabile respectable
rispettare to respect
rispettivamente respectively
il rispetto respect; rispetto a with respect to
rispettoso respectful
rispondere (*p.p.* risposto) to respond, answer, reply
risposare to remarry
la risposta response, answer, reply
il ristorante restaurante
ristorare to restore
ristrutturare to restore, renovate
risucchiato swallowed up
*risultare to result, come out, turn out
il risultato result
il ritaglio scrap
ritardo delay; *essere in ritardo to be late

ritenere to think; ritenersi to consider oneself
ritmicamente rhythmically
il rito ceremony, rite
*ritornare to return
il ritorno return
ritrarre (*p.p.* ritratto) to portray
il ritratto portrait
il ritrovamento finding
ritrovare to find; to recover; ritrovarsi to find oneself
la riunione meeting; conference
riunirsi (isc) to meet, reunite
*riuscire a to be able to; to succeed in (4)
riuscito successful (3)
la riva bank, shore
il/la rivale rival
rivalutare to re-assess
rivangare to dig up
rivedere to see again
rivelare to reveal
la rivelazione revelation
la rivendicazione demand
rivestire to hold
la rivista magazine
†rivivere to re-live; to bring to life
rivolgere (*p.p.* rivolto) to direct, address; rivolgere l'attenzione to direct one's attention; rivolgere la parola to speak to; rivolgersi to turn to; rivolgersi a to address; to direct oneself to
la rivoltella revolver
rivoluzionare to revolutionize
rivoluzionario revolutionary
il rivoluzionario / la rivoluzionaria revolutionary
i robivecchi second-hand items
robusto robust
la roccia rock
roccioso rocky
romano Roman
il romanticismo romanticism
romantico romantic (3)
il/la romanziere novelist
il romanzo novel
rompere (*p.p.* rotto) to break; rompersi to break; to break apart
rompiscatole *coll.* annoying, pain in the neck (2)
ronzare to buzz
rosa pink
rossastro reddish
rosseggiare to glow red
rosso red; rosso/a di capelli red hair / redhead (1)
la rotondità roundness
rotto broken
la rovina ruin; andare in rovina to go to ruins

rovinoso ruinous, disastrous
rubare to steal
la ruga wrinkle (1)
il rumore noise
rumoroso noisy
il ruolo role
rurale rural
russo Russian

S

la sabbia sand
sacro sacred (6)
la saggezza wisdom
saggio wise
il saggio essay
il/la saggista essayist
la sagoma profile
la sagra festival
la sala hall
saldamente firmly, solidly
saldo firm; steady
il sale salt
saliente prominent
†salire to go up; to climb, ascend
il salmone salmon
il salone hall
il salotto living room
la salsa sauce
saltare to jump, leap
il salto jump, leap
salubre healthy
salutare healthy (good for the health) (6)
salutare to greet; to say good-bye
la salute health
salvare to save (*from harm*) (5)
salve *inf.* hi, hello
la salvezza escape; **un angolo di salvezza** a way out
salvo saved
il sangue blood
sanitario *adj.* health; **l'assistenza sanitaria** health care
sano healthy (in good health) (2)
il santo saint; **il santo patrono** patron saint
santo holy
il santuario sanctuary
sapere to know (*facts, information, about something*); to find out (*in the past tense*); (+ *inf.*) to know (*how to do something*); **non voler saperne di qualcuno/qualcosa** to not want to have anything to do with someone/something
sapientemente wisely
la sapienza wisdom, knowledge
il sapore flavor, taste

il saputone / la saputona know-it-all
sarcastico sarcastic
la sarda sardine
il sarto tailor
la sartoria tailor's shop
il sasso stone
il sassofono saxophone
il satellite satellite
la satira satire, wit
satirico satirical, witty
sbagliare to make a mistake, err
sbagliato wrong, mistaken
sbalordito amazed, astonished
sbandierare to show
*sboccare to emerge
sbrigarsi to hurry up
sbrigativamente hurriedly
*sbucare to emerge
la scadenza expiration; time limit; **a lunga scadenza** long-term
lo scaffale shelf, bookcase
la scaglia chip
scalare to climb, scale
scaldato warmed, warmed up
la scalea flight of steps
la scaletta small stepladder
la scalinata flight of steps
lo scalpello chisel
scalzo barefoot
scambiare to exchange
scandalistico scandalous
scandalizzarsi to be shocked, scandalized (by)
lo scandalo scandal
*scappare to escape; **lasciarsi scappare** to let (*something*) slip away
lo scarafaggio cockroach
la scarpa shoe
scarso scant, scarce (5); limited
la scatoletta can (*food*)
scattare to take (*photos*)
scavato excavated
lo scavo excavation, digging
scegliere (*p.p.* **scelto**) to choose
la scelta choice
la scena setting, scene; **mettere in scena** to stage
lo scenario scene
†scendere (*p.p.* **sceso**) to go down, descend
lo sceneggiatore / la sceneggiatrice screenwriter
la sceneggiatura screenplay
scettico skeptical
la scheda card
scheletrico skeletal
lo schema chart
lo schermo screen
scherzare to joke
schiacciante overwhelming

lo schiaffo slap; **avere una faccia da schiaffi** to be an unpleasant person (*lit.* to have a face worth slapping) (1)
lo schiavo slave
schifo: fare schifo to be disgusting; **fare schifo a** *coll.* to disgust
schifoso *coll.* disgusting (1)
la scia trail
sciacquare to rinse
scientifico scientific
la scienza science
lo scienziato / la scienziata scientist
la scimmia monkey
scintillare to sparkle
sciocco stupid, foolish
lo sciopero strike
lo scippatore / la scippatrice bag-snatcher (5)
lo scirocco hot, humid, southeast wind
scisso split, divided
sciupato worn
la scodella bowl
scolare to drain
scolastico educational
scolpito sculpted
scommettere (*p.p.* **scommesso**) to bet
*scomparire (*p.p.* **scomparso**) to vanish, disappear
sconcertante disconcerting
sconcertato disconcerted
sconfiggere (*p.p.* **sconfitto**) to defeat (5)
lo sconosciuto / la sconosciuta stranger
scontato taken for granted; **dare per scontato** to take for granted
lo sconto discount
lo scontro clash (5)
sconvolgente disturbing, shocking
sconvolto shocked, disturbed
scoprire (*p.p.* **scoperto**) to discover
la scoperta discovery (3)
lo scopo goal (4)
*scoppiare to explode; **scoppiare a ridere** to burst out laughing
scoprire (*p.p.* **scoperto**) to discover
scorso last, past (*with time expressions*)
la scorza peel
la scritta writing
lo scritto writing, work (*written*)
lo scrittore / la scrittrice writer
scrivere (*p.p.* **scritto**) to write; **scrivere a macchina** to type
la scuderia organization
lo scudetto championship
lo scudo shield; **farsi scudo (di)** to shield oneself (*with something*)
lo scultore / la scultrice sculptor
la scultura sculpture
la scuola school

scuotere (*p.p.* scosso) to shake
scuro dark; la carnagione scura dark complexion (1)
scusare to excuse; scusa/scusi excuse me *fam./form.*
sdegnarsi to get angry
sdegnoso haughty
sdraiarsi to lie down
lo sdraio deck chair
sebbene although
il secchio bucket
secco dry
secolare *adj.* centuries-old
il secolo century
secondo *prep.* according to; secondo me in my opinion
il secondo second
la sede seat
sedentario sedentary
sedersi to sit down
il sedile seat
sedurre (*p.p.* sedotto) to seduce
la seduta sitting, session
segnalare to signal
il segnale signal
segnare to mark
il segno trait (1); sign, indication, mark; farsi il segno della croce to cross oneself, make the sign of the cross over oneself
la segretaria secretary
il segreto secret
seguente following
seguire to follow; to be interested in (*a sport, TV show, etc.*)
selciato pavement
selezionato selected
selvaggio wild
selvatico wild
*sembrare to seem
il semestre semester
il seminario seminar
semincomprensibile semi-incomprehensible
semplice simple (1)
semplicemente simply
la semplicità simplicity
sempre always; sempre più (+ *adj.*) increasingly
il senatore / la senatrice senator
la senilità senility
sensazionale sensational
la sensazione sensation, feeling
sensibile sensitive (1)
la sensibilità sensitivity
il senso sense; privo di senso senseless, nonsense; il senso dell'umorismo sense of humor
il sentiero path
sentimentale sentimental (3)

il sentimento emotion, sentiment, feeling
sentire to hear; sentirci to be able to hear; sentirsela to feel up to; sentirsi to feel; sentirsi a proprio agio to feel at ease (1)
senza without; senza che (+ *subj.*) without; senz'altro / senza dubbio of course
separarsi to separate (*before getting a divorce*) (3)
separato separated
la sepoltura tomb
il sequestro kidnapping (5)
la sera evening; in the evening; ieri sera last night
la serata evening (*event*)
serbare to keep
sereno serene, calm
la serie (*pl.* le serie) series
serio (*m. pl.* seri) serious; sul serio seriously
serra greenhouse; sierra, mountain range; l'effetto serra greenhouse effect (6)
il servo / la serva servant
servire to be useful; to serve
il servizio service; report, feature (*journalistic*)
sessista sexist
il sesso sex (3)
sessuale sexual
la seta silk
il setaccio sifter
la sete thirst; avere sete to be thirsty
settentrionale northern
la settimana week
settimanale weekly
il settore sector, area
severo strict (2), rigid
la sezione section
la sfacciataggine impudence
sfacciato shameless
sfatto overcooked
lo sfavore disapproval; a sfavore against
la sfera sphere, ball; la sfera di cristallo crystal ball
la sfida challenge
sfilare to slip off, take off
la sfilata parade; fashion show
sfiorare to brush against
la sfogliatella *type of pastry that is a specialty of Naples*
lo sfondo background sullo sfondo in the background
la sfortuna bad luck; misfortune
sforzarsi to strive, try hard
lo sforzo effort
sfruttare to exploit (5); to take advantage (of)
†sfuggire to escape, flee

sgarbato rude
sgargiante gaudy
sgombro clear
*sgorgare to surge; to flow
sgradevole unpleasant
sgranare to shell; sgranare i piselli to shell peas
lo sguardo look, glance
sgusciare to peel
la siccità drought
siccome since (*cause, not time*)
sicuramente surely, certainly
la sicurezza security
sicuro sure, certain
la sigaretta cigarette
significare to mean
significativo significant
il significato meaning, significance
la signora lady; Mrs.
il signore gentleman; Mr.
la signorina young lady; Miss
il silenzio (*pl.* i silenzi) silence
silenzioso silent
simbolico symbolic
il simbolismo symbolism
simbolizzare to symbolize
il simbolo symbol
simile similar
simmetrico symmetrical
simpatico (*m. pl.* simpatici) nice, likeable (1); essere/*stare simpatico (a) to like (*someone*) (1)
la sinagoga synagogue
sincero honest
il sindaco mayor
la sinfonia symphony
singolare *adj.* peculiar
la singolarità singularity, uniqueness
singolo single
sinistra left (*direction*); di sinistra left wing (*politics*) (2); la sinistra left wing (*politics*) (5)
il sinonimo synonym
la sintesi synthesis
sintetico succinct
il sistema (*pl.* i sistemi) system
sistemare to arrange
il sito site
situato situated
la situazione situation
sloveno Slovenian
smaltato polished
lo smalto polish
smentire (isc) to refute
smeraldo emerald
smettere (*p.p.* smesso) to stop, cease; smettere di (+ *inf.*) to quit (*doing something*) (6)
smontato dismounted
snodarsi to wind

socchiuso half-closed
sociale social
socialista socialist
la società society
il socio / la socia associate
il sociologo / la sociologa sociologist
soddisfatto satisfied (3)
la soddisfazione satisfaction
sodo hard; **l'uovo sodo** hard-boiled egg
soffermarsi to linger
il soffio breath
soffrire (*p.p.* **sofferto**) to suffer from (+ *n.*)
sofisticato sophisticated
soggettivo subjective
il soggetto subject
il soggiorno stay; **il permesso di soggiorno** residence permit
la soglia threshold, doorstep
sognare to dream (3); **sognare ad occhi aperti** to daydream
il sognatore / la sognatrice dreamer
il sogno dream; **neanche per sogno / te lo sogni** in your dreams
solamente only
i soldi money
soleggiato sunny
solerte assiduously polite
solitario solitary
solito usual; **come al solito** as usual; **di solito** usually
la solitudine solitude
sollevare to lift; **sollevare pesi** to lift weights
sollevato relieved
sollievo comfort, relief
solo *adj.* alone; single; *adv.* only; **da solo/a** alone, by oneself
soltanto only
la soluzione solution
somigliante similar; resembling
la somiglianza similarity; resemblance
sommamente extremely
sommerso submerged; **sommerso dal lavoro** overwhelmed (4)
la sommità summit, top
il sondaggio poll
la soneria ringer, bell
il sonno sleep
sonoro *adj.* sound; **la colonna sonora** soundtrack
sontuoso sumptious, magnificent
sopportare to bear, stand
sopra above, over
sopraffatto overwhelmed
il sopracciglio (*pl.* **le sopracciglia**) eyebrow (1)
soprannaturale supernatural
il soprannome nickname (2)

soprannominato nicknamed
soprattutto above all
la sopravvivenza survival
***sopravvivere** (*p.p.* **sopravissuto**) to survive (6)
sordo deaf
la sorella sister; **la sorellastra** stepsister (2)
la sorgente springs (*water*)
***sorgere** (*p.p.* **sorto**) to rise
sorprendente surprising
sorprendere (*p.p.* **sorpreso**) to surprise
la sorpresa surprise
sorpreso surprised
sorridente smiling
sorridere (*p.p.* **sorriso**) to smile
sorseggiare to sip
il sorso sip
la sorte fate
sospeso suspended
sospettare to suspect
il sospetto suspicion
il sostegno support (2)
sostenere to support (2); to sustain (4)
sostituire (**isc**) to substitute, replace
la sottigliezza thinness
sottile thin
sotto under
il sottofondo background
sottolineare to underline, emphasize
sottomesso submissive (2)
sottoporre (*p.p.* **sottoposto**) to subject (*to something*); **sottoporre un quesito a qualcuno** to ask someone a question
sottoposto subjected
il sottoproletariato subproletariat, underclass (5)
il sottotitolo subtitle
sovrabbondante over-abundant
il sovrano / la sovrana ruler
la sovrappopolazione overpopulation (6)
spalancarse to throw open
spalancato thrown open
la spalla shoulder; **dare le spalle** to have one's back turned (*toward someone*)
***sparire** (**isc**) to disappear
sparso occasional
lo sparviero sparrowhawk
spaventare to frighten, scare (6); **spaventarsi** to get scared (3)
spaventato frightened, scared
spaventoso frightening, scary
spaziale *adj.* space
lo spazio space
spazioso spacious
spazzare to sweep
lo specchio (*pl.* **gli specchi**) mirror

speciale special
lo/la specialista specialist
specialistico specialistic
la specializzazione specialization, major (*university*)
specialmente especially
la specie species, kind
specifico (*pl.* **specifici**) specific
spendere (*p.p.* **speso**) to spend (*money*)
spento extinguished; with **fuoco spento** heat off
la speranza hope
sperare to hope; to hope for
sperimentare to experiment (4)
la spesa shopping; **fare la spesa** to go grocery shopping; **fare spese** to go shopping
spesso often
spettacolare spectacular
lo spettacolo show
***spettare a** to be up to (*someone*)
lo spettatore / la spettatrice spectator, viewer; **gli spettatori** audience
spezzare to split
lo spezzone excerpt
spiacente sorry; **sono spiacente di...** I'm sorry . . .
spiacevole unpleasant
la spiaggia (*pl.* **le spiagge**) beach
spiccare to stand out
spiegare to explain
la spiegazione explanation
spietato pitiless
la spina spine; **la spina dorsale** backbone
spingere (*p.p.* **spinto**) to push; to drive (*someone to do something*)
spinoso thorny
lo spirito spirit; **la prontezza di spirito** quick-wittedness
spiritoso funny, witty; **che spiritoso!** how funny!
la spiritualità spirituality
splendere to shine
splendido splendid
lo splendore splendor
spontaneo spontaneous
lo spopolamento depopulation
sporco dirty
***sporgere** (*p.p.* **sporto**) to stick out
lo sportello door
sportivo athletic
la sposa bride; **il vestito da sposa** bridal dress
sposare to marry; **sposarsi** to get married (3)
sposato married
lo spostamento move
spostare to move
sprecare to waste

lo spreco waste
sprimacciare to fluff
†**sprofondare** to sink
spudorato brazen, shameless
la spuma foam
spumeggiare to sparkle
la squadra team
†**squillare** to ring
squisito delicious
stabile *adj.* stable
stabilire (isc) to establish
la stabilità stability
staccare to let go; to get away; to detach; to break away
lo stadio (*pl.* **gli stadi**) stadium
lo staffiere footman
la stagione season
stagliarsi to stand out
la stalagmite stalagmite
la stalattite stalactite
stamattina this morning
la stampa press (5)
stancarsi to get tired
stanco (*m. pl.* **stanchi**) tired, fed up
stanotte tonight
la stanza room
*****stare** to stay; *****stare attento** to pay attention; *****stare bene/male** to be well/unwell; *****stare con qualcuno** *coll.* to see someone, date someone (3); *****stare per** (+ *inf.*) to be about to do something; *****stare simpatico/antipatico (a)** to like/dislike (*someone, something*) (1); *****stare vicino a** to be close to someone (#)
stasera this evening, tonight
la statistica statistic
lo stato state; **il colpo di stato** coup d'état (5); **lo stato d'animo** state of mind, spirits, mood (4)
la statua statue
la statuetta statuette
statunitense *adj.* United States
la statura stature, height
lo statuto statute
stavolta this time
la stazione station
lo stecchino toothpick
la stella star
stellare *adj.* star; stellar
stemperare to dilute
stendere (*p.p.* **steso**) to lay out
lo sterco manure
lo stereotipo stereotype
stesso same; **lo stesso** the same
lo stile style
stillante dripping
stimato esteemed, estimated
stimolare to stimulate; to stir up, rouse

lo stipendio (*pl.* **gli stipendi**) salary (4)
lo stivale boot
la stizza anger
lo stocco rapier
la stoffa cloth, fabric
stonato tone deaf
la storia story, history
storico (*m. pl.* **storici**) historical
strabiliante astonishing
strabordare to spill over
stracolmo overflowing
la strada street; **la stradina** small, narrow street; **lo stradone** wide road, main road
stradale *adj.* street, road
la strafottenza arrogance
la strage slaughter (5)
stragrande enormous
lo straniero / la straniera foreigner
straniero foreign
strano strange
straordinario (*m. pl.* **straordinari**) extraordinary (3)
strappare to tear
†**straripare** to run over
lo strascico aftermath
la strategia strategy
lo strato layer; **a strati** layered
stravagante extravagant
lo stregone wizard
stremato exhausted
lo stremo limit; **essere allo stremo** to be exhausted
stressante stressful
stretto close (*relationship*) (2); tight, narrow; **di stretta misura** tight fight
la striscia stripe
strisciare to shuffle; to slither
strizzare to wring; to squeeze
lo strumento instrument
la struttura structure
lo studente / la studentessa student
studiare to study
lo studio (*pl.* **gli studi**) study, course of study; office **la borsa di studio** scholarship
studioso studious
lo studioso / la studiosa scholar
la stufa heater
stufo tired, fed up; **stufo di** fed up with, sick of (3)
stupefatto stunned, astonished
stupendo stupendous
stupido stupid
lo stupro rape (5)
lo stuzzichino appetizer
subatomico subatomic
subire (isc) to undergo
*****succedere** (*p.p.* **successo**) to happen

successivamente afterwards, later
successo success; **avere successo** to be successful
sudare to sweat
sufficiente sufficient
sufficientemente sufficiently
la sufficienza sufficiency; **a sufficienza** sufficiently, enough
il suffisso suffix
il suggerimento suggestion
suggerire (isc) to suggest (2)
suggestivo suggestive, evocative; charming
suicidarsi to commit suicide
sulfureo sulphuric
il suocero / la suocera father- / mother-in-law (2)
†**suonare** to play (*a musical instrument*)
il suonatore / la suonatrice player, musician
il suono sound
superare to overcome; to exceed; **superare ostacoli** to overcome obstacles (6)
superattivo superactive
superbo superb; proud, haughty
la superficie surface area
superiore superior; upper, higher; **la scuola media superiore** high school
il superlativo superlative
il supermercato supermarket
la superstizione superstition
supervalutare to overvalue, overestimate
supporre (*p.p.* **supposto**) to suppose
la supremazia supremacy
suscitare to provoke; to arouse
susseguirsi to follow, succeed one another
lo svago diversion
lo svantaggio disadvantage
*****svaporare** to evaporate
svegliare to wake up (*someone*); **svegliarsi** to wake up
svelto quick
sventolare to wave
sviluppare to develop (5)
lo sviluppo development (6)
svizzero Swiss
svolgere (*p.p.* **svolto**) to perform; to carry out; **svolgersi** to take place

T

la tabella table, chart
taccagno stingy (1)
il tacchino turkey
il tacco heel (*of a shoe*)
il taccuino pad

tacere (*p.p.* **taciuto**) to be quiet; **fare tacere** to silence (*someone, something*)
tagliare to cut
tale such
il talento talent
il tallone heel (*of the foot*)
talmente so, so much
talvolta at times, sometimes
tanto a lot, so much
la tappa stop, layover
il tappeto rug, carpet
la tarantola tarantula
tardare to be late, delay
tardi *adv.* late; **più tardi** later
la tasca pocket
la tassa tax (5)
il/la tassista taxi driver
il tatuaggio tattoo (1)
la tavola table
il tavolo table; **il tavolino** small table; café table
la tazza cup; **la tazzina** cup, coffee cup
il tè tea
teatrale theatrical
il teatro theater
la tecnica technique
la tecnologia technology
tecnologico technological
tedesco (*m. pl.* **tedeschi**) German
il tegame saucepan
la teglia baking ban
la teiera tea kettle
la tela painting (*individual work*)
il telefilm made-for-TV movie
telefonare to telephone, call
la telefonata telephone call
telefonico (*m. pl.* **telefonici**) *adj.* telephone
il telefono telephone
il telegiornale newscast (5)
telegrafico *adj.* telegraph, telegraphic
il telegramma telegram
il telelavoro telecommuting; **avere un telelavoro** to telecommute
la telenovela soap opera
il telescopio telescope
il telespettatore / la telespettarice television viewer; **i telespettatori** TV audience
la televisione television
televisivo *adj.* television; televised
il televisore television set
il tema (*pl.* **i temi**) theme; essay, composition
temerario daring (1)
temere to fear, be afraid of
la temperatura temperature
tempestoso stormy; rowdy
il tempio (*pl.* **i tempi / i templi**) temple

il tempo time; weather; grammatical tense; **avere tempo** to have time; **da molto tempo** for a long time; **in tempo** on time; **passare tempo** to spend time; **il tempo libero** free time;
temprato strengthened
temuto feared
tenace persevering
tenacemente perseveringly
tendere (*p.p.* **teso**) to tend, be inclined
tenero tender; **in tenera età** at an early age
tenere to keep, hold; **tenerci a** to care about (*someone, something*) (3); **tenere a bada** to keep (*something*) at bay; **tenere presente** to keep in mind
il/la tennista tennis player
il tenore tenor
la tensione tension
tentare to attempt, try
il tentativo attempt, try, effort
la tentazione temptation
la teoria theory
teorico theoretical
terapeutico therapeutic
la terapia therapy
termale thermal
le terme thermal baths, hot springs
terminare to end, finsh
il termine term; end; **portare a termine** to accomplish, complete (4)
la terra land; earth; **per terra** on the ground
la terrazza / il terrazzo terrace
il terremoto earthquake
il terreno land, ground, terrain
terribile terrible
terribilmente terribly
territoriale territorial
il territorio territory
il terrorismo terrorism (5)
terziario tertiary
la tesi thesis
il tesoro treasure
la tessera tessera (*small tile that makes up a mosaic*)
la tessitura structure, composition
la testa head
testardo stubborn (1)
il/la testimone witness
la testimonianza evidence, testimony
il testo text
testone stubborn (1)
il tetto roof; **in cima ai tetti** on the rooftops
il tifoso / la tifosa sports fan
il timbro stamp; timbre, tone
la timidezza shyness, timidity

timido shy, timid (1)
il timore fear
timoroso fearful (3)
tinto dyed (1); **i capelli tinti** dyed hair (1)
tipicamente typically
tipico (*m. pl.* **tipici**) typical
il tipo type, kind, sort
tirare to pull, draw (out); to blow; **tirare giù** to take down; **tirare su** (*qualcuno*) to pick/lift (*someone*) up (*in spirits*)
tirchio stingy (1)
il titolo title
toccare to touch; **toccare a** (*qualcuno*) to be up to (*someone*); to be (*someone's turn*)
togliere (*p.p.* **tolto**) to remove; to take away, take off
tollerabile tolerable
la tomba tomb
il tonnellaggio tonnage
la tonnellata ton
il tonno tuna
il tono tone
il topo mouse
il torace chest
tormentato tormented (3)
*tornare to return, go back, come back; to start doing something again
la torre tower
la torta cake
il torto wrong; **avere torto** to be wrong; **in torto** *adv.* wrong
la tosse cough; **la pasticca della tosse** cough drop
il totale total, sum
totalmente totally
la tournée tour
la tovaglia tablecloth
tra between, among, in, within (+ *time expression*)
†traboccare to burst, brim over
la traccia (*pl.* **le tracce**) trace
tradire (**isc**) to betray (*in love*) (3)
tradizionale traditional
tradizionalmente traditionally
la tradizione tradition
tradurre (*p.p.* **tradotto**) to translate
il traduttore / la traduttrice translator
il traffico traffic
la tragedia tragedy
il traghetto ferry
la trama plot
il tramonto sunset
tranne except, apart from
tranquillamente calmly
la tranquillità calm, tranquility

transatlantico transatlantic

transgenico genetically engineered

trarre (*p.p.* **tratto**) to take, draw (from); to extract

trascinare to drag

***trascorrere** (*p.p.* **trascorso**) to spend (*time*)

trasferirsi (isc) to move (*from one city to another*) (2)

trasformare to transform

trasmettere (*p.p.* **trasmesso**) to transmit, broadcast

la trasmissione transmission, broadcast

trasparente transparent

il trasporto transport, transportation

trattare to treat; to deal with; **trattarsi** to be a matter of; to have to do with, deal with

la trave beam

traverso: di traverso sideways

tremare to tremble

tremendo terrible

tremolare to tremble, quiver

il treno train

la tribolazione tribulation, hardship, suffering

il tributo tribute

trincerato entrenched

trionfante triumphant

triste sad

la tristezza sadness

trogloditico relating to ancient cave dwellings

troneggiare to dominate

il trono throne; **in trono** enthroned

tropicale tropical

troppo *adj.* too much, too many; *adv.* too

trovare to find; ***andare/*venire a trovare** to visit (*someone*)

il trovatello / la trovatella foundling

la tubercolosi tuberculosis

il tubetto tube

tumido full, thick

tunisino Tunisian

turbato upset, troubled

turco Turkish

il turismo tourism

il/la turista tourist

turistico *adj.* tourist

il turno turn; **a turno con** in turn, taking turns; **fare i turni** rotate shifts

tuttavia even so, yet, nonetheless

tutti/tutte *pron.* all, everybody, everyone; **tutti insieme** all together

tutto *adj.* all, whole; *pron. inv.* all, everything

tuttora *adv.* still

U

ubbidiente obedient

ubbidire (isc) to obey (2)

ubriaco drunk

l'uccello bird

uccidere (*p.p.* **ucciso**) to kill

udire to hear

ufficiale official

ufficialmente officially

l'ufficio (*m. pl.* **gli uffici**) office

l'uguaglianza equality (6); **l'uguaglianza dei diritti** equal rights

uguale equal, the same

l'uliva olive

l'ulivo olive tree

ultimo last

l'umanità humanity

umano *adj.* human; **i diritti umani** human rights (5); **l'essere umano** human being (6)

l'umiliazione *f.* humiliation

l'umore *m.* mood; ***essere di buon/cattivo umore** to be in a good/bad mood

l'umorismo humor; **il senso dell'umorismo** sense of humor

umoristico humorous, funny

l'unghia nail (*finger or toe*)

unico (*m. pl.* **unici**) only, unique; **il figlio unico / la figlia unica** only child (2)

l'unione *f.* union

unire (isc) to join, unite

l'unità unity

unito close-knit (2), united

l'università university

universitario (*m. pl.* **universitari**) *adj.* university

l'universo universe

l'uomo (*pl.* **gli uomini**) man; **l'uomo d'affari** business man; **l'uomo politico** politician

l'uovo (*pl.* **le uova**) egg; **l'uovo sodo** hard-boiled egg

urbanamente civilly

urbano urban

urlante shouting, yelling

urlare to shout, yell

urtato bumped into

usare to use

***uscire** to go out, leave, exit

l'uscita exit

l'uso use

usufruire (isc) to benefit (from)

l'usuraio/a usurer, money-lender

utile useful

l'utilità usefulness; use

utilizzare to use, make use of

l'uva grapes

V

la vacanza vacation; ***andare in vacanza** to go on vacation; **in vacanza** on vacation; **prendersi una vacanza** to take a vacation

vagabondo vagabond

vagante wandering

***valere** (*p.p.* **valso**) to be worth; **vale a dire** that is; **valere la pena** to be worth it (5); to be worth the trouble

valido valid

la valigia (*pl.* **valige**) suitcase

la valle valley

il valore value, worth

la valutazione evaluation

la vaniglina vanilla

il vantaggio advantage

vantare to boast; **vantarsi di** to brag about (*someone, something*)

varare to pass (*a law*)

la varietà variety

vario (*m. pl.* **vari**) various

la vasca basin, tub; **la vasca da bagno** bathtub

il vaso vase, pot. jar

vasto vast, large

la vecchiaia old age (2)

vecchio (*pl.* **vecchi**) old, elderly

il vecchio / la vecchia (*pl.* **i vecchi**) old/elderly person

vedere (*p.p.* **visto** or **veduto**) to see, watch; **vederci** to be able to see; **non vedere l'ora di** to not be able to wait (until)

la veduta view

la vegetazione vegetation

vegeto: vivo e vegeto alive and well

la vela sail; **la barca a vela** sailboat

velato vieled

vellutato velvety

il velo veil

veloce fast, quick

velocemente quickly

la velocità speed, velocity

vendere to sell; **avere... da vendere** to have ... to spare, to have more than enough of (*something*); **avere energia da vendere** to have energy to spare, to have more than enough energy

la vendetta revenge

vendicativo vindictive

il venditore / la venditrice seller; **i venditori ambulanti** street vendors

***venire** to come; ***venire in mente** to come to mind; ***venire a trovare** to visit (*someone*)

ventina about twenty

il **vento** wind
veramente truly, really
verbale verbal
il **verbo** verb
verde green
la **verdura** vegetables
la **Vergine** Virgin Mary
la **vergogna** shame; **che vergogna!** how shameful! / what a shame!!
vergognarsi to be, feel ashamed
verificare to verify; to check
la **verità** truth; **a dire la verità** the truth be told
vero true, real
versare to pour
la **versione** version
verso *prep.* toward
il **verso** verse
il **vespro** evening
vestire to dress; **vestirsi** to get dressed
il **vestito** dress (*women*), suit (*men, women*); **i vestiti** clothes
veterinario veterinary
il **vetro** glass
via *adv.* away; **andare via** to go away; **buttare via** to throw away; **dare il via** to open the way, give the go-ahead; **e così via** and so on
la **via** street, way, route; **per via di** by way of, through
viaggiare to travel
il **viaggiatore / la viaggiatrice** traveler
il **viaggio** trip; **l'agente di viaggio** *m./f.* travel agent; **fare un viaggio** to take a trip
il **viale** avenue
vibrante vibrant
la **vicenda** vicissitude; **a vicenda** in turn; each other, one another
la **vicinanza** nearness, vicinity
vicino near, close; **stare vicino a** to be close to (*someone*) (3); **vicino a** near, near to
il **vicolo** alley

il **videogioco** video game
vietare to forbid, prohibit
la **vignetta** illustration; cartoon
vigore force; **in vigore** in force (*a law, rule, etc.*)
la **villa** large house, country house
il **villaggio** village
il **vincitore / la vincitrice** winner
il **vino** wine
la **violazione** violation
la **violenza** violence; **la violenza carnale** rape
il/la **violinista** violinist
il **violino** violin
la **virtù** virtue
virtuale virtual
visibile visible
la **visione** view; sight
la **visita** visit; **in visita a** visiting
visitare to visit (*a place*); to examine (*a patient*)
il **viso** face (1)
la **vista** view; **a prima vista** at first glance (1); **il punto di vista** point of view
vistoso showy (1)
visualizzare to visualize
la **vita** life; **il costo della vita** cost of living; **la prigione a vita** life imprisonment
vitale vital
la **vitalità** energy
la **vittima** victim
la **vittoria** victory
vivace lively
la **vivacità** liveliness
†**vivere** (*p.p.* **vissuto**) to live; **guadagnarsi da vivere** to earn a living
vivo intense; **dal vivo** live; **farsi vivo** to turn up; **vivo e vegeto** alive and well
viziato spoiled (2)
vocabolario vocabulary
la **voce** voice; **a voce alta** aloud, loudly

la **voglia** desire, wish; **avere voglia di** to feel like
†**volare** to fly
volentieri willingly
volere to want; ***volerci** to take time; **volere** (+ *inf.*) to want (*to do something*); **volere bene a** to love (*someone, something*)
volgare *adj.* vulgar, crude
il **volo** flight
il **volontariato** volunteering, volunteer service; **fare del volontariato** to volunteer (5)
la **volpe** fox
la **volta** time; occurrence, occasion; **ancora una volta** once more, once again; **un po' alla volta** a little at a time; **qualche volta** sometimes; **una volta alla settimana / all'anno** once a week / a year; **a volte** at times; **grande tre volte** three times as big as
il **volto** face (1)
il **volume** volume
voluttuoso voluptuous
voracemente greedily, ravenously
votare to vote
il **voto** vote
vulcanico volcanic, dynamic, brillant
il **vulcano** volcano
vuotare to empty (out), clear out
il **vuoto** void, space

Z

lo **zaino** backpack
lo **zelo** zeal, eagerness
lo **zio / la zia** (*m. pl.* **gli zii**) uncle/aunt
lo **zingaro** gypsy
zitto quiet; ***stare zitto** to keep quiet, be quiet
la **zona** zone, area
la **zucca** gourd
lo **zucchero** sugar
la **zuppa** soup

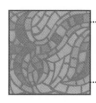

Index

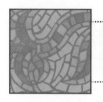

About the Authors

Antonella Del Fattore Olson is Coordinator of Lower Division Italian at the University of Texas at Austin and supervisor of first-year Italian Language and Culture. She is the founder and director of the Rome Study Program for the Department of French and Italian, University of Texas at Austin in Rome, Italy. She is the advisor for the Study Abroad programs in Italy and for the Italian Club. She received her Laurea in Comparative Literature and Theatre from The University of Rome "La Sapienza" in 1978. She has directed plays of major Italian authors performed by students of Italian at the University of Texas at Austin and in Rome. She is a co-author of the *Workbook and Laboratory Manual to accompany Italiano in diretta* (McGraw-Hill).

Eric Edwards is Supervisor of second-year Italian Language and Culture courses at the University of Texas at Austin, where he also teaches an introductory course in Italian Theatre. He has accompanied groups of students of Italian and Art History on programs of study in Italy, is a faculty co-sponsor of the Circolo italiano and oversees its presentations of Italian films. He received his M.A. in Theatre Arts from Emporia State University in 1987. He is currently at work on the development of web-based instructional materials for first- and second-year students of Italian.

Sharon Wilson Foerster recently retired from the University of Texas at Austin where she was Coordinator of Lower Division courses in the Department of Spanish and Portuguese. She directed the first- and second-year Spanish language programs and trained graduate assistant instructors. She received her Ph.D. in Intercultural Communications from the University of Texas in 1981. Before joining the faculty at the University of Texas, she was the director of the Center for Cross-Cultural Study in Seville, Spain, for four years. She continues her involvement in study abroad through her work as director of the Spanish Teaching Institute and academic advisor for Academic Programs International. She is the author of *Punto y aparte* (McGraw-Hill), and co-author of *Supplementary Materials to Accompany Puntos de partida* (McGraw-Hill), *Metas comunicativas para maestros* and *Metas comunicativas para negocios*.

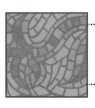

Credits

Readings: *Page 18* Text by Marco Milano, from OperaWeb (www.opera.it). Used with permission. *36–38* From *Le piccole virtù* by Natalia Ginzburg, pp. 45–46, 49–54. Copyright ©1962 & 1998 Giulio Einaudi editore S.p.A., Torino. Reprinted by permission of the publisher. *62–64* From Stefano Benni, "I quattro veli di Kulala" in *Il bar sotto il mare*. Copyright ©1987 Giangiacomo Feltrinelli Editore. Reprinted by permission of the publisher. *90–95* From Domenico Rea, "L'americana (anni settanta)" in *Tentazione e altri racconti*, pp. 135–143. *105* Reprinted with permission from *L'Espresso* — Via Po, 12-00138, Roma — Tel. 6-84781; Fax: 6-8550246; *106* From *Viaggiando con passo di volpe: Poesie 1983–1991* by Dacia Maraini, pp. 25–26. Copyright ©1991 R.C.S. Rizzoli Libri S.p.A., Milano. Reprinted by permission of the publisher. *118–123* From Grazia Deledda in *Canne al vento*, pp. 51–59. Copyright ©1994 Garzanti Editore S.p.A. Reprinted by permission of the publisher. *146* From repubblica.it, 29 September 1999; *149–154* From Clara Sereni in *Casalinghitudine*, pp. 46–48, 79–81, 94–97, 121–122, 143–145, 163–165. Copyright ©1987 Giulio Einaudi editore S.p.A., Torino. Reprinted by permission of the publisher. *171–172* From Adriana Bazzi and Paolo Vezzoni in *Biotecnologie della vita quotidiana*, pp. 22–23, 206. Copyright © 2000 Gius Laterza & Figli. Reprinted with permission. *183–187* From Italo Calvino, "Gli anni luce" in *Cosmicomiche vecchie e nuove*, 1984, pp. 187–198. Copyright ©1984 Garzanti Editore S.p.A. Reprinted by permission of Libri Mondadori.

Realia: *Page 22* Reprinted by permission of *La Settimana Enigmistica*; *46* reprinted by permission of *La Settimana Enigmistica*; *72* Reprinted by permission of *La Settimana Enigmistica*; *102* Reprinted by permission of *La Settimana Enigmistica*; *115* Courtesy of www.alltheweb.com; *132* Reprinted by permission of *La Settimana Enigmistica*; *163* By Tin-Glao 1987, © Cartoonists & Writers Syndicate/Cartoonweb.com. Reprinted with permission.

Photographs: All photographs of video characters provided by Antonella Olson, Eric Edwards, and Sharon Foerster. *Page 26* © Stone/Stephen Studd; *31 top right* © Scala/Art Resourse; *31 bottom left* © Mark Antman/The Image Works; *31 bottom right* © Clandio Papi/Reuters New Media Inc/Corbis; *31 top left* © Historical Images; *31 center right* © Archives Photos; *33* © The Museum of Modern Art; *34* Kit Walling/Folio; *35* © Archives Photos; *44* © Dennis Marisco/ Corbis; *59* © Scala/Art Resources; *60* © The Image Works; *61* © Archives Photos; *86* © Archives Photos; *87* © Paul Almasy/Corbis; *88* © Art Resources; *114* © Bettman/Corbis; *116* © Bettman/Corbis; *144* © Art & Immagini/Corbis; *145* © Scala/Art Resources; *147* © Historical Images; *173 top* © Topham/The Image Works; *173 bottom* © Topham/The Image Works; *174* © Archive Photos; *178* © Mark Stephenson/Corbis; *180* © AFP/Corbis; *181* © Historical Images.